KB211171

전환시대의 기독교와 윤리

박종균 지음

북코리아

저자

박종균

부산대학교 영문학과를 졸업하고 장로회신학대학 신학대학원에 진학하여 목사후보생 공부를 마쳤다. 그리고 동 대학원 석사과정에서 기독교윤리학을 배웠으며, 계속해 4개 신학대학이 공동으로 주관한 박사과정을 장로회신학대학 대학원에서 마쳤다.
서울장신대, 대전신대, 한남대학, 장로회신학대학에서 조직신학, 문화이론 및 기독교윤리학을 강의했으며, 현재는 부산장신대학 기독교윤리학 교수로 재직하고 있다.
대표적인 저술로는 『기독교와 대중문화이해』(대한기독교출판사, 1999)가 있으며, 하버마스의 담론윤리, 문화윤리, 경제윤리, 생태윤리에 관한 다수의 논문이 있다.

전환시대의 기독교와 윤리

2014년 3월 7일 초판 인쇄
2014년 3월 10일 초판 발행

지 은 이 | 박종균
펴 낸 이 | 이찬규
펴 낸 곳 | 북코리아
등록번호 | 제03-01240호
주 소 | 462-807 경기도 성남시 중원구 사기막골로 45번지 14
우림2차 A동 1007호
전 화 | 02) 704-7840
팩 스 | 02) 704-7848
이 메 일 | sunhaksa@korea.com
홈페이지 | www.bookorea.co.kr
I S B N | 978-89-6324-357-3 (93230)

값 20,000원

머리말

최근 우리 사회는 세계화 물결과 함께 급격한 변화를 경험하고 있다. 변화는 역동적인 사회의 중요한 특징이기는 하지만 우리가 겪고 있는 변화는 스스로 감당하기 힘들 정도로 숨 가쁘게 이루어지고 있다. 변화의 깊이는 더해 가고, 그 범위는 한층 더 광범위해져가고만 있다. 이와 같은 급변하는 환경 속에서 그동안 심각하게 제기되어 왔고 또한 앞으로도 계속 당면할 수밖에 없는 문제는 우리의 삶과 관련된 윤리적 가치관의 문제일 것이다. 이 책은 일차적으로 신학을 공부하고 있는 분들에게 필요한 윤리적 태도가 무엇이며 덕목이 무엇인지 고민할 수 있는 장을 마련하기 위해 의도되었다.

그런데 윤리학을 공부하면 도덕에 관한 지식을 알 수 있을지 몰라도 도덕적으로 살아가는 데는 별로 도움이 되지 않는다는 말을 종종 듣는다. 그럴 때 참으로 난감하다. 대중들이 생각하는 도덕적 삶은 도덕적 행동, 곧 실천을 의미할 것이다. 많은 사람들은 우리가 도덕적이지 못한 것은 앎의 문제가 아니라 아는 대로 실천하지 못하는 데서 기인된 것이라 생각한다. 그러나 잊지 말아야 할 것은 윤리학은 도덕적 사유를 공부하는 학문이라는 점이다. 그리고 도덕적 사유란 우선 도덕에 관심을 갖는 것이고, 그 출발점은 자신의 삶에 대한 반성이다. "왜 내 마음대로 살면 안 되는가?", "바르게 산다는 것은 무엇인가?", "어려운 사람들을 왜 도와야 하는가?", "뉴라이트 역사의식을 왜 비판해야 하는가?", "국가기관이 선거에 개입해도 무방한가?", "안락사를 금지하는 것은 개인의 자유에 반하는 것 아닌가?", "문명을 위해서는 환경파괴가 필수적인가?", "교회 운영은 상식과 합리성을 벗어나도 무방한가?" 이런 유형의 의문을 품은 사람은 이미 도덕적으로 사유하기 시작한 사람이고, 도덕적으로 살아가는 사람이라고 할 수 있다. 이런 물음은 굳이 윤리학을 공부해보지 않았더라도 생각하는 존재라면 누구나 할 수 있는 도덕적 사유이다. 그러나 여기서 한 걸음 더 나가야 한다. 도덕적 사유는 어떠한 도덕의 보편적 원리와 규칙에 따라야 한다는 수준까지 미쳐야한다. 그렇기에 기분 나는 대로 생각하고 판단하고 행동하는 것은 윤리학적으로 엄밀히 말해 도덕적 삶이라고 할 수 없다. 그런 점에서 윤리학은 우리가 보다 성숙한 도덕적 성찰을 하기 위해 필요한 도덕적 지식, 이를테면 이상적인 삶의 방식, 도덕적 옳고 그름의 원리, 도덕적 의무와 책임에 관한 지식을 제공해주는 학문이라 말할 수 있다.

그러나 윤리학이 공학도나 의학도가 공학과 의학을 통해 습득하려는 기술적인 지식의 습득과는 상이한 종류의 공부라는 것을 직감할 수 있다. 의학을 공부하는 목적은 능력있는 의사가 되기 위한 것은 아주 분명하다. 그러나 미학을 공부하는 목적이 훌륭한 미술가나 음악가가 되기 위한 것은 아니다. 그런 목적으로 공부하는 학생들이 없지는 않으나 보편적으로 미학을 공부하는 목적은 예술을 어떻게 감상하고 판단하고 비평하는지에 대한 더 깊은 이해를 위해 그렇게 한다. 윤리학 공부도 이와 유사한 방식의 공부라 할 수 있을 것이다. 윤리학을 공부하는 것은 도덕적 사변이나 논쟁을 더욱 깊이 이해하고 참여는 능력을 함양하는 것이다. 윤리학 공부가 곧 바로 선하거나 덕스러운 사람이 되는 것은 아니지만, 이를 통해 도덕적 의문에 대해 계속되는 윤리적 사유를 통해 도덕판단이 훨씬 더 숙련되어갈 수는 있는 것이다.

이 책을 관통하는 두 동맥은 다음과 같다. 첫째, 우리가 도덕성에 대해 생각하는 것은 그것이 행동에 대해 분명하고 확실한 방향을 제시함으로써 종결되어야 한다는 생각은 잘못이라는 생각이다. 자연과학과 같은 학문 분야에서는 확실하고 명백한 진리를 찾고, 찾기를 기대하며 또한 이를 성취한다. 그러나 모든 영역의 학문에서 이와 같은 방식을 적용할 수 있는 것은 아니며, 같은 정도의 확실성을 기대할 수도 없다. 예컨대, 역사가는 과학자처럼 역사를 실험할 수 없다. 이러저러한 이유로 인해 역사가의 결론은 종종 과학자보다 덜 확고하고 더 논쟁적이다. 하지만 그렇다고 해서 역사가가 내리는 결론이 반드시 덜 진실하다고 말할 수 있는 것은 아니다. 또한 베토벤이 가장 뛰어난 교향곡 작곡가였다거나 생상스는 그에 훨씬 미치지 못한다는 미학적 판단은 역사적 판단보다 더 내리기 어렵다. 하지만 그렇다고 진위를 아예 판별할 수 없는 것은 아니다. 이 음악의 예에서 베토벤이 매우 훌륭한 교향곡 작곡가라는 것과 같은 판단은 진실이고 그렇게 옹호될 수 있다고 실제로 말할 수 있다. 반면, 생상스가 베토벤에 훨씬 미치지 못한다는 것과 같은 두 번째 판단의 문제는 실제로 해결할 방법이 없다. 그러나 어떤 경우든지 간에 판단을 지지하는 일관되고 적절한 주장과 그렇지 못한 주장 사이에는 분명한 차이가 있다. 한 작곡가가 다른 작곡가보다 정확히 어느 정도 더 뛰어난지의 문제를 해결할 수 있든지 없든지 간에(아마도 불가능할 것이지만), 우리는 그 문제에 대해 합당한 주장을 하는 것과 터무니없이 주장을 펴는 것은 확실히 구분할 수 있다. 중요한 것은 다른 주제의 문제나 학문 영역에서는 진실을 확보하려는 시도에 있어 서로 다른 방법들을 요구하고 있고, 서로 다른 정도의 확실성을 필요로 한다는 것이다.

그렇다고 하더라도 인간 지식의 확실성이 진실의 확실성과 혼동되어서는 안 될 것이다. 우리가 증명할 수 없다고 할지라도 어떤 것은 진실일 수 있다. 본서에 전체적으로 흐르는 논조는 도덕성에 관한 모종의 진실이 확실히 있다는 것과, 그 중 어떤 것은 도덕성에 대한 진실로 간주하고 이를 잠정적으로 받아들여야 한다고 결론 내리는 것만으로 족하다는 것이다. 과학은 본질적으로 확실하고 도덕은 모호하다는 생각은 버려야 할 편견에 불과하다. 윤리에 비해 과학이 상대적으로 월등한 확실성을 가짐에도, 우리는 빅뱅의 본질에 대해서 확신하지 못한다. 반대로 자살이 도덕적으로 정당한지 결정하기는 매우 어려운 반면, 인간은 도덕적 주체로서 신뢰를 얻기 위해서는 타율적이기보다는 자율적이어야 한다는 점은 증명할 필요도 없이 절대적으로 확실하며, 조국과 민족을 위해 자신을 희생한 삶이 개인적 출세와 영달을 위해 민족을 배신하길 마다하지 않았던 이기적인 삶보다 윤리적이라는 것은 확실하다는 점이다.

여기서 논의되는 다양한 윤리적인 논의들은 도덕적 의사결정을 안내하기 위한 가이드북이나 지침서, 또는 윤리적 실천의 모범적인 모델이 아니라는 점을 이해해 주길 바란다. 미학적 논의가 형태에 있어 이상적 미의 원리를 정초하려고 시도하듯이, 여기서의 윤리적 논의들은 도덕적 이상이나 도덕성의 본질을 이해하려는 하나의 소박한 시도이다. 이상적 세계를 원리나 규칙과 같은 용어를 사용하여 그려내려는 작은 비전 정도로만 생각해도 좋을 것이다. 가령 공리주의의 의의는 최대 다수의 최대 행복을 목표로 하는 윤리체계가 실제 우리가 살고 있는 현실 세계에 존재하는지의 여부와는 관련이 없다. 그것의 의의는 도덕적으로 완전한 사회는 무엇보다도 각 개인의 완전한 행복을 보증하는 사회라는 주장의 타당성 여부를 비판적으로 숙고할 기회를 제공하는데 있다. 그리고 이러한 견해는 완벽한 사회는 사람들이 행복이나 결과에 상관없이 의무를 다하고, 개별성을 표현하면서 공동선을 발전시키면서 살도록 하는 사회라고 말하는 견해와 대조적이라는 점에서 장단점이 드러나는 것이다. 심지어 규범 윤리학의 근간을 무너뜨린 데 크게 공헌했다는 평을 받는 메타윤리조차도 나름대로의 윤리학적 사유방식을 제공하고 있기에 '학문'으로서의 윤리학을 탐구하는데 유의미하다는 것이다. 도덕언어의 논리 분석이나 규범윤리의 이론의 근거와 이유를 규명하는 도덕적 사유방법을 통해서 규범윤리, 사회윤리, 응용윤리의 토대를 든든히 할 수 있는 하나의 방법론을 제공받기 때문이다.

둘째, 기독교 신앙과 윤리의 관계 설정이다. 이것은 기독교 세계에서 윤리학을 연구하는 자들이 늘 받게 되는 물음이다. 도대체 기독교 신앙은 윤리학과 어떤 관계를 설정해야 하는가? 기독교윤리에는 그것의 유효성이 오직 신앙을 통해서만 인식될 수 있는 규범적 제안들이 있는가? 있다고 한다면 그것이 무엇이며 그것의 정당성은 어디에서 확보될 수 있는가? 역사적으로 숙고해보면 기독교 교회에는 그러한 질문에 답하려는 많은 시도들과 다양한 전통이 있다는 것을 알 수 있다. 그러나 가장 거칠게 들여다 보더라도 다음의 큰 이견이 눈에 띈다.

로마서 2장 14절 이하의 말씀은 모세의 율법을 모르는 이방인들은 율법이 요구하는 것을 자신의 본성에 따라 행하고 있다는 것을 보여준다. 왜냐하면 그들에게 율법의 요구는 마음에 새겨져 있고 양심으로 증명되기 때문이다. 토마스 아퀴나스에 따르면, 인간은 신적 이성 혹은 영원한 법을 나누어 갖는다고 한다. 즉 신적 빛의 반사인 자연적 이성의 빛을 따라 인간은 선과 악을 분별할 수 있다는 것이다. 이 참여를 토마스는 '자연법'으로 표명한다. 신앙적 진리는 인간이성을 뛰어넘지만 인간은 자연적 이성에 따라 윤리적으로 옳은 행위를 하도록 이끌린다. 개혁주의 신학의 대부 격인 칼뱅도 역시 비슷하게 인간은 자연법을 근거로 윤리적 규범을 인식한다고 주장한다. 그리고 20세기의 가장 위대한 신학자 중의 한 사람인 불트만은 "도덕적 요청의 내용을 보건대 특별한 기독교윤리란 존재하지 않는다 … 누구나 양심을 가지고 있으며 무엇이 옳고 그른지를 알 수 있다. 진정한 기독교 복음의 선포는 윤리와 관련하여 특별한 요구를 내세울 필요가 없다"[1]고 까지 말한다.

반면 루터는 인간이 도덕적일 수 있는 "의"의 근거는 신 앞에서 인간이 자신의 선행의 실행 때문이 아니라 그리스도의 의 때문에 의로 여겨진다고 선언한다. 그래서 루터가 말하는 "낯선 의"(iustitia aliena)는 인간의 내면이 아니라 인간 "밖에서" 발생한 것으로 오직 신앙을 통해서만 가능하다. 이 신앙과 더불어 그리스도가 인간 안으로 들어오게 되는 것이기에, 이러한 낯선 의만이 신과 인간의 유일한 통로가 되는 것이다. 루터가 말하고자 하는 것은, 모든 인간은 마음이 순수한 것이 아니라 언제나 분열되어 있고 죄에 얽매어 있기 때문에 마음에서 나온 순수한 헌신으로는 신의 뜻을 이룰 수 없다는 것이다. 그리스도에 대한 믿음만이 첫째 되며 최상의 선행인 것이다. 루터에게 있어서 신앙은 모든 윤리적인 행위 원천이며 근거가 된다. 인간의 선한 행위는 필히 신앙과 연관되어야 한다. 신앙과 연관되어 있지 않은 선행은 선행이라 할 수 없다. 그러므로 루터에게 있어서 신앙은 모든 행위의 근본이자 실제적 행위다. 신앙으로 인간이 신에게 의롭다 인정을 받은 후에 인간은 새로운 인간이 된다. 말하자면, 좋은 나무가 좋은 열매를 자연적으로 맺는 것처럼 새롭게 된 인간이 선한 행위를 하게 된다는 것이다.

그러나 기독교 윤리학은 근거 짓기를 위해 어떤 형태의 신앙(신앙우선주의든, 이성우선주의든, 절충주의든)에 의존을 한다고 하더라도, 그것이 신앙심을 표현하는 것이 아니라 하나의 학으로 성립되기 위해서는 최소한 윤리의 근거 짓기에 대한 숙고함이 수반되어야 한다는 것이다. 그리고 이에

---

1 Rudolf Bultmann, *Glauben und Verstehen: gesammelte Aufsätze* (Tübingen: J.C.B. Mohr, 1965), p.125.

대한 숙고는 "도덕적인 행위"나 "책임 있는 행위"의 추구에서 시작되어야만 한다고 여긴다. 도덕 개념은 행위에 대해 전제 없는 정당화의 목적 표상을 포함한다. 행위하는 사람이 자신의 행위를 상대방에게 정당화하는 것은 기본적으로 가능해야 한다는 말이다. 그런 정당화는 기독교 세계관과 신앙관의 전제를 호소함으로써 쉽게 비켜나갈 수 있는 문제가 아니다. 말하자면 신앙인에게 신앙과 교리를 비롯한 신학적 사안 때문에 특별한 규범이 생겨난다는 것을 부정하는 것은 아니다 하더라도 신앙인이 자신의 신념에 기초한 신앙적 윤리가 최소한 타인에게 어떤 물리적 - 정신적 강제나 폭력을 가해서는 안 된다는 윤리적 합의에 동의할 수 있어야 한다. 즉 윤리적 정당성을 결여한 신앙적 윤리는 윤리적일 수 없다는 말이다.

그러나 이렇게 생각한다고 해서 도덕적 인식에서 기독교 신앙의 긍정적 가능성을 배제하자는 말로 받아들여서는 안 된다. 모든 윤리적 성찰에는 생생한 도덕이 전제가 되는데, 이것이 그리스도인들의 윤리적 삶에게는 성서와 교회의 전통과 관습일 것이다. 실천이성도 유한한 이성이라는 점을 망각해선 안 될 것이다. 자기가 몸담고 있는 전통을 고려하지 않은 채 공백 상태에서 도덕을 만들어낼 수 있다고 믿는 사람은 순진한 이상주의자거나 지독한 독단주의자라 여길 수 있다. 긍정적인 의미에서의 선입견이란 있게 마련이다. 전통은 자신에게 윤리적 삶의 체험을 위한 전제가 된다. 집단적인 오류의 가능성과 도덕적으로 중요한 상황변화의 가능성을 간과해서는 안 된다는 점을 전제한다면, 우리의 신앙 전통을 존중한다는 것은 매우 유의미한 일이라 생각한다. 그럼에도, 어떻게 그런 인식에 도달하게 되었는지에 대한 질문은 어떻게 인식을 근거 지을 것인가에 관한 질문과는 구분되어야 할 것이다. 기독교 신앙과 살아 있는 기독교회 전통의 긍정적인 의미는 윤리적 의식의 발생에도 긍정적인 영향을 줄 것이라는 매우 분명한 사실임에도, 그것은 윤리의 근거지음의 문제와는 구별되어야 할 것이다. 윤리의 근거 지음에서 신앙과 교회의 전통에만 기대야 한다는 신앙우선주의의 논리는 교의학이나 보다 근본주의적 기독교윤리학을 연구하는 다른 학형들의 몫으로 남겨두고 싶다.

이제 이 책이 담고 있는 내용을 간략히 언급하겠다. 우리의 일상은 타자와 더불어 살아가는 관계 속의 삶이다. 가족, 이웃, 동료, 동네 사람, 외국인, 심지어 자연과의 관계에 이르기까지 다양한 관계 속에서 살아간다. 이 관계 속에서 우리는 크고 작은 갈등을 수없이 겪게 된다. 개인과 개인, 개인과 집단, 집단과 집단, 인간과 자연 간에 관계를 맺는 형식에 따라서 윤리적 삶을 개인윤리, 사회윤리, 환경윤리 등의 영역으로 구분하기도 한다. 이처럼 윤리학은 이러한 관계 속에서 살아가면서 다른 사람이나 대상을 어떻게 대할 것인가를 규정한 관계질서의 원리와 근거를 규명하는 것이다. 여기서는 윤리학의 이론적 배경으로서 1장 윤리학의 기본 개념과 이론들, 2장 기독교와 윤리를 다루고 있다. 그리고 사회윤리와 응용윤리의 영역으로서 자본의 전 지구화로 인해 파생되는 환경문제, 생명과학기술 문제, 경제문제, 그리고 문화적인 문제를 3장~6장에서 다루고 있다. 3장 환경윤리, 4장 생명과학기술 윤리, 5장 경제윤리, 6장 문화윤리는 사회윤리와 응용윤리적인 숙고를 담고 있다. 그런데 각 장은 독립된 내용을 다루고 있기에 어떤 순서로 읽더라도 어려움이 없을 것이다. 다만 사회윤리나 응용윤리에서 필히 다루어야 할 많은 내용들이 다수 빠져있다는 점과 하나의 주제를 보다 심도 있게 다루지 못했다는 아쉬움이 남는다. 그러나 굳이 변명을 하자면, 한 권의 책에서 윤리학의 모든 영역을 다룰 수 없었고 현실의 공간적 제약으로 원래의 야심찬 구상에서 후퇴할 수밖에 없었다. 전쟁 윤리, 성윤리 그리고 전 지구화 시대의 탈식민지 지식인의 문제를 준비했으나 다른 기회를 통해 다가

서고 싶다.

본래의 의도는 보다 창의적이고 응집력 있는 논의를 해보려는 야심찬 기획을 수반했다. 일반적으로 논의되지 못한 윤리적 논쟁을 더 드러내고 신선하고 독창적인 발상을 드러내 보려는 욕망이 있었다. 그러나 그것이 얼마나 무모한 착각이었는가 하는 것은 시작한지 얼마 지나지 않아 즉시 깨닫게 되었다. 앞으로 윤리학을 더욱 열심히 공부해야겠다는 다짐으로 부끄러움을 만회하고 싶다. 그리고 이론뿐만 아니라 실천학으로서의 윤리학에 대해서도 더 큰 책임감을 느낄 것이며 학우들에 강조했던 "역사적 예수의 삶"을 말만이 아닌 몸으로 살겠다는 다짐을 해본다.

이 책의 많은 부분은 기존의 학자들의 이론이나 생각을 빌려오거나 재구성한 것이다. 그러나 그것을 풀어가는 과정에 필자의 생각이 크게 작용한 것도 사실이다. 이 점에 대해서는 학인들의 비판에 항상 열려있음을 말하고 싶다. 꽤 오래전부터 윤리학에 관한 저술을 욕망하고 있었지만, 게으르고 능력도 없는 탓에 계속 미루기만 하다가 일 년의 안식이라는 시간이 무모한 도전에 힘을 더해주었다.

끝으로 감사의 말을 남기고 싶다. 이 책을 쓰면서 아니 그 이전과 이후 계속해서 감사드리지 않으면 안 되는 분들이 있다. 필자의 인생 전체를 두고 감사해야 할 분들이다. 언제나 삶을 경건하게 음미할 수 있게 해주고 이 세상에서 신의 손길을 느끼게 해준 경건한 바흐(J. S. Bach), 어려울 때마다 역경을 헤쳐 나갈 수 있는 불굴의 의지를 가르쳐 준 큰 산 베토벤(L. van Beethoven), 그리고 험난한 인생 항로에서 늘 미소 지을 수 있게 해준 복음 전령사 모차르트(W. A. Mozart)를 잊을 수 없다. 공교롭게도 감사하는 이 순간 쉬프(Andras Schiff)가 연주하는 바흐의 영국 모음곡이 주변을 감싸고 있다. 정말 감사하다. 그리고 저술과 관련하여 필히 감사의 말을 전해야 할 분들이 있다. 학문의 길로 입문시켜주신 영원한 스승 맹용길 교수님과 한국 교회의 희망을 보여주신 음동성 목사님께 존경과 감사의 말씀을 드리고 싶다. 산행하면서 많은 생각을 나누었던 원성현, 신문궤 교수님, 항상 헌신적인 혜수, 늘 웃음과 용기를 주는 진영 · 태영, 멋진 제자들이자 벗들인 CSC 동지들, 한국기독교사회윤리학회 회원 교수님들에게도 감사한 마음을 전하지 않을 수 없다. 힘들 때마다 그들이 보여준 자극과 위로의 말이 없었으면 이 모든 것이 불가능했을 것이다. 그들의 관심과 사랑을 잊지 않는 것이 윤리의 근본이리라. 끝으로 정성을 다해 이 책을 만들어준 북코리아 이찬규 사장님과 일일이 원고를 정성스레 교정해 준 선우애림 씨에게 고마운 마음을 남기고 싶다.

2014년 1월 31일

설날 백양산을 바라보며

박종균

차례

제 4 장 생명공학기술과 윤리 357

윤리학의 기본 개념과 이론들

1. 들어가면서

인간은 삶의 과정에서 어떻게 행동하는 것이 옳으며 어떻게 사는 것이 인간답게 사는 것인가 등에 대해 진지하게 생각하기 마련이다. 이 과정에서 어떤 행동에 대해선 후회하기도 하고 부끄러워하기도 하면서 자기나 타인의 행동의 옳고 그름을 반성하며, 때로는 심각한 양심의 가책을 받기도 한다. 그런데 자기나 남의 행동을 평가하는 데 있어, 어떤 행위는 '선하다' 혹은 '옳다'고 하는 반면, 어떤 행위는 '악하다' 혹은 '그르다'고 평가한다. 그리고 선하고 옳은 일은 마땅히 행해야 하고, 그릇되고 악한 일은 피해야 한다고 생각한다. 그렇다면 어떤 행위를 옳거나 그르게 만드는 것은 무엇인가? 어떤 사람이 어떤 행위를 해야 한다거나 또는 해서는 안 된다고 판단할 때 의미하는 바는 무엇인가? 이것은 오랫동안 윤리학에서 궁구해온 물음이다. 만일 타인에 대한 폭력, 살인, 강간 및 절도 행위와 같은 것이 왜 옳지 않은 것인지를 말할 수 없다면, 이것을 금지하는 행위가 어떻게 정당화될 수 있겠는가? 윤리학은 바로 우리의 도덕적 신념에 대해 정당한 이유를 제시하고자 하는 학문이다. 또한 윤리학은 도덕성에 관한 매우 일반적인 신념들의 함의를 명료하게 하고, 어떻게 이 신념들이 일관되게 실천으로 나타날 수 있는지를 보여준다.

이 장에서는 윤리학의 기본 개념들과 통상적인 분류, 그리고 윤리학의 제 이론들을 다루게 된다. 적지 않은 개념들과 이론들이 소개될 것이다. 그러나 소개하는 것은 많은 이론 중에서 한 입장을 고수해야한다는 것을 강요하는 의미가 아니다. 철저하게 하나의 입장에 충실하게 헌신할 수는 있지만, 어떠한 접근으로도 도덕성 자체에 대해 적절하고 완벽하게 설명할 수는 없다는 것이 필자의 생각이다. 다원화된 현대사회에서 어떤 개별 사상가나 학파의 주장만이 전적으로 옳다는 생각은 수용되기 어렵다. 아무리 설득력 있는 이론이라도 모든 것을 포괄할 수는 없으며, “이 상황에서 도덕적으로 옳은 행위는 무엇인가?”라는 질문에 가장 완벽하고 정확한 답을 내려줄 수 없다는 것을 고려하면서, 도덕성을 이해하기 위해서는 조각을 맞추며 절충하는 접근이 필요하다는 것이 필자의 생각이다. 결국 역설적이지만 아무리 설득력 있는 윤리 이론일지라도 모든 것을 설명할 수는 없다는 점을 기본적인 입장으로 취하면서 논의를 시작하고자 한다.

2. 윤리학의 기본 개념

2.1 윤리-도덕의 기원

윤리의 기원에 관한 학설은 크게 두 부류로 나눠진다. 하나는 윤리가 인간 이전에 이미 어떤 초월적 존재에 의해 주어졌다는 견해이고, 다른 하나는 윤리를 인간 역사의 경험적 산물로 보는 견해이다.[2]

그리고 윤리의 기원이 인간에게 경험-이전적으로 이미 주어져 있다는 견해도 다시 두 가지로 나눌 수 있다. 그 하나는 ‘신학적 윤리설’로서, 신이 우주를 창조하고 인간을 창조했을 때, 윤리적인 규범을 명령으로 내려주었다는 주장이다. 물론 인간에게 필요한 모든 규범을 구체적으로 내려주었다는 것이 아니라 십계명과 같은 가장 기본적인 원칙을 명령했고 그 모든 규

2 김태길, “윤리학의 근본문제”, 철학문화연구소 편, 『철학강의』(서울: 철학과현실사, 1993), p.152~157 참조.

범은 기본 원칙에서 파생되었다고 보는 것이다.

윤리의 유래가 경험-이전적이라는 또 하나의 견해는 '형이상학적 윤리설'이라 불리는 것이다. 어떠한 인격신이 인간에게 도덕율을 내려 주었다고 보는 대신, 우주 자연의 입법 원리 속에 도덕율의 근원이 있다고 보는 견해가 여기에 속한다. 예컨대 자연은 이미 정해진 이법에 따라 운행되는데, 자연의 일부인 인간 역시 이 이법을 따라야 한다는 전제 아래, 자연을 지배하는 그 이법이 윤리의 근본 원리에 해당한다고 주장하는 학설이 여기에 속한다. 예컨대, 목적론적 세계관에서 볼 수 있듯이, 우주는 어떤 목적을 가진 체계라는 것을 전제했을 때, 인간은 이 우주의 목적을 실현하기 위해 이바지하는 존재로 보고, 우주의 목적에 부합하는 행위는 옳은 행위요, 부합하지 않는 행위는 그릇된 행위라고 보는 것이다.

신학적 윤리론은 종교적 신앙에 바탕을 두고 있기에, 엄밀한 의미에서 인식의 문제라기 보다는 믿음의 문제와 관련이 있다. 형이상학적 윤리설도 일정 부분 '믿음'의 요소가 들어간 것은 사실이지만, 종교적 신앙과 성질이 다른 믿음이다. 종교적 믿음에는 감정적 요소가 강한 데 비해, 형이상학적 믿음에는 지적인 요소가 강하다.

윤리적 기원을 경험-이전적인 것이 아니라 인간 역사의 경험적 산물로 보는 견해도 있다. 인간은 유사이전부터 집단을 이루고 살았다. 그렇기 때문에 집단생활에 도움이 되는 행위는 당위적인 행위가 되고, 집단에 해가 되는 행위는 '해서는 안 될 행위'로 다루어질 공산이 크다. 모든 집단에는 그 집단을 이끄는 힘있는 개인 또는 계층이 생기게 되고, 지배력을 가진 개인이나 계층은 '해서는 안 되는 행위'로서 비난의 대상이 되는 행위는 억제하는 방향으로 영향력을 행사하는 반면, '마땅히 해야 할 행위'로서 칭찬의 대상이 되는 행위는 권장하는 방향으로 영향력을 행사하기 마련이다. 이러한 사태가 지속되는 가운데, 거짓말, 도적질, 탐욕 따위의 행위에 대해서는 '해서는 안 되는 행위'라는 고정관념이 형성되고, 정직함, 자기희생, 이웃돕기 등 칭찬의 대상이 되는 행위에 대해서는 '마땅히 해야 할 행위'라는 고정 관념이 형성된다. 이러한 고정관념은 '습관'이나 '관습'이라 불린다. 습관이나 관습은 사회에서 오래전부터 역사적으로 되풀이되는 관행적인 행동양식을 의미하며 이것이 도덕이나 윤리가 된 것이다. 말하자면 관습이나 습관이 도덕·윤리의 기본이자 그 이전 단계라는 것이며, 개인이나 집단이 되풀이하는 특정 행동양식을 의미하는 '관습'이야말로 윤리적 규범의 모태가 된다는 것이다.

일반적으로 사회규범을 관습 · 도덕 · 법으로 분류할 경우, 관습은 행동양식에 따르는 가치원리와 사회적 제재가 도덕만큼 확립되어 있지 않거나, 법만큼 조직화되어 있지 않은 상태를 말한다. 윤리-도덕과 관습의 원초적인 관련성은 그 어원에서도 쉽게 드러난다. 도덕은 라틴어 *mos*나 *mores*에서 온 것으로서 *mores*는 관습이라는 의미를 지니고 있다. 독일어 *Sitte* 역시 도덕이라는 의미 외에 관습의 의미가 있다. 또 *ethics*나 *Ethik* 모두 그리스어인 *ethos*에서 온 것으로 에토스 역시 풍속 내지 관습을 의미한다.

그러나 중요한 것은 관습이 모두 도덕이 아니듯 도덕에 관한 문제도 모두 관습에 관한 문제는 아닌 것이다. 관습은 원래 무자각적으로 형성되는 개별적 습관의 사회적 집적이므로, 고유문화를 안정적으로 형성하고 있는 비교적 작은 집단에서 기능하는 일이 많고, 따라서 개념적 - 합목적적 반성이나 조직화가 의식적으로 수행되는 일은 적다. 이런 면에서 관습은 보수적 성격을 면하기 어렵고, 사회적인 확대·발전과 진보적 개혁을 도모하고자 할 때 장애가 되기도 한다. 이런 경우 특수한 가치원리를 의식적으로 지키려는 이념적 - 종교적 사회규범처럼 사회진보를 가로막는 사회규범으로서의 관습은 거부될 수밖에 없다. 원시사회에서는 관습이 곧 도덕이고 법일 수 있었지만 발전된 사회에서 관습은 차차 합리화되고 고정화되면서, 특정한 상황에 적합한 법이나 도덕으로 나타나게 된다. 따라서 시간과 장소에 따라 관습과 윤리 - 도덕은 변하는 것이 당연한 것이다.

그리고 관습이 사회적 규범으로 통용된다 하더라도 그것이 합리적인 것인가 하는 문제는 별도로 고려해야 한다. 그리고 경우에 따라서는 윤리 - 도덕은 관습에 저항하는 윤리 - 도덕으로 주장되어야 하기 때문이다. 관습적 에토스에 저항하는 에토스를 당위적 에토스라 말할 수도 있을 것이다. 당위적 에토스에 충실한 사람은 단순히 도덕적인 규칙을 기계적으로 준수하길 거부한다. 도덕원리가 적어도 자신에게 주는 의미에 대해 확신하고 있기에 그 인식에 부합하는 행위를 하고자 한다. 단순히 규범을 지키지 않으면 치를 대가가 두려워서 지키는 것이나 몸에 밴 습관에 따라서 지키는 것이 아니라, 경우에 따라서는 관습에 위배됨으로 말미암아 주위의 다수의 인간들로부터의 어떤 유혹과 협박 그리고 심지어 실제로 가해지는 억압과 폭력에도, 그것이 당위적이라는 신념을 확신하는 가운데서 행위하는 것을 윤리 - 도덕적이라 간주할 수도 있는 것이다.

다시 본론으로 돌아가서, 윤리적 기원이 경험이전이든 경험적이든, 어느 한쪽의 주장이 절대적으로 옳고 따라서 다른 주장은 완전히 배제해야 한다는 주장은 수용될 수 없다. 그 이유는 인간 내부에 이미 도덕을 형성할 수 있는 단초가 마련돼 있고 그 단초는 인간의 경험과 판단에 의해 비로소 도덕규범으로 형성된다고 보기 때문이다. 그러니까 도덕은 인간의 선천적 요소와 후천적 경험이 결합됨으로써 형성되는 것으로 보아야 할 것이다. 이를 위해 경험주의 윤리적 접근을 시도하고 있는 밋글리(Mary Midgley)의 논의를 살펴보는 것도 의미가 있을 것이다.[3]

밋글리는 동물행동학에 기초하여 윤리의 기원을 찾는다. 그는 윤리의 기원을 찾기 이전에 동물행동학의 접근에 있어서 수반되는 이데올로기를 비판한다.[4] 그 중 하나는 행동주의자(behaviorists)의 논제로, 인간은 자연적 성향을 전혀 갖지 않은 백지 상태(tabula rasa)라는 입장이고, 다른 하나는 사회적 성향이 존재한다는 것은 분명하지만, 이들 모두 '이기적'이라는 사회생물학의 입장이다. 밋글리에 따르면, 전자는 전쟁, 인종차별주의 그리고 노예제도를 정당화하는데 사용되는 위험스런 생각(이런 것들이 과연 인간의 본래적인 성향인가에 대한)을 숙고하지 않는다는 도덕적 의미를 함축하고 있다. 후자의 경우, 사회생물학자들은 '이기적'이라는 단어를 "유전자의 증진, 즉 한 생물이 소유하고 있는 유전자가 미래의 생존 및 확산에 기여할 수 있는 것"이라는 의미로 사용하고 있는 바, 이것은 강력한 이기주의 이론인 사이비 다윈주의[5]와 다름이 없게 된다는 것이다.

밋글리에 따르면, 동물행동학은 인간을 포함한 수많은 포유류와 조류들의 사회생활은 의식적인 차원에서건 무의식적인 차원에서건 모든 삶의

---

3 Mary Midgley, "윤리의 기원", Peter Singer ed., *Companion to ethics*, 김미영 외 역, 『윤리의 기원과 역사』(서울: 철학과현실사, 2004), p.32~44 참조.

4 Ibid., p.34~35.

5 밋글리가 말하는 '사이비 다윈주의'란 사회 - 다윈주의를 의미한다. 다윈이 생물에서 관찰한 자연선택이론을 개인, 집단, 인종에 적용시킨 이론으로, H. 스펜서, W. 썸너 등이 여기에 속한다. 이 이론은 각 민족의 민족성이나 정신 능력 - 문화 등은 그 인종적 소질에 의하여 결정적인 영향을 받는다고 하면서 더 우월한 민족만이 번영할 수 있으며, 따라서 '백인의 책무'라는 이데올로기가 성립된다. 유색 인종이 거주하는 미개발 지역을 개척하여 그들로 하여금 서양문명의 은혜를 받도록 하는 것이 백인인종의 책무라는 주장이다. 당시 제국주의 서구의 종교인 기독교의 선교에서도 이러한 이데올로기가 작용되고 있었다는 것은 주지의 사실이다. 더 나아가 사회 - 다윈주의는 전쟁 찬미론을 대두시키는 결과를 초래하게 되어, 쇼비니스트 트라이츠케(Heinrich von Treitschke)는 전쟁이란 약하고 병든 국가를 치료하기 위한 방법이라는 견해까지 제시하기 이른다. 정인여 외 편, 『정치학대사전』(서울: 박영사, 1980), 655; 이석호, 『인간의 이해』(서울: 철학과 현실사, 2001), p.84~85.

과정에서는 '적대적인 경쟁'[6]이 오히려 매우 드문 현상이며, 조화로운 협동이 더 큰 배경으로 자리하고 있다는 것을 증명해 준다는 것이다. 예컨대, 음식 양보를 포함한 자식에 대한 헌신적인 사랑은 매우 흔한 것이며, 부모 외의 다른 개체들이 이런 사랑을 베푸는 경우도 발견된다. 일부 동물들, 특히 코끼리는 고아가 된 아기 코끼리를 양자로 삼기도 한다. 강자가 약자를 방어해주는 경우는 흔하며 방어해주는 개체들이 목숨을 버리면서까지 그런 행위를 한다는 수많은 사례가 있다. 또한 늙고 힘없는 조류들에게 음식이 제공되기도 하며 친구들 사이에서의 호혜적 도움도 흔히 살펴볼 수 있는 바이다.[7]

이러한 제 행위는 사회적 포유류와 조류들(예를 들면, 늑대, 비버, 갈가마귀, 모든 유인원 등)이 이기적이고 잔인한 존재가 아니며, 사실상 단순사회를 형성하고 유지하는 데 필요한 강력한 동기들을 지니고 있음을 분명히 보여준다 하겠다. 그런데 이들이 그러한 습성을 창출해낸 것은 이해타산적인 계산 능력 때문이 아니다. 사회적 동물들은 홉스적인 자연상태, 즉 만인의 만인에 대한 원초적 전쟁 상태에서 교활한 계산을 통해 자신들의 사회를 구성해내지 않는다. 그들은 더불어 살아갈 수 있고 사냥, 축조, 공동 방어 등의 작업에서 놀라운 능력을 갖추고 있다. 이들이 그렇게 하는 까닭은 그저 자연스럽게 사랑하고 있고, 서로 신뢰하기 때문이다.[8]

그렇다면 인간을 포함한 사회적 동물들의 그러한 자연적 성향들과 도

6 밋글리는 '경쟁'의 의미를 구분한다. 즉, 우연적으로 일어나는 경쟁과 이데올로기적인 의미에서 인간적 사회에서 일어나는 경쟁은 다르다는 것이다. 자연상태에서 발생하는 경쟁은 우연적인 경쟁에 해당하는 것이며, 그것은 의도적이고 이데올로기적인 의미에서의 경쟁이라고 볼 수 없다는 것이다. Ibid., p.27.

7 Ibid., p.32~33.

8 Ibid., p.33.

덕 사이에는 어떤 관계가 있는가? 밋글리는 이러한 성향들이 도덕 그 자체를 구성하지는 않지만 도덕이 가능하도록 하는 데 무엇인가 핵심적 내용을 제공하고 있다고 주장한다. 그러한 성향들과 도덕의 관계는 자연스러운 호기심과 과학의 관계, 자연스러운 경이 - 찬탄과 예술의 관계와 매우 유사하다는 것이다.[9] 자연스러운 호기심이 과학을, 자연스러운 경이가 예술을, 자연스러운 애정이 도덕을 형성할 수 있을지 없을지의 여부는 지능의 역할, 특히 언어에 달려 있다. 인간 이외의 동물사회에서는 서로 간의 충돌을 또 다른 자연적 성향을 통해 해결할 수 있지만 도덕을 구성할 수는 없다. 반면에 다른 사람의 삶을 크게 의식하며 살아가야 하는 우리 인간들은 서로 간의 충돌을 어느 정도 일관적이라고 느껴지는 방식으로 조율할 필요가 있다. 갈등과 충돌을 조율한다는 것은 원리와 규칙에 합의한다는 것이고, 바로 이러한 과정에서 도덕이 형성된다는 것이다. 요컨대 도덕이란 인간과 동물이 공유하는 모태에서 단초를 얻고 여기에다 인간의 후천적 노력을 더해 형성된다는 주장이다.

2.2 도덕적 규범의 성격

윤리학에서 관심을 기울이는 내용은 그 중심에 항상 "어떻게 살아야 하는가?"라는 물음이 자리하고 있다. 윤리학은 어떻게 사는 것이 옳고 어떻게 사는 것이 그른가에 대해 숙고하는 학문이다. 물론 거기엔 "왜 그것이 옳은가?"에 대한 질문에 대해 묻고 답하는 작업도 포함된다. 숙고를 통한 물음과 대답은, 단순하게 답을 얻는 것과는 상당한 거리를 두는 과정을 의미한다.

9 Ibid., p.36~37.

예컨대, 착한 국민이 되는 길이라든지 착한 학생이 되는 방법을 알려주는 것이 윤리학이 아니다. 그런 의미에서 과거 군사정권에 의해 대한민국의 모든 교육에서 강요된 "국민윤리"는 가장 반윤리적인 공부였다고 단언할 수 있다.

우리는 크리스마스나 명절이 되면 성금을 모아 불우한 이웃을 방문한다. 가장 접근이 용이한 장소가 고아원이나 양로원일 것이다. 불우한 이웃에게 정을 나눈다는 것은 필시 착한 행위임에 틀림없다. 그런데 그 시설을 담당한 원장이 아이들이나 노인들에게 베풀어져야 할 우리의 정성을 상습적으로 착복한 사실이 드러났을 경우, 우리는 고민하지 않을 수 없다. 그 사실을 알고도 그 시설을 계속 후원해야하는가 말아야 하는가? 우리의 선행으로 나쁜 사람들이 배를 불리고 있다. 그러나 선행을 중단했을 경우 어려운 이웃들의 삶은 더 힘들어 질 것이다. 사회 조직에서 발생하는 "내부 고발"이라는 것도 상당히 당혹스러운 사태이다. 조직이나 자신 또는 가족을 위해 비리에 눈을 감아야 하는가 아니면 사회전체의 의를 위해 부정을 폭로해서 교정해야 하는가? 우리는 이 모든 경우에 있어 내키는 대로 행동할 수 없다. 그렇기 때문에 어떻게 사는 것이 착하고 바르게 사는 것인지에 대해 숙고하지 않을 수 없다. 이렇게 숙고한다는 것 그 자체가 윤리학적 사고이다.

윤리학의 문제는 "어떻게 살아야 하는가?"인데 이것은 "어떤 것이 착한 행위인가?"라는 물음을 포함한다. 우리의 삶은 우리의 행위로 구성되기 때문이다. 우리의 일련의 행위들이 우리의 삶을 형성한다. 어떤 사람의 일련의 행위들을 무시하고 그 사람이 훌륭한 삶을 살았는지 그렇지 않았는지를 판단할 수 없다. 즉 삶에 대해 평가하기 위해서는 개별 행위들을 평가해야 한다. 최근 국민들을 공포와 분노의 도가니로 몰아넣었던 부녀자 연쇄 살인범의 삶과 종교에 상관없이 많은 이들에게 감동을 주었던 이태석 신부의 삶

중 어느 것이 더 훌륭한 삶인가? 두 사람의 삶을 세밀하게 전부 다 관찰하지 못했다 하더라도, 어느 삶이 더 낫고 어떤 삶이 나쁘다는 것을 판단하기에 충분할 정도로 안다.

윤리학은 일차적으로 행위의 문제에 관심을 기울인다. "어떤 행위는 옳고 어떤 행위는 그른가?" 이를 달리 표현하면 "행위의 규범"에 관한 문제라고 할 수 있다. 우리가 따라야 할 규범은 무엇인가에 대한 문제다. 그러나 도덕규범을 해야 할 것과 하지 말아야 할 것을 상세히 적어 놓은 목록이나 처방 같은 것으로 오해하기 쉽다. 동시에, 대부분의 사람들이 어린 시절부터 배운 도덕관념은 대부분 매우 단순한 것이기 때문에 일방적으로 주입되며, 전혀 모순이 없는 절대적인 것으로 수용된다. 이리하여 "훔치지 말라", "거짓말하지 말라", "약속을 지켜라" 등과 같은 규범에 대해서 사람들은 별 의식 없이 이를 무비판적으로 수용한다.

그러나 "훔치지 말라"는 규범의 경우, 흔히 사람들은 타인의 물건을 주인의 허락 없이 취했을 경우에만 이러한 규범을 어긴 것으로 여기지, 임금을 제 때 지급하지 않거나 부당하게 노동력을 착취하는 경우에 대해서는 이러한 도덕적 판단을 동일하게 적용하지 않는다. 또 자명하기 그지없는 "거짓말하지 말라"는 규범의 경우 어떤 정치가가 교묘한 방법으로 경쟁자의 인격과 명예를 손상시킬 수 있는 허위정보를 유포시킨다면 그것은 흔히 있을 수 있는 일로 치부하면서 적용시키기를 꺼려할 것이다.

이러한 도덕규범에 대한 상반된 태도는 우리사회에서 흔히 발견되는 가치의 이중적 기준을 잘 보여준다. 이러한 이중적 기준이 우리사회에 존재하는 이유는, 일차적으로는 성장과정을 통해 주입된 단순한 도덕관념이 제대로 기능하지 못했기 때문이기도 하지만, 보다 근본적으로 어떤 행동에 대해서 좋다 혹은 나쁘다 판단할 수 있는 기준이나 근거가 애매하고 모호하다는 데서 비롯된 것이다.

사실, "어떻게 살아야 하는가, 그리고 어떻게 행동하는 것이 도덕적인 삶인가?"라는 질문에 대해서 합리적이고도 객관적으로 답한다는 것이 결코 쉽지 않다. 예컨대, '살인하지 말라'는 규범의 경우, 이 규범을 받아들이는 사람들도 예외는 인정한다. 그러나 어떤 경우에 예외를 인정할 것인지를 결정해야하고, 그 근거를 분명히 밝혀야 할 것이다. 사람들은 대체로 정당한 방어를 위해서 상대를 죽이거나, 상황에 따른 어쩔 수 없는 살인행위를 용인하기를 요구한다. 예를 들어 경찰이 직무수행 중 더 많은 생명을 보호하기 위해 불가피하게 피의자를 살해한다거나, 전쟁 중에 자신의 생존을 위해 적군의 생명을 빼앗는 것은 정당하다고 여겨진다. 그러나 정당방위도 상황에 따라서는 애매한 경우가 있기 때문에 '정당한 살인의 기준이 무엇인가?'라는 물음이 다시 제기될 수 있다.

이처럼 한 사회의 도덕적 규범은 미리 모범답안처럼 규정될 수 있는 성질의 것이 아니다. 더 비판적으로 그리고 합리적으로 분석하고 이해할 때에만 올바른 도덕적 판단으로 기능할 수 있으며, 이를 위해 무엇이 옳고 좋은 행동인지를 묻고 결정하는 윤리적 탐구가 언제나 필요하다.

2.3 도덕법칙, 사실판단, 가치판단

도덕법칙은 인간행동에 관한 기본적인 규칙을 말하지만, 인간행동이 전부 도덕법칙과 관계된 것은 아니다. 예를 들어 이웃의 생명과 재산에 대한 존중의 의무, 결혼생활에 대한 의무 등의 행위나 절도, 사기, 살인 등의 행동에 대한 판단에는 반드시 도덕법칙이 필요하다. 그러나 식사를 할 때 숟가락을 어느 손에 쥐어야 하는가, 잠자리에 들 때는 어떤 옷을 입어야 하는가, 야구를 볼 때 어떤 팀을 응원해야 하는가, 전자제품은 어떤 회사의 제품을 구입해야하는가 등의 판단에 관한 문제는 도덕적인 판단의 대상이 되지 않는, 다시 말해 도덕법칙이 요구되지 않는 문제이다. 이렇게 본다면 인간의 모든 행동이 도덕적 판단의 대상이 되는 것이 아니라, 일정한 기준이 필요함을 알 수 있다.

사물이나 사태에 대해 어떤 판단을 내릴 때 그 판단은 두 종류로 구분할 수 있다. 하나는 사실판단이고 다른 하나는 가치판단이다. 이때 사실판단이란 어떤 사물, 사태, 사건, 행동에 대한 객관적이고 중립적인 서술을 의미하고, 가치판단이란 동일한 사태, 사건, 행동에 대해 '좋음과 나쁨' 혹은 '옳음과 그름'이라는 정의적 개념에 의한 판단을 의미한다. "축구공에 바람이 빠졌다"는 진술은 사실판단이고, "그 축구공은 잔디에서 사용하기에 좋다"는 진술은 가치판단이다. "저 사람은 부산사람이다"는 진술은 사실판단이지만, "저 사람은 참 좋은 사람이다"는 진술을 가치판단이다. "저 사람이 물건을 훔쳤다"는 진술은 사실판단이지만, "저 사람이 물건을 훔친 것은 나쁘다"는 진술은 가치판단이다. "장미꽃이 화병에 꽂혀있다"는 진술은 사실판단이지만, "꽃병에 꽂힌 장미꽃이 아름답다"는 진술은 가치판단이다.

이렇게 볼 때 가치판단의 근거인 가치란 일반적으로 인간 욕망의 대상 혹은 욕망에 관한 판단 과정임을 의미한다. 또 같은 가치판단이라도 "그 축구공은 잔디에서 사용하기에 좋다"는 도구적 판단에, "물건을 훔치는 것은 나쁘다"나 "저 사람은 좋은 사람이다"는 도덕적 판단에, "장미꽃이 아름답다"는 미적 판단에 속한다.

사실판단은 어떤 사실에 대한 객관적인 진위의 판단이 가능한 데 비해, 가치판단은 개인의 주관적인 가치관이 개입되기 때문에 객관적인 진위의 판별이 쉽지 않다는 문제점이 있다. 예를 들어 같은 여성을 보고도 미적 판단이 다를 수 있고, 같은 사람의 행위에 대해서도 도덕적 판단이 다를 수 있다. 그렇다면 가치판단 중에서 특히 도덕판단은 개인적이고 주관적 판단에만 머물 뿐 어떠한 보편적 기준도 제시할 수 없는 상대적인 영역에 머물러야 하는 판단인가? 그렇지 않다. 전통적으로 윤리학자들은 도덕판단에서 시공을 초월하는 보편적 기준을 추구하기 위해 노력해왔다. 이러한 도덕판단의 기준은 인간의 보편적인 이성이 제시해 주고 있는 것이다.

"사람이 왜 윤리적으로 살아야 하는가?"라는 물음은 윤리 내부에서의 개별적인 물음과는 차원을 달리한다. 이를테면 "지하철에서 구걸하는 장애인에게 돈을 줄 것인가 말 것인가?", "우연히 갖게 된 아이에 대해 임신중절을 해야 하는가 원치 않아도 낳아야 하는가?" 등의 물음에는 개별적인 윤리적 가치가 전제된다. 그러나 "나는 왜 윤리적으로 살아야 하는가?"의 물음은 윤리 그 자체에 대한 보편적인 물음이다. 따라서 이러한 물음은 개인의 관점이나 입장, 기분과 이익을 초월하는 물음으로서 개인적 삶의 태도와 방식을 넘어서서 보편적 규정에 근거하여 행해야 할 당위(ought)적 이유를 묻고 있는 것이다. 앞에서 보았듯 도덕적 판단은 사실판단과 다를 뿐만 아니라 가치판단과도 다르다. 이는 '당위'의 문제와 관련이 있다는 점을 염두에 두어야 한다.

이처럼 인간은 자신의 이익만을 고집하지 않는 한, 어느 정도의 보편적인 윤리를 정립하고 지키려고 노력한다. 설령 교통법규를 자주 위반하는 사람이라 할지라도 교통법규가 존재할 필요가 없는 것이라 여기지는 않을 것이며, 심지어 전문적으로 절도를 일삼는 사람조차도 "남의 물건을 훔쳐서는 안 된다"는 규범이 전혀 불필요하다고 여기지 않을 것이다. 자신이 비록 그 법과 규범들을 어기고는 있지만, 그것의 존재에 대해서는 인정할 수밖에 없는 것이다. 결국 인간의 실천이성과 양심은 개인의 이익이나 특정한 관점을 포함하는 자신의 통념을 초월하여 보편을 따르도록, 즉 보편적 윤리를 행위 하도록 요청받는 것이다. 물론 이를 따를 것인가 거부할 것인가는 개인의 가치판단과 처지에 따라 결정될 것이지만, '이성적 존재'인 인간은 특정한 규범을 통해서 자신의 자유가 제약받는 한이 있더라도 이러한 계약을 통해 새롭게 규범을 제정하고 질서를 창조하면서 자유를 추구하며 살려고 노력할 것이다.

나중에 다시 상론하겠지만, 간략하게 한 가지만 더 언급하고 싶은 것은 "우리는 왜 보편적 규범을 따라야 하는가?"라는 물음이다. 이 물음에 대해 윤리학에서는 전통적으로 두 가지로 답변한다 "보편적인 규범이 어떤 목적을 위해 선하기 때문이다"와 "보편적 규범이 그 자체로 선하기 때문이다."이다. 달리 말하면, 전자는 "우리의 목적에 도움이 되는 행위를 하라고 말하는 규범은 보편적으로 옳은 것이고 그렇지 않은 규범은 그르다"는 것이다. 후자는 "보편적으로 절대 옳은 규범들이 있으며 그 규범들이나 그 규범을 따르기 위한 다른 규범들만이 옳고 그렇지 않으면 옳지 않다."라고 번역할 수 있다. 목적과 규범의 연관성을 따지는 것이 목적론적 윤리(teleological ethic)가 되는 것이며 규범 자체의 속성을 따지는 것이 곧 의무론적인 윤리(deontological ethic)가 되는 것이다. 규범을 정당화하는 방식의 차이인 것이다. 목적론적 윤리는 규범 이외의 것으로 규범을 정당화하는 것이며, 의무론적 윤리는 규범 그 자체를 직접 말하는 것이다. 그렇기 때문에 의무론적 윤리의 핵심은 규범을 무조건적인 옳음으로 보려는 경향이 있다. 뿐만 아니라, 목적론적 윤리의 '목적'이 구체적인 결과를 의미한다는 점에서(행위나 규범의 옳고 그름을 따질 때 그 행위의 결과를 기준으로 하기 때문에) "결과론적 윤리"라고 볼 수도 있고, 의무론적 윤리는 규범 그 자체에 관심하기에 "규범 중심의 윤리"(진정한 의미에서 규범윤리)라고 부를 수도 있다. 이점에 대해서는 이후 윤리이론을 구체적으로 다룰 때 다시 상세하게 언급될 것이다.

2.4 윤리학의 과제

앞에서 윤리나 도덕은 공통적으로 '사회적 관습'이란 의미를 갖고 있다고했다. 이는 윤리나 도덕이 처음에는 반성되지 않은 사회적 관습 또는 사회의 고정관념이나 미풍양속으로 통용되었다는 것을 의미한다. 그러나 반성되지 않은 사회적 관습이란 시대적 한계를 벗어나지 못할 뿐만 아니라 경우에 따라서는 불합리하고 맹목적인 성격을 드러내기도 한다. 시대를 앞선 지혜자들은 바로 이것을 의식하면서 전통적인 관습적 도덕의 정당성에 대해 비판을 가했던 것이다. 엄밀한 의미에서는 이것이 진정한 윤리학의 시작이었다 말할 수 있겠다. 소크라테스, 플라톤, 아리스토텔레스가 활동했던 고전 헬라철학의 시대가 바로 윤리학의 성립시기인 것이다. 이러한 반성을 통해 관습적 윤리나 도덕의 불합리성과 맹목성을 개선하게 된다.

그러나 윤리가 관습적 윤리나 도덕을 반성한다는 것은 그것의 문제점을 단순히 성찰하는 것에서 머문다는 의미가 아니다. 윤리학이 기존의 도덕의 정당성을 비판적으로 검토하려면 판단기준으로 적용할 어떤 궁극적인 원리가 있어야 한다. 그것이 바로 '좋음(선)'과 '옳음'이다. 동서양을 막론하고 선이란 두 가지 극단 사이에서 움직여 왔다. 동아시아에서는 선을 '좋은 것'(the goodness), 즉 자기에게 이익이 되는 것(양혜왕)과 인의, 즉 착함과 의로움(맹자)의 대립으로 파악한다.[10] 서양윤리 역사에서는 선이란 '좋음'(goodness, 최고

---

10 참고로 '선'에 대한 老子의 사상을 짚어보는 것도 흥미로울 것이다. 『道德經』제2장은 이렇게 시작된다. "天下皆知美之爲美, 斯惡已. 皆知善之爲善, 斯不善已"(하늘 아래 사람들은 모두 아름다운 것이 아름답다고 알고 있다. 그런데 그것은 추한 것이다. 하늘 아래 사람들은 모두 선한 것이 선하다고만 알고 있다. 그런데 그것은 선하지 않은 것이다.) 세상 사람들은 미(美)와 선(善)을 현실에서 통용되는 가치 속에 갇혀 있는 바위와 같은 고체로 인식하는데 반하여 노자는 미와 선을 현실적 가치 너머 바위 위로 흐르는

의 선, 행복, 아리스토텔레스)과 '옳음'(칸트)으로 이해했다.

이처럼 "선이란 무엇인가?"라는 물음은 선의 의미를 어떻게 파악하는가에 따라 전혀 다른 방식으로 전개될 수 있다. 이익이 되는 것과 착함이나 옳음이 같은 것일 수 없다. 마음의 착함 속에서 선을 찾는 칸트의 입장에서 보면 결과적으로 아무리 많은 행복이 주어진다 해도 마음이 착하지 않을 경우 그것은 결코 선이 될 수 없다.

착함과 좋음은 결코 같은 것이 아니다. 그렇다고 양자가 무관하다고 말할 수도 없다. 왜냐하면 착함은 사람들을 위해 좋은 것을 추구하는 것이지 결코 나쁜 것을 추구하는 것일 수 없기 때문이다. 바로 여기서 윤리학의 문제는 같은 것도 아니고 전혀 무관한 것도 아닌 착함과 좋음을 선의 개념 속에서 어떻게 매개하느냐 하는 데 있다.[11]

윤리학은 또 '옳음'에 대해서도 관심을 기울인다. 어떤 행위의 결과가 바람직하고 가치 있는 것이라면 그 행위는 옳은 행위라 할 수 있지만 만일 그 결과가 바람직하지 못하고 가치 없는 것이라면 그 행위는 옳은 행위라

물과 같이 인식한다. 그래서 노자는 세상 사람들이 생각하는 미나 선은 그 상대적 의미일 뿐 미나 선의 참모습이 아니라고 주장한다. 그러면 노자가 그리는 미나 선은 어떤 모습일까? 노자는 美의 상대어로서 醜(추)가 아닌 惡(오)를 사용하고 있다. 중국 고대어에서는 惡은 악이 아니라 오다. 오라는 것은 "싫음"이요, "추함"이다. 美의 반대는 惡(오)요, 그것은 "싫음"이요, "추함"이다. 이 말은 "악"은 독립적으로 존재하지 않는다는 뜻이다. 그리고 노자는 선(善)을 이야기하지 않았다. 미(美)를 설명했을 뿐이다. 노자에게 선(善)은 미(美)의 연장적 개념(概念)이기 때문이다. 그러면 우리가 알고 있는 선의 상대적 개념인 악은 무엇인가? 노자는 그것을 불선(不善), 즉 선(善)이 아닌 것이라고 한다. 선이 아니므로 실체로서 존재하지 않는다는 것이다. 노자에게 악은 인간의 행위에 의해서 유발된 증오와 분노의 감정일 뿐, 선험적이고 보편적인 인간의 본성이 아니다. 이 점에 대해 도올은 노자의 혜안은 20세기 이모티비즘 윤리와 맥이 닿는 것이라 짚고 있다. 김용옥, 『노자와 21세기』(서울: 통나무, 1999), 122~125 참조.

11 김상봉, "윤리 도덕", 우리사상연구소 편, 『우리말철학사전 2: 생명, 상징, 예술』(서울: 지식산업사, 2004), 229~230.

단정 지을 수 없다. 따라서 어떤 행위의 옳고 그름은 그 행위가 초래하는 결과의 좋고 나쁨에 달려 있다.

한편 어떤 행위의 옳고 그름은 결과가 아닌 동기에 따라서도 구분된다. 그 행위의 당사자가 선한 의지로 실행했다면 결과에 상관없이 그 행위는 옳은 행위요, 나쁜 의지로 실행했다면 그른 행위라 할 수 있다. 따라서 어떤 행위의 옳고 그름은 그 행위의 결과 또는 동기의 좋고 나쁨에 긴밀한 관련이 있음을 알 수 있다. 그렇다고 해서 옳고 그른 것이 전적으로 좋고 나쁜 것에 의거하지는 않는다. 옳고 그름은 좋고 나쁨과 전적으로 같지도 않으며 무관한 것도 아니기 때문이다. 윤리학은 이 양자의 관계를 선의 개념 속에서 어떻게 매개하느냐 하는 것이 하나의 중요한 문제가 된다.

윤리학에서 빼놓을 수 없는 중요한 과제는 '당위'(ought)에 대한 연구이다. 그러면 '당위'는 무엇인가? 이에 대한 답은 인간이란 존재의 이중적 특성에서 찾을 수 있다. 인간은 한편으로는 자연의 일부로서 살아가는 자연 의존적 존재이기도 하지만, 다른 한편으로 자연 의존성을 거스를 수 있는 자연 초월적 존재이기도 하다. 만약 인간이 순수한 의미의 자연 상태 속에서만 살아간다면 그를 결코 참된 의미에서의 인간이라 할 수 없을 것이다. 인간은 오직 자연상태를 벗어나 사회 안에서 인격의 도야를 통해서만 비로소 인간으로 존재할 수 있다. 그리고 인간이 참다운 인간으로 존재하려면 자기 스스로 자신의 인격을 다듬어 나가는 노력이 필요하며, 그 노력 속에 인간 존재의 본질이 담겨 있다.

이런 의미에서 인간이 '있음'(사실)에서 어떻게 '마땅히 해야 함'(당위)으로 나아갈 것인가 하는 것은 인간에게 주어진 가장 근원적인 과제이다. 인간은 저절로 있는 또는 있게 될 존재가 아니라 이루어져야만 할 존재이다. 당위는 인간 존재의 본질적 계기인 것이다. 당위는 인간의 자기 초월, 즉 '있음'의 존재에서 '있어야 할' 존재로서 자기를 형성하는 것이다. 이러한 자기 형성이 전적으로 중단될 때, 인간은 더 이상 인간으로서 존재할 수 없다. 그것은 인간성의 전면적 파괴를 의미하기 때문이다.

인간은 오직 이러한 자기 정립, 자기 형성을 통해서만 참된 인간일 수 있고, 참된 인간으로서 존재하는 한에서 당위는 인간 존재의 본질적 계기가 된다. 문제는 자연의 일부로서의 존재방식인 '있음'과 자연 초월적 존재로서의 존재방식인 '있어야 함', 이 양자를 어떻게 매개하느냐 하는 것이다. 이 또한 중요한 윤리학의 과제가 아닐 수 없다.

여기서 리꾀르가 수립하고자 했던 윤리학의 과제를 살펴보는 것도 도움이 될 것이다. 리꾀르에게 있어서 윤리적 지향은 "정의로운 제도 속에서 타자와 함께하는, 그리고 타자를 위한 '좋은 삶'을 목표로 삼는 것"[12]이다. 이것이 그의 윤리학의 근간이다. 또한 그에게 있어 윤리적 목표는 이에 상응하여 세 가지 구성요소, 즉 '좋은 삶'(good life)과 '배려'(solicitude), '정의'(justice)를 가진다.

윤리적 목표로서의 '좋은 삶'은 플라톤적인 '지고의 선'이 아니라, 아리스토텔레스적인 '인간이 목표로 하는 선'이다. 그리고 그는 이것의 논의를 위해 아리스토텔레스의 두 가지 교설을 가져온다. 그 하나는 좋은 삶의 목표가 뿌리내리는 근본적인 정착을 프락시스에서 추구한다는 것이며, 다른 하나는 프락시스에 내재하는 목적론, 즉 좋은 삶의 목표를 원칙적으로 구조화시키는 그런 목적론을 확립하려 한다는 것이다.[13]

리꾀르가 아리스토텔레스의 윤리학에 근거하여 밝혀보고자 한 것 중의

---

12 Paul Ricoeur, *The Conflict of Interpretation: Essays in Hemeneuticsed*, by Don Ihde (Evanston: Northwestern Univ, Press, 2000), p.272.

13 Ibid., p.172.

하나는 "각각의 프락시스가 '목적 자체'를 가진다는 것과 '궁극적인 목적'을 지향한다는 것"을 어떻게 동시에 주장할 수 있느냐는 것이었다. 그에 의하면, 목적들이 배열되는 비밀은 "실천과 삶의 계획 사이의 관계에 있다."[14] 여기서 그는 '삶의 이야기적 통일성'(the narrative unity of a life) 개념을 가져온다. 윤리적 주체는 이야기 주체로서의 인격이다. '삶의 계획'이란 개념은, 삶의 이야기적 통일성의 차원에서 이해되어야 한다. 이야기적 통일성은 윤리적 주체가 모든 이야기들에서 만나는 의도들, 원인들, 우연들의 조직화를 강조한다. 삶은 불확실한 사태들의 모임이다.[15] 그에게 있어서 좋은 삶은 "각자에게 완성의 이상들과 꿈들로 이루어진 성운이고, 이것에 준해서 하나의 삶은 다소간 완성되거나 미완성된 것으로 간주된다."[16]

리꾀르는 윤리적 목표의 두 번째 구성요소로 '배려'를 제시한다. 좋은 삶의 바탕은 자기의 삶이며, 이것은 자신에 대한 존중, 즉 자존(self-esteem)에서 비롯된다.[17] 이것은 '나'(je/I)에 대한 존중이 아니라, '자기'(soi/self)에 대한 존중을 말한다. '나'에 대한 존중은 도덕적 유아론에 빠지는 것을 말하지만, '자기'에 대한 존중은 '인격들의 상호성'과 연관된 인격적인 의미를 갖는다. 즉 '자기'는 타자와의 변증법적 순환을 통해서만 존재하는 인격이다. 요컨대, 좋은 삶의 목표는 자기 존중이라는 덕과 관련이 있다. 그리고 자기 존중은 타자의 존재와 더불어 그 의미가 더욱 풍성해진다. 배려는 자기와 타자의 존재와 관련된 문제이다. 리꾀르는 좋은 삶과 배려의 관계를 해명하기 위해 아리스토텔레스에게서 '우정'(philia)의 개념을 가져온다.[18] 우정은 좋은

---

14 Ibid..

15 Ibid., p.179.

16 Ibid..

17 Ibid., p.180~181.

삶의 목표와 정의를 중간에서 매개해 준다는 것이다. 좋은 삶은 자기 존중에 반영되어 있지만 그것에 한정되어 있지 않다. 좋은 삶의 목표는 자기 존중을 넘어서 타자와의 관계를 요구하는데, 바로 우정이 그것을 담고 있다. 아리스토텔레스의 우정은, 감정들의 정서적 본능을 넘어서는 것으로서, 신중한 선택에서 작동하는 덕(arete)으로 습관의 등급을 높이는 존재의 능력이다. 그리고 다른 한편, 우정은 타자성에 자리를 마련해 줄 여지를 가진다는 것이다.[19]

리꾀르의 윤리적 목표의 세 번째 구성요소는 '정의'이다. 좋은 삶의 목표는 어떤 식으로든 정의의 의미를 포함하고 있다. 왜냐하면 타자와의 동등한 관계 안에는 우정과 같이 대면하고 있는 타자 이외에 다른 타자가 있기 때문이다. 좋은 삶은 한 인격이나 상호인격적인 관계에 국한 되는 것이 아니라 제도의 영역에서 완성된다. 정의는 대면하지 않는 타자를 전제로 하는 윤리적 요소이다. 이 정의는 배려에는 포함되어 있지 않는 윤리적 특징들, 즉 평등을 요구한다. 정의의 적용점으로서 제도와 윤리적 내용으로서의 평등, 이것이 리꾀르의 윤리적 목표를 구성하는 세 번째 요소에 관한 연구의 초점이다.[20]

리꾀르에게 있어 도덕은 의무와 규범으로 대변되고 윤리는 삶과 배려로 대변된다.(도덕과 윤리를 개념적으로 구별하는 문제에 대해서는 다음 절에서 상론할 것이다) 이 둘의 관계는 상보적이어야 한다. 윤리적 목표를 위해서는 규범의 틀을 거쳐야 하며, 규범이 실천적으로나 이론적으로 막다른 길을 만날 때 이를 해결하기 위해서는 윤리적 목표에 의존해야 한다.

---

18 Ibid., p.182.

19 Ibid., p.181~182.

20 Ibid., p.194.

그렇다면 윤리적 목표가 규범의 틀을 거쳐야 한다는 것은 무엇을 말하는가? 리쾨르가 "목적론적 목표"와 "의무론적 계기"를 구분하면서, 목적론적 목표가 삶의 계획과 실천 사이에서 우리의 소망과 욕구와 의지 등을 포괄하는 것이라면, 의무론적 계기는 그 목표를 실현하기 위한 과정의 단계를 의미한다. 규범은 이러한 계기를 상징하는 것으로서, 이것의 특징은 '보편성'과 '강제효과'이다.[21] 따라서 윤리학이란 '올바른 행동과 좋은 삶에 대한 철학적 탐구'라고 정의할 수 있다.

2.5 윤리, 도덕, 법

법과 윤리

윤리와 도덕을 설명하는 데는 의외로 복잡한 문제가 놓여 있기에, 비교적 쉬운 윤리와 법의 관계에 대해서 먼저 알아보자. 법과 윤리의 차이를 아는 것은 간단하다. 이렇게 물어보자. "대한민국은 법치국가다. 그런데 정말 법이 정의롭게 집행되고 있다고 생각하는가?" 대부분의 사람들은 이러한 질문에 대해 결코 긍정적으로 답하지 않을 것이다. 예를 들지 않더라도 법이 정의롭게 집행되지 않는 경우를 너무도 많이 경험하고 살기 때문이다. 법 집행은 정의롭지 않으며, 권력자들과 일반 서민들에 대한 적용이 다르다. 그렇기에 법치주의라는 말도 부나 권력을 가진 자들을 위한 것 이라는 말로 조롱당한다. 법치주의에 대한 조롱으로 "유전무죄(有錢無罪), 무전유죄(無錢有罪)"만큼 적나라한 표현도 없을 것이다. 법 집행이 정의롭지 못하다는 것은 법이 윤리적으로 옳게 실행되지 못했다는 의미다. 그것은 법 자체의 문

---

21 Ibid., p.170.

제라기보다는 그 행사에 문제를 제기하는 것이다. 그리고 법을 그 문제 제기의 기준으로 삼을 수 없다. 법의 기준에서는 법적으로 아무런 잘못을 지적할 수 없기 때문이다. 심지어 법의 이름으로 불법을 저지를 수도 있다. 그래서 법과 법집행을 문제 삼을 수 있는 기준은 윤리다. 윤리는 옳고 그름에 대한 궁극적인 기준이다. 쉬운 예를 든다면, 과거 군사정권 시절 국가안보를 이유로 독재자들은 반공법, 긴급조치위반법 등등으로 민주화운동에 가담했던 사람들을 중범죄자 취급하여 말할 수 없는 고통을 안겨다 주었다. 양심수들은 정권이 규정한 법을 어겼기 때문에 그 기준에 의해서 모진 처벌을 받았다. 그러나 분명하다. 법 자체가 권력 유지를 위해 만들어진 잘못된 법이며 또한 집행 자체도 부당한 것이었다. 그렇게 비판적으로 평가하고 판단할 수 있는 기준이 윤리다. 이를 통해 윤리가 법보다 훨씬 근본적이라는 것을 알 수 있을 것이다. 법이나 윤리가 둘 다 규범적 성격을 띠지만 근본성에서 분명한 차이를 갖는다. 따라서 제대로 된 법과 올바른 법의 집행이 이루어졌을 경우야만 윤리적인 법, 윤리적인 법집행이라 말할 수 있다.

그리고 법이 윤리보다 훨씬 물리적 강제성을 띠는 것도 양자의 차이다. 양심수의 예에서 볼 수 있듯 법적인 처벌을 받는다고 해서 모두 비윤리적이라고 할 수 없다. 그러나 그렇다하더라도 법을 어기면 해당하는 처벌을 받는다. 양심적으로 파렴치한 행위가 분명한 경우라도 법을 어기지 않았으면 처벌받지 않는다. 그러나 아무리 선한 동기가 있었고 훌륭해 보이는 행위라 할지라도 법을 어겼으면 처벌을 받는다. 그리고 같은 맥락에서 규범이나 법을 어겼을 때의 감당해야 하는 부담도 그 성질이 다르다. 형편이 허락되면서도 옆에 있는 불우한 이웃을 돕지 않는 것은 양심적으로 부담을 느끼는 문제이지만, 교통법규를 위반하거나 절도를 하는 경우는 전혀 다른 종류인 물리적(경제적, 신체적) 부담을 감수해야 한다. 그렇다고 해서 양심적 부담이 물리적 부담보다 훨씬 가벼운 것이라는 말은 아니다. 예컨대 할 수만 있으면 탈세를 위해 법망을 피하고 싶어 하지만 법의 처벌이 두려워 마지못해 법을 지키는 기업인이 윤리적 각성에 의해 즉 양심적 부담감에 의해 형편이 어려운 학생들을 위해 선뜻 장학금을 내놓을 수 있기 때문이다. 이는 내면적으로 작용하는 윤리적 강제가 외적으로 작용하는 법적 강제보다 결코 가벼운 것은 아니라는 증거이기도 하다.

윤리와 도덕

이제는 법과 윤리의 구분보다 훨씬 더 까다로운 윤리와 도덕의 관계를 알아보자. 사실 윤리와 도덕은 일상생활에서 엄격하게 구분해 사용되지는 않는다. 어법상 또는 표현 과정상 서로 융통성 있게 쓰이고 있는 형편이다. 앞에서 보았듯이 어원적으로 도덕은 관습이나 범절의 의미를 지니고 있고, 윤리 역시 풍속 내지 관습을 의미한다. 이렇게 보면 윤리나 도덕은 어원적으로는 비슷한 의미를 지니고 있는 셈이다.

분명하게 해둘 것은 윤리학에서 도덕과 윤리는 개념적으로 별다른 차이 없이 사용되고 있다는 것을 먼저 밝히는 것이 좋을 것 같다. 윤리학은 우리가 도덕적 삶을 살아가는데 필요한 도덕의 기본적 원리만이 아니라, 도덕적 가치와 덕목에 관한 도덕지식, 나아가 이러한 도덕규칙과 가치에 부합할 수 있도록 행위자의 도덕적 품성을 탐구하는 학문이다. 윤리학의 탐구영역과 주제를 도덕적 진리의 탐구와 그 인식론, 도덕행위론, 도덕성 정당화론으로 설정하는 것도 도덕과 윤리의 영역이 따로 구분되는 것이 아니기 때문이다.

그럼에도 이 두 말이 구분되는 경우가 있다. 특히 한국사회에서는 두 용어가 일상에서 구별될 때가 있다. 예컨대, '기업윤리', '직업윤리', '공직자윤리', '정보윤리', '국회윤리위원회'라는 표현은 사용해도 '기업도덕', '직업

도덕', '공직자 도덕', '정보도덕', '국회도덕위원회'라는 말은 잘 쓰지 않는다. 그리고 '공직자의 도덕성', '성직자의 도덕성' 등과 같은 표현은 사용해도 '정치인의 윤리성', '성직자의 윤리성'같은 말은 잘 쓰지 않는다. 이들 표현에서 알 수 있듯이 윤리는 한 집단 사회의 윤리적 기준 또는 어떤 직업이나 직책에 관련된 도덕 문제에 해당하는 것이라 할 수 있다. 반면 도덕은 각 개인이 자신의 행동을 살펴보는 기준, 한 개인의 덕성 또는 도덕적 인격, 성품에 해당하는 개념이라 할 수 있다.[22]

윤리학에서는 학문적으로 윤리와 도덕을 아예 개념적으로 구별하여 사용하는 경우가 있다. 사하키안(W. S. Sahakian)의 경우가 가장 보편적일 텐데, 윤리는 이론에 관한 것으로, 도덕을 실천에 관한 것으로 규정하고 있다.[23] 도덕은 주로 양심, 자율성, 품성과 관련된 개인의 내면성 문제를 다루는 것으로 이해되고, 윤리는 도덕적 삶의 원리와 법칙 등 도덕규범을 다루는 것으로 이해되는 경우이다. 이것은 우리나라 교육의 교과목에서도 찾을 수 있다. 초등, 중등 과정에서는 도덕 과목을, 고등 과정에서는 윤리 과목을 배운다. 이것은 도덕이 실천적 내용을, 윤리가 이론적 내용을 다룬다는 의미가 반영되어 있다고 볼 수 있다.

도덕과 윤리를 엄밀히 구분하는 김용선의 경우는 도덕이 윤리보다 상위개념이며 윤리의 정당성은 도덕에 의해 검증을 거쳐야 한다고 주장한다.

> 윤리는 인간이 살아가면서 지켜야 할 기본적인 규범이며 도덕은 인간이 가져야 할 주관적이고 감성적인 격률이다. 그런데 이 같은 인간이 가져야 할 주

22 박이문, 『사유의 열쇠』(서울: 산처럼, 2004), p.301~302 참조.

23 William Sahakian, *Ethics: an introduction to theories and problems* (New York: Barnes & Noble Books, 1974), p.6.

관적이고 감성적인 격률이라는 점에서 도덕은 진실로 아름다운 지식이라 말할 수 있다. 그것은 도덕이 사회적 강제성으로 지켜져야 하는 것이 아니고 자율적 통제에 의해서 지켜져야 하는 것을 의미하는 것이기 때문이다. 반면 윤리는 사회 존속을 위해 강제성을 동반한다. 윤리는 사회를 지키기 위한 타율적 지침이다. 따라서 윤리는 도덕의 아류라 할 수 있다. 그것은 도덕의 세계가 이루어지지 않는 한 윤리의 세계는 그 기능을 발휘할 수 없기 때문이다.[24]

도덕은 아름다운 지식이고 자율적 통제에 의한 자율적 준칙인 반면, 윤리는 사회를 지키기 위해 필요한 타율적 지침이며, 도덕의 일부분이다. 이러한 주장을 받아들이게 되면 도덕과 윤리, 도덕규범과 윤리규범, 도덕생활과 윤리생활의 개념도 당연히 구분되어야 할 것이다.

이에 비해 리꾀르(P. Ricoeur) 역시 윤리와 도덕의 개념을 매우 엄격하게 구분하면서 도덕보다는 윤리를 우선시하고 있다. 물론 리꾀르가 사용하는 윤리와 도덕은 그 의미를 분명히 이해해야할 필요가 있다. 그는 하나의 완성된 삶의 목표에 대해서는 윤리라는 용어를 사용하고, 보편성에 대한 요구와 강제효과에 의해 특징지어지는 규범들에 있는 이 목표의 명료화(articulation)에 대해서는 도덕이라는 용어를 쓴다.[25] 말하자면, 윤리는 '선(좋음)'과 관련된 것이고, 도덕은 '의무'와 관련된 것이다. 그래서 윤리는 완전한 삶의 목표에 연결되고, 도덕은 보편성과 강제효과를 동시에 가지는 규범에 연결된다. 그는 윤리를 우리 삶의 목표와 관련된 보다 넓은 의미의 영역을 다루는 것으로, 그리고 도덕을 우리의 의무적인 규범과 관련된 보다 좁은 의미의 영역을 다루는 것으로 간주하는 것이다.

---

24 김용선, 『지식 대 도덕』(서울: 철학과 현실사, 1993), p.249, p.256.

25 P. Ricoeur, *Oneself as Another* (The University of Chicago Press, 1992), p.170.

윤리를 삶의 목표와 관련짓는 것은 그가 『해석의 갈등』(The Conflict of Interpretation)에서 스피노자를 언급할 때 구체적으로 잘 드러난다. 스피노자의 『에티카』는 일반적인 윤리학이 아니라, 그 속에 형이상학과 인식론을 동시에 포함하고 있는 철학 전체라고 할 수 있다. 거기서 윤리는 모든 것을 아우르는 개념이다. 리쾨르의 표현을 빌린다면, 윤리는 "철학의 전체 기획"이다.[26]

> 철학은 소외를 자유와 아름다움으로 변화시키는 한에서 윤리이며, 스피노자가 볼 때 이 전환은 자기 자신(the self)에 대한 인식이 유일한 실체의 인식에 맞추어질 때 이루어지지만, 이러한 사변적 과정은 소외된 개인이 전체를 인식함으로써 변화되는 한에서 윤리적 의미를 지닌다. 철학은 윤리이지만, 윤리는 순수하게 도덕에만 관련된 것이 아니다. 우리가 "윤리"라는 단어의 스피노자적 용법을 따른다면, 우리는 반성이 도덕 비판이기에 앞서 윤리라고 해야만 한다. 그 목표는 존재하려는 노력에서 그리고 존재하려는 욕구에서 자아(ego)를 파악하는데 있다.[27]

삶에 있어서 '선'은 지향적이며 따라서 목표와 관련이 있다. 그것은 도덕적 의무의 옳고 그름의 문제나 당위의 문제 이전에 욕구나 이상, 신념, 소망의 문제이다.[28] 이러한 사고는 리꾀르가 윤리를 목적론에 그리고 도덕을 의무론으로 나누어 적용할 때 더욱 분명해진다. 그에 의하면, 윤리는 아리스토텔레스의 유산으로 목적론적 전망에 의해 특징지어지는 것이고, 도덕은 칸트의 유산으로 규범을 존경하는 의무에 의해, 즉 의무론적 관점에 의해 정의되는 것이다.[29]

---

26 P. Ricoeur, *The Conflict of Interpretation*, p.329.

27 Ibid..

28 윤성우, 『폴 리쾨르의 철학』(서울: 철학과현실사, 2004), p.227.

이 두 이론은 서양 윤리학에서 중요한 두 전통이라 할 수 있다. 리꾀르는 두 이론 중에 어느 이론이 옳으냐를 선택하는 문제를 제시하지는 않는다. 그에게 있어, 윤리와 도덕, 즉 윤리적 이론에 있어서 목적론과 의무론은 상호보완적인 면을 가지는 것이다.[30] 물론 리꾀르는 윤리와 도덕이 각각 그 자체로 고유한 의미의 영역을 이룬다고 보았다. 그러나 이 둘의 지위를 동등하게 보지는 않았다. 그에 따르면, 윤리는 근원적인 개념인 반면, 도덕은 파생적인 개념이다. 말하자면 도덕적 의무는 윤리의 근본구조가 아니라는 것이다. 도덕은 윤리에 필수적인 것이긴 하지만 종속적이며 보완적인 것일 뿐이다.

법-도덕-인륜

헤겔은 법과 도덕이 변증법적으로 종합된 삶의 형식으로서 '인륜적 삶'(Sittlichkeit)을 제시한다. 말하자면 헤겔에서는 윤리가 인륜성의 의미로 해석된다는 것을 유념할 필요가 있다. 헤겔은 도덕성(Moralität)과 인륜성을 엄격하게 구분했는데, 도덕성은 반성적이고 비판적이며 개인적인 것이고, 인륜성은 전통적 관습과 법률에 복종하는 태도로 규정된다. 그래서 헤겔은 개인적이고 비판적인 도덕적 사고에 반대하고, 사회적 동조와 도덕적 전통주의를 옹호했다. 헤겔은 인륜성을 "공동체의 유기적 총체성으로서의 삶의 형태"로 규정하고 "인륜적 삶이야말로 개인적 삶의 본질이며 절대적인 것"이라고 주장했다.[31] 그러나 이후 헤겔은 『법철학』에서 도덕의식은 인륜적

---

29 P. Ricoeur, *The Conflict of Interpretation*, p.170.

30 Ibid.

31 G. W. Hegel, *Natural Law,* tran. by T. M. Knox (Philadelphia: University of Pennsylvania, 1975), p.499, p.504.

삶과 전적으로 조화를 이룬다고 설명한다. 이때 인륜적 삶은 두 측면으로 나타난다. 하나는 합리적 방식으로 차별화되고 구조화된 사회질서 곧 가족, 시민사회, 근대적 정치국가와 같은 일련의 제도를 통해서, 다른 하나는 개인의 주관적 성향이나 태도를 통해서 나타난다. 그는 "인륜적 삶이란 현재적 세계와 자기의식의 본성에서 나타나는 자유의 개념이다. 인륜적 삶은 현재적 세계 혹은 사회 질서에서 형성되는 객관적 측면과 개인의 자기의식 속에 있는 주관적 측면의 상호보완적 관계이다."[32]라고 말한다. 즉, 인륜적 삶의 객관적 측면은 사회질서에 속한 개인들의 구체적 내용이며, 주관적 측면은 이러한 내용에 대한 의식인 것이다. 인륜적 삶의 의미에서 보면 개인의 자아의식은 사회적 정체성이 실현되는 사회적-역사적 과정의 인식과 분리될 수 없다. 그래서 인륜적 삶은 개인의 정신개념과 직접 연관된다. 인륜적 질서의 보편적 원리는 합리적인 제도적 구조로서, 이러한 합리성은 단지 개인적 이익의 수단으로서가 아니라 그 자체의 목적으로서 욕구하게 된다.

우리가 인륜적 의무를 다하는 것은 개인의 이익 때문만은 아니다. 오히려 윤리적 삶은 타인에 대한 관심과 그들의 요구가 자신의 이익보다 더 중요하다는 것을 인식할 때 가능하다. 이렇게 본다면 인륜적 의무는 도덕적 의무와 차이가 없을 뿐 아니라 도덕적 삶은 곧 인륜적 삶이라는 것을 뜻한다. 인륜적 삶은 헌신을 요구하며, 이는 곧 자신의 이익을 넘어서 다른 어떤 것에 더 많은 관심을 둘 것을 요구한다. 인륜적 의무란 다른 사람들이나 제도가 우리에게 요구하는 '관계성의 의무'이며, 이것을 실현하는 것은 타율적 강제가 아니라 개인의 자율성이다. 헤겔에서는 도덕적 삶의 주체성과 사회

---

32 G. W. Hegel, ***Philosophy of Right*** trans. by A. V. Miller (Oxford: Oxford University Press, 1992), p.144~145.

성이 분리될 수 없으며, 따라서 도덕적 삶과 인륜적 삶은 결국 동일한 삶의 양식임을 말해주고 있다.

이상에서 살펴본 바와 같이 도덕과 윤리의 개념 규정이 학자들에 따라 상이하게 나타나고 있다. 저마다의 도덕과 윤리에 내포된 의미상의 차이를 유념하면서, 동시에 필자는 그 개념적 차이에 크게 주목하지 않고 우리말의 언어적 쓰임에 맞추어 사용할 것이다.

2.6 도덕판단의 근거

인간이 타인들과의 관계 속에서 최선의 삶을 실현하기 위한 최선의 법칙이 윤리적 규범이다. 그리고 이러한 규범은 실천을 통해서 나타나기에 도덕에 관한 철학적 논의, 즉 윤리학을 인식론이나 형이상학 등의 이론철학과 대비해 '실천철학'이라고도 한다. 철학의 궁극적인 목표가 삶의 문제를 해결하는 데 있다면, 이러한 삶의 구체적인 문제 해결이 도덕적 실천이라는 방식으로도 가능할 것이다.

하지만 일상의 삶에서 윤리적 상황에 대해 인식할 때는, 이성적인 판단보다 감정적이고 의지적인 판단을 더 중요시하는 경향이 있다. 우리 사회에서 선거 때마다 경험할 수 있는 것이지만, 어떤 정치가가 교묘한 방법으로 경쟁자의 인격과 명예를 손상시킬 수 있는 허위정보를 유포하는 경우 그것이 명백히 "거짓말을 해서는 안 된다"는 규범을 어겼음에도, 비윤리적인 행위를 한 후보가 속한 지역과 그 지역에 근거를 둔 정당에 의존해서 편향적으로 판단하는 것을 흔히 보게 된다. 거짓말이나 거짓 행위는 자신이 싫어하는 지역과 정당 소속일 경우 비난의 대상이 되며, 자신이 지지하는 지역과 정당 소속일 경우 그것은 문제가 되지 않는다. 행위에 대한 판단 기준이 감정 의존적으로 달라지는 것이다. 심지어 이러한 이성과 동떨어진 감정적인 판단을 도덕적 열정의 징표 또는 민심(public opinion)이라는 이름으로 포장되거나 정치적으로 이용되기도 한다.

그렇기 때문에 철학에서는 헬라 고전시대 이래 진리 추구를 위해선 감정을 경계하고 이성의 지도를 선택했으며, 이런 차원에서 감정어린 판단은 이성적 판단에서 진리를 발견하는데 장애물로 인식되어 온 것이다. 도덕판단 역시 궁극적으로 가장 중요한 삶의 원칙을 발견하는 것이다. 이를 위해 감정은 비이성적이고 주관적이며, 편견이나 문화적 조건의 산물인 경우가 많기 때문에, 윤리학에 있어서도 중요한 것은 이성적 판단이 된 것이다. 이런 차원에서 모든 지식과 마찬가지로 도덕적 문제에 있어서도 실천적 규범은 이론적 지식을 고려하지 않으면 안 되었다. 소크라테스의 말대로 올바른 행위는 올바른 앎에서 비롯되는 것이다. 소크라테스에서는 앎이 곧 실천이다. 담배를 지나치게 많이 피울 경우 몸에 해롭다는 사실을 알면서 계속 해로운 담배를 피우는 사람은 없을 것이라는 것이 소크라테스의 생각이다. 그럼에도 실제적으로는 몸에 해로운 줄 알면서도 계속 피우는 사람들이 있다. 그들은 결국 참된 실천지를 갖지 못했기 때문이다. 실천지는 실천에 이른 앎을 말하는데, 그러한 어리석은 사람들은 이성이 탁월하지 못하기 때문에 바른 실천지를 갖지 못한 것이다. 플라톤과 아리스토텔레스의 윤리의 기본을 제시한 소크라테스의 경우를 보더라도 바른 윤리학을 위해서는 이론적인 영역이 반드시 필요하다는 것을 알 수 있다. 그러므로 도덕판단은 개인의 단순한 기호적인 선택이나 주관적인 취향의 표현이 아니라, 어떤 사태에 대한 합리적이고 객관적인 판단이어야 한다.

윤리학의 핵심 문제는 좋고 나쁨, 옳고 그름 등의 도덕판단 또는 도덕적 구별의 객관적 기초와 근거를 밝히는 일이다. 이러한 작업은 다양한 윤리적 문제들에 대한 규범을 설정하는 기틀이 된다. '도덕적 행위와 판단을 구별할 수 있는 객관적 근거는 무엇인가?'이다.

서양의 철학적 사유는 전통적으로 최고선이라는 도덕적 목표 아래서 삶의 가치와 이상을 추구해왔으며, 최고선에 도달할 수 있는 다양한 방책을 제시해주었다. 최고선을 인생의 궁극적 목표로 이해하고 이에 대한 탐구와 해명에서 출발했던 그리스 윤리학을 특징짓는 핵심개념은 행복(eudaimonia)과 덕이다. 소크라테스는 인간이 진정으로 행복하려면 어떻게 살아야 하는지에 대해서 탐구했다. 소크라테스를 비롯한 수많은 그리스인들은 행복한 삶 혹은 좋은 삶이란 이성 능력을 성공적으로 발휘하는 데서 얻어진다고 생각했다. 그들은 행복이란 인간의 본성에 주어져 있는 이성능력을 유감없이 발휘하는 데서 얻어지며, 그것이 곧 인간이 실현해야 할 목적이라고 생각했다. 다시 말해 행복이란 이러한 능력을 잘 발휘한 결과로서 갖추어야 하는 덕이며, 이 덕을 지님으로써 행복에 이를 수 있다고 보았다.

반면에 기독교 전통은 신의 명령에 대한 복종과 구원을 통한 최고선의 실현을 가르쳤다. 중세 신학자들은 도덕법칙은 신이 인간에게 명령한 것으로 인간의 영혼 속에 새겨져 있으며, 인간은 그 법칙을 알 수 있는 능력을 선천적으로 소유하고 있다고 생각했다. 그들은 그러한 능력이 양심이며, 도덕이란 그런 법칙에 따라 선을 추구하고 악을 피하는 것이라고 생각했다. 아우구스티누스에 따르면 인간은 도덕법칙을 인식할 수 있도록 신에게서 양심을 부여받았다. 그러나 중세 기독교 윤리학의 실질적인 난점은, 이러한 양심 혹은 도덕적 인식가능성이 최고선을 실현하기 위한 충분조건이 되지 못한다는 데 있었다. 도덕적 선의 실현은 우선적으로 인간을 선으로 인도하는 신의 말씀에 따르려는 의지 자체의 정화를 요구했다. 그리고 토미즘(Thomism)적 자연법 사상에서 인간의 마음속에 새겨진 신의 말씀으로서의 양심 및 이로부터 추론된 도덕원리들은 직관적으로 자명한 것이었고, 직접적이든 간접적이든 도덕적 행위를 평가하는 근본척도로 옹호되었다. 물론 다른 한편 루터 이후 개신교 신학자들은 인간의 도덕적 지위의 근거가 되는 자연법을 신의 은총과 독립해 있는 것으로 보려하지 않았다. 만약 자연법이 신의 은총과 독립해 있다면 오직 신의 은총을 통한 구원이라는 신념이 훼손되는 것으로 이해했다. 아무튼 중세적 자연법은 인간이란 신의 영광을 구현하도록 만들어진 신성한 사회에서 중심적 역할을 하는 존재라 보았다고 할 수 있다.

고대와 중세의 도덕적 사상들이 지닌 공통점은 모두가 당시의 사회문화적 전통이나 역사적 상황과 관련한 세계관과 인간관, 그리고 특히 중세에는 기독교 사상이 전제되고 있었다는 점이다. 선이나 도덕적 규범은 특정한 자연의 목적이나 신의 의지와 같은 전제에 기초하여 인간에게 주어지거나 부과된 것으로 파악했으며, 그러한 관념에 근거하여 도덕적 지침과 덕목이 만들어졌다. 그러나 근대는 과학혁명과 지리상의 발견, 절대왕정의 쇠퇴와 시민계급의 등장 등 숱한 변화를 겪으면서, 도덕적 선에 대한 과거와 다른 이해와 규범이 필요하게 되었다. 그리하여 근대 윤리학의 핵심적 관심은 도덕적 사고의 규범과 기준을 새로이 정초하는 것이었다. 이는 달리 말해 신의 의지를 도덕적 규범의 근거로 삼는 중세 사유에서 단절하는 것을 의미한다. 즉 이는 인간보다 신을, 개인보다는 사회를, 육체보다는 영혼을 강조함으로써 신앙을 모든 인간적 사고보다 우선으로 여기는 신앙 우선적 사고에서 벗어난 것을 말한다. 근대적 윤리학자들은 인간의 이성이나 의지 또는 개인의 자연스러운 감정에서 도덕적 사고의 근거와 기준을 찾고자 했다. 근대 윤리는 단순히 도덕적 덕목을 탐구한 고대와는 달리 도덕적 사고의 가능성과 그 근거 그리고 규범적 당위성을 탐구하는데 주안점을 두었다.

그리고 그 관심은 크게 대별해 '도덕적 행위와 판단을 구별할 수 있는 객관적 근거가 이성에 기초하는가 아니면 감정에 기초하는가'의 문제로 좁힐 수 있으며, 이를 합리주의자들의 이성주의 윤리론과 경험주의자들의 감정주의 윤리론으로 표현할 수 있다.

2.6.1 이성주의 윤리

데카르트

인간과 자연에 대해 새롭고 합리적인 설명을 제시하고자 하는 데카르트는 진리인식을 위한 두 가지 핵심적인 기준을 제시하는데, 그것은 회의라는 방법과 명석-판명이라는 진리 검증기준이다.[33] 데카르트는 모든 전통적으로 주어진 지식은 이성적인 관점에서 철저히 검토되어야 하며, 더 이상 의심할 수 없는 명석-판명한 것만을 진리로 승인할 것을 주장한다. 이러한 방법을 통해 데카르트는 인간과 자연 그리고 신이라는 전통 형이상학적 문제부터 인간의 삶에 실질적으로 관계되는 응용과학적 문제에 이르기까지 하나의 통일된 지식체계, 즉 근대적 차원의 새로운 형이상학을 마련하려고 했다.

데카르트는 장차 만들어져야 할 이성적으로 숙고된 학문체계를 하나의 나무에 비유한다.[34] 그에 따르면 나무의 뿌리에는 형이상학이, 줄기에는 자

---

33 방법적 회의는 명석-판명한 것을 논리적으로 찾기 위한 방법을 말한다. 명석(clear)한 것은 주의하고 있는 정신에 명시되어 있는 것이고, 판명한 것은 명석하여 다른 것과 구별(distinct)되는 것이다. 데카르트 철학의 출발점으로서의 방법적 회의는 우리를 둘러싼 세계에 대한 인식의 기초로서 감각적 경험의 가치에 관한 회의를 말한다. 즉, 인식은 외계에 대한 경험이 없이 저절로 우리의 정신 안에 일어나는 것인지도 모른다는 것이다. 그리고 우리의 정신이 감각적 경험의 주관성을 넘어서 외적 세계에 관한 지식에 도달할 수 있는 힘을 가졌는지에 대한 의심이다. 가톨릭철학교재편찬위원회 편, 『젊은 이들을 위한 철학』(서울: 이문출판사, 1998), p.89~90 참조.

연학(물리학), 그리고 가지에는 역학-해부학-생리학-심리학 등의 개별과학이 해당하고, 실천적인 분야인 기계학-의학-윤리학은 나무의 열매에 해당한다. 데카르트가 제시하는 이 체계의 특징은 학문의 의미를 응용 가능성에서 찾는다는 것이다. 기계학은 역학의 응용으로, 의학은 생리학의 응용으로, 그리고 윤리학은 심리학의 응용으로 그 유용성을 가진다. 이러한 데카르트의 형이상학적 관심은 지식과 실천을 포함한 모든 것을 합리적으로 해명하고 제어할 수 있다는 그리고 제어되어야 한다는 이성주의적인 신념에 근거한다. 새로운 학문적 이상을 실현하기 위한 데카르트의 태도와 방법적 지침은 그의 윤리학적 사고에서도 그대로 나타난다. 윤리적 규범의 탐구에서 그는 더 이상 의심의 여지가 없는 그리고 명석-판명한 것만을 규범으로 받아들일 것을 제안한다. 그리고 윤리학을 심리학의 합리적 응용으로 보고, 그 목적을 비이성적인 인간의 정서를 이성적으로 제한하는 것으로 규정한다.

데카르트는 도덕적으로 선한 행위가 정확한 인식에서 나온다고 말하는데, 이는 우리가 어떤 문제에 직면하여 사태를 합리적으로 이해할 수 있다면 악행을 피하고 선행을 할 수 있다는 의미이다. 그리고 데카르트에 의하면 악을 피하는 치유법은 '고매한 마음'과 '신의 섭리'의 필연성을 통찰하는 것이다.[35] '고매한 마음'은 인간의 기본정서로 이성을 통하여 충동에 따르는 인간의 헛된 욕망을 제어하는 능력이다. 이런 사고는 인간은 이성적인 통찰로써 악을 피하고 선을 실현할 수 있다는 이성주의적 확신을 나타낸다. 이러한 데카르트의 윤리적 사고는 윤리학을 단순한 규범체계가 아니라 인간의 욕망과 충동을 합리적으로 제어할 수 있는 응용과학, 즉 응용심리학으로

---

34 René Descartes, 소두영 역, 『방법서설/성찰/철학의 원리/정념론』(서울: 동서문화사, 2007), p.177.

35 박태흔, 『서양윤리사상사(I)』(서울: 이문출판사, 1987), p.171~172.

정초하기 위한 그의 이상을 드러내는 것이다.

그리고 데카르트는 도덕에 관한 관심을 이론적으로 체계화하기 앞서 일상적인 생활을 규제하는 도덕을 제안하는데, 그것이 소위 '잠정적 도덕'(morale provisoire)이다. 이를 통해 제시하는 격률은 다음과 같다.[36] 첫째 자기 조국의 법률과 습관에 복종하고 신의 은총에 의해 어릴 적부터 가르침을 받아온 종교를 확고하게 지키고, 그 외의 것에서는 극단적인 것을 멀리하고 내가 함께 살아가야 하는 사람들 중에서 가장 분별 있는 사람들이 일상의 실제생활에서 취하고 있는 가장 온건한 의견에 따라 살아야 한다. 둘째 나의 행동에서 가능한 한 확고하고도 단호한 태도를 견지할 것이며, 아무리 의심스러운 의견이라도 일단 결심했을 경우에는 그것이 가장 확실한 경우와 마찬가지로 변함없는 태도로 그것에 지속적으로 따라야 한다. 셋째 언제나 주어진 운명에 따르기 보다는 오히려 자기 자신을 이기는 데 힘을 쓰고, 세계의 질서를 바로잡으려하기보다 자신의 욕망을 바꾸어보는 것에 힘써야 한다. 그리고 이러한 일에 익숙해지도록 훈련과 명상을 반복해야 한다.

스피노자

스피노자는 덕을 자기보존의 힘이라는 존재 일반의 특성을 통해 규정한다. 그에 따르면 신은 전지전능한 존재로서 자기보존력을 가지고 있는데, 이는 스스로를 실현하고 자신의 능력을 현실화하는 능력이다. 신과 마찬가지로 모든 존재는 자기보존을 위한 힘(conatus)을 가지며, 인간 역시 스스로 실현하고 자신의 능력을 현실화하는 능력을 가진다.[37] 인간의 선과 악은 자기

---

36 René Descartes, *Discours de la mèthode pour bien cnuire, et chercher la vèritè dans les sciences*, 이종훈 편역, 『데카르트의 삶과 진리추구』(서울: 이담, 2012), p.62~75 참조.

37 Samuel Stumpf/ James Fieser, *Socrates to Sartre and Beyond*, 이광래 역, 『소크라테스에

보존력의 증감 여부에 의해 결정되는데, 선이란 자기보존의 힘이 증가함(기쁨)을, 그리고 악이란 자기보존의 힘이 감소함(슬픔)으로 의미한다. 결국 자기보존력을 증대시키는 것이 인간의 기쁨이요 선이고, 이 기쁨의 감정이 행복에 불가결한 요소라는 것이다. 그런데 스피노자의 자기보존이란 단순히 이기적인 자기보존이 아니라 이성적 자기실현을 의미한다. 자신의 능력을 현실화하는 정도에 따라 위상을 가지고 존재하게 되는 것이며, 여기에 인간의 참된 행복이 놓여있게 된다.[38] 그렇다면 우리를 이성적 사고와 행위로 이끄는 것은 선이며, 이성에서 멀어지게 하는 것은 악으로 정의할 수 있다.

스피노자에게 개별 인간은 실체[39] 속성의 변용이다.[40] 육체는 연장의 속성을 가지는 실체의 존재양식이며, 정신은 사유의 속성을 가지는 실체의 존재양식이다. 그리고 이 두 개의 존재 양식 사이에는 이에 상응하는 의식 또는 정신적인 관념이 제휴한다. 따라서 도덕의 목표로서 이해되는 자기실현은 이성의 완성에 있으며 동시에 정념에 사로잡히지 않음을 의미한다. 스피노자에게 정념은 육체의 변용에 대해 어떤 적절한 관념이나 명료한 의식을 가지지 못하는 정신의 상태이다. 이 경우에 정신은 감정에 대해 수동적이다. 스피노자에 의하면 우리가 명료한 의식과 감정에 대해 적절한 관념을 가질 수 있을 때 우리의 정신은 수동성에서 해방될 수 있다. 정념은 감동의 불충분한 인식에 기인하기 때문이다. 그리고 우리는 정념을 극복함으로써

서 포스트모더니즘까지』(서울: 열린책들, 2004), p.373.

38 박태흔, 『서양윤리사상사(I)』, 181.

39 스피노자의 실체는 그 자체가 스스로 존재하고, 또 자기 자신에 의해 이해된 어떤 것이다. 다시 말해 그 개념을 형성하기 위해 다른 것의 개념을 필요로 하지 않는 그러한 것, 즉 '자기 원인'이라 할 수 있다. 이러한 원인인 존재가 스피노자에게는 신이다. 신이 곧 세계의 내재적 원인이며, 신이 곧 자연이다(Deus sive Natura). Samuel Stumpf/ James Fieser, *Socrates to Sartre and Beyond,* p.366.

40 박태흔, 『서양윤리사상사(I)』, p.177.

자유에 도달할 수 있으며, 정념에서 해방되어 자유로워진 이성은 신에 대한 인식을 통해 더 완전해진다.[41] 신을 인식함으로써 인간에게는 필연적으로 '신에 대한 지적 사랑'(amor intellectualis dei) 일어나며, 이런 과정을 통해 인간은 최고 최선의 지복(beatitudo)에 이르게 된다.[42]

라이프니츠

라이프니츠는 그의 존재론적 사고에서 선과 악 그리고 윤리의 의미를 도출한다. 그에 따르면 이 세계는 전지전능한 신에 의해 논리적으로 가능한 세계 가운데 선택받은 최선의 세계이다. 신은 완전한 존재이다. 그렇기에 신은 가능한 선택지 중 가장 온전한 것을 선택한다. 최선의 선택은 도덕적 무결점을 의미하는 것이 아니라(세상에 악이 존재함으로), 논리적-도덕적으로 가장 합리적이라는 의미다.[43] 신은 언제나 합리적 원칙에 따라 행동하며, 그 역시 자신이 창조한 세계의 법칙을 어길 수 없다.(이것이 전지전능한 신적 지성 개념에 부합하는 것이다)

이에 근거해서 라이프니츠는 이성적인 인간에 대한 신뢰에서 도덕적

---

41 Ibid., 181~182. "신에 대한 인식은 정신의 최고의 선이며, 정신의 최고의 덕은 신을 인식하는 것이다" Spinoza, *Ethica*, 강영계 역『에티카』(서울: 서광사, 1990), IVP36D. "신은 절대적으로 무한하며, ,신이 없이는 다른 어떤 것도 존재하거나 생각할 수조차 없다."(IVP28D) 따라서 신은 우리가 인식할 수 가장 위대한 존재이며, 우리가 인식하려 하고 노력하는 한 인식에 대한 우리의 욕구는 신을 인식함으로서만 충족된다. 마찬가지로 덕있는 삶이 이성에 따라서 사는 삶이라면 이로부터 "덕을 추구하는 자들의 최고의 선은 신을 인식하는 것"(IVP36D)이라는 사실이 도출된다.

42 Spinoza, *Ethica*, VP32C, VP36S.

43 라이프니츠는 '최선으로 선택된 세계에 어떻게 악이 존재할 수 있는가'하는 물음에 대해 다음과 같이 해명한다. 최선은 완전성이 아니라 조화로움과 온전함을 의미한다는 것이고, 이 조화를 위해서는 악의 존재는 필수적이라는 것이다. 조화는 완전성이 아니라 불완전성, 즉 미완의 부분이 있는 데서 의미를 가지기 때문이다. 따라서 악은 신이 의도한 완전한 세계를 구현하는 데 필수적인 요소, 즉 필요악으로 존재한다.

판단의 근거를 도출한다. 그에 의하면 세계에 대한 신의 선의지는 이성적 숙고를 통해 알 수 있다. 그리고 신의 의지에 대한 복종이 선이며, 그에 역행하는 행위는 악이다. 선의지에 대한 복종과 역행은 존재론적으로 해명된다. 선과 악은 개인의 경향성에 근거한다. 도덕적 선은 이성적 경향에서, 악은 육체적 경향에서 유래한다. 인간은 영혼과 육체로 이루어져 있는데, 영혼은 의식활동(지각)이 명료한 이성적인 실체이며, 육체는 의식이 명료하지 못한, 즉 이성적이지 못한 낮은 단계의 실체들의 집합이다. 이성적인 실체의 상태는 능동적, 그렇지 못한 실체의 상태는 수동적이라 칭한다. 말하자면 어떤 개인이 육체적 경향이 강하고 정신이 이에 종속된다면 이것은 악이다. 그러나 이성적인 숙고가 강하여 육체적인 경향을 극복하면 선에 해당된다. 우리가 어떤 선택을 해야 하는 상황에서 맑은 정신상태로 신의 의지와 상황에 관련된 모든 사태를 잘 파악한다면 올바른 선택을 할 수 있다. 하지만 그렇지 못한 경우에는 옳지 못한 선택, 이를테면 순간적인 이익이나 육체적인 경향성에 종속된 선택을 하게 될 것이다. 전자의 경우는 선, 후자의 경우는 악에 해당한다.

그런데 라이프니츠에 의하면 인간은 악에서 완전히 벗어날 수 없는데, 그 이유는 인간의 존재론적인 제약성에서 기인한다. 인간은 육체를 가진 존재인 까닭에 의지와 행위가 육체적 경향성에 의해 영향을 받을 가능성이 있으며, 결과적으로 도덕적 악의 가능성을 잠재적으로 수반한다는 것이다.

칸트

비판기에 접어 들면서 칸트는 윤리학의 모든 경험적이고 심리적인 요소를 제거한다. 칸트는 도덕의 근거를 감정이 아니라 실천적 이성에서 찾고자 한다. 공감과 상식에 기초한 행복은 윤리학의 토대가 될 수 없다고 본 것이다. 왜냐하면 윤리학이 공감이나 상식과 같은 경험적인 요소에 의지한다면 보편적인 법칙으로 성립될 수 없다고 보기 때문이다. 칸트에 의하면 도덕은 실천법칙, 즉 보편규칙에 근거를 두고 있으며 이성에서 유래한다. 따라서 행위의 모든 경험적인 목적은 제거되어야 한다는 것이 그의 입장이다. 이로부터 실천법칙은 선험적인 이성법칙이 되고 이것은 순수이성 속에서 모든 경험적 조건에서 독립되어 존재한다. 칸트는 이성을 실천이성과 이론이성으로 분류하는데, 이론이성은 존재의 문제와 연관되어 있고, 실천이성은 당위의 문제와 관련되어 있으며, 이론이성에서 연역될 수 없다.

칸트의 윤리론은 차후 "윤리학의 제 이론들"을 다루는 장에서 더 상세하게 다루겠지만, 그의 윤리학이 갖는 근본적인 성격만 간단히 소개한다면, 단적으로 선의지와 의무개념에 대한 독특한 이해와 규정을 지적할 수 있다. 칸트는 선의지를 이 세상에서 유일하게 조건 없이, 그 자체로 선한 것으로 규정한다. 그리고 다른 어떤 것의 선함은 이 선의지를 통해 평가된다. 즉 선의지는 그 자체로 도덕적 선이면서 동시에 욕구든 행위든 재능이든 자기 이외의 다른 모든 것이 선한 것이 되기 위한 조건이다. 때문에 칸트에게 도덕적 선은 도덕적 자격을 가진 주체의 의지와 결부되며, 무엇보다도 이러한 선은 의지의 대상이 아니라 의지 그 자체를 통해서 비로소 규정된다.[44] 이로써 칸트는 서양 윤리학사에서 선을 특정 대상으로 파악하려는 전통과는 근본적으로 구별되는 새로운 길을 열게 된다.

또한 이러한 인간의 선의지는 천성적으로 항상 선하지 않으며 언제나 의무의식을 수반한다. 칸트의 입장에서 도덕적 삶이란 자주 경향성의 유혹

---

44 Kant, *Grundlegung zur Metaphysik der Sitten* hg. von W. Weischedel, Bd. VII (Frankfurt am Main: Suhrkamp, 1977), BA 3. B는 재판, A는 초판.

이나 압박과 상충을 일으키는 것이기 때문에 '의무를 행하는 것, 이성의 요구에 따라 우리가 행하여야만 할 바를 행하는 것, 즉 옳은 일을 행하는 것'이 무척 힘든 경우가 흔하다. 그런데도 선의지 개념을 의무와 연결하는 것은 바로 어떤 행위가 도덕적 가치를 지니기 위해서는 그 행위가 반드시 의무로 행해지지 않으면 안 된다는 점 때문이다.[45]

그리하여 의무의 도덕적 형식은 명령의 형태로 나타난다. 따라서 도덕성이나 의지의 도덕적 선은 어떤 다른 것을 위한 수단으로서 의무를 다하는 곳에 있는 것이 아니라 선의지에 토대를 둔 의무 자체에서 나올 때 주어진다. 이러한 의무는 모든 인간에게 부과되어 있는 도덕적 명령이다. 그런 점에서 의무는 명령법의 형식을 갖는 도덕성이며, 이처럼 의무에 따른 행위의 도덕성을 판정할 수 있는 명령의 일반적 형식을 정언명령(categorical imperative)이라 부른다. 정언명령은 기분에 의해 규정되는 모든 주관적인 의도로부터 벗어나 있으면서 무조건적이고 필연적이고 일반적이어야 하며, 이것은 유한한 이성존재에게 도덕법칙의 적당한 형식을 제공하고, 특정 행위에 얽매이지 않는 한에서 순수형식이다.[46] 반면에 임의의 의도를 실현하려는 수단이나 행복에 도달할 수 있는 수단으로서의 명령은 가언명령이다.[47] 이것은 오직 특정한 주관적 의도를 전제해야 타당하며, 조건부의 당위를 의미한다.

우리의 행위를 경향성의 결과로 간주하면, 우리의 행위는 자연법칙의 일부로 여길 수밖에 없게 된다. 반면 우리 행위를 자신의 이성과 그 원리들에 의해 생겨난 자유로운 것으로 본다면 우리는 그것을 물자체로서의 자아 행위로 간주할 수 있다. 인간은 현상적이고 감각적인 본성뿐만이 아니라 본

---

45 *Grundlegung zur Metaphysik der Sitten*, BA 8.

46 *Grundlegung zur Metaphysik der Sitten*, BA 39f.

47 Ibid.

체적이고 예지적인 본성을 지니고 있기 때문이다. 칸트에 의하면 자연적인 인과법칙은 본체적이고 예지적인 존재의 자아 자체에는 적용할 수 없다는 것인데, 바로 여기에 도덕의 가능성이 놓여 있다는 것이다. 도덕적 자아는 자신의 법칙을 스스로 만들어내며 이를 통해 자율적인 존재, 절대적 가치를 지닌 목적 자체가 될 수 있는 것이다.[48]

칸트는 우리가 자연의 관점과 자유의 관점 그 어느 것도 피할 수 없지만, 설명과 이해를 위해서는 자연의 관점(자연적 결정론이 지배하는), 행위를 위해서는 자유의 관점을 택해야만 한다고 주장한다.[49] 왜냐하면 예지계에 속한 존재인 인간은 자신을 도덕성의 법칙에 따라서 자신을 규정하는 이성적 행위자로 간주해야만 하기 때문이다. 고로 우리는 자연의 일부인 동시에 자유로운 존재다. 그러나 우리는 인간의 자유를 설명할 수 없다. 설명은 현상계에서 이루어지는 것이고(인과관계를 확인하는), 이러한 설명의 방식으로는 자유에서 도출되는 도덕성을 파악할 수 없다. 그래서 칸트는 이렇게 말하는 것이다. "우리가 도덕적 명령법의 실천적인, 무조건적인 필연성을 파악하지 못한다 할지라도 우리는 그것이 파악할 수 없는 것임을 파악한다. 그리고 이것이야말로 자신의 원리를 통해서 인간 이성의 한계까지 추구해 나가는 철학에 대하여 우리가 정당하게 요구할 수 있는 전부이다."[50]
칸트의 윤리를 숙고해 보면 인간은 자신이 원하는 것을 행하기로 결정할 능력이 있으며, 우리는 스스로 자신에게 부여한 근거에 따라서 행위할 수 있

---

48 Robert Arrington, *Western Ethics: An Historical Introduction*, 김성호 역, 『서양윤리학사』(서울: 서광사, 1998), p.442.

49 Kant, *Kritik der praktischen Vernunft*, in Kant Werke. in *Kant Werke*, hg. von W. Weischedel, Bd. VII (Frankfurt am Main: Suhrkamp, 1977), A 58f. A는 초판, B는 재판.

50 Ibid., p.131.

으며, 우리를 비도덕적인 방식으로 행위하도록 이끄는 경향성이나 본성적 충동을 단호히 거부할 수 있는 능력을 지닌 존재로 보고 있는 듯하다.

2.6.2 감정주의 윤리

17세기 이래 정서나 감정, 욕망, 상상력, 정념과 같은 측면에 대한 탐구가 학문 영역에서 어느 정도 영향력을 미치고 있었다. 18세기 들어 이러한 변화는 무엇보다 윤리학의 영역에서 더욱 뚜렷하게 나타났다. 도덕의 문제는 사물의 본성에 대한 고찰만으로는 해결할 수 없는 그 자체의 고유하고 적절한 방식으로 연구되어야 한다는 생각이 대두하게 된 것이다. 이런 흐름을 주도한 학자들이 소위 도덕감각학파(the moral sense school)로 불린 영국의 경험론적 도덕론자들이다. 이들의 이론을 이성주의적 윤리론과 대비하여 감정주의 윤리이라 부른다. 이들은 도덕심리학적 탐구에 근거하여 현실에서 인간의 행위는 합리론자들이 말하듯 이성에 의해 좌우되는 것이 아니라고 주장한다. 그들은 감정이나 욕망이 인간 행위의 원동력이 되고 있음을 역설하고 도덕의 토대를 새롭게 정초시키고자 했다.

홉스

홉스는 도덕을 운동의 일종인 정념(passion)의 문제로 이해한다. 홉스는 인간 및 인간의 정신을 포함한 만물을 운동과 물질의 기계적 원리에 의해 설명할 수 있다고 보았으며, 욕구(desire)와 혐오(aversion)라는 두 정념을 인간행위를 설명할 수 있는 열쇠라고 생각했다. 욕구는 어떤 것을 소유하거나 가까이하려는 태도를 말한다. 반대로 혐오는 어떤 것을 기피하거나 멀리하려는 태도를 말한다. 우리의 사랑과 증오는 따지고 보면 욕망하거나 혐오하는 정념운동의 한 표현이다. 그리고 그러한 욕구나 혐오를 동반하는 행위의 동기는 전적으로 이기적인 것이며, 이런 점에서 모든 인간은 자유롭고 평등하다. 홉스의 주장에 따르면 욕구와 혐오, 사랑과 증오의 유일한 차이는 구체적 대상이 우리 마음에 어떤 자극을 주느냐의 차이밖에 없다. 홉스는 선이란 행위자에 의해 욕구되는 대상이며, 악이란 기피하고 혐오하는 대상이라 주장한다. 즉 인간의 욕구나 욕망의 대상이면 무엇이든지 선이 되며, 증오와 혐오의 대상은 악이 된다. 그리고 선과 악은 관계에 따라 다르게 사용될 수 있기에 절대적인 선과 악이란 존재하지 않으며, 당연히 선과 악의 일반적인 기준 또한 없다. 따라서 홉스의 선과 악에 대한 도덕적 평가는 대상 자체의 성질에서 나오는 것이 아니라 욕구하고 혐오하는 행위주체인 인간에게서 나온다. 그리고 중요한 것은 인간은 나쁜 결과보다 좋은 결과를 가져다주리라 예상되는 것을 욕구하고 그 반대의 것은 기피하게 된다고 말함으로써 장차 공리주의 단초를 보여주기도 한다.

이기심과 자기보존의 감정을 인간본성으로 본 홉스는 도덕적 평가의 기준은 주관적이고 상대적이며, 절대적이고 보편적인 선악기준은 존재하지 않는다고 보았기에 도덕적 갈등이나 윤리적인 문제는 비슷한 욕구를 가진 감정 주체들 간에 발생하는 다툼으로 본다.[51] 그러나 홉스는 개인을 문제를 합리적으로 해결하는 능력을 가진 존재로 본다. 따라서 인간은 싸움질을 하기 보다는 도덕의 문제를 타산적이며 도구적 이성의 중재를 통해 해결해나가는 방도를 취한다. 이러한 올바른 이성의 명령에서 '으뜸가는 근본적인 도덕적 자연법'(first and fundamental moral law of nature)이 생긴다고 하였다.[52]

---

51 Samuel Stumpf/ James Fieser, *Socrates to Sartre and Beyond*, p.341~343.

52 Ibid., p.343~344. 홉스의 사회계약론 참조.

그리고 평화를 구하기 위해서 각 개인은 자연상태에서 가지고 있었던 무제한적인 자연권(이기적 권리)을 포기하지 않으면 안 된다. 그 결과로서 충실-감사-친절-관용-인내-공정의 덕이 서게 된다. 이러한 도덕법이 평화나 자기 방어의 길을 제시해준다는 것이다. 홉스에 의하면 원래 인간은 이기적이기에 각자의 양심에 따라르는 것 만으로는 이러한 평화를 이룩하기 어렵기에 모든 사람이 함께 복종할 수 있는 권력을 인정하여 기기에 자신의 자연권을 양도할 수밖에 없다고 주장한다. 이것이 바로 국가를 이룩하게 하는 근본 이유가 된다. 국가는 최고의 권력을 행사할 수 있는 유일한 주체다. 그리고 주권자인 군주는 국가의 존립목적인 평화와 방위에 합치되는 한, 윤리-자연법-실정법의 어떠한 규범에도 구속받지 않는 절대적 자유와 권한을 가져야 한다. 이처럼 홉스는 절대 군주의 권한과 국가 권력의 절대성을 옹호하는 입장에서 사회계약설을 주장하였다.

로크

로크도 홉스와 마찬가지로 선과 악을 쾌락과 고통에 기초하여 정의한다. 비록 선과 악의 기준을 신과 신법으로 규정했지만, 쾌락을 증진시키고 고통을 감소시키는 것은 무엇이든 선이라고 주장했다. 그러나 로크는 홉스와 달리 도덕적 선과 악을 감정 자체의 만족과 관계하는 쾌락 및 고통에서 직접적으로 정의하지 않고, 도덕규칙이나 도덕법칙과의 일치 및 불일치와 관계짓는다. 자명한 도덕법칙은 존재하는 것이며, 이는 자연의 빛인 이성에 의해 알려진다고 생각한다. 이점에서 로크는 경험론적 윤리학자들과 달리 상당부분 합리론적 윤리관과 공통점을 가진다 할 수 있다.[53]

53 박태흔, 『서양윤리사상사(I)』, p.143~144 참조.

홉스와 마찬가지로 로크는 윤리적 문제를 국가의 권위를 정당화하는 사회계약의 논리를 통해 풀어낸다. 로크에게 사회계약이란 곧 도덕적 문제의 해결과 사회적 결합을 가능케 하는 토대를 의미한다. 그러나 자연상태를 만인에 대한 만인의 투쟁 가운데 있는 일종의 무정부 상태로 보는 홉스와는 달리, 자연상태에서 이성에 의해 발견되는 자연법이 존재하는 까닭에 인간은 지배자 없이도 누구나 그러한 도덕적 자연법의 구속을 받는다고 본다.[54]

그러나 자연상태에서의 인간의 행위는 옳고 그른 것의 표준으로서 그리고 사람들 사이에서 일어나는 싸움을 판결할 공통의 척도로서 일반의 동의에 의해 승인되고 있는 확증된 법률과 그 법률에 따라 온갖 분쟁을 해결할 권위를 가진 공평한 재판관이 없다.[55] 따라서 이러한 자연상태의 불편이나 불안한 상태 그리고 불확실성에서 벗어나기 위해 구성원들은 서로 협의하여 계약으로 하나의 공적이고 불편부당한 중재자, 즉 정부와 같은 정치적 공동체를 만들어야 한다는 것이다.[56] 때문에 로크의 경우는 법 위에 군림하는 통치자를 허용한 홉스와 달리 공적 권위를 갖는 통치자도 법의 지배를 받으며, 자연적 도덕법칙을 위배해서도 안 된다고 주장한다. 그래서 『시민정부론』에서 국가의 통치 권력을 입법권-행정권-동맹권(외교권-전쟁-강화- 동맹-조약 등)으로 분립해야 한다는 이론을 제시하였다. 행정권과 동맹권이 군주에게 속하며, 의회가 국가에서 최고의 권력인 입법권을 가진다는 것이다. 이는

54 로크의 자연상태는 각자가 자연법의 범위에서 자기 행동을 규율하며, 스스로 적당하다고 생각하는대로 소유물과 신체를 처리할 수 있는 완전한 자유의 상태다. 이런 자연 상태에서 만인은 모두 평등하며 자유롭기 때문에 자신의 생명과 건강, 그리고 사유재산을 누구도 침해할 수 없다. Bertrand Russell, *A History of Western philosophy*, 최민홍 역, 『서양철학사』(하) (서울: 집문당, 2012), p.872 참조.

55 Sterling P. Lamprecht, *Our philosophical traditions*, 김태길 외 역, 『서양철학사』(서울: 을유문화사, 2000), p.404 참조.

56 Bertrand Russell, *A History of Western philosophy*(하), p.876.

입법부의 행정부에 대한 우위를 말하고 있는 것이며, 의회의 권한을 국왕의 권위보다 우위에 두어야 한다는 주장이 된다.[57] 로크는 매우 급진적으로 부당한 전제적 권력에 대해서는 국민의 저항권과 혁명권을 인정하기도 했다.

샤프츠베리

로크의 제자 샤프츠베리[58]는 도덕판단이란 이성보다는 감정, 즉 도덕감에 근거한다고 주장하며, 인간이 객관적 도덕법칙을 이성적으로 또는 직관적으로 인식할 수 있다는 것을 부인한다. 샤프츠베리는 윤리학의 기초를 '도덕감'(moral sense)에 둔 최초의 인물이다. 그에게서 덕있는 사람이란 다른 사람과 감정의 조화를 이루도록 자신의 감정을 조절하고 통제할 줄 아는 사람이다.

샤프츠베리를 비롯한 감정윤리론자들은 대체로 도덕적 행위의 기초를 일차적으로 감정이라 보았으며, 이성에게는 이차적인 지위와 역할만을 인정했다. 문제는 감정이 과연 이성과 어떻게 관계하는지 해명하는 것이다. 샤프츠베리는 덕 있는 인간의 쾌락이란 곧 인간이 선천적으로 갖고 태어난 자연적 이타심의 발로라고 생각했다. 따라서 감정이 도덕적 행위 규정의 원천이라고 생각하는 감정윤리에서 중요한 것은 감정을 평가하는 방법의 차이다. 가령 홉스의 감정은 천성적으로 이기적인 데 반해, 샤프츠베리에서 도덕감과 같은 감정은 천성적으로 이타적인 것이다. 샤프츠베리는 인간이 사회와 전인류의 선, 그리고 개인 각자의 선을 도모하려는 공적 감정과 사적 감정을 타고난다고 주장했다. 말하자면 인간에게는 이타심과 같은 감정이 선천적으로 존재하기에 모든 사람의 안녕을 소망하게 된다는 것이다.

---

57 Samuel Stumpf/ James Fieser, *Socrates to Sartre and Beyond*, p.400~401 참조.

58 샤프츠 베리에 대한 것은 다음의 자료를 참고 하였다.
http://en.wikipedia.org/wiki/Moral_sense_theory

흄

흄은 감정과 이성의 관계를 좀더 분명히 하였다. 이성의 주된 기능은 관념들 사이의 추상적인 관계를 탐구하는 것이다. 논리학이나 수학에서 등장하는 논증적인 이성은 우리의 관념들이 다른 관념들과 어떻게 관계하는지를 보여준다. 그러나 행위의 원천, 즉 행위의 근본적인 동기는 이성을 통해 산출할 수 없으며, 그것은 감정이나 정서와 같은 정념을 통해서 가능한 것이다.[59] 말하자면 오직 정념만이 의욕작용을 막을 수 있으며 우리에게 어떤 것을 행하지 않도록 할 수 있다. 그래서 "이성은 정념의 노예일 뿐이고 또 단지 노예일 뿐이어야만 하며, 정념에 봉사하는 것 이외의 다른 어떤 직무를 탐내서도 안 된다"[60]는 극단적인 주장까지 하게 되는 것이다. 어떤 특정한 방식으로 즐거움을 주기 때문에 그것에 덕이 있다고 추론하는 것이 아니라, 그 특성이 어떤 특수한 방식으로 즐거움을 준다고 느끼기 때문에 덕이 있다고 느끼는 것이다.[61] 흄은 쾌와 불쾌의 감정을 선악의 시비를 가리는 기준으로 보고, 이를 각각 도덕적 시인(approval)과 도덕적 비난(disapproval)의 감정이라 부른다.[62] 도덕감은 타고난 원초적 감정이 아니라 쾌와 불쾌의 감정에 기초하여 생기는 경험적이며 파생적인 종합 감정이며, 이 도덕감이 선과 악의 근원이 되는 것이다.

흄이 말하는 도덕감이란 어떤 유용한 인격이나 행위에 대한 관념 또는 생각에 의해 발생하는 감정이다.[63] 흄은 이렇게 각자의 쾌, 불쾌와 관련하여

---

59 David Hume, *A Treatise of Human Nature*, ed., P. H. Nidditch (Oxford: Oxford University Press, 1978), p.414.

60 Ibid., p.415.

61 Ibid., p.471.

62 Ibid., p.470.

63 David Hume, *An Inquiry Concerning the Principles of Morals*, ed., Charles W. Hendel

생기는 유용한 감정으로서의 도덕적 시인이 자신뿐만 아니라 타인에게서도 유사하게 일어나는 것은, 이러한 감정이 마음에서 일어나는 느낌과 작용이 유사하기 때문이라고 주장한다. 그리고 이것을 가능하게 해주는 원리가 바로 공감이다.

도덕감이라는 감정에 도덕을 정초시키는 흄에게는 원칙적으로 도덕판단의 갈등을 해소할 객관적 척도란 존재하지 않는다. 그럼에도 흄은 현실적으로 어느 정도는, 특히 특정 시기에 국한했을 경우, 행위에 대한 사람들의 도덕적 평가가 유사할 수 있다고 본다. 공적인 덕은 우리가 함께 받아들일 수 있는 어떤 목적을 증진시키고 또한 우리는 그러한 덕에 대해 본성적인 애정을 느끼기 때문이다. 흄의 말대로 "일반적으로 인간의 마음에는 인류에 대한 사랑과 같은, 즉 개인의 성질 및 자신의 이익 또는 자신과의 관계가 전혀 무관한 정념은 존재하지 않는다는 사실에 동의할 수 있을 것이다."[64] 이러한 관점에 입각하여 흄은 도덕적 갈등과 대립의 문제를 도덕적 시인과 유용성, 나아가 공감(sympathy)라는 개념을 통해 해명하고자 한다.[65]

"따라서 만일 유용성이 도덕적 정서의 근원이라면 그리고 이 유용성이 항상 자기 자신과 관련해서만 고려되는 것이 아니라면, 이로부터 사회 전체의 행복에 기여하는 모든 것은 그 자체로 곧바로 우리의 시인을 받으며 선한 의지가 그것을 추천한다는 사실이 도출된다."[66] 그래서 우리는 그 누구도

(New York: Bobbs-Merrill Co., 1957), p.12~13.

64 David Hume, *A Treatise of Human Nature*, p.480.

65 *A Treatise of Human Nature*에서 공감은 우리로 하여금 다른 사람들의 느낌과 정념을 우리 자신의 내부에 재생할 수 있도록 해주는 연상작용의 구조를 지칭했다가 이후 *An Inquiry Concerning the Principles of Morals*에서는 일상적이고 근원적인 정서로서의 자비심과 깊은 온정을, "인간성의 정서"라는 말로 대체한다.

66 Hume, *An Inquiry Concerning the Principles of Morals*, p.47.

다른 사람의 행복 및 불행과 전혀 무관할 수 없다. 다른 사람의 슬픔과 애통함이 우리를 우울하게 만들고 다른 사람의 눈물과 비명과 신음소리가 우리의 연민을 불러일으키고 마음을 아프게 하는 것이다.[67] 물론 공감은 처음부터 나에게 유익한 것이 아니기에 자기애만큼 즉각적인 공감을 유발하지는 않는다 하더라도 사회적 과정을 통해 점차 공감을 느끼게 되고 도덕감을 공유하게 됨으로써 일반적인 도덕적 시인이 이루어지게 된다고 본 것이다.

흄은 '당위'를 '존재'에서 추론할 수 없다(자연주의의 오류)는 점도 지적함으로써 윤리학의 역사에 큰 공헌을 했다. 다시 말해 사실의 문제에 기초를 둔 어떤 논증으로 도덕법칙을 추론하거나 증명하는 것은 옳지 않다는 것이다. 그 이유는 이성의 추론은 관념들의 비교나 관계의 추론을 통해 사실의 진위에 관계하며, 이는 행위의 옳고 그름 또는 선악에 대한 판단과는 무관하기 때문이다. 흄은 도덕적 판단이란 정념에서 직접 주어지거나 가치판단이 개입함으로써 이루어지는 것이지, 이성적 추론만으로는 불가능하다고 주장한다. 이런 점에서 흄은 자연주의[68]를 거부하는 메타윤리학의 선구자로 평가될 수 있다.

---

67 Ibid., p.48.

68 흄의 자연주의는 종종 개념적 혼란을 일으키기도 한다. 흄을 자연주의자라고 말하는 것은 그가 도덕성의 근원과 관련하여 어떤 초자연적인 것도 거부하였으며 도덕성은 오직 인간 본성의 경험적인 특성에만 관련한다고 보았기 때문이다. 그러나 현대 메타윤리학에서 사용되는 자연주의는 도덕적 명제들은 일상의 경험적 세계의 사실들을 기술하며 감각 경험과 과학을 통해서 알려지고 정당화될 수 있다는 주장을 의미한다. 이런 점에서 메타윤리의 자연주의는 경험과학을 통해 자연 안의 사실을 관찰함으로써, 도덕적 진리를 발견할 수 있다는 입장을 취한다. 그러나 존재에서 당위의 도출을 오류라고 보는 흄은 현대적 의미로 보면 자연주의 윤리학을 비판하는 비인지주의(대표적으로 이모티비즘)의 선구자라고 볼 수 있을 것이다.

2.7 심정윤리와 책임윤리

베버(Max Weber)에 의하면, 우리들이 윤리적으로 지향하고 있는 모든 행위는 근본적으로 심정윤리(Gesinnungsethik)와 책임윤리(Verantwortungsethik)다.[69] 말하자면, 윤리적인 모든 행위는 근본적으로 서로 다른 두 가지 격률(maxim: 주관적인 실천 원칙), 즉 심정윤리 아니면 책임윤리에 놓이게 된다는 말이다.

심정윤리에 따르면 행위의 도덕적 가치는 행위의 결과가 아니라 행위자의 심정, 즉 의향에 있다. 심정윤리를 신봉하는 사람들은 행동의 결과는 윤리와 아무런 관련이 없다고 생각한다. 심정윤리에 따라 행동하는 것은 순수한 가치 합리적인 지향을 가리키는 것이다. 그것은 어떤 윤리적, 심미적, 종교적 또는 다른 형태의 행위의 절대적 그리고 본질적 가치를 그 행위의 결과와 관계없이 그 행위 자체로서 의식적으로 믿는 것에 근거하여 행하는 것이다.[70] 기독교의 절대 평화주의가 심정윤리의 좋은 예가 될 것이다. "원수도 사랑하라"는 예수의 산상설교의 말씀을 절대적 명령으로 여기는 그들은 그 어떠한 형태의 전쟁에도 반대할 뿐 아니라 경우에 따라서는 국방의 의무를 요구하는 국가에서 병역의 규정을 신앙적 양심에 의거하여 거부하고(절대윤리는 그 결과에 대해서는 고려하지 않는다) 현실에서 닥쳐오는 어려움을

---

69 Gesinnungsethik은 심정윤리, 의향윤리, 신념윤리, 소신윤리 등으로 번역될 수 있다. Gesinnung은 심정 또는 의향을 의미하지만, 베버는 이 용어를 행위자의 확고한 가치 입장을 의미하는 것으로 사용하고 있다. 그래서 신념윤리나 소신윤리가 좀 더 의미가 잘 전달될 수도 있다. 그러나 통상적으로 심정윤리라는 말을 보다 많이 사용되어 왔기에 혼란을 피하기 위해 여기서는 심정윤리로 표기할 것이다.

70 M. Weber, *Economy and Society* (California: University of California Press, 1978), p.24~25.

자발적으로 감내하는 경우를 볼 수 있다.

심정윤리를 따르는 사람은 순수한 심정의 행위에서 나오는 결과가 나쁠 경우, 그렇게 된 책임을 행위자 자신에게 돌리는 것이 아니라 세계에 돌리거나 아니면 다른 사람들의 어리석음 또는 그 사람들을 그렇게 창조한 신의 뜻으로 돌린다.[71] 심정윤리는 논리상 도덕적으로 위험한 수단을 사용하는 일체의 행위를 거부한다.[72] 심정의 순수성을 고집하는 한 다른 가능성은 없다. 최소한 논리적으로는 그렇다. 따라서 심정윤리에 따르면 목적은 수단을 신성화하지 않는다. 심정윤리의 이러한 태도는 그것이 선한 열매는 선한 나무에서만 나올 수 있고 나쁜 열매는 나쁜 나무에서만이 나올 수 있다는 단순한 명제에 근거하고 있기 때문이다.[73]

반면에 책임윤리에 따르면 행동의 결과는 윤리적으로 최상의 관련성이 있으며, 그 결과에 대해서 개인적인 책임을 져야 한다. 책임윤리에 따라서 행위한다는 것은 목적 합리성에 따라 행위하는 것이다. 그것은 행위의 실현 가능성을 수단과 목적의 관점에서 추론하고, 예측할 수 있는 자기 행동의 결과를 설명한다. 또한 목적에 대해서 뿐 아니라 목적을 부차적 결과에 대비해서 그리고 모든 가능한 목적을 서로 비교하여 합리적으로 그 수단을 숙고하는 것이다.[74] 요컨대 책임윤리는 예측할 수 있는 결과 전체를 고려해서 전체적으로 어떤 결과의 조합이 최상인가를 고려함으로써 어떻게 행동할 것인가를 결정하는 사람의 태도를 의미한다.

---

71 M. Weber, *From Max Weber: Essays in Sociology* (London: Routledge & Kegan, 1974), p.121.

72 Ibid., p.122.

73 Ibid.

74 M. Weber, *Economy and Society*, p.26.

심정윤리와 달리 책임윤리를 따르는 사람들은 자기 행위의 결과를 예측할 수 있는 한에서 그 결과를 다른 사람들에게 떠넘길 수 없다고 생각한다. 그는 이런 결과가 된 것은 자기의 탓이라고 생각한다.[75] 그래서 책임윤리를 따르는 사람은 좋은 결과를 위해서라면 그 자체만을 떼놓고 보며 나쁜 행동도 기꺼이 행하는 사람이다. 예를 들어 책임윤리에 따라 행위하는 신앙인이 사람에게 해악을 가하는 것은 "원수도 사랑하라"는 도덕적 계율에 위배되는 것이라는 점을 잘 알면서도 더 큰 해악을 방지하기 위해 히틀러와 같은 독재자 암살 모의에 적극 가담하게 되는 사람이다. 또 책임윤리에 따라 행동하는 사람은 자신의 조국을 침략하고 약탈하는 제국주의자들의 폭력에 물리적 폭력으로 대응할 수 있는 자들이다. 따라서 책임윤리는 목적이 수단을 정당화한다고 믿는다. 책임윤리에 따르면 선한 목적을 달성하기 위해서는 많은 경우, 윤리적으로 의심스러운 것이나 적어도 위험한 수단을 감수하지 않으면 안 되며, 또한 나쁜 부수적 결과가 일어날 가능성이나 개연성도 함께 감수하지 않으면 안 된다.[76] 책임윤리는 이 세계에서 때때로 선한 나무가 악한 열매를 맺기도 하며 악한 나무가 선한 열매를 맺기도 한다는 것을 잘 알고 있다. 책임윤리는 이러한 세계의 윤리적 비합리성(die ethische Irrationalität der Welt)을 고려한다.[77]

심정윤리와 책임윤리는 합리적 논증에 의해서는 화해될 수 없는 것인데, 이러한 논의는 윤리학에서 의무론적 윤리와 목적론적 윤리 체계의 논의와 유사한 점이 있다. 의무론적 윤리체계는 어떤 행동을 일반적으로 그것의 결과와는 관계없이 선 또는 악으로 간주하는 윤리 체계이고, 목적론적 윤리

---

75 M. Weber, *From Max Weber: Essays in Sociology*, p.121.

76 Ibid. p.121.

77 Ibid., p.122.

체계는 행동의 도덕적 가치를 가능한 전체 결과의 가치에 의해서 평가하는 윤리 체계이다. 아무튼 베버는 심정윤리는 성자(saint)에게 알맞은 윤리이고 책임윤리는 정치가에게 알맞은 윤리라고 생각했다.[78]

그러나 베버가 심정윤리와 책임윤리를 구별하였다고 해서 이 둘을 양자택일의 문제로 바라보는 것은 문제가 있다. 사실, 행동의 결과를 완전히 무시하는 윤리 체계는 성립되기 어렵다. 왜냐하면 특정한 결과를 언급하지 않고 행동을 정의하는 것은 불가능하기 때문이다. 행동은 결과를 낳을 수밖에 없는 것이다. 또한 자신의 소신과 신념을 가지지 않고 오직 결과만을 고려하는 윤리 체계도 있을 수 없다. 왜냐하면 수단-목적의 관점에서 결과를 고려하기 위해서는 먼저 목적이 주어져야하기 때문이다. 이런 점에서 보면 책임윤리와 심정윤리를 타협불가능한 대립으로 해석하는 견해는 베버의 의도를 왜곡할 가능성이 없지 않다.

이런 문제의식이 베버에게서도 감지되고 있다. 베버는 심정윤리는 무책임과 같지 않으며, 책임윤리도 무신념과 같지 않다고 이미 언급하고 있기 때문이다.[79] 베버에 의하면 아무런 신념도 갖지 않은 사람은 정신적으로 사망한 사람과 같다. 가치 지향성이 인격의 중요한 특징라고 한다면, 아무런

---

78 심정윤리는 종교인에 어울리고 책임윤리는 정치가에 어울린다고 보면서도, 그리고 근대 윤리로서의 적합성을 책임윤리에 무게를 두고 있음에도, 정치가에게 결정적으로 필요한 자질을 말할 때, "정열, 책임감, 그리고 거리두기"라고 했다. 뜨거운 열정과 냉철한 거리두기 능력이 책임감의 전제 조건이 되는 것이다. 책임감이 없는 정열은 불모의 흥분으로 떨어지게 되며, 책임감이 결여된 거리두기 능력은 거리 상실의 나락으로 빠지고 만다. 결과적으로 거리두기 능력의 상실은 정치적 무능력과 동일시된다. 하지만 정치가에게 요구되는 책임윤리에 심정윤리의 요소인 열정이 책임감을 전제로 요구된다는 점에서 책임윤리와 심정윤리가 완전히 이분법적으로 나눠는 것이 아니라는 점을 이해할 수 있다. M. Weber, 이상률 역, "직업으로서의 정치", 『직업으로서의 학문』(서울: 문예출판사, 1994), p.127.

79 M. Weber, *From Max Weber: Essays in Sociology*, p.120.

가치 지향성도 가지지 않고 순수하게 책임윤리적으로 행위하는 것은 인격의 존엄성을 가질 수 없는 정신이 죽은 사람이나 다름없는 것이다. 이런 점에서 보면 심정윤리와 책임윤리는 상호보완적이라 할 수 있겠다.[80]

베버가 심정윤리와 책임윤리의 개념을 구분하는 것과 같은 맥락에서, 신학자 니버(Reinhold Niebuhr)는 개인윤리와 사회윤리의 개념을 구분했다. 니버에 따르면 예수의 윤리와 같은 이상적인 윤리는 기독교 사회윤리학의 과제가 될 수 없다고 단언한다. 산상수훈에 나타난 바와 같이 예수의 윤리(뺨을 맞으면 다른 뺨을 돌려대고, 오리를 가자고 하면 십리를 가주고, 겉옷을 요구하면 속옷까지 벗어주고, 심지어 원수까지 사랑하라는)는 도덕적 행위의 결과를 전혀 고려하지 않고 신의 의지에 절대적인 복종을 요구하는 완전주의적 사랑의 윤리라는 것이다.[81] 니버에 의하면 이러한 예수의 가르침은 인간의 순수한 영혼에만 관련된 개인적인 종교 윤리만을 염두에 둔 것이다.[82] 다시 말해, 예수의 윤리는 종교적인 영역에서만 고려될 수 있는 개인윤리라는 것이며 사회의 실제적 삶의 영역에서는 실현 불가능한 윤리가 된다는 말이다. 그렇다면 개인윤리로서는 가능하지만 사회윤리로서는 불가능한 윤리가 사회적으로 어떻게 실현 가능한가? 예수께서 십자가의 희생에서 보여주었던 완전주의적인 아가페 윤리는 현실적으로 평등지향적인 정의의 원리를 통해서만 근사치적으로 접근할 수 있다는 것(approximately approach)이 니버의 설명이다. 사회윤리적으로는 우리가 사회에서 부딪히는 갈등 속에서 정의를 추구할 수 있는 최선을 판단을 내리는 것이 도덕적일 수 있다. 사회정의를 실현

---

80 Ibid., p.127.

81 Reinhold Niebuhr, *An Interpretation of Christian Ethics* (New York: Seabury, 1979), p.32.

82 Reinhold Niebuhr, *Moral man and Immoral Society* (New York: Charles Scribner's Sons, 1932), p.263.

하기 위해 필요한 것은 이상주의적인 도덕적 설교가 아니라 실제적인 권력(power) 또는 강제력(force)이다. 그렇다면 정치권력에 의해 운용되는 질서유지적 강제력과 지배권력의 폭력에 저항하는 전복적 강제력의 차이는 무엇인가? 이에 대해 니버는 “그 구분은 그것들이 야기하는 결과에 의해서만 정당화될 수 있다”[83]고 답한다. 니버의 기독교사회윤리는 결과론적 윤리임에 분명하며, 이런 점에서 베버의 책임윤리와 맥이 닿아 있다. 그리고 “그리스도와 십자가는 가능성을 보여줄 뿐 아니라, 인간 유한성의 한계도 드러내어 준다. 그래서 그러한 한계를 회개하며 인식하는 것에서부터 보다 궁극적인 소망이 생겨나게 된다.”[84]는 니버의 주장에서 심정적인 개인윤리의 ‘불가능한 이상’은 무의미한 것이 아니라 정의로운 사회적 규범과 그 규범들의 한계를 드러내는 비판적 관점을 드러내 주기 때문에 현실적합성을 갖는다는 견해를 읽을 수 있다. 이것 역시 심정윤리와 책임윤리의 상호 관계성을 숙고하고 있었던 베버의 생각에 동조한 부분으로 이해할 수 있겠다.

3. 윤리학의 분류

3.1 기술(descriptive) 윤리학

윤리학은 ‘도덕’이라는 인간 행위의 영역에 관심을 기울인다. 마치 생물학이 생명을 대상으로 삼듯이 윤리학은 도덕 현상을 연구 대상으로 삼는

83 Ibid., p.179~180.

84 *An Interpretation of Christian Ethics*, p.73~74.

다. 그러나 윤리학 말고도 도덕을 연구하는 또 다른 분야가 있다. 예를 들면 심리학자들은 한 개인의 도덕판단은 정확히 기술할 수 있고 그 원인과 결과도 정확히 탐구할 수 있다고 본다. 한 개인이 어떤 도덕적 신념과 태도를 가지게 되는 이유와 배경, 그리고 그 신념과 태도가 개인의 행동에 미치는 영향을 밝히는 설명을 할 수 있다는 것이다. 또한 인류학자, 사회학자, 역사학자, 사회심리학자들은 사회적 차원에서 과학적 탐구를 통해 현실 도덕에 대한 경험적 지식을 얻을 수 있다고 본다. 이런 시각에서 그들은 여러 다른 사회와 각 시대의 다양한 도덕률을 탐구하였다. 한 개인의 생활, 그리고 사회제도 속에 존재하는 도덕 현상에 대한 경험적 지식을 얻고자 그들은 현실 도덕에 대한 과학적 기술·설명 방식을 택한다.

그러나 그들은 다양한 문화권에 살고 있는 사람들의 도덕적 신념, 관습, 관행을 탐색하고 서술할 뿐 그것들에 대해 어떤 가치판단이나 평가도 내리지 않는다. 도덕에 대한 이와 같은 과학적 연구를 기술윤리학이라 부른다.

도덕에 관한 기술윤리학자들의 연구를 서술적 연구라 한다면 윤리학자들의 도덕에 관한 연구는 철학적 연구라 할 수 있다. 윤리학은 사실의 기술이나 묘사에 만족하지 않고 기술윤리학에서 제공하는 자료를 이용하여 각 문화권의 도덕을 상호비교하고 도덕적 이상에 대한 평가를 내린다. 심리학, 인류학, 사회학, 역사학, 사회심리학이 서술적 과학이라면 윤리학은 규범과학이다. 따라서 기술윤리학은 엄밀한 의미에서 윤리학이라 보기 어렵다.

윤리학자들은 "이러한 사람들이 이러저러한 도덕규칙을 받아들이는 이유는 무엇인가?"라고 묻는 대신 "이러저러한 경우에 이와 같은 도덕규칙을 받아들일 때 어떤 이유가 좋은 이유가 되는가?"라고 묻는다.[85] 윤리학자들

85 Paul Taylor, *Principles of ethics,* 김영진 역, 『윤리학의 기본원리』(서울: 서광사, 1985),

은 도덕의 실천이 그 사회의 어떤 계급에 속하는 사람들의 이익에 도움을 주고 있는가의 현상을 설명하는 대신, 공동선을 증진시키며, 사회정의의 요구 조건을 만족시키는 도덕규범이 있는지 그리고 공동선이나 사회정의가 모든 사회의 도덕규범을 평가하는 원리로 작용할 수 있는지를 묻는다. 윤리학자가 추구하는 주목적은 "모든 도덕 행위자들에게 타당한 도덕규범의 일관된 체계를 어떻게 구성할 것인가?"하는 것이다. 그러한 체계를 흔히 '규범윤리적 체계'라고 부르는데 이를 정립하고자 하는 것이 규범윤리학이다.

3.2 규범윤리학

규범의 사전적 의미는 '사유, 의지, 감정 등이 일정한 이상이나 목적을 이루기 위하여 마땅히 따라야 할 법칙과 원리'이다. 이러한 규범을 탐구하는 학문에는 논리학, 미학, 윤리학이 있다. 바른 인식을 얻기 위해 규범이 될 수 있는 사유의 형식과 법칙을 연구하는 학문이 논리학이요, 미의 규범을 세우는 것을 목적으로 하는 학문이 미학이라 한다면 윤리의 규범을 세우는 것을 목적으로 하는 학문이 규범윤리학이다.

규범윤리학은 이상적인 삶을 살아가는 데 규범이 될 수 있는 삶의 목적과 행위의 법칙을 찾아 제시하고자 하는 것을 주 과제로 삼는다. 다시 말해 규범윤리학은 "인간이라면 누구나 그것의 실현을 위해 진력해야할 보편타당한 삶의 목적은 무엇인가?", "인간이라면 누구나 마땅히 따라야 할 해위의 법칙은 무엇인가?"라는 물음을 궁구한다. 여기서 보편타당한 삶의 목적을 찾아 제시하고자 하는 입장을 목적론(teleological ethic)이라 하고, 보편타당

p.15~18 참조.

한 법칙을 찾아 제시하고자 하는 입장을 의무론(deontological ethic)이라 한다. 흔히 윤리학은 '옳은 것과 좋은 것에 관한 연구'라고 말하는데, 목적론에서 탐구하는 것이 '최고의 선'이며, 의무론에서 탐구하는 것이 '옳은 행위의 법칙'이다.

목적론적 윤리학은 인생에 우리가 그 실현을 위해 진력해야 할 개관적인 목적이 존재한다는 신념을 출발점으로 삼는다. 그리고 모든 행위의 시비는 그 행위가 인생의 궁극목적(최고선) 달성에 이바지하는지의 여부에 따라 평가된다. 따라서 목적론적 윤리학이 답변해야 할 근본적인 문제는 "인생의 궁극적인 목적이 무엇이냐?"라는 것이다. 한편 의무론 윤리학은 인생이 힘써 도달해야 할 목적이 따로 주어져 있다는 것을 믿지 않는 대신, 옳은 행위와 그른 행위를 판별하는 데 표준이 되는 보편타당한 도덕법칙이 주어져 있다고 믿는다. 모든 행위의 시비는 이 도덕법칙에 일치하는지의 여부에 따라 평가된다. 따라서 의무론이 답변해야 할 근본 문제는 "시대와 지역의 차이를 초월하여 적용될 수 있는 보편타당한 행위의 법칙이 무엇이냐?"라는 것이다. 궁극적인 삶의 목적인 최고선에 가장 큰 중요성을 부여하는 목적론적 윤리학자들은 일단 최고선이 인식되면 옳은 행위가 저절로 확인되고 실현된다고 주장한다. 옳은 것은 좋은 것에 의해 결정된다고 보는 것이다.

목적론과 반대 방향에서 이론을 구성해가는 의무론에서는 옳은 행위 등을 가장 중요한 요소로 취급한다. 옳은 것을 행하면 반드시 좋은 결과가 나타난다고 주장한다. 여기서는 좋은 목적이나 좋은 것에 비해 의무나 법칙이 우선되며 옳음에 위배되는 것은 무가치한 것으로 여긴다. 옳음은 보다 근본적인 것으로 환원 불가능하며 오로지 직관에 의해서만 파악할 수 있는 개념이다. 따라서 의무론자들은 직관론자라 불리기도 한다.

의무론은 규칙의무론과 행위의무론으로 나누어 설명할 수 있다. 전자에서는 우리가 마땅히 지켜야 할 도덕규칙이 있다는 전제하에 행위의 옳고 그름은 그 규칙과의 일치 여부에 따라 평가한다. 그런데 여기서는 우리가 지켜야 할 도덕법칙이 아주 많이 존재하므로 '이들이 상충할 경우 이를 어떻게 해결할 것인가'하는 것이 크나큰 난제로 부각된다. 이 난제가 해결되려면 이를 해소할 수 있는 보편타당한 행위 법칙이 제시되어야 함에도, 이러한 법칙이 존재한다는 전제 자체부터 의심받는다. 반면에 후자에서는 그러한 규칙의 존재를 인정하지 않는 대신 우리가 마땅히 행해야 할 구체적인 개별적 행위가 있고, 또 우리는 이를 직관적으로 파악할 수 있다고 본다. 여기서 제기될 수 있는 문제는 '어떤 구체적 상황에서 행위자 각각의 직관이 서로 다를 경우 어떤 것이 옳은가?'하는 인식론적 물음이다. 다시 말해 이 입장은 도덕 이론의 형식적 제약조건인 보편화가능성의 원리를 설명할 수 없다는 치명적 약점이 있다.[86]

3.3 분석(메타)윤리학

분석윤리학은 1930년대에 영미에서 활발하게 전개된 분석철학의 영향으로 대두되었다. 분석철학에서는 철학의 역할을 세계에 대한 이론을 진술하는 데 있지 않고 세계에 대한 진술 그 자체를 대상으로 삼는 데 있다고 본다. 이러한 시각에서 분석철학에서는 윤리학의 역할을 좋음과 옳음에 관한 실천적 연구에 있지 않고 그러한 연구에서 사용되는 용어들의 의미를 분석하고 도덕적 추론의 규칙과 인식 방법을 연구하는 데 있다고 본다.

물론 규범윤리학에서도 도덕 언어들에 대한 분석을 하지 않은 것은 아

86 김상득, 『생명의료윤리학』(서울: 철학과현실사, 2000), p.378~279 참조.

니다. 예를 들어 소크라테스의 대화법을 보면 도덕 언어의 분석이 중요한 부분을 차지하고 있음을 알 수 있다. 그러나 분석윤리학은 윤리학의 관심을 도덕 언어의 분석에 국한해야 한다고 주장하는 점이 특징이다. 그러한 분석윤리학의 선언은 무어(G. E. Moore)에게서 비롯되었다.

분석윤리학의 연구 주제는 첫째, 도덕 언어의 의미 분석이다. '좋다', '나쁘다', '옳다', '그르다', '훌륭하다', '끔찍하다', '의무', '양심', '해야한다' 등 기본개념들의 의미를 명확하게 분석하고 나서야 그 개념들을 바탕으로 하는 도덕 체계를 확립할 수 있다는 입장이다. 물론 이런 생각의 이면에는 '좋다'와 같은 개념에는 보편적인 의미가 있을 것이라는 전제가 깔려있다.

분석윤리학의 두 번째 연구 주제는 윤리적 명제의 특수성을 분석하는 것이다. 예를 들면 "시험 칠 때 부정행위는 나쁘다", "곤경에 처한 사람을 돕는 것은 바람직하다" 등의 명제들은 명령이나 지시하는 뜻 외에도 권유하거나 설득하는 뜻을 지니고 있다고 본다. 일반적으로 우리가 쓰고 있는 윤리적 명제들이 어떠한 의미를 함축하고 있는지를 분석함으로써 도덕 언어들의 의미를 더 정확하게 이해하고자 하는 것이다.

분석윤리학의 세 번째 연구 주제는 사실명제와 당위명제의 논리적 관계 분석이다. 예를 들면, 사람은 누구나 쾌락을 추구하고 고통을 피하려고 하는 것이 사실이라면, 그러한 사실을 근거로 "남에게 고통을 주는 행동을 해서는 안 된다"는 당위명제를 도출할 수 있느냐는 문제가 제기된다. 규범윤리학을 종교적 권위나 정치권력에 의존함이 없이 누구나 받아들일 수 있는 어떤 보편타당한 사실에 근거하게 하려면 사실명제에서 당위명제를 도출할 수 있어야 한다. 그런데 논리적 추론의 정당성이 보장해 주는 것은 명제의 진리값이다. 환언하면 그 명제가 사실에 부합하는 참 명제임을 보장해 주는 것이 논리적 타당성이다. 그러므로 아무리 보편타당한 사실명제에서 출발한다 해도 거기서 도출해낼 수 있는 것은 어디가지나 사실명제일 뿐, 당위명제로서의 진리값은 보장받을 수 없게 된다. 분석윤리학은 바로 이러한 주장을 폄으로써 규범윤리학에서 전개하고 있는 논리적 추론의 정당성 여부를 문제 삼는다.

이상과 같은 분석윤리학의 관심은 인간의 언어, 인간의 인식 능력이나 사고방식에 대해 새로운 철학적 관심을 불러일으켰다. 그러나 그러한 관심은 언어와 인식에 대한 철학적 이해를 깊게 해주었을 뿐, 규범윤리학이 만족할 만한 도덕 체계를 마련하는 데 별다른 도움은 되지 못하였다. 말하자면 메타윤리학은 주로 도덕적 지식의 본질이나 주요 도덕적 용어의 의미에 관한 기술적 문제를 논하는 데 몰두하여 의미론과 인식론에 치우쳐 있었기에 실천적인 주제에 대한 연구는 무시되고 있었다. 그 결과 메타윤리적 탐구의 결과는 그것의 중립적 성격 때문에 규범적 결론과 아무런 관련이 없게 되었다. 그리고 소위 '사실-가치'의 이분법과 관련하여 사실적 명제들에서는 어떠한 규범적 명제도 도출할 수 없게 되었다. 사실 세계에 대한 설명을 통해서는 어떠한 의미있는 도덕판단도 나올 수 없다고 결론지은 것이다. 사실-가치의 이분법은 사실적 탐구에 근거한 어떤 이론도 윤리적으로 타당할 수 없다는 것을 의미하는 듯 보였기 때문이다. 결국 윤리학은 윤리적인 도움을 필요로했던 당시 사회의 절박한 요구에 부응하기 위해 스스로 변화할 수밖에 없었다. 물론 그러한 변화는 규범윤리학의 부활로 이어졌다.

3.4 사회윤리학

사회윤리와 사회윤리학(social ethics)은 규범윤리학에 속하지만 전통적인 개인윤리학(personal ethics)과는 다른 개념이다. 앞에서 심정윤리와 책임

윤리를 다루는 부분에서도 언급했던 바와 같이, 개인윤리가 인간과 인간 사이에서 지켜야 할 도덕성을 관심의 대상으로 삼았다면, 사회윤리는 인간과 사회 사이의 상황을 고려한 응용윤리라고 할 수 있다. 즉 개인윤리가 주체적 자아에 기초했다면 사회윤리의 관심사는 사회적이고 초월적인 자아인 것이다. 그러나 개인윤리와 사회윤리가 완전히 상호 배치되는 개념은 아니다. 사회적 자아는 개인적이고 주체적인 자아를 바탕으로 보완 관계에 있기 때문이다. 체계적으로 완전히 구분되기보다는 사회윤리가 개인윤리와 변별됨으로써 현대사회의 새로운 상황에 대응하는 윤리적 관점이라고 해야 할 것이다.

현대에 이르러 사회윤리학이 중요한 주제로 부상한 이유는 대략 두 가지 정도로 요약할 수 있다. 첫째 메타윤리학에 대한 반성이다. 사회윤리학 이전에 현대 윤리학자들을 사로잡은 메타윤리학의 문제는 매우 공리공론적인 느낌을 주었다. 그래서 학자들은 보다 실천적이고 실제적인 윤리학의 문제를 연구해야 한다는 책임감을 느꼈다. 그래서 윤리학의 발전을 위해 새로운 관점이 필요했다. 그래서 윤리학은 사회윤리학, 응용윤리학, 덕의 윤리학 등으로 관심의 중심이 이동한 것이다.

둘째, 시대가 바뀌면서 우리의 삶도 바뀌었다. 현대사회의 복잡성과 정부와 같은 사회조직의 영향력이 커져서 사람들의 삶에 영향을 미치는 문젯거리의 많은 부분이 과거와는 달라진 것이다. 이 부분이 사회윤리학의 등장에 가장 중요하다. 왜냐하면 윤리학은 그 본성 상 우리 삶에 대해 직접 사유하는 철학인데, 우리의 삶 자체가 바뀌었다면 그것에 따라 윤리학의 내용이 바뀌는 것이 옳기 때문이다. 예컨대 집단이기주의(우리사회의 고질적인 병폐인 지역차별주의, 연고주의, 학벌주의 등등)로 인한 사회문제는 개인윤리적 측면보다는 사회윤리 차원에서 접근해야 할 것이다. 사회 제도나 구조가 잘못되어 있을 경우 개인의 도덕적 각성과 판단에만 호소해서는 문제 해결이 불가능할 것이다. 그러할 경우 개인적 노력보다는, 사회 구성원 다수의 힘으로 그 문제된 제도를 고치려고 노력하는 사회윤리적 접근이 있어야 하는 것이다.[87]

더 나아가 자세히 들여다보면 무심코 지나쳤던 사소한 것에서 전 지구화된 자본주의 구조가 인간의 삶을 소외시키는 것을 알 수 있다. 우리는 사랑하는 연인을 위해 비싼 값을 치르고 다이아몬드 반지를 선물한다. 개인적인 행위에 주목해서는 개인 윤리적으로 아무런 문제가 없다. 그러나 만일 1990년대 아프리카의 다이아몬드 광산을 둘러싼 내전으로 20만 명의 목숨을 잃은 시에라리온의 역사를 알게 된다면, 그리고 그 과정에서 세계의 최대 다이아몬드 채굴 회사 *De Beers Group*과 세계의 유수한 다이아몬드 회사들이 11년 내전에서 협력했던 사실을 알게 된다면, 그리고 그것이 마약 밀수와 전 세계적인 테러 단체의 활동과 연루된 일이라면, 문제가 달라진다.[88] "1996년 '싹쓸이 작전'에서 이렇게 소름끼치는 만행을 저지른 *RUF*반군들은 그 후 코노에서 캐낸 수백만 달러어치의 다이아몬드를 세계의 여러 판매망을 통해 팔았다. 그 다이아몬드가 지금은 틀림없이 그 잔혹한 사건들을 전혀 모르는 남편과 아내들의 보물로 소중히 간직되고 있을 것이다."[89]

---

87 개인윤리와 사회윤리의 개념 정리를 위해서는 고범서, 『사회윤리학』(서울: 나남출판사, 1993)을 참조하라.

88 저널리스트 캠벨이 경험한 시에라리온 내전을 다룬 『다이아몬드 잔혹사』를 보면 다이아몬드를 둘러싼 인간의 탐욕이 얼마나 최악의 비극을 낳을 수 있는지를 적나라하게 보여주고 있다. 다이아몬드를 차지하기 위해 벌이는 투쟁 가운데 RUF(혁명연합전선)의 만행을 다루는 대목은 독자로 하여금 그 참혹한 사실성에 의구심을 들게 할 정도다. Greg Campbell, *Blood Diamond*, 김승욱 역, 『다이아몬드 잔혹사』(서울: 작가정신, 2004) 참조.

89 Ibid., 21. 반군들은 공포심을 극대화시키기 위해, '알아서 지불하기 작전', '생물멸절 작

또한 요즘 우리 문화와 무관한 서양의 발렌타인데이 축제를 기념해 한국의 젊은이들이 엄청난 양의 초콜릿을 소비한다. 이것 역시 개인 윤리적으로는 딱히 문제될 것 없다. 그러나 별다른 생각 없이 즐겨 먹고 선물했던 초콜릿이 그 생산과정에서 전 세계적으로 아동 노동력 착취가 가장 심한 산업이라는 사실을 알게 된다면 상황은 달라진다. 아동 인권 보호 단체에 의하면 초콜릿의 주원료인 코코아 재배 과정에서 무려 25만 명에 이르는 아동들이 코코아 농장에서 매일 10시간씩 일하며 밥도 제대로 먹지 못하는 노예 취급을 받고 있다고 한다. 이 단체의 보고서에 따르면 세계 코코아 생산량의 45%가 아프리카 서부 대서양 연안의 코트디부아르에서 생산된다고 한다. 그런데 이 지역 코코아 농장 노동자는 주로 인근 말리에서 인신매매된 아동들이다. 서부 아프리카에서 지난 몇 년간 코코아 농장을 비롯한 농업 부문 노동력 확보를 위해 9~12세 아동들 수천 명이 매매됐다는 유엔보고서도 있다. 이 같은 아동 착취는 세계 각지의 초콜릿 가공 산업과 밀접하게 연결되어 있다. 그리하여 시중에 팔리는 초콜릿 중 상당수는 어린이 노동력을 착취해 만든 원료가 사용됐다고 할 수 있다.[90] 코트디부아르는 왜 인신매매된 아동들의 노동력을 착취하는가. 역사적으로 코트디부아르는 수출지향적

전', '싹쓸이 작전' 등의 이름으로 코이두를 비롯한 양질의 다이아몬드가 매장된 지역 주민들을 도끼로 목이나 사지를 절단하는 만행을 저질렀다. RUF가 벌인 다이아몬드 전쟁만 국한시키더라도 이를 통해 약 7만 5천명이 사망했고, 2만 명이 불구자가 되었다(www.crimesofwar.org, Greg Campbell, 『다이아몬드 잔혹사』, 69에서 재인용). 2000년 12월 20일 뉴욕에서 열린 Global Policy Forum에서 유엔안전보장이사회에 제출된 문서에 따르면 RUF가 세계 다이아몬드 시장을 통해서 벌어들인 돈이 매년 2500만~1억 2500만 달러 수준일 것으로 추정된다. *Report of the Panel of Experts Appointed Pursuant to Security Council Resolution1306*(2000), 19절. Greg Campbell, *Blood Diamond*, p.26에서 재인용.

90 Samlanchith Chanthavong, "Chocolate and Slavery: Child Labor in Cote d'Ivoire", http://www1.american.edu/ted/chocolate-slave.htm

발전 방식을 고수해왔기 때문에 커피나 목재, 카카오의 수출에 의존해왔다. 1970년대 중후반에 접어들어 정부의 다양한 가격 우대 조치덕분에 코코아 붐이 일었다. 코코아는 커피를 대체하여 주요 수출 상품이 되었고 많은 농부들이 코코아에 의존할 정도로 확고하게 자리 잡게 되었다. 현재 코트디부아르 경제의 3분의 1이 코코아 수출에 기초를 두고 있다. 가뭄과 같은 자연조건과 국제 가격의 변동에 쉽게 영향받을 수밖에 없는 품목인 코코아는 1996년부터 코코아 콩 1파운드의 가격이 64센트에서 51센트로 떨어졌고 수익이 적어진 농부들은 싼 노동력으로 가격을 떨어뜨릴 방법을 찾다 노예 노동에까지 의존하게 만든 것이다.[91] 초콜릿에는 서국 제국주의 식민 역사, 코트디부아르의 경제 구조와 말리의 경제적 조건, 반인륜적인 아동 인신매매와 아동 노동력 착취의 문제 등의 사회구조적 요인들이 복합적으로 얽혀 있는 것이다.

결국 사람들이 아프리카에서의 복합적인 사회구조에 대한 문제의식 없이 그냥 초콜릿을 향유하기만 한다면, 직접적이라고 표현할 수는 없지만 인신매매와 아동 노동력 착취를 구조적으로 방조 내지는 돕는 꼴이 되고 만다.

이것은 새삼스러운 일이 아니다. 아프리카만의 문제도 아니다. 교통과 통신이 혁명적으로 발달한 오늘날 세계는 모든 부분에서 긴밀하게 상호작용하고 있다. 그래서 우리가 어떤 행위를 할 때 윤리적이기 위해서는 숙고해야 할 이유들이 더욱 많이 생겨나고 있다. 그래서 윤리학자들이 주목한 것이 사회구조의 윤리성이다. 우리의 행위가 유발할 수 있는 윤리적 결과들이 바로 사회구조에 의해서 달라지기 때문이다. 즉 사회구조는 이제 우리의 삶이 윤리적인지 그렇지 않은지를 결정하는 매우 중요한 요소가 된 것이다.

---

91 Ibid.

말하자면, 내가 내 돈으로 다이아몬드나 초콜릿을 사는 것은 전적으로 내 자유 의지에 속한 것이다. 그리고 그것을 향유할 권리가 나에게는 존재한다. 그러나 윤리적으로 아무런 문제가 없어 보이는 나의 순수한 사적인 행위도 윤리적으로 나쁜 행위로 만들 수 있다. 그것은 잘못된 사회구조로 인해 비어진 것이다. 물론 사회윤리학에서도 여전히 '도둑과 살인, 강도, 강간 행위는 나쁘고 이웃을 위해 헌신하는 것은 착한 행위다'라고 간주하지 않는 것은 아니다. 다만 과거처럼 지역적으로 고립되어 단순하게 개인적인 관점에서만 생각해서는 안 되는 시대가 도래했고, 사회구조적인 차원에서 윤리적으로 고려해야 할 필요성이 대두된 것이다.

3.5 응용윤리학

응용윤리학은 20세기 초반 강력한 영향력을 발휘했던 분석윤리학의 기세가 약화되기 시작한 60년대 후반부터 본격적으로 대두되었다. 응용윤리학이 등장하는 시대는 인권운동, 반전운동, 학생운동이 활발하게 전개되던 시기였다. 예를 들어 흑인민권운동은 인간답게 살 권리를 요구하였고, 여성해방운동은 임신중절에 대한 인식에 영향을 끼쳤으며, 환경운동은 환경의 가치에 대한 새로운 인식을 심어 주었다. 그리고 흑인민권운동가들이 앞장섰던 베트남전쟁 반전운동은 여러 가지 사회적 모순에 대한 저항의지를 고취하였다.

이러한 시대적 변화에 더 이상 이론적인 문제만을 다룰 수 없게 된 철학자들은 현실적인 문제에 대해서도 관심을 기울이게 되었다. 즉, 철학자들은 정의, 평등, 시민불복종, 인종차별, 환경보호 등의 대중적이고 실천적인 문제들을 시야에 넣어야 했다. 그리하여 전통적인 규범윤리학 대신 구체적인 현실의 문제에 관심을 집중하는 윤리학, 이른바 '응용윤리학' 또는 '실천윤리학'이 대두하게 된다.

응용윤리학의 핵심적 물음은 "구체적인 도덕문제를 어떻게 해결해 나갈 것인가?"이다. 응용윤리학은 단순히 도덕이론을 구체적 도덕문제에 적용하는 차원을 넘어서, 구체적인 도덕문제에서 출발하여 도덕이론의 확립을 시도한다. 여기에는 환경윤리, 생명의료윤리, 기업-직업윤리, 사이버윤리, 과학기술윤리 등과 같은 분야가 포함된다.

특히 응용윤리학 분야에서 과학기술 문제가 크게 두드러지고 있는 이유는 과학기술 발달과 이에 따른 산업화로 현대인의 삶의 방식이 근본적으로 변화하여, 새로운 도덕적 문제가 야기했기 때문이다. 의학 기술의 발달과 정보 산업 등의 발전도 새로운 가치판단을 야기하고 있다.

환경윤리적인 면에서 볼 때 오늘날 환경문제는 지역적 차원을 넘어 점점 전 지구적인 차원으로 그 영향과 심각성이 더해지고 있다. 세계 각국의 산업화로 인해 환경오염 문제는 날로 심해지고 있는데, 환경오염은 토양오염과 수질오염, 대기오염을 다 포괄한다. 최근에 우리가 직접적으로 경험하였듯이 대기오염은 지구 온난화를 가져와 전 지구의 기후를 변화시켰을뿐 아니라 생태계를 파괴하고 있다. 인간이 자연을 파괴하면 앞으로 인간을 포함한 모든 생명체가 생존하기 어렵다는 근본 문제가 제기됨으로써, 오늘날 생태윤리의 차원에서 환경윤리 문제에 대해 많은 사람들이 관심을 갖고 성찰하며 논의한다.

의학과 기술의 발달은 의료 행위에 숱한 윤리적 문제를 초래하고 있다. 예를 들어, 낙태, 안락사, 유전자 조작, 인체 실험, 인공수정, 장기이식, 인간배아복제 등이다. 이뿐 아니라 정보 산업과 통신의 발달도 현대인의 생활에 더 많은 윤리적 문제를 안겨주고 있다. 통신 기술과 정보산업 등의 발전은 새로운 가치판단을 야기하게 되었다. 컴퓨터와 컴퓨터에 기초한 정보 통신 시스템이 우리의 생활 속에 깊이 뿌리를 내려 갖가지 윤리적 문제를 초래하고 있다. 컴퓨터를 통한 음란물의 대량 살포, 익명성에 의한 언어폭력과 욕설, 컴퓨터 바이러스 대량 유포, 컴퓨터 통신이나 컴퓨터 자체에 대한 해킹 등 이루 말할 수 없는 윤리적 문제들이 대두되고 있다. 그래서 이런 사이버상의 윤리적 문제를 해결하기 위하여 많은 사람들이 고심하고 있다. 이 밖에 기업윤리나 직업윤리는 일종의 경제생활의 윤리로서 우리의 실질적인 생활과 깊은 관련성을 갖는다. 기업윤리는 기업의 사회적 책임, 노사 갈등 해소, 기업가의 책임 한계 등이 논의된다. 직업윤리는 각 직업의 특수성에 따라 부여되는 책임과 의무에 관한 것이다. 정치가의 윤리, 공무원의 윤리, 교사의 윤리, 의사의 윤리, 기업가의 윤리, 군인의 윤리, 근로자의 윤리, 목회자의 윤리 등을 말하는 것이다.

3.6 덕의 윤리와 공동체 윤리

규범윤리의 부활은 70년대 초 롤즈(J. Rawls)의 정의론을 통해 그 전환점이 마련되었으며, 칸트의 의무론이 현대적으로 해석되기 시작했다. 이에 맞서 공리주의도 재조명되기에 이르렀다. 싱어(Peter Singer) 같은 사람이 대표적일 것이다. 그래서 70년 중반 칸트주의와 공리주의 모두를 비판하는 매킨타이어(Alasdair MacIntyre)의 신-아리스토텔레스주의가 등장하게 된다. 매킨타이어의 『덕의 상실』은 이른바 '덕 윤리'의 부활을 알리는 신호탄이었다. 덕의 윤리를 주장하는 사람들은 근대 이후 윤리적 논쟁에서 옳은 행위의 규칙이라든가 정의의 규칙, 유용성의 규칙 등이 강조되는 것을 불만스럽게 생각한다.[92] 이들은 도덕적 삶의 본질적 핵심은 우리가 어떤 규칙을 준수해야 할 것인가 하는 데에 있는 것이 아니라 어떤 종류의 사람이 되어야 할 것인가에 있다고 믿는다. 이들은 인간의 도덕적 행위에서 덕(덕스러운 성격)이 본질적인 개념이라고 생각하므로, 고대 철학자들이 인간의 본성을 가장 잘 표현하는 것이라고 생각했던 성향인 덕을 함양해나가야 한다고 주장한다. 즉, 도덕적 개인은 무조건 규칙에 따르는 자가 아니라 훌륭한 개인, 훌륭한 시민으로서의 특성을 지니고 있는 사람이라는 것이다. 이러한 개인은 우리의 도덕적 삶을 세세한 부분까지도 진지하게 고려하며, 특수한 상황에서 적절한 행위를 할 수 있는 특성을 자신의 성품으로 지니고 있는 사람이다.[93]

매킨타이어는, 덕이란 우리의 삶을 구성하는 많은 관행, 지역이나 국가와 관련된 관행 등에 내재해 있으며, 이러한 관행에서 생기는 여러 가치들을 성취할 수 있도록 해주는 일종의 특징적인 성향이라고 간주한다. 그에 의하면, 덕이 있는 사람은 좋은 아버지와 어머니와 자식이고, 좋은 상인과 법률가와 교사이며, 좋은 정치가이기도 하다. 우리가 다른 사람들이나 집단들의 활동에 참여함으로써 생겨나는 구체적인 가치들을 중요시한다는 점에서 덕 이론은 인륜성(Sittlichkeit)을 토대로 구체적인 윤리적 삶을 강조하는 헤겔의 관점을 반영하고 있다고 볼 수도 있다.

현대의 윤리학 이론으로 새로운 관심을 불러일으키고 있는 공동체주의(Communitarianism)는 이론적으로 덕의 윤리와 맞닿아 있다. 1960년대와 70년대를 통해 급격한 사회 변화가 이루어짐에 따라 전 세계적으로 개인주의 풍조가 만연하게 되었다. 이러한 개인주의는 개별적인 인간의 기초와 자율성, 인간의 존엄성을 중요시하였다. 개인주의는 책임보다는 권리를, 다른

92 Robert Arrington, *Western Ethics: An Historical Introduction*, p.583.

93 Ibid..

사람에 대한 헌신과 봉사보다는 자유를 더욱 소중히 여겼다. 따라서 개인주의는 사람들에게 가정, 교회, 지역사회, 국가 같은 집단들에 소속된 구성원으로서의 의무를 이행하도록 하기보다는, 오히려 자유로운 개인으로서 그들 자신을 표현하고 완성하는 것에 초점을 두게 했다. 이에 따라 자신에게 부과된 책임과 의무보다는 개인의 권리를 더 중하게 여기는 사회적 분위기가 조장되어 정당한 권위마저 부정하기에 이르렀다. 이러한 개인주의가 이기주의를 싹트게 함으로써 공동체의 해체를 가져올 수 있는 위기에 처하게 되자, 이에 대한 반동으로 에치오니(Amitai Etzioni)와 셀즈니크(Philip Selznick), 매킨타이어, 왈쩌(Michael Walzer) 등을 비롯한 많은 공동체주의 도덕이론가들이 새로운 대안으로서 공동체주의 윤리 이론을 제시하였다. 공동체주의자들은 도덕적 사고와 논의들은 우리 사회에 현존하는 구조와 동기 안에서 이루어져야 한다고 주장한다.

이상에서 살펴본 바와 같이 현대의 윤리학에서는 각종 응용윤리학들을 비롯한 덕의 윤리와 공동체주의 윤리에 대해서도 깊은 관심을 갖고 그에 대한 올바른 이해의 노력을 견지해야 할 것이다.

4. 윤리학의 주요 이론

여기서는 도덕적으로 판단할 때 윤리학이 전통적으로 접근해 온 이론들을 일반적인 방식으로 정리해보고자 한다. 먼저 '의무에 기초한 이론'과 '결과에 기초한 이론'을 다룰 것이다. 이것은 도덕문제를 이해하기 위한 가장 일반적인 대립구조이다. 나아가 앞선 윤리가 통상 특정 행위들의 옳음과 그름에 집중하는 것과 달리, 성격에 초점을 맞추며 개인의 삶 전체에 관심을 갖는 아리스토텔레스의 '덕론'(Virtue theory)과 이를 따르는 윤리적 입장을 고찰할 것이다. 이 세 이론의 주요 특징을 개괄하는 한편, 그 이론들이 내포하고 있는 약점을 지적할 것이다. 그런 다음 메타윤리학(meta-ethics)의 영역인 도덕적 언어의 의미에 관한 보다 추상적인 윤리학적 물음으로 나아갈 것이다.

4.1 의무론적 윤리

의무에 기초한 윤리이론은 모든 이들이 수행해야 하거나 수행해서는 안 되는 어떤 의무를 반드시 가지며, 도덕적으로 행위하는 것은 이 행위로부터 어떤 결과가 생기든 우리의 의무를 행하는 것이라고 강조한다. 의무론적 윤리(de-ontological ethic)가 결과론적 윤리와 구별되는 점이 바로 '어떤 행위들은 뒤따르는 결과에 상관없이 절대적으로 옳거나 그르다'고 생각하는 것이다. 여기서는 칸트의 의무론을 중심으로 살펴보려고 한다. 칸트를 인식론적 독단의 잠에서 깨운 인물이 흄이지만, 칸트는 흄과는 윤리적으로 전혀 다른 입장을 취했다. 흄이 감정의 따스함에 호소하지 않고서는 도덕이 실천적으로는 아무런 뜻도 없는 것으로 되어버린다고 하여, 인간의 경향성을 택했던 것과는 반대로 칸트는 오로지 이성에 의한 합법칙성을 택하였다. 그는 행복-복지-이익-경향성-도덕적 감정 등을 주장하는 영국의 감정주의 윤리와 행복주의 윤리의 모든 형태를 주관주의적이고 상대주의적이라고 하여 거부하였다. "인간의 경향성에는 아무것도 기대하지 않고, 법칙의 원칙과 이 법칙에 대한 당연한 존경에 모든 것을 기대하는 것"이 도덕철학의 과제라는 것이다.[94] 이렇게 해서 칸트의 윤리학은 확고한 의무론적 윤리학이 된 것이다. 그의 윤리를 이해하기 위해서는 가장 기본적인 개념을 이해해야 한다. 최소한 의지의 자율, 선의지, 정언명령, 도덕공동체의 개념을 파악하는 것이 필수적이다.

의지의 자율

의지의 자율이란 이성적인 행위자가 자신이 해야 할 바를 스스로 규정할 수 있는 능력이다. 자율적인 의지는 자기 통제적인 의지이다. 이러한 능력은 개인이 어떤 행동을 하는 데 대해 제시된 이유를 찬성하거나 보류할 수 있는 능력이다. 예를 들면, 화창한 날씨에도 학교에 수업하러 갈 것인가, 수업 대신 애인과 함께 야외 나들이를 갈 것인가를 고민하다가 야외 나들이를 선택한 것을 자율이라고 하지 않는다. 또는 수업을 빼먹으면 예상되는 학점의 불이익, 그리고 이어지는 장학금 수혜 과정에서의 불리함 등으로 마지못해 수업 참석을 결정했다면 이것 역시 자율이 아니다. 전자는 쾌락을 선호하는 자연적 경향성을 따른 것이므로 자율이라고 말할 수 없다. 후자는 결석했을 때에 외부적으로 주어지는 여러 가지 불이익을 고려한 계산된 행위이므로 자율적 행위라고 말할 수 없다. 이것은 오히려 타율적 결정에 따른 것이라 할 수 있다. 이 상황에서 자율적 행위란 어떤 것일까? 내가 내 자신에게 부여한 법칙에 따라서 행위하는 것이다. 수업하러 가는 것보다는 야외에서 재미있는 시간을 보내는 것이 더 즐거운데도, 학생으로서 수업에 참여해야 하는 것은 당연한 의무이고 이것은 학교가 정한 것이 아니라 내가 스스로 나 자신에게 부여한 법칙이자 의무이기에 따르는 행위가 바로 자율적 행위이다. 어떤 상황에서 수행해야 할 행위에 대한 이유로서 어떠한 도덕적 이유가 제안된다 하더라도, 각자의 자율적 의지는 그것을 자신의 것으

---

94 Johannes Hirschberger, *Geschichte der Philosophie*, 강성위 역, 『서양철학사』(하) (서울: 이문출판사, 1997), p.492.

로 받아들일 것인지 거부할 것인지를 최종적으로 결정해야 한다. 그 이유를 받아들인다면 비록 그렇게 행하지 못하는 경우가 있더라도, 그 이유에 따라 행위하기로 결단을 내린 것이다.

칸트 윤리학에서 의지의 자율을 설명하는 핵심은 자유 개념이다. 칸트에게서 자유는 모든 이성적 존재자의 의지의 속성으로 전제되어야 하는 것이다.[95] 도덕성은 이성적 존재로서 우리에게만 법칙으로 쓰이는 것이므로, 그것은 모든 이성적 존재자들에게 타당해야 되고, 또 오로지 자유의 속성에서 도출되어야 하기 때문이다. 도덕성의 결정적 개념을 최종적으로 자유의 이념에 소급시키지만, 우리는 그 이념을 어떤 현실적인 것으로, 인간의 자연본성 안에서 경험적으로 증명할 수 없다.[96] 우리는 다만 우리가 의지를 가진 존재라고 생각하고 전제할 수밖에 없다. 이러한 이념의 전제를 통해 행위의 주관적 원칙, 즉 준칙을 보편타당한 법칙으로 수립할 수 있다.

그렇다면 우리는 "단지 이성적 존재자로서 나는 왜 이 원리에 복종해야만 하는가?"라는 의문을 가질 수 있다. 이것은 "나는 왜 도덕적이어야 하는가?"라는 도덕성의 정당화 물음이다. 칸트는 도덕법칙에 복종하도록 나를 다그치는 것은 '이해관심'(interest)이 아님을 분명하다고 말한다. 그런데 모

---

95 *Kritik der praktischen Vernunft*, A 51. 칸트 저술의 판본들이 많기 때문에 원판의 쪽수를 명기할 것이다. 통상적인 방식대로 원판의 경우 A, 재판의 경우 B로 표기한다.

96 칸트에 의하면 우리는 자연의 관점과 자유의 관점, 둘 중 어느 것도 피할 수 없다. 설명과 이해를 위해서는 자연의 관점(자연적 결정론이 지배하는)을 택해야 하는 반면 행위를 위해서는 자유의 관점을 택해야 한다. 왜냐하면 행위함에 있어 우리는 자신의 도덕성의 법칙에 따라서 자신을 규정하는 이성적 행위자로 간주해야만 하기 때문이다. 그래서 우리는 인간을 자연의 일부인 동시에 자유로운 존재로 간주해야 한다. 그러나 우리는 그러한 자유를 설명할 수 없다. 왜냐하면 원인을 확인하는 설명은 현상계에서 이루어지는 것이기 때문이다. 그런 의미에서 인간의 자유는 그리고 이로부터 도출되는 도덕성은 결코 파악될 수 없는 것이다. *Grundlegung zur Metaphysik der Sitten*, BA 49. BA는 재판과 초판의 쪽수.

든 이성적 존재자가 아무런 방해 없이 오직 이성에 의해 자신의 행동을 결정한다면, '내가 해야 함'은 곧 '내가 하고자 함'이다. 다시 말해 이 경우 '당위'와 '의지'는 일치한다. 그러나 감성과 같은 다른 종류의 동기들로 촉발되고, 이성 단독으로는 항상 아무것도 되는 일이 없는 존재들에게 행위의 필연성은 단지 '당위'로 표현될 따름이다. 도덕법칙, 곧 의지의 자율의 원리는 자유의 이념을 전제할 뿐이고, 이 원리의 실재성과 객관적 필연성을 증명할 수 없다. 그래서 칸트는 『실천이성비판』서문에서 도덕법칙과 자유의 관계를 다음과 같이 주장한다. 인식질서에서는 도덕법칙이 첫째이다. 그 전에 (논리적 전제로서) 자유를 인식할 필요 없이 도덕법칙은 인식된다. 도덕법칙은 "우리가 가장 먼저 자유를 의식할 수 있는 조건이다." 즉 도덕법칙은 자유의 인식근거(ratio cognoscendi)이다. 이와는 반대로 존재질서에서는 자유가 첫째이다. 자유는 도덕법칙을 가능하게 하고 따라서 그것은 도덕법칙의 존재근거(ratio essendi)이다.[97]

선의지

전통적으로 최고의 선은 행복-쾌락-신-자연 등을 의미했다. 그런 것들이 도덕행위의 선악을 판정하는 궁극적 표준으로 작용해온 것이다. 그러나 칸트는 최고의 선으로 선의지를 내세웠다. 옳은 행동을 오로지 그것이 옳다는 이유에서 항상 선택하는 의지를 칸트는 "선의지"(der gute Wille: 선하고자 하는 의지)라 부른다. 칸트는 선을 사랑하는 선의지 외에는 무조건 선하다고 볼 수 있는 것은 아무 것도 없다고 보았다.[98] 오직 선의지만이 독자적

97 *Kritik der praktischen Vernunft*, Vorrede1(A 5).

98 "행복이란 이름으로 불릴 만한 심신의 총체적인 안녕과 현재 상태의 총체적 만족 등은 선의지가 동반되지 않는다면 우리를 우쭐하게 만들며, 심지어 많은 경우 우리를 오만

이요, 무제약적으로 선한 것이다. 환언하면 선의지만이 최고의 선이다. 최고선의 조건으로 칸트는 다음의 조건을 말한다. 첫째, 무엇을 위한 선이 아니라 의욕하는 그 자체로서 선한 것이어야 한다. 둘째, 어떠한 상황에서도 제한을 받지 않는 선이어야 한다. 즉, 강압이나 이해관계에 따라 도덕적 행위를 했다면 그것은 참된 의미의 선이라고 할 수 없다. 셋째, 행위의 결과에 따라 이루어지는 선이어서는 안 된다.[99]

이에 대해서 보다 구체적인 예를 들어보자. 성서에 의하면 가롯 유다는 예수를 배신했다. 그리고 예수는 로마 군인들에게 체포되어 죽임을 당한다. 이 십자가 처형 사건을 기독교에서는 만인을 위한 대속의 사건으로 해석하고 그것을 교리화하여 현재까지 전래해왔다. 그렇다면 이런 질문도 가능할 것이다. 가롯 유다의 배신이 결과적으로 예수 그리스도가 모든 인류의 죄를 구속하는 중대한 계기가 되었다는 점에서, 유다의 배신은 선한 행위였다고 볼 수 있는가? 칸트의 입장에서는 결코 아니다. 왜냐하면 유다에게는 선의지가 없었기 때문이다. 유다는 선한 행위를 하기 위한 노력에서 스승을 로마군에게 팔아넘긴 것이 아니라 이기적인 자기 목적을 위해 스승을 배신한 것이며 그 결과 예수는 십자가 처형의 형벌을 받은 것이다. 따라서 기독교적으로 이 사건이 신의 인류를 위한 대속적 죽음의 사건 또는 위대한 신의 절대적인 아가페적 사건이 되었기에, 유다의 배신행위는 전체 인류에게 가장 큰 유익을 가져다준 선한 행위로 평가할 수 있을지 모른다. 그러나 칸트에서는 행위의 순수한 동기에서 이루어진 것만이 선이 될 수 있다.

이와 같이 모든 행위에 대해 그것이 도덕적으로 옳은지의 여부를 따지

에 빠뜨리기도 한다." *Grundlegung zur Metaphysik der Sitten*, BA 1.

99 *Grundlegung zur Metaphysik der Sitten*, BA 3.

기 위해서는 그 행위가 바로 선의지에 기초한 행위인지를 물어야 한다는 것이다. 선의지는 선하게 살기 위한 절대적 조건이다. 선의지란 옳은 행동을 오로지 그것이 옳다는 이유에서 항상 의무적으로 택하는 의지를 말하기에, 그것은 행위의 결과를 고려하는 마음이나 또는 자연적인 경향성을 따라서 옳은 행동으로 향하는 의지가 아니다. 여기서 우리는 선의지가 의무에서 유래한(자율적으로 선택한 의무감과 같은) 것이라는 점을 알 수 있다.

그러나 만일 선의지를 가진 사람이 구체적으로 어떤 규범에 따라서 행위를 해야 할지 모른다면 어떻게 될까? 그 사람은 어리석게도 선한 의도로 행위함에도 나쁜 행위를 하게 될 수도 있을 것이다. 그래서 필요한 것이 "행위를 규정하는 준칙(maxim)"이다.[100] 특정한 의도, 목적, 행위, 욕구의 대상 등은 행위의 도덕적 가치와 전혀 무관하다. 행위의 준칙만이 도덕적 가치를 지니는 것이다. 준칙은 "의지의 주관적 원리"[101] 또는 "행위의 주관적 원리"[102]를 말한다.

칸트에 의하면 준칙에 의거해 행위를 했다고 하더라도 아직 의무에서 유래한 행위라고 할 수 없다. 오직 행위의 토대에 있는 나의 준칙이 하나의 특정한 심사, 즉 정언명령의 심사를 거치는 경우에만 나의 행위는 의무에서 유래한 행위라 말할 수 있는 것이다. 정언명령은 선의지를 가진 사람이 구체적으로 어떤 규범에 따라서 행위해야 하는지를 말해 준다.

칸트가 예를 드는 바와 같이, 어떤 상인이 어수룩해 보이는 고객이나 어린이들에게도 바가지를 씌우지 않고 물건을 판매했을 경우 우리는 그 상인의 정직성을 높이 평가할 수 있을 것이다. 그러나 칸트에 의하면 그 정직

---

100 *Grundlegung zur Metaphysik der Sitten*, BA 13f.

101 *Grundlegung zur Metaphysik der Sitten*, BA 15.

102 *Grundlegung zur Metaphysik der Sitten*, BA 51.

해 보이는 상인의 행위는 의무에서 유래한(aus Pflicht) 행위가 아니라 의무에 상응하는(pflichtmäßig) 행위에 불과하다는 것이다. 그 상인은 자신의 이익을 위해, 즉 고객 유치를 위해 정직한 행위를 했을 수도 있기 때문에 의무에서 유래한 행위와는 거리가 있다는 것이다.[103] "더 많은 고객을 유치하기 위해서 고객들에게 정직하게 대하라"는 준칙에 따라 행위를 할 수도 있을 것이고, 아니면 "만취 상태의 고객이나 지력이 떨어지는 고객에게는 굳이 정직하게 대하라"는 준칙에 따라 행위할 수도 있을 것이다. 그러나 진정으로 도덕적인 사람이라면 "그렇게 하는 것이 너의 의무이기 때문에 모든 고객에 대해 항상 정직하게 대하라"라는 보편적인 준칙에 따라 행위 할 것이다. 말하자면 도덕적이려면 행위의 이유나 법칙으로서의 준칙을 보편화할 수 있어야 한다는 것이다. 나를 포함한 모든 사람에게 똑같이 적용할 수 있는 준칙(정언명령)에 따르는 행위일 때, 그것을 의무에서 유래한 행위라 할 수 있는 것이며 그것만이 도덕적인 행위가 되는 것이다.

칸트가 행위의 결과보다 동기를 중시한 이유는 모든 사람들이 도덕적일 수 있다는 확신에서 비롯된다. 우리는 우리가 통제할 수 있는 것들에 대해서만 도덕적 책임이 있다. "'당위'는 '가능'을 포함한다"(Sollen impliziert Können)는 말은 의지의 자유, 행동의 자유를 말하는 바, "너는 할 수 있다. 왜냐하면 해야 되기 때문이다"(Du kannst, denn du sollst)[104]란 말과 동일하다. 하지만 그 행위의 결과는 흔히 우리의 통제 밖에 있다. 그러므로 행위의 결과는 도덕에 결정적일 수 없다는 것이다. 예컨대 의무감에서 물에 빠진 사람을 구하고자 시도했지만 결과적으로 그 사람이 죽었다고 할지라도, 그 행

---

103 *Grundlegung zur Metaphysik der Sitten*, BA 8f.

104 *Kritik der praktischen Vernunft*, A 171

위는 동기가 옳았기 때문에 도덕적이다. 행위가 선하지 않은 결과를 낳았다 할지라도, 그것은 행위가 갖는 도덕적 가치와는 무관한 일이다. 만일 도덕이 모든 인간에게 가능한 것이려면, 그것은 전적으로 의지에, 특히 의무감에 기초해야만 한다는 것이다.

정언명령

칸트에 따르면 인간은 합리적 인간으로서 일정한 의무를 갖는다. 그리고 이 의무는 정언적(定言的: categorical)이다. 즉 절대적이고 무조건적이다. 이러한 의무는 그것에 복종함으로써 뒤따르는 결과가 어떠하든 적용된다. 칸트에게 도덕이란 정언적 명령들의 체계이다. "정언명령은 행위의 결과와는 관계없이 그 자체로서 객관적으로 필요한 행위를 명령한다."[105] 그는 정언적 명령을 가언적 명령(hypothetical imperative)과 대비시킨다. 가언적 명령은 "단지 하나의 행위가 다른 어떤 가능성 내지는 현실적 목적을 위해 선하다는 사실뿐이다."[106] "만일 네가 존경받기를 원한다면, 선행을 베풀어야 한다" 또는 "만일 네가 벌금을 내지 않으려면 교통법규를 잘 지켜야 한다"와 같이 어떤 목적을 달성하거나 회피하기 원한다면 하거나 또는 해서는 안 될 것을 말해준다. 그러나 정언명령은 모든 사람들에게 적용되는 무조건적인 절대적 명령이다. 이는 오로지 도덕법칙 그 자체를 목적으로 하여 이 목적을 실현할 것을 명령하는 법칙이다. 도덕법칙은 최고의 법칙이고, 오로지 도덕법칙을 존중함으로 말미암아 행위해야 한다는 것만을 규정하기 때문에 단 하나의 도덕법칙이 있어야 한다. 따라서 단 하나의 도덕법칙으로서 정언명령을 제

105 *Grundlegung zur Metaphysik der Sitten*, BA 39f.

106 *Grundlegung zur Metaphysik der Sitten*, BA 40.

시하고 있는 것이다.[107] 이러한 정언명령은 보편적 행위의 법칙에 대한 형식을 말하는 것이다. 즉, 보편적으로 행위해야 하는 법칙적 형식만을 제시하고 있는 것이지, 질료적 차원에서 구체적인 실천법칙은 아닌 것이다.[108]

칸트는 이러한 정언명령을 순수실천이성의 근본 법칙이라고 선언하면서, 다음과 같이 정언명령의 내용을 제시하고 있다. "네가 그에 따라서 행할 수 있는 의지의 준칙이 동시에 마치 보편적 법칙이 되는 것처럼 그렇게 행위하라"(Handle nur nach derjenigen Maxime, durch die du zugleich wollen kannst, daβ sie ein allegemeines Gesetz werde)[109] 이러한 도덕적 명령이 요구하는 것은 도덕적 행위란 준칙에 따라 행동하라는 것인데, 그 준칙에 따른 행동의 결정이 나를 포함한 모든 사람의 행위가 보편적이고 무조건적이 되도록 지시하는 의지와 일관돼야 한다는 것이다. 즉, 이것은 구체적인 행위의 지침을 제시하는 것이 아니라 행위의 형식적인 법칙을 제시하고 있는 것이다. 그래서 칸트는 정언명령의 형식성과 추상성을 염두에 두고, 이에 대한 몇 가지 해석을 가함으로써 현실적인 행동지침을 밝히고자 한다.

정언명령의 첫째 해석은 "마치 네 행위의 준칙이 네 의지에 의해 보편적인 자연법칙이 되어야 하는 것처럼 행하라"(Handle so, als ob die Maxime deiner Handlong zum allgemeinen Naturgesetz werden sollte)는 것이다.[110] 이 의

---

107 Samuel Stumpf/ James Fieser, *Socrates to Sartre and Beyond*, p.452.

108 칸트는 욕구 능력의 "객관"(질료)을 의지의 규정 근거로 전제하는 모든 실천 원리는 경험적이고, 따라서 그런 것들은 결코 실천법칙을 제공할 수 없다고 말한다(*Kritik der praktischen Vernunft*, A 38f). 그래서 "우리가 법칙으로부터 모든 질료, 즉 의지의 모든 대상을 제거해버리면, 남는 것은 보편적 법칙 수립이라는 단순한 형식뿐이다(Ibid., A 48)"라고 주장한다. 그리고 의지의 질료가 법칙으로서 쓸모가 없는 이유를 보여주기 위해 "내가 소유하고 있는 위탁품(실제 주인은 죽고 없는)"의 예를 들고 있다(Ibid., A 49).

109 *Grundlegung zur Metaphysik der Sitten*, BA 52.

110 *Grundlegung zur Metaphysik der Sitten*, BA 52.

미는 내가 행동할 때 지침으로 삼고 있는 준칙이 자연법칙처럼 보편적인 성격을 띤다고 생각하면, 과연 그 준칙이 도덕적인 의무를 규정하고 있는지를 판정하기가 쉽다는 뜻이다. 칸트는 도덕법칙이 보편화된 준칙에 그치는 것이 아니라, 현실적으로 바람직한 혹은 타당한 것이어야 함을 규정하고자 하였다. 그래서 정언명령의 타당성을 밝히기 위해 네 가지 구체적인 행위지침을 들고 있는데, 그것이 '자살-약속-자기계발-타인을 돕는 행위'이다.

첫째, 칸트는 연속되는 불행 때문에 삶에 염증을 느낀 사람이 자기애의 관점에서 자살할 수 있다는 준칙이 자연질서의 법칙과 유사한 법칙이 될 수 있는지를 묻는다. 자기애의 준칙을 자연법칙으로 삼고 보편화시킬 경우, 인생이 잘 풀릴 때는 삶의 유지를 의미하고, 고달플 때는 삶의 파괴로 귀착되기 때문에 모순에 빠지는 것이다.[111] 둘째, 경제적 어려움에 처한 사람이 자신이 갚을 능력이 없다는 것을 뻔히 알면서도 친구에게 반드시 갚을 것을 약속하는 준칙을 보편적인 준칙으로 삼을 수 있을 것인가? 지키려는 의도가 없으면서도 아무렇지 않게 약속을 하는 것이 법칙으로 보편화된다면, 약속 자체를 불가능하게 만들며, 또한 약속을 통해 도달하고자 하는 목적 자체를 불가능하게 만든다는 것이다.[112] 셋째, 약간의 교육을 받기만 하면 유용한 사람이 될 만한 재능을 타고 난 사람이 그 재능을 향상시키려 노력하기 보다는 "타고난 소질을 계발하는 데 아무런 노력을 기울지 않겠다"는 준칙을 세운다면, 그것은 쾌락을 추구하는 자연적 경향성에는 일치하겠지만 의무로 여길 수는 없다는 것이다. "자신 안에 있는 능력이 모두 발현되기를 원하는 것은 이성적 존재자에게는 필연적이다. 왜냐하면 능력이란 어떤 것이든

111 *Grundlegung zur Metaphysik der Sitten*, BA 53f.

112 *Grundlegung zur Metaphysik der Sitten*, BA 54f.

가능한 목적을 위해 존재하는 것이며, 그러한 능력은 이미 주어졌기 때문이다."[113] 끝으로 경제적 여유가 있는 사람이 "곤경에 처한 사람은 그 누구도 돕지 않겠다"는 것을 보편적 준칙으로 삼을 수 있는가를 묻는다. 이에 대해 칸트는 인간은 유한한 존재이기에 다른 사람의 도움을 욕망할 수밖에 없다는 것을 전제하면서, "만일 네가 곤경에 처했을 때 도움을 받기 원한다면 역시 곤경에 처한 다른 사람을 돕지 않으면 안 된다"고 말한다.[114]

정언명령의 두 번째 해석은 "너 자신의 인격과 모든 사람의 인격 가운데 있는 인간성을 항상 동시에 목적으로 삼고 결코 수단으로서만 사용하지 않도록 행위하라"(Handle so, daβ du die Menschheit, sowohl in deiner Person, als in der Person eines jeden anderen, jederzeit zugleich als Zweck, niemals bloβ als Mittel brauchest)이다.[115] 이것은 다른 사람을 이용해서는 안 되며 언제나 그들의 인간성을 고려해야 한다는 의미이다. 그들은 자율적인 존재이며, 자유롭게 행동하고 선택할 능력이 있는 존재이기에 존중 받을 권리가 있다는 것이다. 실제 우리가 살면서 만나는 대부분의 사람들은 우리에게 수단으로서 필요하다. 심지어 배우자마저도 자식을 낳고 가정을 꾸려나가기 위한 수단으로서 필요한 측면이 분명히 있다. 그리고 사람을 어느 정도 수단시 하지 않고 삶을 영위하는 것은 불가능하다. 그렇기 때문에 칸트는 타인을 단지 수단으로만 대하지 말고 목적으로도 대하라는 것이다. 기업주는 이윤이라는 목적을 위해 종업원들을 수단으로 대할 수밖에 없다. 그러나 수단으로만 대해서는 안 되고 목적으로도 대해야 하는 것이다. 자신의 기업을 위해 고용된 피고용자들을 오직 기업의 이윤을 위해서만 존재하는 것으로 간주한

113 *Grundlegung zur Metaphysik der Sitten*, BA 55.

114 *Grundlegung zur Metaphysik der Sitten*, BA 56.

115 *Grundlegung zur Metaphysik der Sitten*, BA 66.

다면 그것은 수단으로 대하는 것이다. 그런데 여기서 중요한 것은 만일, 매일 함께 일하는 자신의 식구나 다름없는 피고용자의 처지에 대한 공감(sympathy)이나 동정심 또는 동료 의식 때문에 고용주가 그들을 인간적으로 대우하고 복지를 향상시키는 경우는 어떠한가? 이것은 다른 회사의 직원들이 아니라 자신의 회사에 근무하는 직원들이기 때문에 생긴 각별한 애정이라고 할 수 있다. 물론 이런 식의 인간 존중도 무의미한 것은 아니지만, 도덕적이라고 보기 힘들다. 칸트에게서 인간존중은 타인에게 끌리는 동료애, 우정, 심지어는 가족 사랑의 감정과도 무관하다. 친구든 직장동료든 가족이든 그들에 대한 존중은 그들이 누구인가와 아무런 상관이 없는 인간존중을 말한다. 이것은 인간 자체에 대한 존중이다. 그들이 인간인 한 이성의 능력을 소유한 존재임이 명확하기에 그들은 존중받을 가치가 있는 것이다. 때문에 타인의 경우와 마찬가지로 나 자신에 대한 존중 역시 의무적이다.

그렇기 때문에 칸트는 타인을 살해하는 것과 마찬가지로 자신을 살해하는 것도 사람을 목적이 아니라 수단으로만 대한 행위라고 본 것이며, 정언명령을 어긴 부도덕한 행위가 되는 것이다. 뿐만 아니라 칸트는 자유로운 성행위와 매춘을 비도덕적이라고 이해한다. 만일 이성을 인간 자체로 보지 않고 성적 매력에 이끌려 행위했을 경우 이성을 욕구의 수단으로 대한 것이며, 그것은 인간성을 존중하지 않는 행위가 되는 것이다.[116] 자유로운 성행위를 통해 서로 만족함을 얻었다할지라도 두 사람은 서로에 대해 인간성을 욕보인 경우가 되는 셈이다. 이처럼 칸트의 자율(자유)은 심지어 자신의 몸에 대해서조차 제한을 가하는 자율이다. 오늘날의 자유주의적 시각에서는 그의 사고는 쉽게 납득되기 어려운 측면을 갖고 있다. 자유주의적인 관점에

116 Kant, *Lectures on Ethics* (Cambridge: Hackett Publishing, 1981), p.164.

서는 자신의 재산이나 육체는 당연히 자신의 권리에 속한 것이다. 그러나 인간 자신의 몸조차도 자신의 소유물(수단)일 수 없다는 것이 칸트적 사유이다. 자신에 대해서도 수단이 아니라 목적으로 대하며, 도덕적 의무를 다해야 하는 것이다. 이렇게 되면 타인의 몸을 수단으로 대할 수 없다는 것은 더욱 자명해진다. 자유주의 사회에서 매춘은 쌍방이 합의에 따른 하나의 거래 행위이다. 그러나 성인들끼리 자유롭게 합의한 행위라 할지라도 매춘은 인간의 존엄성을 해치는 행위이므로 칸트는 반대했던 것이다. 인간은 성욕을 채우기 위한 수단으로 상대의 몸을 살 권리가 없을 뿐 아니라, 자신의 몸을 물건처럼 내놓고 어떤 대가를 바랄 수 있는 권리가 없다.[117] 매춘은 타인이든 자신이든 사람의 몸을 수단으로 대하는 부도덕한 행위인 것이다. 이를 통해 칸트는 우주에서 오직 목적으로만 존재해야 할 자유로운 존재가 바로 이성적 존재자(인간)라는 점을 부각시키고 있음을 유념해야 할 것이다.

여기서 우리가 주목해야 하는 것은 정언명령의 첫 번째 해석과 두 번째 해석은 결국 같은 내용을 말하는 것이라는 점이다. 왜 내가 타인들과 똑같은 이유로 행위를 할 수 있어야 하는가? 타인들의 부정행위를 비판하는 그 준칙이 자기에게도 적용될 수 있도록 행위하지 않으면 안 되는 이유는 무엇인가? 결국 그것은 타인들을 인격적으로 존중하기 때문이다. 칸트적 입장에서 보면, 자신에 대해서만 관대하고 타자들에 대해서는 엄격한 준칙을 원리로 행위하는 사람들이야 말로 가장 비도덕적인 인간이 아닐 수 없는 것이다.

정언명령의 세 번째 해석은 "모든 이성적 존재자는 자신의 준칙들에 의거하여 자신이 언제나 목적들의 보편적 왕국의 한 입법자일 수 있도록 그렇게 행동해야 한다."(Demnach muβ ein jedes vernünftiges Wesen so handeln, als

117 Ibid., p.165~166.

ob es durch seine Maximen jederzeit ein gesetzgebendes Glied im allgemeinen Reiche der Zwecke wäre)[118] '목적들의 보편적인 왕국'이란 인과율이 지배하는 자연의 나라에 대해 목적 자체로서 절대적인 가치를 가지는 인격이 자율적인 도덕적 의지를 통해 결합되는 상태를 말하며, 이러한 인간 사회가 가장 이상적인 도덕적 공동체라는 것이다. 즉, 신분이나 출신 혹은 재산 정도에 상관없이 누구나 자기의 자유의지를 행사하여 도덕법칙을 준수할 때, 그러한 사람은 하나의 인격으로 존중받고 절대적 목적으로 대우받을 수 있으며, 그러한 사회가 도래했을 때 모든 사람의 인격이 지상의 목적으로 대접받는 정의로운 사회가 실현될 수 있다는 것이다.

도덕 공동체

목적들의 왕국으로서의 도덕공동체에 대한 이상은 칸트 윤리의 출발점이었던 의지의 자율 개념과 밀접하게 관련되어 있다. 인간을 목적으로 대한다는 것은 그를 절대적 또는 무조건적 가치를 지닌 존재로 인식한다는 의미와 다르지 않기 때문이다. 이러한 인식은 무엇보다도 우리가 그 존재에 대하여 자기 통제적 행위자-판단자-가치평가자로서 그의 자율을 항상 존중해주는 방식으로 대한다는 의미다. 인간을 단지 조건적인 가치를 갖는 사물로 대할 때 자율을 침해를 받는다. 목적의 왕국에서 개인은 주권자 또는 입법자이면서 동시에 그가 규정한 규칙에 복종해야 하는 신민이다. 도덕공동체는 구성원들이 따라야 할 규칙을 스스로 규정하는 자율적 집단인 것이다. 만일 강제적 구속에 의해서 타율적으로 행동하게 된다면, 그것은 도덕공동체의 모습이 아니다. 우리가 어떤 행동을 해야 할 도덕적 의무가 있다고 믿

118 *Grundlegung zur Metaphysik der Sitten*, BA 83.

을 때, 그 행동을 해야 할 도덕적 이유가 있다고 생각한다. 우리는 도덕적 이유를 자신의 이유로 받아들이기 때문에, 그것을 강요받지 않을 때에도, 그리고 그것을 하지 않을 수 있을 때에도 그것을 행하는 것이 자신의 의무라고 생각한다. 도덕규칙이 정하는 바를 행하는 것에 대해 우리가 타당한 도덕적 이유를 가지고 수용할 수 있음을 밝힐 때에만, 우리를 구속하는 도덕규칙으로 간주된다. 만약 우리가 그러한 이유를 받아들이지 않는다면 우리는 그 규칙을 따를 도덕적 의무를 갖는다고 생각하지 않기 때문이다. 이처럼 '의지의 자율'은 칸트 윤리학을 이해하는 핵심어다.

칸트 윤리학의 난점

이러한 칸트 윤리학은 몇 가지 주요한 반박에 부딪힌다. 첫째 칸트 이론에 가해지는 가장 흔한 비판으로 행위의 결과적 요소를 용납하지 않는 형식주의에 집중이 된다. 이에 관련해서는 두 가지를 언급하려 한다. 먼저 칸트의 심정윤리와 관련된 비판이다. 이것은 고의는 아니지만 무능함으로 인해 다수의 죽음을 초래하게 한 선한 의지를 지닌 바보들은 자칫 칸트에 따르면 도덕적 비난을 면할 수 있게 된다. 그들은 일차적으로 의도에 따라 판정될 것이다. 그러나 어떤 경우에서는 행위의 결과가 도덕적 가치의 평가에 관련된다는 것을 알 수 있다. 만원 지하철에서 휘발유 통에 성냥불을 그으려는 미치광이의 목숨을 귀하게 여기려는 선한 의지에 대해 어떻게 판단할 것인가. 엄청난 인명에게 위해가 가해질 수 있는 위급한 상황에서 행위의 결과를 무시하고 동기만을 중시한다는 점은 무책임하고 무능하다는 느낌을 받기 쉽다. 여기서 심정윤리의 약점이 자리한다.

둘째, 의무론의 순수성과 관련하여 제기되는 의문이다. 칸트는 선의를 본래 선하다고 정의하면서 선의지에 따른 행위만이 도덕적 가치를 지니며 그 행위의 결과는 아무런 상관이 없다고 주장하였다. 그러나 그는 도덕법칙의 보편성을 논의하면서 거짓 약속이 보편화되면 약속이라는 제도가 깨어지고 사회적 혼란을 야기한다고 하였다. 그러나 그는 여기서 어떤 행위의 도덕적이냐 아니냐의 여부가 그 행위의 결과와 무관할 수 없음을 인정하는 셈이어서 과연 순수한 의무론이 가능한가에 대한 의문을 남긴다. 그러므로 의무론적(법칙론적) 윤리론은 공리주의나 목적론적 요소 등 구체적이고 실질적인 행위 지침의 내용들을 보완해야 한다는 지적이다.[119]

셋째, 준칙을 보편화하는 과정에서 나는 어떻게 다른 사람의 입장이 될 수 있는가이다. 칸트의 정언명령은 자기 자신의 어떤 물음을 자신의 물음이 아니라 다른 사람의 물음으로 간주하라는 요구이다. 그것은 나 자신이 다른 사람의 어떤 처지에서 무엇을 할 것인가를 성찰하라는 역지사지의 요구이다. 그러나 실제로 그 누구도 그렇게 하기에 힘들다. 한국 사회의 문제 중에 '지역(차별)감정'이 있다. 이것은 같은 유일신을 믿고 예수를 그리스도라고 고백하는 교회에서조차 극복하지 못한다. 특정한 지역에 대한 차별의식은 잘못이라는 것을 알지만 그렇게 하는 것이 당연한 현실이라고 체질화되어 있는 현실에서 "당신이 특정 지역 출신이라는 이유로 다른 지역에서 차별받으면 좋겠습니까? 따라서 역지사지의 마음을 가져보세요"라고 요구한다는 것은 거의 불가능하다. 이것은 강도짓을 하는 자와 당하는 자가 서로 역지사지를 요구하는 것만큼이나 불가능하다. 즉 칸트의 윤리가 현실에서는 공허할 수 있다는 말이다.

넷째, 칸트의 의무론은 인간의 경향성과 의무감이 언제나 서로 다른 길

119 William Sahakian, *Ethics: an introduction to theories and problems*, 송휘칠·황경식 역, 『윤리학의 이론과 역사』(서울: 박영사, 2004), p.179.

로 인간을 끌고 간다는 전제에서 나온다. 그러나 내가 하고 싶어 하는 행위가 내가 마땅히 해야 하는 행위와 일치하는 경우도 많다. 그럴 경우 나는 의무감에서 행위 하기보다는 경향성에서 행위하는 것으로 보아야 한다. 뿐만 아니라 경향성과 의무감을 한 사람의 내면에서 명확하게 구별해내기란 불가능하다. 오히려 의무를 이행하려고 하는 태도 역시 경향성의 한 형태라고 생각할 수도 있다. 나중에 '덕의 윤리'에서 다시 다루겠지만, 아리스토텔레스 이후 그의 노선을 따르는 윤리에 의하면 '의무에서 나오는 행위'란 인간의 도덕적 성숙의 최종 단계가 아니라 한 단계일 따름이다. 더운 여름 공부하기 싫어져서 지루한 수업을 빼먹고 싶은 욕구가 생기지만 오로지 의무감으로 수업에 참석하는 경우와 수업을 빼먹고 싶은 유혹이 전혀 들지 않는 경우를 비교해보면 후자가 더 낫다고 말할 수 있지 않을까. 덕의 윤리에서는 당연히 그렇게 본다. 도덕적으로 성숙해져가는 초기 단계에서 나는 아무렇게나 행위하려는 유혹에 저항해야 하겠지만 스스로 훈련을 통해 무엇이 진정으로 나에게 유익한가를 성찰함으로써 마침내 자연스럽게 수업에 참여하는 것이 즐거워 질 수 있을 정도로 성숙하게 된다. 이때 즐겁게 공부하고 수업에 적극 참여하는 것은 의무감 때문이 아니라 이미 성숙한 성품을 따른 경향성 때문이라고 해야 할 것이다. 그래서 일찍이 흄은 의무감보다 인간의 자연적 경향성이 인간에게 더 집요하게 영향력을 행사하며, 그것은 인간의 마음에 나타나서 인간의 어떠한 견해와도 결합한다고 주장했던 것이다.[120]

다섯째, 쇼펜하우어와 같은 윤리적 이기주의자들이 가하는 비판으로서, 칸트의 의무론 역시 이기주의의 변형에 불과하다는 주장이다. 아무리

120 David Hume, *Dialog Concerning Natural Religion* (New York: Social Science, 1948), p.221.

이타적인 행위처럼 보이는 것이라도 결국은 그 깊은 곳에는 이기주의적인 동기가 내포되어 있다는 것이다. 칸트의 정언명령 즉 "그것이 동시에 보편적 법칙이 되기를 네가 의욕할 수 있는 그러한 준칙에 따라서만 행위하라"는 "타인이 너에게 행하는 것을 원치 않는다면, 너도 타인에게 그것을 행하지 마라"의 변형인 셈이다. 쇼펜하우어에 따르면, 정의와 인간애와 같은 것은 궁극적으로 이기주의에 뿌리박고 있다는 것이며,[121] 나아가 칸트의 의무론도 결코 정언명령이 아니라 이기주의에 기초한 가언명령이며, 십계명 형식으로 위장한 이기주의라고 비판하고 있다.[122]

여섯째, 칸트가 도덕과 무관한 것으로 처리한 동정심, 동감 및 측은지심과 같은 감정들은 도덕적으로 의미 없는 것일까? 불쌍한 사람에게 동정심을 느끼는 것은 다른 각도에서는 도덕적으로 칭찬할만하다고 여겨질 수도 있는 것이 일반적인 도덕 감정일 것이다. 동정심, 동감, 죄스러움 및 자책감과 같은 도덕적 감정은 도덕에서 일방적으로 분리시켜야 할 대상이 아니라 도덕적 행위의 중심 요소로서 보완되어야 할 성질의 것으로 보인다.

일곱째, 칸트는 의무의 절대성을 강조하여 무조건적 명령의 형태를 중요시하지만 현실에서 두 개의 의무들이 서로 충돌하는 경우가 비일비재하다. 그런 경우 칸트는 어느 의무가 더 중요하며 또 어떤 의무를 먼저 이행하여야 하는지에 대해 어떤 명확한 답변을 제시하지 않는다는 비판이다. 칸트 윤리의 중요한 부분인 정언명령에 있어서, 그 내용이 모든 규범의 옳고 그름을 판단하는 기준이 되는 규범(의무)을 설명한다. 문제는, 그 하나의 규범으로 실제

121 Ralph Weiner, *Der Lachende Schopenhauer*, 최홍우 역, 『쇼펜하우어 세상을 향해 웃다』(서울: 시아출판사, 2006), p.265.

122 Arthur Schopenhauer, *Über die Grundlage der Moral*, 김미영 역, 『도덕의 기초에 관하여』(서울: 책세상, 2003), p.88.

우리가 삶을 살아가는 데에 필요한 모든 문제 상황을 해결할 수 있는가에 대한 문제제기인 것이다. 특히 두 가지 이상의 의무가 상충하는 경우, 정언명령은 우리의 판단에 도움을 주지 못할 수도 있다는 것이다. 예를 들어 과거 우리나라를 강점하고 늑탈한 일본제국주의의 주요 인물이었던 이토오를 처단한 안중근 선생의 행위를 생각해보자. 비전투 상황에서 한 인간에게 총격을 가해 살해한 것은 "무고한 사람을 죽여서는 안 된다"는 의무를 위반한 비도덕적인 행위일 수가 있다. 그러나 이토오로 대표되는 일본 제국주의가 한국에게 가한 헤아리기 힘든 엄청난 폭압과 인간 존엄성을 말살한 행위에 대한 저항의 몸짓으로 본다면 그것은 "비인륜적 만행을 방조해서는 안 된다"는 의무를 충실히 이행한 도덕적인 행위일 수 있는 것이다. 이러한 상황에서 살해를 해서는 안 되는가? 마땅히 살해를 해야 하는가? 칸트의 정언명령은 이런 갈등에 대해서 답할 수 없다. 왜냐하면 정언명령은 단지 행위의 결과를 고려하지 않고 단지 그것이 의무이기 때문에 행위 해야 한다고 생각하기 때문이다. 바로 이와 같은 문제 때문에 이미 언급한 바와 같이 칸트의 윤리학은 형식적이기만 하고 실질적인 내용은 없는 이론이라는 비판을 받는다.

로스(William D. Ross)의 조건부 의무론

로스는 이러한 난점에 대해 몇 가지 보완하고 있다. 칸트가 단 하나의 정언명령을 궁극적인 의무로 내세운 반면에 로스는 일곱 개의 직견적(prima facie) 최상위 의무를 내세운다. 여기서 "직견적"이라는 말은 원래의 뜻은 라틴어로 "얼핏 보기에"라는 의미로서, 예외적인 드문 경우들에 있어서 그것은 준수되지 않을 수도 있지만 대개의 경우는 옳다는 의미로 사용된다. 쉽게 말해, 정상적인 사람이라면 누구에게나 자명한[123](무조건 옳은) 의무라는 의미이다. 모든 도덕 주체들이 따라야 한다고 로스가 제시한 기본적 도덕

의무들, 즉 직견적인 최상의 의무들은 다음과 같은 일곱 가지이다.

1. 누구나 약속을 지키고 진실을 말해야 한다(promise keeping)
2. 누구나 다른 사람들에게 괴로움을 주는 잘못된 것들을 시정해야 한다(Fidelity)
3. 누구나 호의에 감사를 표해야 한다(Gratitude for favors)
4. 누구나 덕과 지성, 그리고 행복에 관련된 타인의 몫을 향상시켜야 한다(Beneficence)
5. 누구나 가치들을 정의롭게 분배해야 한다(Justice)
6. 누구나 자신의 덕과 지성을 향상시켜야 한다(Self−improvement)
7. 누구나 타인에게 상해를 가하지 말아야 한다(Nonmaleficence)

로스 이론에서는 우리의 직관적 의무가 절대적인 것은 아니라는 점이다. 즉, 모든 원리는 특수한 상황에서 다른 원리에 의해 무시당할 수 있다. 그래서 prima facie는 조건부라는 의미로도 사용된다. 로스가 말하고자 하는 바는 위에서 제시된 일곱 가지 도덕적 의무가 모두 하나의 의무가 다른 의무와 갈등하기 전까지 우리를 잠정적으로 구속한다는 것이다. 만약 갈등하는 상황이 발생하게 되면, 더 약한 의무는 사라지고 더 강한 의무가 우리의 실제적 의무(actual duties)가 될 수도 있는 것이다. 그러므로 비록 조건부 의무가 실제적 의무는 아닐지라도, 상황에 따라서는 실제적 의무가 될 수도 있는 것이다. 예를 들어, 약속을 했다면, 우리는 약속을 이행해야하는 의무

123 로스가 여기서 언급하는 "자명함"이란 "우리가 충분한 정신적 성숙 상태에서 그 명제에 충분한 주의를 기울였을 때 어떠한 증명이나 그 자체 외의 어떠한 증거도 필요 없다는 의미에서 자명한 것이다." W. D. Ross, *The Right and the Good* (Oxford: Oxford University Press, 1930), p.39~41 참조.

가 도덕적으로 고려되어야 하는 상황에 놓이게 된다. 만약 갈등하는 조건부 의무가 아무것도 관련되어 있지 않을 경우, 그때는 약속을 지키라는 의무는 자동적으로 실제적 의무가 된다.

그런데 로스에게 두 가지 의무가 갈등하는 경우는 어떻게 될까? 일본제국주의의 상징을 처단함으로써 우리에게는 역사적 정의를 드러내고 야만적인 권력에게 일침을 가했던 행위는 타인에게 부당하게 괴로움을 주는 행위에 대한 시정의 의무를 다한 것이다. 그리고 그것은 칸트의 경우에서 보았듯 타인에게 상해를 가해서는 안 된다는 의무와 상충한다. 이토오를 처단함으로써 일제의 만행을 깨우친 것이라면 그래서 한국의 주권을 지키려는 의도였다면, "타인에게 상해를 가해선 안 된다"는 의무를 위반한 비도덕적인 것으로 볼 수 없는 것이다. 민족의 운명을 위해 "살인해서는 안 된다"는 의무를 어긴 경우라 할지라도 그 의무가 타당하지 않음을 의미하는 것은 아니기 때문이다. 그것은 항상 객관적 타당성을 갖는다. 하지만 모든 상황에서 그것이 결정적이지는 않다는 의미에서 "조건부적"이라 할 수 있는 것이다.

로스의 일곱 개의 의무 목록이 완전하다고 할 수는 없겠지만, 그래도 확실한 것은 위의 의무들이 "왜 이래야만 하는가?"라는 것을 따질 필요 없이 "자명한" 의무라는 것이다. 다른 사람에게 해를 끼치지 말아야 한다는 것이나, 약속을 지키고 거짓말을 하지 말아야 한다는 것은 "대개의 경우"(prima facie) 그 자체로서 옳다고 볼 수 있을 것이다. 그 자체로서 알 수 있는 것을 '직관적으로 알 수 있다'고 표현한다. 다시 말해, 직견적 의무들은 '직관적으로 알 수 있는 것'이다. 마치 노란색을 보면 그것이 왜 노란색인지 따질 필요 없이 직관적으로 노랗다는 것을 알 수 있는 것처럼, 직견적 의무들도 직관적으로 알 수 있다고 의무론자들은 믿는다.

의무론의 직관주의가 목적론의 쾌락주의와 대응한다면, 목적론의 결과주의에 대응하는 것은 의무론의 "동기주의"라 할 수 있다. 결과주의 윤리가 어떤 행위의 옳고 그름이 그 행위의 결과에 따라서 달라진다는 것이라면, 동기주의는 모든 행위의 옳고 그름은 그 행위를 하는 사람의 내적인 이유, 즉 동기에 의해서 달라진다고 본다. 칸트의 선의지는 이 동기를 설명하는 대표적인 개념이다. 로스의 윤리론에서도 일곱 가지 의무를 따르는 행위가 옳은 행위인데 그 때 그 행위가 옳은 까닭은 단지 의무를 따르고자 하는 동기 때문이지, 그 결과 때문이 아니다.

로스의 의무론에는 의무들이 여럿 있기 때문에 장점이 있다. 유연성이 있고, 실질적인 내용도 풍부하다. 정언명령 하나로 삶의 모든 문제에 대해서 답하려는 칸트의 일원론적 윤리론에 비해 훨씬 편리한 출발점을 가지고 있는 셈이다. 하지만 바로 그점에서 또 치명적인 단점을 가지고 있다. 그것은 역시 모든 윤리론들에게 묻는 근본적인 물음에 대해서 답하지 못한다는 것이다. 즉 "의무들이 상충할 때 우리는 어떻게 해야 하는가?" 상충하는 의무들에 대해서 판단기준을 가지고 있지 않다는 것은 로스의 의무론에서 결코 지나칠 수 없는 문제점이 될 수 있다. 이것에 대답하지 못한다면 일곱 개 조건부 의무론은 언어의 유희로 끝날 가능성이 많다.

4.2 결과론적 윤리

해야할 행위와 하지 말아야 할 행위가 결정된다는 것은 곧 행위 규범이 결정되는 것과 같다. 이 때 해야할 행위를 지시하는 규범은 옳은 규범이고 하지 말아야 할 행위를 지시하는 규범은 그른 규범이다. 이 모든 것이 목적에 의해 결정되는 것이 목적론적 윤리다. 산행 애호가들은 잘 알지만 건조한 계절에는 각별하게 주의하는 것이 산행 시 화기 소지를 엄금하는 것이다. 산불로 인해 삼림이 큰 손실을 입기 때문이다. 늘 푸르른 산을 유지하기 위해서는 이 규칙을 따라야 한다. 산에서 삼겹살도 구워먹고 싶고, 따뜻한 라면 국물이 그립다 하더라도 산림 보호를 위해서는 절대적으로 화기 소지를 금해야 한다. 이 규칙을 어기고 산에서 함부로 화기를 사용하거나 담배를 피워 산불이 났을 경우, 다시 말해 산림보존의 목적을 이루지 못했을 경우 산행에서 화기엄금이란 규칙이 올바른 규칙이었다는 것이 증명된다. 이때 올바른 규칙이란 목적 달성에 도움이 되는 행위를 하라고 지시하는 규칙이다.

목적론적 윤리를 결과론적 윤리(consequentialism)라고도 표현 가능한데, 이것은 어떤 행위의 옳고 그름은 그 행위의 내재적인 의도를 초월해 그 행위가 낳는 결과(consequence)에 의해서 결정되어야 함을 의미하기 때문이다. 이러한 도덕적 결과론은 어떤 행위가 옳은지 그른지를 행위자의 의도나 동기에 기초해서가 아니라 그 행위의 결과에 기초해서 판단하는 윤리이론을 기술하는 데 사용된다. 목적론적 윤리에서 본래적 가치[124]를 갖는 목적을 달성하는 데 유용할 때 행한 행위는 옳은 것이다. 예컨대 우리는 건강하기를 원하고 의사는 이 목적을 달성하는데 도움을 줄 수 있는 사람이라고 믿기 때문에 병원에 가는 것은 좋은 일이라고 여긴다. 그러나 병원에 가는 행위 자체를 좋은 것이라고 생각하는 사람은 없을 것이다. 환언하면 병원을 찾는 행위는 그 행위 자체를 원해서가 아니라 어떤 다른 것을 위해서이다. 그리고 어떤 다른 것은 목적 자체로서가 아니라 또 다른 목적에 대한 수단으로 가치 있는 것이다. 칸트적인 의무론의 경우, '거짓말하는 것은 나쁘다'는 규범이 그

124 본래적 가치란 어떤 것이 어떤 더 높은 목적의 수단으로서가 아니라 목적 자체로서 가지는 가치를 말한다.

어떤 불이익을 결과하든 간에 언제나 도덕적으로 옳은 것이며 본질적인 가치라고 여기겠지만, 이와 달리 결과론적 윤리는 거짓말하는 행위를 이것이 가져오는 또는 가져오리라 기대되는 결과들에 기초해서 판단하고자 한다. 그렇다면 결과론적 윤리는 결국 이기적인 자기 목적에 충실한 윤리를 말하는가? 그것은 반드시 그런 것은 아니다. 그 목적이 자신에게만 도움이 되는 것이라면 이기적인 목적론적 윤리가 될 것이지만, 그 목적이 '모든 사람에게 돌아가는 이익의 전체가 어떤 식으로든 커지도록 해야 한다"는 목적을 제시한다면, 그것은 공리주의라고 할 수 있을 것이다. 여기에서는 윤리적 이기주의와 공리주의를 중심으로 목적론적 윤리를 다루고자 한다.

4.2.1 윤리적 이기주의

목적론적 윤리론은 도덕적 의무의 유일한 토대가 선의 생산과 악의 억제라는 전제 위에 구축되어 있다.[125] 따라서 행위의 목적은 악에 대한 선의 우위를 최대화하는 것이다. 하지만 악에 대한 선의 우위를 누구를 위해 도출할 것인가? 한 가지 가능한 답이 "자신을 위해서"이다. 이러한 입장을 "윤리적 이기주의"(ethical egoism)라 한다. 윤리적 이기주의에 따르면 유일한 도덕적 의무는 행위자 자신의 행복을 증진시키는 것인 바, 항상 악에 대한 선의 우위가 자신에게 최대가 되도록 행동하는 것을 규범으로 하고 있다.

윤리적 이기주의에 얽힌 오해를 먼저 짚을 필요가 있을 것이다. 먼저 이기주의자에 대한 오해다. 이기주의자를 천박한 이기주의자(egoist)들과 혼

125 Carl Wellman, *Morals and Ethics* (Glenview: Scott, Foresman, 1975), p.39. Stanley Grenz, *The Moral Quest: Foundation of Christian Ethics*, 신원하 역, 『기독교윤리학의 토대와 흐름』(서울: IVP, 2001), p.38~39에서 재인용.

동하지 말아야 한다. 통상 이기주의자에 대한 묘사는 지극히 부정적이다. "자기중심의 인정머리 없고 냉혹하고 파렴치하고 무자비하게 자기의 힘을 강화하려는 사람, 남에게 그 어떤 피해가 가더라도 전혀 개의치 않고 인생에서 좋은 것들을 추구하는 사람, 오로지 자신만을 생각하고 혹 남을 생각하더라도 오직 자기 목적을 이루기 위한 수단으로 생각하는 사람"[126] 등이다. 이렇게 주위의 모든 사람을 자기 목적을 위한 수단으로만 여기고 자기 목적에 도움이 되지 않는 타인은 즉시 소모품처럼 취급해버리는 그러한 천박한 이기주의자를 이기주의자라고 말할 수 있을까. 그런 완벽하게 삐뚤어진 인간이 현실에 제대로 적응하지 못하는 범죄인이나 정신 이상자의 형태로 존재할 가능성이 없지는 않다. 그러나 진정 자기이익을 지독하게 추구하는 사람이 경솔하게 타인들에게 혐오감을 주면서까지 눈앞의 이익에만 집착할 수 있을까. 타인을 모욕하고 짓밟으면서 얻는 순간적인 이익은 장차 크나큰 손실이 될 수 있다는 사실을 모르는 자를 정상적인 사람이라고 할 수 있을까. 소위 천박한 비인격적 이기주의자들은 엄밀히 말해 심리적으로 병리적으로 정상이 아닌 자들, 즉 치료가 필요한 환자로 여기는 것이 옳을 것이다. 따라서 이기주의자는 지극히 이성적이고 합리적 행위를 하는 도덕적 주체라는 인식이 전제되어야 한다. 이기주의 옹호자 링컨의 유명한 일화를 보면 이기주의에 대한 이해가 보다 용이해 질 것이다.

> 언젠가 그는 마차를 타고 가면서 이기심에 관한 논쟁을 벌였다. 늪 위의 다리를 건널 때, 마침 늙은 멧돼지가, 늪에 빠져 허우적거리는 새끼들을 보고 애처롭게 울부짖고 있었다. "마부! 잠시 마차를 세워주시오!" 링컨은 달려가

---

126 Kurt Baier, *A Companion to Ethics*, 김성한 외 역, 『규범윤리의 전통』(서울: 철학과 현실사, 2005),p. 96~97.

새끼돼지들을 늪에서 건져주었다. 그가 돌아왔을 때 논쟁하던 친구가 물었다. "어떻게 그 같은 선행이 이기심에서 나온다는 말입니까?"라고. 링컨이 대답했다. "도대체 무슨 소리입니까. 이러한 선행은 바로 이기심에서 나온 겁니다. 늙은 돼지가 자가 새끼들을 보면서 고통스러워하는 모습을 그대로 지나쳤다면 내 마음은 계속 편치 않았을 겁니다. 그런데 그 어린 새끼들을 구해주고 나니 내 마음이 한결 편안해지지 않았습니까?[127]

이처럼 쾌락은 삶에 기쁨을 주고 고통은 부담을 준다는 점에서 이기심은 쾌락을 추구하는 인간적 본성이며 이것은 타자나 다른 생명체에게도 선이 될 수 있다는 예가 아닐 수 없다. 오직 자신을 이롭게 할 뿐 타인의 고통이나 불행을 결코 바라지 않는 이기심이 가능하다는 점에 대해서는 열린 태도가 필요할 것이다. 특히 종교적인 차원에서, 맹목적으로 이기심을 가장 비열한 악덕처럼 여기고 악행의 근본인 것처럼 여기는 사태에 대해서는 좀 더 성찰적인 안목이 필요하다 하겠다.

그리고 나아가 윤리적 이기주의 이해에서 매우 기본적이지만 당위성의 관점에서 이해해야 한다는 점을 유의하면 좋을 것이다. 예컨대 장학금을 두고서 고민하는 학생들의 경우를 생각해보자. 어떤 기준으로 장학금 수혜 대상자를 선정할 것인가. 성적이 좋은 학생들은 당연히 성적순으로 대상을 정하자 할 것이다. 외모에 자신이 있는 학생은 외모를 기준으로 정하자 우길 것이다. 아니면 IQ가 높은 학생은 지능지수를 기준으로 정해야 한다고 주장할 것이다. 모든 학생들이 각자 자기만의 우월성을 기준으로 자신의 이익을 추구하려 할 것이다. 그러나 자기의 이익을 위해 자신의 장점만을 부각하려

127 John Hospers, *Human conduct: problems of ethics*, 최용철 역, 『인간행위론: 현대윤리학의 제문제』 (서울: 간디서원, 2003), p.125.

한다면 바로 이것이 이기주의라고 할 수 있다. 그런데 이러한 이기주의는 윤리와는 무관하다. 그리고 모든 학생들은 예외 없이 장학금을 받고 싶어 한다는 사실을 진술하거나 또는 모든 학생들은 장학생이 되고 싶어 하는 심리를 가지고 있다는 경향성을 설명하는 것은 윤리가 아니다. 사람들은 항상 자기 이익의 동기에 따라 행위한다는 주장은 심리적 이기주의라 표현한다. 심리적 이기주의 자체는 윤리적인 것이 아니다.[128]

윤리적 이기주의는 모든 사람이 이기주의이어야 한다는 주장이다. 즉 모든 사람들이 어떠하게 살아야 한다는 당위성을 지녀야 윤리라 할 수 있다. 윤리적 이기주의는 어느 한 사람만을 중요시 하는 것이 아니다. 모든 사람이 중요하게 다 고려되어야 한다는 보편적 관점이 있어야 윤리적이라 말할 수 있다. 윤리적 이기주의에서는 자기 자신만이 특별한 존재가 되어서는 안 된다. 모든 사람들이 동등한 권리를 누려야 하는 것이다. 이기주의적 윤리의 관점에서는 이익을 위해 가장 말썽이 적고 무리가 없는 기준은 무엇인지를 성찰할 수 있다. 그것은 당연히 '성적'일 것이다. 외모나 IQ 같은 것은 이성적으로 고려할 때 전혀 합리적인 기준이 될 수 없다는 것을 인지할 것이다. 그래서 장학금은 성적에 의해서 주어져야 한다는 당위를 내세우게 될 것이며, 나보다 더 성적이 좋은 학생이 마땅히 그것의 수혜자가 되어야 한

---

128 심리적 이기주의와 윤리적 이기주의와 명확하게 구분되지 않는 경우도 있는데, 쇼펜하우어와 니체의 경우는 그것들이 혼재되어 나타난다. 쇼펜하우어는 "이기주의는 모든 의지작용을 위해 언제나 준비되어 있고 근원이며 살아있는 가장 가까운 규범"으로 이 규범은 어떤 도덕원리보다 우월하다고 주장한다. 그래서 심지어 칸트의 정언명령도 따지고 보면 이기주의의 발로라고 꼬집는다. Schopenhauer, 김미영 역, 『도덕의 기초에 관하여』(서울: 책세상, 2003), p.84
니체는 기독교의 계명에 무조건적으로 따르는 맹종과 자기희생을 자기부정의 대표적 사례로 꼽으며 당당한 주인으로 사는 삶을 위해서는 마땅히 폐기해야할 노예의 도덕으로 간주한다. Friedrich Nietzche, 김정현 역, 『선악의 저편(Jenseits von Gut und Böse)—도덕의 계보(Zur Genealogie der Moral)』(서울: 책세상, 2002), p.62~63,

다는 것이 윤리다. 그러나 장학금 수혜자가 되는 것이 나의 이익에 부합하고 나의 행복을 증진해주는 것이기에 나도 장학생이 되기 위해 더 열심히 공부해야 할 것이다. 또한 높은 학점을 받기에 유리한 과목 선택을 전략적으로 모색할 수도 있을 것이다.

윤리적 이기주의를 옹호하는 아인 랜드(Ayn Rand)는 오히려 이기심(selfishness)이 덕이며, 이타주의(altruism)는 "죽음이 그 궁극적인 목적이요, 가치의 기준이며 자제, 단념, 자기부정, 자기파괴를 포함하는 다른 모든 형태의 고통이 그 옹호자들의 덕목임을 논리적으로 주장하는 것"[129]과 다름없는 부정적이고 파괴적인 것으로 묘사한다. 랜드에 따르면, 개인은 마땅히 자신의 행위로 이득을 취해야 하며, 자신의 이익과 관련된 적절한 관심이 도덕적 실존의 본질이며, 인간은 그 자신의 도덕적 행위의 수혜자여야만 한다. 그럼에도 사회는 이기주의는 악이고 이타주의는 선이며, 집단주의적 평범함은 선이고 대담한 창의성은 악이라고 우리를 기만해 왔다는 것이다.[130]

이러한 랜드의 극단적인 윤리적 이기주의 주장은 즉시 반박당할 수 있다. 우리 자신의 선을 증진시키는 것과 자기 이익은 어느 정도 관련될 수는 있으나, 그것이 어떤 대가를 치르고서라도 쟁취해하는 것은 아니다. 이기심은 나 자신의 선을 위해 타인의 선을 희생시킬 수 있는 것을 내포한다는 점에서 자기 이익과 동일시되기 어려운 탈선이 아닐 수 없다.

윤리적 이기주의를 반박하는 논증 중에는, 첫째 그것이 도덕의 필요조건, 즉 행위의 안내 지침 역할을 충족하지 못하기 때문에 올바른 윤리가 될 수 없다는 주장이 있다. 메들린(Brian Medlin)은 윤리적 이기주의는 사람들에

---

129 Ayn Rand, *The Virtue of Selfishness* (New York: Signet/New American Library, 1964), p.27~32.

130 Ibid., 80ff.

게 양립 불가능한 요구에 기초해서 모순된 행위를 하라고 선전하는 것과 같다고 한다.[131] 내가 학우들과 성적 경쟁에서 이길 수 있도록 나의 이기적 욕구를 보편화시켜야 하는데, 다른 한편으로 나는 학우들 각각의 이기적 요구가 나와의 경쟁에서 이기도록 하는 처방을 내려야 한다. 이것은 양립 불가능한 처방이라는 것이다. 따라서 욕구의 갈등을 조정할 수 있는 방식을 제기하지 않았기 때문에 결국 나는 아무 것도 말하지 않은 것과 마찬가지라는 결과라는 것이다.

둘째, 이기주의자가 자신의 이기적 계획 그 자체에 해를 끼치지 않고서는 자신의 계획을 공론화할 수 없다는 점에서 윤리적 이기주의에 반박하는 주장이 있다. 어떤 것이든 그것이 도덕 이론이기 위해서는 도덕의 원리가 공개적으로 알려져야 할 필요가 있어 보인다. 보편적 규정으로 제시될 수 없는 것이라면, 이는 행위의 지침으로서 또는 이익 갈등을 해결할 수 있는 방도로서 기능할 수 없기 때문이다. 그러나 이기주의자들의 계획을 공지하는 것은 자신의 이익에 해가 될 것이다. 그리고 자신을 제외한 타인들은 자신의 이익에 부합하는 계획을 모르거나 혹 알게 된다면 이타적인 입장에 서기를 바랄 것이다. 그렇기 때문에 윤리적 이기주의는 갈등을 해결할 수 없는 사적인 도덕 기능밖에 할 수 없는 것이다.

셋째, 이기주의는 그것의 목적을 달성하기 위해서는 어느 정도 영리하게 이기주의를 포기하고 이타주의를 수용해야한다는 점이다. "사랑은 자기의 유익을 구하지 아니하며…"라는 바울의 말처럼 이타주의적인 인간관계가 행복한 인생이 될 수 있으며, 그렇지 못했을 경우 결여된 인생이라 할 수

---

131 Brian Medlin, "Ultimate Principles and Ethical Egoism," *Australasian Journal of Philosophy*(1957): p.111~118 in Louis Pojman & James Fieser, 박찬구 외 역, 『윤리학 옳고 그름의 발견』(서울: 울력, 2010), p.184에서 재인용.

있을 것이다. 다시 말해 최고의 반성적 수준에서의 행복을 추구하기 위해서는 타자들과 좋은 관계를 형성해야 할 것이고, 그러기 위해서는 정의롭고 이타적으로 행위하는 성향을 가질 수밖에 없다는 것이다. 노골적으로 자신의 이기심을 드러내는 윤리적 이기주의로는 결국 자기 목적 달성도 어려울 수 있다는 말이다.

따라서 윤리적 이기주의는 개인의 이기심을 배제할 수 없으나 그것만을 지향할 경우 타당성을 확보하기 힘든 이론임을 알 수 있다. 이 이론은 스스로를 일관되게 공개적으로 알릴 수 없다. 그리고 선한 사마리아 사람이 보여준 친절함, 그리고 조국, 연인, 친구를 위해 목숨을 아끼지 않고 헌신하는 마음과 같은 심오한 인간적 가치를 배제하는 경향으로 흐를 수 있다. 또한 그것은 공정성의 원리를 파괴하고, 우리가 직관적으로 느끼는 이타적 행위에 대한 도덕적 요구를 무력화할 수 있다.

실제 윤리적 이기주의의 폐해가 가장 심한 사회 중의 하나가 우리 사회다. 일제 강점기 때 반민족적인 범죄를 행한 자들과 그들의 후손의 영향력이 정부와 정치권, 언론 등 우리 사회 각 분야에 깊숙이 배어있는 것이 사실이다. 이승만 정권은 친일파 청산을 외면하고 권력을 쟁취하기 위해 오히려 심판의 대상인 그들은 적극 포용하고 말았다. 그 이후 군사정권들은 이승만의 노선에서 한 치도 변경되지 않았다. 1993년 김영삼 정부 초기 현 독립유공자 가운데 친일 혐의자를 색출하려던 노력이 있었지만, 정관계-언론계를 장악한 후손들에 의해 좌절되었고, 이명박 정부와 박근혜 정부에서는 오히려 매국적 행위를 정당화하는 역사학계의 노력이 탄력을 받고 있는 실정이다. 일제에 적극 협력하던 일본군 장교 출신의 딸 박근혜 정부의 탄생 이 자체가 우리의 역사적-윤리적 현실을 극명하게 보여준다 하겠다. 소위 친일파의 후손들은 권력과 부를 소유하고 있다. 매국 행위로 얻은 땅에 대한 반환 소송에서도 승소한 경우도 심심찮게 보도된다. 이에 비해 민족을 위해 애쓴 분들의 후손은 여전히 대를 이어 가난에 허덕이고 있다.

한국의 윤리적 이기주의는 노골적인 비윤리적 행위를 통해 자신의 이익을 달성한 가장 성공적인 케이스가 될 것이다. 이로 인해 국가나 민족의 위기 상황에서 이기주의를 벗어나 공동체의 안녕을 위해 자신을 희생하고 헌신하는 윤리성을 무가치한 것으로 여기게 하며, 적어도 우리 사회에서는 노골적인 이기심에 기초한 윤리적 이기주의가 왜 부도덕한지를 말하기 힘든 상황이다.

다른 한편 윤리적 이기주의는 기독교적으로 수용될 수 있다. 특히 한국 기독교에 팽배해있는 기복주의적 신앙 양태에서 이러한 윤리적 태도를 읽을 수 있다. 자신을 위해 최대한의 유익을 추구하려는 모습은 피안의 세계에서의 영원한 복을 신앙적 확신으로 보장받을 뿐 아니라, 차안의 세계에서도 재물과 명예, 그리고 건강과 장수의 복을 획득하려는 신앙적 소망과 실천 속에서 극명하게 드러난다. 다른 한편, 외양상 이타적으로 여겨지지만, 내면적으로는 윤리적 이기주의를 복음적으로 추구하는 행위도 가능할 것이다. 죽고 나서 천당에 가기 위해 또는 역으로 지옥에 가지 않기 위해 악에 대한 선의 우위를 최대화하려고 노력할 수 있다. 이것은 자신의 목적을 위해 이타주의를 수단으로 사용하는 경우라 하겠다.[132]

---

132 어떤 윤리학자들은 우리가 참된 자기 사랑, 즉 만물에 대한 사랑과 갈등을 일으키지 않는 자기 사랑과 자아에만 한정된 사랑을 분별함으로써 이런 딜레마에서 벗어날 수 있다고 주장한다. Arthur F. Holmes, *Ethics* (Illinois: InterVarsity Press, 1984), p.35. Stanley Grenz, *The Moral Quest: Foundation of Christian Ethics*, p.361에서 재인용.

4.2.2 공리주의

공리주의(Utilitarianism) 역시 가장 잘 알려진 형태의 결과주의 윤리론이다. 공리란 유용함(功利)을 구한다는 의미이다.[133] 행복이 좋은 것이라면, 그 행복을 마땅히 극대화해야 하는 것이다. 그리고 행복의 극대화는 나의 행복을 극대화하는 관심만으로는 부족하다. 그래서 행복을 누리는 범위를 나의 이웃, 내가 사는 사회, 나의 국가, 전 인류를 포함하여 행복을 누릴 수 있는 모든 존재로 넓혀나가는 것이다. 극대화하는 선은 행복뿐 아니라, 이익, 결과 등이기도 하다. 공리주의에 따르면 행위와 관련된 사람 모두에게 가능한 한 최선의 결과를 산출하는 행위를 해야하는 것이 의무이다. 윤리적 의무란 한 개인의 차원이 아닌 보편적인 차원에서 악에 대한 선의 우위를 최대화하도록 행위 하는 것이다. 즉 행동결과를 판단할 가치의 표준은 반드시 공평하고 보편적이어야 한다. 공리주의는 모든 인간 행위의 궁극적인 목적이 행복이라는 가정에 기초해 있다.

양적 공리주의

'선하다'(good)를 '그 무엇이든 최대 다수의 최대 행복을 가져오는 것'(the greatest happiness of the greatest number)[134]으로 정의한다면 양적 공리주의라 할 수 있다. 어느 상황에서든 옳은 행위란 여러 가지 가능한 행위 과정의 결과들을 검토함으로써 판별될 수 있다고 믿는다. 가장 많은 사람에게 가장 큰 행복, 또는 적어도 행복에서 불행을 뺀 양의 최대치를 결과하리라

---

133 John Stuart Mill, *Utilitarianism* (Indianapolis: Bobbs-Merrill, 1971), chap. 2.

134 '최대 다수의 최대 행복'은 정치가요 신학자였던 프리스틀리(J. Priestley)의 '정부론'에 담겨진 말로써 벤담이 윤리적 판단의 원리로 삼았다.

예견되는 것은 무엇이든 그 상황 안에서 옳은 행위다. 그런데 공리주의의 바탕은 이익 극대화의 원칙이다. 이러한 이익 극대화의 원칙은 먼저 내가 나의 이익을 배려하는 방식이어야 한다. 공리주의의 원칙은 나를 포함하여 다른 사람들이 누리는 이익을 극대화하라는 원칙이다. 그렇다면 저마다 자기 이익을 자기가 추구해야 한다는 원칙이 공리주의이다. 그래서 사람들은 저마다 자기 이익을 극대화하는 것이 전체 이익의 극대화에 이르는 지름길이라 여긴다. 일반 행복의 극대화는 먼저 자기 행복의 극대화를 통해 달성될 수 있다는 것이다. 이런 점에서 자기 이익을 추구하는 이기주의가 공리주의 바탕임은 분명하다. 이기주의를 바탕으로 공리주의의 목표가 세워진다. 다시 말해, 공리주의의 목표는 일반 이익이지만, 그 목표 달성을 위한 수단은 이기주의다.

선의 극대화 원칙은 결국 자기 이익의 극대화 원칙이다. 벤담은 두 원칙에 입각해서 선을 쾌락으로, 악을 고통으로 여기는 쾌락주의를 내세웠다. 쾌락주의만큼 이익 극대화의 목표를 수월하게 달성하는 것이 없다고 확신한 것이다. 쾌락주의에 입각한 그의 쾌락 연산(pleasure calculus)은 선의 극대화라는 궁극적 목표의 수단이다. 그래서 '공리' '공리성' '효용' '효용가치'는 이익 극대화라는 목적의 '수단' 혹은 '수단 가치'를 의미한다.

선의 유일한 기준으로 제시한 쾌락/고통을 어떻게 비교할 수 있는가. 서로 비교하기 위해서는 쾌락/고통을 측정 할 수 있어야 할 것이다. 그래서 쾌락/고통을 측정하는 쾌락 연산의 일곱 가지 기준을 제시한 것이다.[135]

---

135 Jeremy Bentham, *Introduction to the Principles of Morals and Legislation* in *The Works of Jeremy Bentham, vol. 1*, ed. John Bowring (New York: Russelll and Russell, 1962), chap. 5.

① 강도(intensity): 쾌락 중에서 더 강렬한 쾌락을 그렇지 못한 것보다 선호해야 한다.
② 지속성(duration): 쾌락 중에서 더 오래 지속하는 쾌락을 더 선호해야 한다.
③ 확실성(certainty): 발생할 것이 확실한 쾌락을 확률이 확실치 못한 쾌락보다 더 선호해야 한다.
④ 근접성(nearness): 다른 조건이 같을 경우 시공간상 가까운 쾌락을 더 선호해야 한다.
⑤ 다산성(fecundity): 더 많은 쾌락을 가져올 쾌락, '더 많은 수확을 올릴 수 있는 쾌락'을 선호해야 한다.
⑥ 순수성(purity): 가능하면 고통을 수반하지 않을 순수한 쾌락을 선호해야 한다.
⑦ 크기(extents): 다른 조건이 같을 경우 타인에게 미칠 영향력이 더 큰 쾌락을 선호해야 한다.

그렇지만 이러한 쾌락의 측정도는 모든 쾌락에 다 적용할 수는 없다. 왜냐하면 한 가지 쾌락이 이러한 일곱 가지의 내용을 모두 가지고 있는 일이 극히 드물기 때문이며, 쾌락의 수용은 개별적인 것이기 때문이다. 가령 물질적 쾌락은 강도는 있지만 지속성과 순수성은 약한 것이며, 정신적 쾌락은 순수성과 지속성은 있지만 강도나 다산성 및 확실성은 약한 것이다. 그리고 어떤 쾌락이 다른 쾌락에 비해 더욱 강력하다고 말할 수 있을지는 모르지만 강도의 차이를 판정할 수 있는 기준은 없어 보인다. 자신이 쾌락의 감정의 강도는 어렴풋이 느낄 수 있다 할지라도 다른 사람의 느낌을 어떻게 판정할 수 있으며 그것을 어떻게 수치로 나타낼 수 있을까? 이러한 비교의 객관성 자체에 대해 의구심을 불러일으킨다. 어떻게 보면 벤담의 쾌락 연산은 도저히 이룰 수 없는 꿈이었다. 어느 누구도 이 쾌락을 저 쾌락보다 3배

더 강하다고 말하지 않는다. 와인과 소주를 마시면서 와인이 소주보다 4배 더 쾌락적이라고 말하지 않는다. 이 모든 것을 고려했을 때 이러한 쾌락의 측정은 매우 불명확한 양화에 기초한 발상이 아닐 수 없다.[136] 쾌락 계산법은 '선의 극대화'라는 공리주의의 원칙에 부응하려는 열망이다. 그러나 이러한 열망은 쾌락과 고통을 감수하는 개인들의 차이를 무시하고 있음을 알 수 있다. 이른바 '양적 쾌락주의'는 개인이 느낄 수 있는 질적인 차이를 무화시킨 것이다. 따라서 양적 공리주의의 쾌락 계산법은 어떤 인간도 더 나을 것 없이 똑같은 한 사람으로 균질적으로 대해야 한다는 수학 정신의 발로이며, 또 다른 측면에서는 정치적인 민주주의 원리의 배경이 되기도 한다.

질적 공리주의

벤담의 후계자 밀(J. S. Mill)은 아무리 양적으로 많은 쾌락이라도 질적으로 우수한 쾌락보다 더 선호될 수 없다고 주장한다. 이른바 '질적인 쾌락주의'다. 밀에 의하면, 두 개의 쾌락이 있을 때, 어떤 것이 설령 상당한 불만족을 수반하리라는 것을 알면서도 그것을 선호하고 우리 본성이 다른 쾌락의 양에 현혹되어 그 문제의 쾌락을 포기하려 하지 않는다면, 질적으로 더 가치 있는 쾌락이라고 정당화할 수 있다는 것이다.[137] 이점에서 밀은 쾌락주의자로서의 진정성을 의심받는다. 왜냐하면 경험에서 오는 두 쾌락을 비교할 때 쾌락 이외의 다른 기준을 제시하기 때문이다.

물론 밀은 품위와 교양을 고상한 쾌락이라고 주장한다.[138] 공리주의에

---

136 James Griffin, *Well-Being* (Oxford: Oxford University Press, 1986), p.75~92.

137 J. S. Mill, *Utilitarianism*, p.27.

138 테일러(R. Taylor)는 이점에서 밀이 쾌락과 쾌락의 재료를 혼동하고 있다고 지적한다. 품위와 교양은 쾌락이 아니라 쾌락을 가져다주는 고상한 재료일 따름이라는 것이다. Richard Taylor, *Good and Evil* (New York: Prometheus, 1984), p.93~94.

따르면 행복이란 쾌락 아니면 고통 없음이다. 그리고 불행은 쾌락 없음 아니면 고통이다. 그렇지만 밀은 행복이 단순히 쾌락의 양의 증대가 아니라고 주장한다. 지성을 갖추고 교양을 지니며 감정과 양심을 가진 사람이라면 동물들이 누리는 쾌락을 마음껏 즐기게 해준다 해도 여전히 만족스러워하지 않을 것이기 때문이다.[139] 품위가 높은 사람에게는 품위가 행복 구성의 필수 요소이다. 따라서 품위를 손상하는 것은 결코 진정한 욕망의 대상이 못된다. "결국 만족스런 돼지보다 불만족스러운 인간인 편이 더 낫다. 바보보다는 불만족스러운 소크라테스가 더 낫다. 바보나 돼지가 이와 다르게 생각한다면 그것은 그들이 한쪽 문제만 알고 있기 때문이다. 반면 바보나 돼지와 비교되는 다른 사람들은 두 측면을 모두 알고 있기 때문이다."[140] 저급한 쾌락에 빠져들기 쉬운 것은 높은 수준의 쾌락을 향유하지 못하기 때문인 것이다.

감성에 따라 쾌감이 고조된 흥분된 상태의 지속을 행복으로 삼을 수 없다. 고조된 쾌감은 짧은 순간 지속될 뿐이기 때문이다.[141] 그러나 교양 있는 사람은 "자신의 삶의 주변에서 흥미로운 일을 무궁무진하게 찾아낸다. 자연의 아름다움, 예술의 발전, 시인의 상상력, 역사에 남을 만한 사건, 사람이 과거와 현재를 거치면서 살아가는 길과 그 미래의 모습 등 수많은 일들이 그 사람의 관심을 끈다."[142] 아무리 하찮은 사람이라도 자기 이익만을 추구하는 독선적 이기주의자로 살아갈 수밖에 없는 것은 아니다. 올바르게 양육된 사람이라면 누구든지 의미있고 공공의 이익에 진지한 관심을 보이는 삶을 살 수 있다.[143]

139 J. S. Mill, *Utilitarianism*, p.27.

140 Ibid., p.29.

141 Ibid., p.35.

142 Ibid., p.36.

그런데 밀에 따르면, 교양 있는 자는 자유가 보장되어야 한다. 인간은 고립된 개인으로서는 완전하지 못하다. 이런 결핍된 존재인 인간에게 필요한 것이 자유다. 개인이 발전해 나가기 위해서 필요한 것이 자유이며, 효용의 증대를 위해서 필요한 것도 자유다. 밀에 의하면, "효용은 진보하는 존재인 개인의 변치 않을 이익에 기반을 둔 가장 넓은 개념"[144]이다. 개인이 어떻게 하면 행복할 수 있는지 가장 잘 아는 자는 바로 본인 자신이다. 개인에게 자유를 보장한다면 개인은 자신의 효용을 증대하는 방향으로 나아가며, 저마다 효용이 증대하는 사회 전체의 공리 증대로 이어진다. 그래서 자유가 보장되어야 한다는 것이다.

그래서 교양 있는 사람들이라면 저마다 스스로 보유한 자원을 활용하여 행복을 성취한다. 주변에서 항시 만나게 되는 고통스런 현실(빈곤, 질병 등)들을 개인의 건전한 상식과 건실한 태도가 합쳐진 사회적 지혜를 발휘하여 예방하거나 해소할 수 있다는 낙관적인 사고를 갖는다.[145] 정작 밀에게 중요한 것은 빈곤이나 질병이 아니라 형편없는 처신, 무절제한 욕망, 그것에 기인한 불완전한 사회였다. 진정으로 인간에게 고통을 안겨다 주는 것은 바로 스스로 주의하고 노력하는 태도의 결여, 그리고 이로써 비롯한 무분별한 독선의 유혹이었던 것이다.

이렇게 놓고 보면, 밀이 말하는 이익, 공리, 효용의 실체가 드러난다. 이것은 일단 자기만의 이익을 추구하는 독선적 이기주의는 결코 아니다. 그러나 독선적 이기주의를 포기한다고 해서 자신의 희생을 감내하라는 의미(self-denial) 역시 아니다. 자신의 희생으로 타인의 행복이 증대하는 것은 개

143 Ibid., p.37.

144 J. S. Mill, *On Liberty*, 서병훈 역, 『자유론』(서울: 책세상, 2005), p.115.

145 J. S. Mill, *Utilitarianism*, p.38.

인의 행복이라고 말할 수 없다. 희생의 감수는 그 자체로 가치있는 것이 아니며 행복의 총량을 증대시키지도 않기에 어쩌면 낭비일지도 모른다.[146] 올바른 행위와 그릇된 행위를 구별하는 기준은 무조건적으로 행복이다. 그런데 이 행복은 자신의 행복이 전제되어야 한다. 그리고 자신의 행복에 타인의 행복이 포함되는 것이다. 나의 행복을 먼저 소중히 여길 줄 아는 사람이 타인의 행복도 즐길 수 있다는 것이다.

그러나 밀의 공리주의는 '엘리트주의'라는 비판에 직면한다. 어떤 지식인이 자신의 특정한 선호 및 자신이 속한 계급적 이익과 가치를 정당화하는 방식일 수도 있기 때문이다.

공리주의의 난점

공리주의가 그 원칙에서는 매력적인 이론처럼 보이지만 이것을 실제로 적용할 경우 많은 문제에 직면한다. 첫째, 인류 전체의 이익을 도모하고자 하는 공리주의는 인류 전체 구성원들의 요구 내용을 먼저 알아야 한다. 그런데 불행하게도 인류 전체의 구성원이 과연 무엇을 요구하는지를 알 길이 없다. 기껏해야 전체 구성원으로 내가 무엇을 요구하는가를 알 수 있을 따름이다.

둘째, 공리주의는 가능한 결과들을 다루어야 한다. 하지만 특정한 행위의 결과들을 정확히 예측하기란 대개의 경우 불가능하거나 극히 어렵다. 어려움에 처한 친구에게 도움의 손길을 주는 것이 옳다고 생각하여 선행을 베풀었지만, 선행을 받은 친구는 자존심이 무척 강한 사람이기에 그런 선한 의지의 실천에 대해 불쾌감이나 모욕을 느낄 수도 있는 것이다. 이는 그 누

146 Ibid., 37.

구도 미래에 일어날 일을 장담하지 못한다는 데 문제가 있다. 미래의 결과를 정확히 예측할 수 있는 사람은 존재하지 않는다. 미래의 결과를 정확히 예측할 수 없는 만큼 최선의 결과를 가져올 의무 이행은 운이 좋으면 몰라도 현실에서는 불가능하다. 그렇다면 마땅히 해야 할 의무는 '최선의 결과를 가져다주는 행위'가 아니라 솔직히 '최선의 결과를 가져다 줄 것이라고 믿는 행위'이여야 한다. 예상되는 결과가 충분히 알려지기 전에 결단하고 행위를 해야할 경우가 허다하기 때문이다. 그리고 실제 결과는 행위가 끝난 이후에야 파악할 수 있는 것이다. 그래서 마땅히 해야할 행위는 확률에 따라 최선의 결과를 가져다 줄 행위이다. 행위의 순간 적절한 최선의 증거에 입각해서 최선의 결과를 가져다 줄 것으로 보이는 현명한 행위가 마땅히 해야하는 행위가 되는 것이다. 그렇지만 최선의 결과를 가져다줄 것이라고 생각하는 행위도 의무로서는 결코 만족스럽지 못하다. 사람은 온갖 괴상하고도 어리석은 일을 진지하게 생각하기도 하고, 무지한 상태에서 최선의 결과를 가져올 것이라 확신하기도 하다. 심지어 죽어가는 아이에게 병원 대신 기도원의 안수기도가 아이에게 최선의 결과를 가져다 줄 것이라고 장담할 수 있을까? 이때, '최선의 결과를 가져올 것이라고 생각하는 행위'를 실제 '최선의 결과를 가져다 줄 행위'라고 여기기 어렵다.

셋째, 공리주의에 대한 강한 반대는 이것이 통상 비도덕적이라 간주하는 많은 행위들을 정당화할 수 있다는 데 기인한다. 예컨대 오늘날도 이슬람을 신봉하는 어떤 국가에서 행해지고 있는 "눈에는 눈, 이에는 이"(lex talionis)라는 형벌원칙이 엄격하게 적용되어 다양한 범죄를 줄이는 데 직접적으로 효과가 있으며, 따라서 전체적으로 보아 쾌락을 낳는다는 주장이 입증될 수 있다면, 공리주의자는 그러한 형벌이 도덕적으로 옳다고 해야 할 것이다. 그러나 이러한 결론은 우리의 정의 감각에 맞지 않다. 사소한 것을 훔친 사람의 손을 범죄를 저질렀기 때문에 잘라버리는 것은, 그것이 사회전체에 가져다 줄 이익과 관계없이 너무 비인간적인 원칙이 아닐 수 없다.

넷째, 행복이란 단순히 마음의 즐거운 상태라고 믿는 벤담과 같은 공리주의자들은 더한 반대에 부딪힌다. 극단적인 예이긴 하지만, 최대 다수의 행복(쾌락)을 위해 향정신성 마약을 대중들이 모르는 방식으로 퍼뜨린다면(설령 알았다 해도 상관없다. 대중들 다수가 강력히 그것을 원한다면), 공리주의의 원칙에 따른다고 할 때, 그런 사회를 도덕적으로 향상된 사회라고 할 수 있을 것이다. 그러나 우리에게 상식이 있다면, 이러한 판단이 결코 도덕적이라고 여기지 않을 것이다.

다섯째, 공리주의의 목표는 인류 전체 이익의 극대화이다. 그렇지만 인류 전체 이익의 극대화란 결국 인류 사회 구성원의 이익 극대화이기도 하다. 당연히 '나'는 인류 구성원의 하나이다. 그렇지만 문제는 사회 전체 이익의 증진이 곧 나의 이익 증진을 보장하느냐이다. 사회 전체 이익의 분배과정에서 나는 소외받는 처지로 전락할지도 모른다. 미래는 현재와는 달리 불확실한 미지의 세계이다. 그렇다면 사회 전체의 이익을 늘려서 나의 이익을 얻으려는 간접의 방법보다는 차라리 내가 나의 이익을 직접 추구하는 것이 훨씬 유리하지 않을까. 나의 이익을 제대로 늘릴 수 있는 사람은 바로 '나'가 아닌가.

규칙 공리주의

지금까지 논의된 것은 사실상 행위공리주의라고 부를 수 있다. 이러한 공리주의가 가진 많은 부적절한 결론들에 대한 반대를 우회하는 한 가지 길로서 규칙 공리주의(rule utilitarianism)[147]라는 수정된 이론이 있다. 이것은 행위공리주의의 가장 좋은 요소들과 의무론 윤리의 가장 좋은 요소들을 결합시키려는 시도이다. 규칙 공리주의는 행위의 결과들을 저마다 따로 평가하기 보다는 최대 다수의 최대 행복을 낳는 경향이 있는 행위 유형들에 대한 일반 규칙들을 채택한다. 이것에 의하면, 한 행위는 타당한 행위규칙에 일치하면 옳고 위반하면 그르다. 그리고 행위에 대한 규칙의 타당성을 결정하는 척도는 유용성이다.[148] 예컨대 A라는 사람은 완전범죄의 살인을 저지르고 처벌을 받지 않고, B라는 사람은 약간의 단서를 남겨 마침내 체포되어 처벌을 받는다고 가정해보자. 상식적으로 두 행위가 처벌의 여부에 관계없이 모두 그르다는 것을 인정할 것이다. 그러나 행위공리주의에 의하면 완전범죄의 경우 두 번째 행위만큼은 나쁘지 않아 보인다. 왜냐하면 첫 번째 행위가 두 번째 행위보다 더 적은 불행을 결과하기 때문이다. 물론 행위공리주의에 의하면 A라는 사람은 양심의 가책을 평생 받을 것이기 때문에 죗값을 치르는 것보다 더 나쁘다고 말할 수도 있을 것이다. 하지만 A라는 사람이 양심이 무딘 사람이라면 그것에 힘입어 제2, 제3의 범죄를 획책할 수도 있을 것이다. 바로 이점에서 행위공리주의는 반론과 재반론의 악순환에 허덕일 가능성이 높다. 그러나 규칙공리주의에 의하면 두 살인행위는 똑같이 그르다. 이유는 행위의 규칙 즉 우리는 타인의 생명을 존중해야 한다는 규칙을 어기고 있기 때문이다. 개별적인 행위의 결과가 행위의 옳고 그름을 결정하지 않으므로 그 범죄는 어떤 경우라도 그르다고 판별될 수 있는 것이다.

---

147 R. B. Brandt가 처음으로 행위공리주의와 규칙공리주의를 구분하기 시작했다. 플레처(Joseph Fletcher)는 행위공리주의를 차라리 '상황윤리'(situation ethics)라고 부르자고 제안한다. 행위공리주의는 일종의 상황윤리라 할 수 있다는 것이다. 상황윤리란 일반적인 행위의 규칙을 반드시 따르기보다는 상황에 따라 도덕적 행위 방식을 적절하게 선택할 수 있는 윤리 체계를 말한다. William Frankena, *Ethics*, 황경식 역, 『윤리학』(서울: 종로서적, 1984), p.64, p.71

148 Ibid., p.83.

공리주의에 던져지는 가장 큰 물음은 '현명한 행위가 도대체 무엇인가' 하는 것이다. 공리주의자에게는 어떤 행위가 최선의 결과를 가져다줄 것인가를 숙고하는 사려 깊음이 무엇보다 중요하다. 공리주의자 무어(G. E. Moore)는 규칙 준수의 문제에 대해 매우 사려 깊은 접근을 시도하고 있다. 지금 당장 최선의 결과를 주지 않더라도 도덕 규칙의 준수는 대개 최선의 결과를 가져다준다는 것이다. 왜냐하면 도덕규칙은 역사의 검증을 거친 규칙이기 때문이다. 도덕규칙을 무시한다면 인류가 지금까지 축적해 온 경험을 무시하거나 거부하는 셈인 것이다.[149] 무어는 규칙을 준수해야 하는 이유를 다음 네 가지로 제시한다. 이것은 공리주의가 사려 깊음을 미덕으로 삼는다는 예로 이해할 수 있다.

첫째, 내가 처한 상황이 규칙을 적용하기 어려운 예외상황이라고 말할 수 있을 만큼 나는 모든 결과를 충분히 알지 못한다. 거의 대부분의 경우 규칙을 지키는 편이 그렇지 않은 편에 비해 효과를 지닌다. 그렇다면 어떤 특별한 경우 그 규칙을 어기는 것이 잘못될 확률은 무척 높다. 개별 판단의 결과와 그 불확실성의 정도는 매우 높은 만큼 나의 판단이 일반판단을 뒤집을 수 있는지 무척 의심스럽다.[150]

둘째, 나는 규칙을 어겨서라도 어떤 결과를 얻기를 강렬히 바랄 정도로 편벽되기 쉽다. 한마디로 나는 나의 선택을 합리화하기 쉽다. 규칙을 어기기를 원한다는 사실로 말미암아 내가 하길 원하는 행위를 정당화하는 방식으로 행위 결과를 조작하기 쉽다. 무어는 지적한다. "규칙이 지켜지지 않아야 할 경우가 있다는 것을 확신할 수 있어도 우리는 그것이 어떤 경우인가

---

149 John Hospers, *Human conduct: problems of ethics*, p.230.

150 George Edward Moore, *Principia Ethica* (Cambridge: Cambridge Univ. Press, 1903), http://fair-use.org/g-e-moore/principia-ethica 원문서비스 참조. chap. V §90-§ 참조.

를 결코 알지 못하며 따라서 규칙을 어기지 말아야 한다."[151]

셋째, 설령 현재 상황이 규칙 위반을 정당화하는 상황임이 분명하더라도, 또 내가 매우 공정하여 나의 이익에만 기울어지지 않아도, 규칙위반은 다른 사람들에게 규칙위반의 사례가 되기도 한다. 나의 규칙위반이 설령 올바르더라도 다른 사람의 잘못된 규칙위반 행위에 영향을 미칠 수 있다. 정당한 규칙위반임에도 규칙위반의 본보기로서 부당한 규칙위반을 조장하기 쉽다.[152]

넷째, 규칙위반의 예외를 만드는 것은 다른 사람들에게 본보기일뿐 아니라 앞으로 나의 행위의 선례이기도 하다. 설령 규칙위반이 정당하더라도, 그것은 규칙위반의 습관을 강화하여 부당한 규칙마저 위반하고 싶게 만든다. 따라서 무어는 결론을 내린다. "누구든지 지성과 감성을 명석하게 유지하기란 불가능하다. 설령 가능하더라도 일단 그른 행위를 승인하면 처음으로 그것이 정당했던 상황과는 다른 상황에서도 똑같이 그른 행위를 승인하기 쉽다."[153]

공리주의는 사려 깊음의 미덕을 인간을 넘어 동물에게까지 확대한다. 인간 이외의 동물들이 겪을 고통을 세계 전체의 이익에서 배제할 이유가 없다는 것이다. 실상 인간들은 다른 동물들에게 불필요한 고통을 가하고 있다. 가축 도살장과 대량 사육장의 열악한 조건을 보면 금방 알 수 있다.[154]

---

151 Ibid., §91.

152 Ibid., §98.

153 Ibid., §109.

154 J. Hospers, *Human conduct: problems of ethics*, p.236.

4.3 메타윤리

사실 우리가 가치평가를 내릴 때, 우리는 사실판단과는 다른 방식으로 어떤 것을 평가한다. 이것을 '사실-가치의 문제'라고 부른다. 사실-가치의 문제는 가치가 사실과 본질적으로 다른지, 도덕적 평가가 사실로부터 도출되는지, 도덕적 평가가 사실판단과 마찬가지로 참/거짓을 판명할 수 있는지를 결정하는 문제다. 바로 사실-가치 문제를 제기하는데 사용되는 방법을 통상 메타윤리(meta-ethic)라고 명명한다. 즉 윤리적 명제를 분석함에 있어서 그 명제의 실천적 내용과 규범성 그리고 지시적 내용에 관심을 두는 것이 아니라 그 명제의 개념적 명석(clearness)과 그 개념의 검증 가능성에 관심한다. 메타윤리는 과거의 윤리학을 분석하고 비판하여 그들의 허구적 개념을 제거하고 사실판단으로 검증가능하며 정당화할 수 있는 개념만을 문제삼으려 한 것이다. 그리하여 기존의 윤리학이 명제로서 성립하느냐의 여부를 비판적으로 검토한다.

메타윤리는 크게 보아 도덕적인 영역에서 과학적 인식의 가능성을 인정하는 인지적 윤리학과 그 가능성을 부인하는 비인지적 윤리학으로 대별될 수 있다. 이것은 '사실적 발화'와 '사실과 무관한 발화'를 구별하기 위해 도입된 용어다. 어떤 진술이 사실적 내용을 가질 때, 그것을 인지적이라 한다. 말하자면 우리는 그것의 진리치(그것의 참/거짓)를 알 수 있다는 것을 말한다. 그리고 어떤 진술이 사실적 내용을 결여할 때, 그것은 비인지적이다. 즉 그것은 진리치를 가지지 않는 것이다. 물론 전통적인 윤리이론들은 모두 인지주의에 해당한다. 도덕적 진술들은 진리치를 지니고 있기 때문이다.

여기서는 메타윤리를 다음의 네 가지 입장을 통해 설명하고자 한다. 인지적 윤리학이라 할 수 있는 자연주의적 윤리학(naturalistic ethics)과 직관론적 윤리학(intuitional ethics), 비인지적 윤리학(non-cognitive ethics)이라 할 수 있는 이모티비즘 윤리학과 일상 언어학파의 윤리학(ethics of ordinary linguistic school)이 그것이다. 비인지주의 윤리학은 윤리적 명제나 판단이 다른 사람에게 어떤 감정을 자극하는 구실을 할 따름이지 어떤 객관적 사실을 나타내는 것이 아니라고 보는 입장이다. 그러므로 윤리적 명제들은 인식되어지는 것이 아니고 다만 감정의 유발에 불과한 것이므로 이모티비즘(emotivism)이라고 한다. 일상언어학파 윤리학은 평소에 사용하는 일상언어를 분석하여 윤리적 판단이나 명제의 독특한 이론을 탐구함으로써 학문으로서의 윤리학을 정립하려고 했다.

4.3.1 자연주의 윤리학

자연주의 윤리학은 가치가 무엇을 의미하는가를 밝힘에 있어서 이 가치가 자연적인 성질을 갖는다고 주장하는 윤리이론이다. 도덕판단은 발화자 또는 행위자가 속한 공동체의 정서적인 상황과 감정들을 기술하고 있다는 주장이다. 도덕판단이 실제 '존재하는'(is) 것, 즉 사물의 존재방식과 연관되어 있기에, 도덕판단은 도덕 외적 진술, 즉 사실적인 주장으로 번역될 수 있다는 것이다.[155] 쉽게 말해, 자연주의의 기본적인 주장은 도덕판단이 자연의 세계에서 일어나는 어떤 것에 대한 진술이라는 것이다. 이와 관련해서 20세기 초반에 등장했던 미국 철학자들은 '어떻게 가치가 이익과 욕구에서 생겨날 수 있는가?'라는 문제를 집중적으로 탐구하였다.[156]

---

155 Henry Sidgwick, *Outlines of th History of Ethics* (Boston: Beacon, 1960), p.78.

156 Ralph Barton Perry, *General Theory of Value* (Cambridge: Harvard University Press, p.1926) 참조.

자연주의는 도덕판단을 진화론적인 이익과 손실, 즉 인간의 생존에 도움이 되는가 아니면 그것을 위협하는가와 연관해 논해지기도 한다.[157] 진화론적 윤리는 다윈의 진화론에서 자연선택설을 원용한다. 생존 경쟁에서 어떤 종은 살아남지만 어떤 종은 도태한다. 이런 사고에서 자연 도태는 결정적인 역할을 하며, 이 도태에서 어떤 종의 구조는 생명력이 왕성한 것으로 드러나지만 다른 종은 몰락한다. 이것이 시사하는 바는 진화라는 개념을 진보와 동일시하며, 진화를 앞서 있는 조야한 상태에서 보다 가치 있고, 높으며, 선한 상태로 발전하는 개념으로 간주하는 것이다. "진화론적 윤리"는 "진보"에 관해서 생물학적인 동시에 가치있는 언어로 말하고자 하며, 살아남는 최고의 능력을 갖춘 생물이 가장 "선한 것"으로 간주한다. 그것이 인간이다. 그리고 인간이라는 종 안에서도 과학-기술적인 문명의 진보를 근거로 다른 인종보다 자신이 더 선하다고 주장할 수 있다. 자연주의적 추리에 의해 진보된 인종은 낙후된 인종보다 도덕적으로 선하다는 판단을 할 수 있게 되는 것이다.[158]

자연주의 사유의 또 다른 형식으로 쾌락주의를 언급할 수 있다. 자연적 상황은 우리가 기뻐하는 사물과 우리가 불쾌해 하는 사물을 구별하는 일을 시사해준다. 예를 들어 어떤 쾌적한 성격을 야기하는 사태를 도덕적인 선으로 간주하게 되는 것이다. 이것은 우리의 자연적 관심 상황의 연장이다. 예를 들어 공리주의는 자신을 위해 고통을 최소화하고 쾌락을 극대화하게 된 상태를 행복이라 할 수 있다. 행복이 우리의 절대적인 목적으로 추구된다는

---

157 E. Sober, ed., *Conceptual Issues in Evolutionary Biology* (Cambridge: MIT Press, 1993) 참조.

158 G. E. Moore, *Principia Ethica*, chap. II §30, §31 스펜서의 진화론적 윤리에 대한 무어의 비판 참조.

사실은 행복이 우리의 '선'이라는 사실의 증명한다고 여기는 것이다. 우리가 실제로 행복을 획득하고자 노력한다는 사실이 공리주의에서는 우리가 행복을 획득하려고 노력해야 마땅하다는 명제를 성립시키는 것이다.

그러나 이러한 자연주의적 논증은 멀리는 흄, 가까이는 무어에 의해 존재와 당위의 혼동이라는 소위 '자연주의적 오류'라는 비판에 직면하게 된다.

4.3.2 윤리적 직관주의

사실-가치의 문제제기는 감정주의 윤리를 다룰 때 이미 언급했듯이 흄에 의해서 이루어졌다. 그는 당시의 도덕에 대한 표준적인 견해들을 연구하면서 그것들이 모두 근본적인 오류를 범하고 있다는 것을 깨달았다. 특히, 이 이론들은 세계에 관한 특정한 사실들을 관찰하는 데서 시작한 다음, 이 사실들에서 우리의 도덕적 의무에 관한 진술들을 결론으로 도출했다는 사실을 발견하게 되었다. 그 이론들은 존재(무엇이 어떠하다)에 관한 진술에서 당위(무엇이 어떠해야 하는가)에 관한 진술로 바로 이행했다는 것이다. 이것이 존재에서 당위를 도출하는 오류라고 불리는 것이다.

> 내가 관찰한 바로, 지금까지 접한 모든 도덕 체계에서 저자들은 한동안 일상적 추론을 진행하고, 신의 존재를 입증하거나 또는 인간사에 관해 관찰하면서, 놀랍게도 갑자기 명제들을 명제의 일반적 계사인 '이다'와 '아니다' 대신에 '해야 한다' 또는 '해서는 안 된다'로 연결한다. 나는 그렇지 않은 명제를 보지 못했다.[159]

---

159 David Hume, *A Treatise of Human Nature*, p.335.

흄에 의하면, 우리는 이 오류를 일상적인 도덕이론뿐만 아니라 정교한 도덕이론에서도 발견할 수 있다. 일상적인 도덕의 예는 다음과 같은 것이 있다. "신은 존재한다. 그러므로 우리는 신의 도덕적 명령에 복종해야 한다." "신이 우리를 사후에 처벌하고 보상할 것이다. 그러므로 우리는 도덕적으로 행위해야 한다." "인간은 사회적 존재다. 그러므로 우리는 도덕적으로 행위해야 한다." "규칙이 없다면 사회는 혼돈에 빠질 것이다. 그러므로 우리는 도덕적으로 행위해야 한다." 다음은 두 가지 정교한 도덕이론의 예이다. "이성을 통해서 우리는 적절한 행위에 대한 영원한 진리를 발견할 수 있다. 그러므로 우리는 이성의 지시에 따라 도덕적으로 행위해야 한다." "우리는 부적절한 행위를 탐지하는 일종의 육감을 지니고 있다. 그러므로 우리는 육감의 지시에 따라 도덕적으로 행위해야 한다."

이 모든 것들이 지니고 있는 문제는 각 진술의 서두에 있는 사실과 당위가 필연적으로 관계된 것이 아니라, 각 진술의 말미에 도덕적 요소로 이행하는 것과 관련이 있다. 'is'에 포함되어 있지 않은 새로운 것이 'ought'에 부과되는 것이다. 따라서 흄에 의하면 어떤 유형의 이성적 추론이나 사실적 추론을 통해서도 '존재'로부터 '당위'를 도출될 수 없다. 그 오류는 도덕판단이 수학이나 논리학이나 과학에서 사용되는 것과 같은 종류의 합리적 연역이라는 가정에 있다. 존재-당위 문제에 대한 흄의 해결책은, 도덕적 평가는 전혀 합리적 추론이 아니라는 것이다. 오히려 도덕적 평가는 정서적 반응으로, 우리가 경험하는 쾌락과 고통의 감정이다. 예컨대 잔인한 폭력 사태와 같은 구체적인 '사실'을 목격한다고 가정하자. 그럴 경우 우리는 그것이 그르다고 합리적으로 추론하지 않는다. 대신 그것이 그르다고 느낀다. 새로운 도덕적 요소를 도입하는 것은 감정인 것이다.

흄의 이론은 현대 도덕이론에 두 가지 방식으로 강한 영향을 주었다.

첫째, 존재에서 당위를 도출하는 오류는 우리가 합리적 관찰과 추론을 통해서 아는 사실과 우리에게 다른 방식으로 다가오는 가치 사이의 중요한 차이를 조명해 준다. 이것이 우리가 오늘날 논의하는 사실-가치문제에 놓인 근본적 생각이다. 둘째, 도덕적 평가는 감정이지 합리적 판단이 아니라는 흄의 이론은 도덕적 발화를 감정표현과 동일시하는데 영감을 주었다. 이를 윤리학에서는 이모티비즘이라 부른다. 이모티비즘의 윤리적 주장에 대해서는 다음 절에서 다룰 것이다.

무어(G. E. Moore)는 20세기 도덕철학을 지배하였던 윤리적 용어의 의미와 사실-가치의 관계에 관한 연구의 문을 열었다. 무어는 철학자들이 일차적으로 윤리학의 영역을 분명하게 정의하지 못하고 그들이 묻고 대답할 수 있는 물음의 종류를 제한하지 못함으로써 윤리적 문제들에 관한 혼란에 빠졌다고 선언한다. 윤리학은 도덕적으로 선한 행위에 관한 의사 결정 절차에 도달하는 실질적 과제와 분명히 관련돼 있다. 그러나 무어에 따르면, 이것을 하기 전에 우리는 '선'이라는 용어 자체의 의미를 발견할 필요가 있다는 것이다.

철학자들은 과거에도 '선'개념의 의미를 이해할 필요성에 대해 인지했다. 그들은 선을 다양한 방식으로 정의하고자 했다. 공리주의자들은 선을 쾌락과 동일시했으며, 칸트는 선을 인격의 이성적 의지와 동일시했다. 진화론자들은 선을 "좀 더 진화되어 가는"을 의미하는 것으로 이해했다. 그러나 무어에 따르면, '선'이라는 개념은 정의 불가능하다는 기본적인 이유 때문에, 이 모든 이론은 잘못된 것이다. 실제로 무어는 '선'을 '선한 것'[160]이나 '쾌

---

160 무어는 '선한 것'(the good)은 정의할 수 있는 것이라고 본다. 선한 것은 '선한'이라는 형용사가 붙은 구체적인 대상물이다. 예를 들어, 집 혹은 교육, 선행 같은 것은 '선한 것'들이라고 할 수 있다는 것이다. G. E. Moore, *Principia Ethica*, chap.1 §10.

락' 또는 "좀 더 진화되어 가는"과 같은 구체적인 자연적 속성과 동일시하는 것은 오류라고 주장한다. 그는 이러한 오류를 "자연주의적 오류"(naturalistic fallacy)라고 명명했다.

'선'이 정의 불가능한 이유는 그것이 단순 속성 즉, 부분을 가지지 않기 때문에 구성요소에 의해서 정의될 수 없는 속성이기 때문이다.[161] 예를 들어, 노란색은 단순 관념이다. 그래서 우리는 노란색이 무엇인지 모르는 사람에게는 노란색에 대해 설명할 수 없다. 단순 관념은 궁극적인 본질이기 때문에 그것을 경험해보았고 또 생각할 수 있는 사람들에 의해서만 사고되고 지각된다. 이와 대조적으로 '말'과 같은 복합개념(복합적인 대상물)은 구성요소들에 의해 정의될 수 있다. "말은 발굽의 발가락 수가 홀수인 큰 포유동물이다"라고 정의내릴 수 있는 것이다. 그러나 '선'은 단순개념인 '노랑'과 유사하다. 우리는 도덕적 선을 보면 직관적으로 그것을 인식할 수 있다. 그러나 도덕적 선은 철저하게 정의를 거부한다.

무어는 어떤 도덕이론이 자연주의적 오류를 범하는지를 알아볼 수 있는 한 가지 검사를 제안한다. 그 검사는 "열린 물음 논증"(open-question argument)이라 불린다.

전제 1: (자연주의자에 따르면) 만일 "X가 선하다"고 정의한다면, "X가 선한 것이 사실인가?"라는 물음은 무의미하다.

전제 2: "X가 선한 것이 사실인가?"라는 물음은 무의미하지 않다.(즉 그것은 열린 물음이다. 왜냐하면 "X가 선하지 않다"라고 가정해도 자기모순에 빠지지 않기 때문이다)

결론: "X가 선하다"는 정의는 거짓이다.("X가 선하다"는 전제1의 정의를

161 Ibid.

> 전제의 "X는 선하지 않다"는 명제에 대입하면 동어반복인데도 동어반복이 아니라는 결론을 얻었으므로 모순이 되기에)[162]

그러므로 "선하다"와 같은 술어는 자연적인 술어로 환원하여 정의할 수 없다는 것이다. 말하자면 우리가 '선'과 동일시하는 어떤 속성에 대해서 "그 속성은 정말로 선한가?"라고 물을 수 있다는 것이다. 예를 들어, 만약 내가 "선"을 쾌락을 극대화하는 것과 동일시한다면, "쾌락을 극대화하는 것은 정말로 선한가?"라 물을 수 있다. 이 물음은 쾌락을 극대화하는 것과 '선'은 동일한 것이 아니라는 것을 의미한다. 이 문제는 우리가 처음부터 선이 단순하고 정의 불가능한 성질이라는 사실을 수용하지 않고 '선'을 자연적 속성("쾌락을 극대화하는 것"과 같은)과 동일시하려고 한 데서 시작된 것이다.[163] 무어의 자연주의적 오류는 또 다른 방식으로 사실-가치문제를 명료화하는 것이다. 무어에 의하면, 선의 가치는 "쾌락을 극대화하는 것"과 "좀 더 진화되어 가는"과 같은 사실과 동일시될 수 없다는 것이다.

사실-가치문제에 대한 무어 자신의 해결책은 우리가 사실들(쾌락을 극대화하는 것) 안에 있는 가치의 출현을 직관적으로 인식할 수 있다는 것이다(인지주의 윤리). 그러므로 자선은 실제로 쾌락을 극대화할 수도 있다. 그때 우리는 자선에서 직관적으로 선을 인식할 수 있다. 그러나 선이 쾌락의 극대화를 수반한다는 것을 인정하는 것과 선을 쾌락의 극대화와 동일시하는 것은 별개의 것이다. 얼마나 많은 것들이 도덕적 선을 수반하는지를 우리가

---

162 Ibid., chap.1 § 13.

163 무어는 옳은 행위는 가장 선한 결과를 산출하는 것이라는 공리주의 노선을 따른다. 하지만 '쾌락이 유일한 선'이라 여기는 쾌락적 공리주의와 구분하기 위해 그의 공리주의를 선적 공리주의로 부르기도 한다. 이석호, 『근세 - 현대 서양윤리사상사』(서울: 철학과 현실사, 2010), p.368.

직관적으로 인식하는 것과 무관하게 우리가 조사하는 사실과 우리가 그 사실에서 발견하는 가치 사이에는 언제나 간극이 있다.

직관론적 윤리학은 비자연주의 윤리학으로서 가치는 직관적으로 인식되는 것이며 가치는 객관적 실재성을 갖는다고 본다. 즉 가치는 자명하다는 것이다. 예컨대 자식이 부모에게 효도하는 것은 자명한 것이며, 법 앞에서 만인이 평등하다는 것은 자명한 것이라는 주장이다. 직관이 중요한 이유는 도덕적인 난관에 봉착했을 경우 대부분 생각할 시간적 여유가 없으며 경우에 따라서는 생각하는 것이 위험을 초래하기도 한다는 사실에 있다.

그러나 직관론의 자명성은 여러 가지 비판에 직면하고 있다. 첫째로 A에게는 자명한 가치가 B에게는 조금도 자명하게 느껴지지 않을 수 있으며, 심지어 과거에는 의심할 여지없이 의무로서 존중되던 도덕이 오늘날에는 폐기되어야할 봉건적 유물로 배척받기도 하는 것이다.[164] 둘째로 직관론자가 주장하는 자명한 원리가 오직 하나일 경우에는, 그 일원론적 원리는 자연히 추상적·형식적인 규범에 불과하며, 현실적인 문제상황에서 구체적인 행동지침의 구실을 하기 어렵다. 다른 한편 자명한 원리의 수가 둘 이상의 경우에는 그 원리들이 명령하는 의무가 서로 충돌함으로 말미암아 도덕체계의 자기모순을 드러내는 수가 있다. 또한 어떤 도덕의 원리를 타당한 것으로서 지지는 하면서도, 그 원리가 선천적으로 또는 객관적으로 자명한 원리라고는 느끼지 않는 사람들이 있다. 어떠한 도덕의 원리도 객관적으로 주어진 절대적 규범이라는 의미로 자명한 것은 없다고 여기는 것이다.

---

164 장발이 단발보다 나쁘다고 보는 직관을 지니도록 교육을 받아왔다면? 여성은 조신해야지 행동적이어서는 안 된다고 보는 직관을 지니도록 교육받아 왔다면? 이같은 직관론적 윤리는 자신이 지닌 직관이 진실로 훌륭한 직관인지를 어떻게 보증받을 것인가 하는 근본적인 물음에 직면하게 된다.

이러한 점에서 서로 다른 사람들이 지닌 각양각색의 상호 대립된 직관을 두고 그 중 어느 직관이 가장 훌륭한 직관인지를 판단, 분별할 수 있는 비판적 윤리적 사고가 요구되는 것이다.

4.3.3 이모티비즘

20세기에 들어 유행처럼 번진 윤리학의 자기부정현상으로 말미암아 적어도 규범윤리학은 재기불능 상태에 빠진 듯 보였다. 평가 발언의 논리적 성격이 서술적 명제의 논리적 성격과 다르고, 사실로는 당위를 추리할 수 없다는 논지가 카르납(Carnap), 에이어(A. J. Ayre) 등과 같은 분석철학자들에 의해 더욱 정교하게 전개되었다. 이들의 명석하고 치밀한 논리를 엎는다는 것은 불가능하리라는 인상을 주었다. 앞에서 살펴본 자연주의 윤리나 직관론적 윤리처럼 윤리학적 회의를 물리치려고 했던 노력이 없었던 것은 아니나, 논리적 치밀성에 있어 분석철학자들의 결론을 뒤엎을 만큼 치밀하고 강력하지는 못했다.

기존의 형이상학적 윤리학 및 가치론이 독자적인 학문의 영역에서 밀려나게 된 것은 논리실증주의(logical positivism)[165]에 기인한 바가 크다. 왜냐

165 논리 실증주의는 모든 철학적 명제를 논리적으로 분석하여 그 명제의 의미를 명료하게 하는 것에 철학적 탐구의 근거를 두었다. 그들은 먼저 형이상학적 명제의 애매성을 지적하고, 그들의 명제들이 진위를 가릴 수 없는 무의미한 사이비 명제라고 주장한다. 논리 실증주의자들은 분석판단에 의한 지식은 확실한 것이지만, 사실에 관해서는 아무것도 언명할 수 없다는 사상에서 출발하여 경험적 판단에 의한, 즉 검증할 수 있는 사실적 지식을 얻으려고 하는 과학적 방법을 철학적 연구대상으로 삼은 것이다. 그리하여 철학적 의무는 어떤 사실에 대한 적극적 지식을 얻으려고 하는 것이 아니라 우리의 일상 언어에 깃들어 있는 애매성을 제거하고 그러한 명제의 검증성을 분석하여 명제의 정당화를 위한 작업에 철학적 의무를 두었던 것이다.

하면 윤리적 명제들인 "거짓말을 하지 말라" 든가 "도둑질하는 것은 악이다" 등의 명제는 어떤 사실을 알려 주는 것이 아니고 말하는 사람의 감정을 표현하는 것에 불과하기 때문이다. 논리실증주의에서 문장의 의미는 그것의 검증방법에서 발견된다고 믿었다. 그 검증에 따르면, 모든 유의미한 문장은 다음 둘 중의 하나여야만 한다. (a) 동어반복(정의에 의해 참인 진술과 "A는 A이다"라는 형식의 진술 또는 그와 같은 진술과 환원 가능한 진술) 이거나 아니면 (b) 경험적으로 검증 가능한 것("그 장미는 붉다"와 같이 세계의 관찰에 관한 진술)이 그것이다.

이러한 검증을 통해서 보면, 모든 삼각형은 세 변을 갖는다와 같은 수학적 진술은 유의미하다. 왜냐하면 그것은 논리적으로 동어반복이기 때문이다. "남대문은 서울에 있다"는 진술은 경험적으로 검증 가능하기 때문에 유의미하다. 하지만 "효도는 선하다"나 "신은 사랑이다"와 같은 가치 진술이나 신학적 진술은 논리적으로나 경험적으로 검증 가능한 진술도 아니기 때문에 무의미한 것이 된다. 그래서 윤리적 명제는 감정을 표현하는 기호에 불과하다는 급진적인 주장을 하는 것이다.

카르납은 윤리적 명제를 서술적 언명(descriptive statement)과 규범적 언명(normative statement)으로 나눈다. 전자는 "법을 어기는 자는 나쁘다"나 "도둑질한 자는 양심의 가책을 받는다"와 같은 명제들인데 이런 명제들은 사회학과 심리학에서 다룰 문제이고 사실은 감정의 전달에 불과한 것이라고 한다. 그런데 후자의 명제는 "거짓말을 하지 말라"나 "인격은 수단으로 대하지 말고 목적으로 대하라" 등인데, 이들 명제는 윤리적인 언명이라고 할 수 있을지 모르나 실은 사실을 전달하는 명제가 아니므로 그 진위를 밝힐 수 없는 무의미한 발언에 불과한 것이 된다.

에이어 역시 『언어, 진리 그리고 논리』(Language, Truth and Logic) 6장에

서 모든 윤리적 언명은 사실상 무의미하다고 주장한다.[166] 문장이 분석의 대상이 되려면 의미 있는 문장이어야 하는데, 의미 있는 문장이 되려면, 첫째 그 문장이 사용한 언사(term)의 정의에 대하여 진위를 가릴 수 있는 비사실적 논리적 언명(nonfactual logical statement)이거나, 아니면 경험적 관찰을 통해서 그 진위를 확률적으로 밝힐 수 있는 사실적 언명(factual statement)을 가져야 한다는 것이다. 그러나 윤리적 언명들은 이러한 바에 대해 어디에도 해당되지 않는다. 오히려 윤리적 언명이 표현하고 있는 바는 화자의 감정이다.[167] 도덕판단은 언어로서는 전혀 의미가 없고, 다만 투덜거림, 한숨지음, 또는 웃음과 같은 감정의 표현들에 지나지 않는다. 그러므로 "살인하지 말라" 또는 "진실을 말해야 한다"고 할 때, 화자는 자신이 살인이나 진실을 말하는 것에 대해 느끼는 감정을 표현하고 있을 따름이다. 화자가 말하는 바는 어떠한 객관적 사실도 전달해 주는 바가 없기에 참이라고도 거짓이라고도 말할 수 없으며, 고로 그러한 윤리적 언명은 의미가 없는 것이다. 그것은 살인에 대해 '우!'하고 야유하고, 진실 말하기에 대해서는 '와!'라고 환호하는 식의 외침과 다를 바 없다.

스티븐슨(Charles L. Stevenson)은 이모티비즘의 입장을 취하면서도 카르납이나 에이어의 입장을 완화시켜 이른바 절충적 이모티비즘의 입장을 취한다. 스티븐슨은 윤리적 언어의 의미를 분석하는 데서 출발하는데, 우선적으로 심리적 의미의 뜻(the psychological sense of meaning)을 규명하는 것으로 시작한다. 그에 따르면 "심리학적인 뜻의 의미는 주어진 언어에 대하여 그 사용이 보여주는 반응을 총칭한 것이다."[168] 환언하면 어떤 말에는 그 말이

166 Alfred Jules Ayre, ***Language*, *Truth and Logic*** (New York: Dover, 1952), 6장 참고.

167 도덕적 발화가 단지 감정의 표현이라는 사고는 흄의 입장에 확고히 서있는 것이라 할 수 있겠다.

지니는 의미가 아무리 받아들이는 주관에 따라 다르더라도 그 말이 지니는 항구적인 의미가 있으며 이러한 의미가 바로 심리적인 의미를 형성한다고 한다. 즉 사람에 따라서 약간의 다른 의미를 갖고 있기는 하지만 윤리적 명제가 지니는 근본적인 의미는 모든 사람에게 공감을 주는 심리적 의미를 형성한다는 것이다. 스티븐슨은 이러한 의미를 경향적 특성(dispositional property)[169]이라고 하였는데 모든 윤리적 명제에 이러한 경향적 특성이 있다는 것이다.

어떤 발언으로 유발된 윤리적 명제의 심리적 반응 중에서 정서적인 측면이 정의적(情意的: emotional) 의미이며, 인식적(cognitive) 측면이 서술적(descriptive) 의미이다. "다른 사람에게 사기를 치는 것은 나쁜 행위이다"는 명제에서 화자와 청자의 감정을 자극하는 것이 정의적인 의미에 해당되며, 그 명제가 지니고 있는 잠재적인 사실의 언급이 서술적인 것이다. 스티븐슨은 언어의 이러한 두 가지 용법에서 윤리적 의견의 일치/불일치를 구별하고 있다. 그런데 의견의 불일치에는 두 가지 종류가 있는바, 하나는 소견의 불일치(disagreement in belief)이며 다른 하나는 태도의 불일치(disagreement in attitude)이다. 환언하면 전자는 과학적 지식 혹은 사실문제에 대한 의견의 불일치이고, 후자는 평가적 태도로 반대의견을 말하는 것이다. 소견의 불일치는 사실에 대한 확인을 통해 해소할 수 있다. 그러나 태도의 불일치를 해결할 수 있는 유일한 방법은 심리적 수단을 활용하는 수밖에 없다는 것이다. "사람은 누구에게나 동정심을 베풀어야 한다"는 명제에 대해 사람들의 평가적 태도는 다르게 나타날 것이다. 즉 동정심은 항상 좋은 것만이 아니

168 Charles Lesley Stevenson, *Ethics and Language* (Conn.: Yale University Press, 1944), p.42.

169 Ibid., p.139.

라 거지근성을 심어주는 계기가 된다는 의미에서 태도의 불일치를 보일 수 있다.

따라서 스티븐슨은 윤리적 의견의 일치/불일치는 우선 태도의 일치/불일치에서 연유하는 것으로 해석한다.[170] 그러므로 태도의 불일치는 과학적 확신과는 달리 합리적으로 해결하는 길이 없고 다만 심리적 공감대를 가질 수밖에 없는 것이다. 따라서 태도의 불일치를 일치하도록 하는 방법을 스티븐슨은 비합리적인 방법, 달리 말해 설득적(persuasive) 방법이라 불렀다. 고로 윤리적 명제의 의미를 지시하는 데는 과학적 방법이 사용될 수 없고 감정이나 태도에 의한 설득적 방법을 취할 수밖에 없는 것이다. 결국 스티븐슨의 이론을 완화된 이모티비즘이라고 하는 이유는, 윤리적 언명을 발화할 때 화자는 그저 자신의 느낌을 표현하는 것에 그치는 것이 아니라, 다른 사람들에게 자신의 느낌을 공유할 것을 부추기고 설득하고 있다고 주장하는 점에서 그렇다.

이모티비즘 윤리의 난점

극단적 이모티비즘이 안고 있는 문제는 첫째, 그것이 기초하고 있는 의미의 검증이론이 중대한 문제를 안고 있다는 비판이다. 말하자면, 의미의 검증이론 자체가 자신의 검사를 통과하지 못한다는 것이다. 주지하는 바와 같이 "진술이 동어반복이거나 경험적으로 검증 가능할 때 그리고 오직 그때에만 그 진술은 유의미하다"는 검증원리 자체는 "동어반복인가 아니면 경험적으로 검증 가능한가?"라고 물을 수 있다. 검증원리는 동어반복도 아니고, 검증도 가능하지 않다. 따라서 그 원리는 무의미하다고 해야 한다. 만약 이

---

170 Ibid., p.3.

것이 사실이라면, 우리는 검증원리를 도덕적 언명에 대한 검사 기준으로 사용할 의무가 없게 된다. 그러므로 극단적 이모티비즘 분석의 나머지도 붕괴될 수밖에 없는 것이다.

둘째, 윤리적 불일치가 근본적으로 태도의 불일치라는 이모티비즘의 견해는 문제가 있다. 특히, 그것은 태도를 변화시키는 이유와 태도를 변화시키는 원인 사이의 차이를 간과하고 있다. A가 B와 친일파 청산 문제로 논쟁을 하고 있다고 가정하자. 민족주의적 사관을 견지하는 A가 식민지근대화론에 세뇌된 B를 설득하는 방법에 두 가지가 있다고 하자. 첫 번째 방법은 A가 B에게 자신이 지지하는 입장의 이유와 근거들을 제시하고, B가 마침내 A의 의견에 동의하게 되는 것이다. 두 번째 방법은 그 문제에 대한 B의 감정적 태도를 바꾸기 위해 물리적 폭력을 가하거나 약물을 투약하는 것이다. 전자의 방법은 견해 변화의 이유와 관계가 있고, 후자의 방법은 견해 변화의 원인과 관계가 있다. 하지만 이모티비즘에서는 태도를 변화시키는 이 두 가지 방법의 차이를 구별할 수 없다. 이모티비즘에 따르면, 태도의 변화는 어떻게 해서든지 우리의 감정에 대한 모종의 인과적 조작을 통해서만 이루어질 것이다. 그러나 이것은 문제가 있다. 모든 사람들은 전자의 방법만이 도덕적 불일치를 해결하는 정당한 방법이라고 여길 것이기 때문이다.

셋째, 도덕은 단순한 감정 혹은 감정이나 태도에 따라 행동하는 것 이상으로 심오한 것이다. 도덕판단은 보편화 가능한 것이다. 만일 누군가가 도둑질하는 것이 그르다면, 그와 유사한 처지에 있는 사람이 도둑질하는 것 역시 그르다. 이모티비즘은 도덕을 보편적으로 적용되지 않는 고립된 감정적 표현이나 태도로 환원해버린다. 도덕은 "도둑질하는 것은 그르다"와 같이 보편적 요소를 가지는 원리를 적용하는 것으로 보는 것이 타당하다.

4.3.4 일상 언어학파의 윤리론

윤리학적 회의론을 극복하고자 하는 노력이 20세기 중엽 이후 분석철학 가운데서 태동하기 시작했다. 이들의 시도는 독단과 감정에 호소하지 않고 분석적 논리로써 윤리학적 회의주의를 넘어서고자 한 것이다. 이는 존 오스틴(John Austin)이나 썰(J. R. Searle)의 중개를 통해 마침내 논리 실증주의를 대체할 철학의 한 양식으로 발전했다. 이것은 '언어철학'이라고 불린다. 이 기준은 언어의 일상적 사용이었다. 언어분석철학은 이모티비즘 윤리가 모든 종류의 발화에 과학적 기준이라는 구속을 강제하는 실수를 저질렀음을 지적한다.

앞에 보았듯이 이모티비즘 윤리학자들은 규범윤리학의 가능성을 포기하고 있다. 그러나 일상언어 학파[171]에 속하는 윤리학자들은 대체로 윤리학의 인지적 요소를 어느 정도 인정하는 경향을 보이고 있다. 썰(J. R. Searle)은 사실판단을 전제로 삼고 가치판단을 결론으로 도출할 수 있다고 주장함으로써 존재와 당위 사이에 넘을 수 없는 장벽이 존재한다는 종래의 견해를 극복하려고 했다.[172] 썰이 제기한 명제는 다음과 같다: (1) 존스는 스미스에

---

171 일상언어학파는 논리실증주의에서 발전해 나온 학파다. 이들 두 학파는 전통적인 철학에 대해서 부정적인 견해를 가지고 철학의 명료성과 정밀성을 덕으로 삼았지만, 서로 간의 철학은 무척 다르다. 논리실증주의가 과학주의적이고 반형이상학적이었던 반면, 일상언어학파는 반과학주의적이었고 형이상학에 대해서 중립적인 입장이었다. 일상언어학파가 반과학주의적이었던 것은 과학이 기술적(technical)이지 않은 개념들에 논리적으로 의존하는 기술적인 분야이기 때문이다. 과학은 기술적인 단어들에 의존하지만, 모든 기술적 단어들은 일상적 의미를 가진 단어나 다른 기술적 단어에 의해 정의되어야 한다. 만약 기술적 단어들이 다른 기술적 단어에 의해 정의된다면, 결국 이들은 일상적 의미를 가진 단어들에 의해 정의되어야만 한다. 왜냐하면 기술적인 단어들은 그 개념에 있어서 이미 이해된 것들에 의한 설명을 요구하기 때문이다. 결국 모든 과학은 세계에 대한 이론 이전의 이해에 의존한다고 볼 수 있는 것이다(http://user.chollian.net/~bypark/ordinary.html).

게, "나는 돈 5달러를 너에게 줄 것을 약속한다"고 말했다 (2) 존스는 스미스에게 5달러를 줄 것을 약속했다. (3) 존스는 스미스에게 5달러를 지불할 의무를 져야할 처지에 놓였다 (4) 존스는 스미스에게 5달러를 지불할 의무가 있다 (5) 존스는 스미스에게 5달러를 지불해야 한다.(ought)

썰이 제시한 명제들은 엄밀한 의미의 추론을 통해서 하나씩 다음 것이 생겨난 것은 아니지만, 앞의 명제와 뒤의 것이 밀접한 관계가 있음은 사실이며, 사이사이에 보조적 명제만 삽입한다면, 더 엄밀한 논리적인 추론이 될 수 있다. (1)명제는 분명히 사실판단이며 (5)명제는 의심할 바 없는 가치판단이다. (1)명제에 보조적인 명제, 즉 "약속의 발언은 협박이나 사기를 당한 상황에서가 아니라, 정상적인 상황이었다" 또는 "스미스에게 5달러를 지불한 것이 큰 불행을 초래할 걱정은 없다"는 등의 몇 가지 보조적인 사실판단만 삽입이 된다면 사실판단에서 가치판단이 도출될 수 있다는 것이 썰의 견해이다.[173]

그러나 헤어(R. M. Hare)는 썰 논지의 약점을 지적한다. 썰의 명제(1)에서 (5)까지의 전개는 통념의 힘이 아니었다면 불가능하다는 견해이다. "약속은 지켜져야 한다"는 통념을 무시하는 견지에 선다면, 썰이 이룬 결론은 도출되기 어렵다는 것이다.[174] 어떤 약속을 했다는 사실이 약속 이행이 의무를 져야 할 처지에 놓이게 하는 것은, "약속을 했다"는 사실 때문만이 아니며, "약속은 지켜져야 한다"는 통념과 관례가 배경에서 작동했기 때문이다. 따

172 K. Pahel & M. Schiller(ed.), *Readings in Contemporary Ethical Theory* (New York: Prentice Hall, 1970), p.157.

173 Ibid., p.157~161.

174 Richard Mervyn Hare, "The Promising Game," in Philippa Foot(ed.), *Theories of Ethics* (London: Oxford University Press, 1967). 116f.

라서 "약속은 지켜져야 한다"는 규범은 절대성을 가진 선천적 도덕원리가 아니라, 약속을 한 상황이 비정상적이거나 약속의 내용이 부당할 경우에는 그것을 지킬 의무가 없다고 보는 편이 옳을 것이다. 썰의 논리가 "존재에서 당위를 도출할 수 없다"는 주장을 크게 뒤집지는 못했지만, 어떤 제도적 사실이, 그 제도가 지배하는 사회 내에서 규범적 원리를 위한 기초로 구실을 한다는 점을 규명했다는 것에서 그 의의를 찾아야 할 것이다.

헤어는 한 걸음 더 나아가 도덕적인 판단의 의미에는 보편성과 규정성이 내포되어 있다는 점을 강조한다.[175] 물론 에이어 역시 도덕적 발화의 비인지적 요소를 말하면서 정서적(emotive) 요소와 더불어 규정적 요소가 있음을 헤어보다 먼저 언급했다.[176] 그러나 헤어는 도덕적 언명이 진위를 가릴 수 없고, 도덕판단은 태도적인 것이라는 데 동의하면서도 에이어와는 달리 그는 규정적 요소에 더 강조점을 둔다.

헤어에 따르면, 도덕판단은 기술적(사실) 요소와 규정적(가치) 요소를 모두 가진다는 것이다. 기술적 요소는 "선행은 쾌락을 증진시킨다"와 같은 특별한 행동에 관한 사실과 관계한다. 규정적 요소는 행동을 지도하고 청자들이 발화자의 가치태도를 채택하도록 권장한다. 말하자면, 도덕판단을 할 때 규정적 요소는 기술적 요소에 수반되는 것이다. 그런데 규정적 요소가 기술적 요소보다 중요한 이유는, 사물에 관한 사실적 기술은 변할 수 있기 때문이다. 어떤 경우에는 "선행이 쾌락을 증진시킨다"로 기술할 수도 있고, 어떤 경우에는 "선행이 신의 의지에 따른 것이다"라고 기술할 수도 있기 때

---

175 R. M. Hare, *Freedom and Reason* (Oxford: Oxford University Press, 1963), p.7~29.

176 예컨대, "효도는 선한 일이다"라는 윤리적 언명에서 "효도! 와우"는 감정적인 요소에 해당한다. (그러니까) "효도를 행하라!"는 것은 규정적인 요소에 해당한다. 그러나 에이어는 두 요소 모두 비인지적이라는 것이며, 후자보다는 전자에 초점을 두고 있다.

문이다. 그러나 우리의 기술들이 어떻게 변하건 규정적 요소는 그것과 무관하게 동일하게 남아있다. 말하자면 선행을 어떻게 기술하든 청자들이 선행에 대한 화자의 태도를 채택하도록 권장하고 있는 것이다. "우리가 어떤 것을 권장하거나 비난할 때, 그것은 항상, 적어도 간접적으로나마, 우리 자신이나 다른 사람들의, 현재나 미래의 선택을 지도하기 위한 것이다."[177]

헤어 이론의 독특성은 첫째, 도덕판단이 규정적 요소를 통해서 명령문을 내포한다는 것과 논리적 형식을 띠고 있다는 것이다. "(시험 때) 부정행위를 해서는 안 된다"는 도덕판단은 "제발 부정행위를 하지마라!"는 명령문을 다르게 표현한 것뿐이다. "부정행위는 잘못이다"는 판단을 수용할 때, 자신은 그 규정에 따라 살겠다고 서약하는 것이 된다. "너는 부정행위를 해서는 안 된다"는 나의 도덕판단은 너의 행동을 지도하기 위해서 의도된 것이다. 그런데 이러한 규정적 판단에는 논리가 있다. 도덕판단에 진리치가 있지는 않지만, 논리적 형식은 있다는 것이다. 헤어는 기술적 언명과 규정적 언명의 구별에 관해 다음의 논제를 논리적 형식으로 주장한다: "적어도 하나의 명령법을 포함하지 않는 전제의 집합에서는 어떠한 명령법의 결론도 타당하게 도출될 수 없다."[178]

이 논제를 도덕판단에 적용해보면, 타당한 도덕적 논증은 도덕적 결론에 도달하기 위해 적어도 하나의 명령법적 전제를 포함해야 함을 알 수 있다. "1. A는 학기말 시험을 보고 있다. 2. 그러므로 A는 학기말 시험에서 부정행위를 해서는 안 된다"는 추론은 "1. 학생들은 시험에서 절대로 부정행위를 해서는 안 된다"와 같은 생략된 명령법 형식의 대전제가 반드시 추가

177 *Freedom and Reason*, p.127.

178 R. M. Hare, *The Language of Morals* (Oxford: Clarendon Press, 1952), p.28.

되어야만 한다. "1. 학생들은 시험에서 절대로 부정행위를 해서는 안 된다. 2. A는 학기말 시험을 보고 있다. 3. 그러므로 A는 학기말 시험에서 부정행위를 해서는 안 된다."

헤어는 존재에서 당위를 도출할 수 없다는 자연주의적 오류에 대해 기본적으로 동의하고 있지만, 전제들 가운데 적어도 하나가 당위를 포함하고 있다면 우리는 정당하게 이 가치 요소를 결론 안에 포함시킬 수 있다는 것이다.

헤어 도덕이론의 두 번째 독특성은 보편화 가능성이다.[179] 주의해야 할 바는 보편성의 의미가 보편타당성을 언제나 가지고 있다는 것이 아니라 도덕판단을 할 때 모든 유사한 경우에 대해 동일한 판단을 내려야 한다는 의미이다. 즉 행위자가 자신의 판단을 기꺼이 보편화하고자 하는 않는 한, 그 판단은 도덕판단이 아니다. 헤어는 칸트의 주장을 약간 변형시켜, "'이 상황에서 내가 A를 해야 하는가?'라고 묻는 것은 '그와 같은 상황에서 A를 하는 것이 하나의 보편법칙이 되기를 내가 바라는가?'라고 묻는 것이다"[180]라고 말한다.

그러나 규정성과 보편화 가능성은 도덕적 언명이 충족시켜야 할 형식적 제약에 불과한 까닭에 헤어는 도덕적 사유를 제약하는 요인으로, 관련된 사실에 관한 인식, 인간이 갖는 성향(inclination) 또는 관심(interest), 그리고 입장을 바꾸어놓고 생각하는 상상력 이 세 가지를 들고 있다.[181] 예컨대, 내 물건을 훔쳐갔다고 여겨지는 A를 고발할 것인가 말 것인가를 고민하고 있다고 가정하자. 이럴 경우 내가 내리는 도덕적 판단이 타당성을 갖기 위해서는, 첫째로 내린 결론의 근거에 관한 사실판단이 정확해야 한다. A가 훔

---

179 헤어의 "보편화 가능성"에 대해서는 그의 책 *Freedom and Reason*, p.90~93에서 들고 있는 마태복음 18장의 예를 주목할 것.

180 *The Language of Morals*, p.70.

181 *Freedom and Reason*, p.91~94.

친 것이 나의 물건이 맞는가? 훔친 물건이 어느 정도의 가치가 있는 것인가? 훔친 행위가 일어난 정황은 어떠했는가? 등등의 문제에 대해 정확한 사실을 알고서 내린 결론이 아니면, 타당성을 갖는 결론이 되기 어렵다.

두 번째로 필요한 조건은 도덕적 판단이 보편적 규제성을 가질 수 있는 논리적 가능성이다. 예컨대, "모든 학생은 공부를 잘해야 한다"는 주장은 이행하기 어려운 명령을 내포하기 때문에 타당한 도덕판단이 될 수 없다. 하지만 "도둑질한 사람은 벌을 받아야한다"는 주장은 보편적 규제성을 갖는 것이 논리적으로 가능하다. 물론 그 판단이 논리적으로는 가능하지만 그것을 우리가 보편적 실천원리로 받아들이길 원하지 않는다면, 그것은 타당한 도덕판단이 되기 어려울 것이다. 개인의 성향이나 관심사에 있어서 국가적으로 실시되는 선거에서의 부정행위로 인해 처벌받는 것을 규범으로 도무지 수용하기 않으려는 사람들(어떤 수단이 동원되었건 자신이 선호하는 인물이 선출되기만 한다면 기꺼이 만족할 수 있는)에게는 "국가의 공식적인 선거에서 부정을 저지른 행위는 벌을 받아야 한다"는 원리가 타당한 도덕판단이 될 수 없을 것이다. 따라서 헤어는 도덕판단을 결정하는 하나의 요인으로서 인간의 성향과 관심을 논의한 것이다.

세 번째로 필요한 조건은 '입장을 바꾸고 생각하는 상상력'이다. 이것은 우리들의 성향 또는 관심이 작용함에 있어, 경험의 부족에서 오는 편향됨의 오류를 막는 데 필요하다. 예컨대, 도둑질을 해 본 경험이 없거나 법적으로 벌을 받아 본 경험이 없는 사람이 어떤 결정을 보편적 도덕원리로서 받아들일 수 있는지의 여부를 판단할 때, 그 무지로 말미암아 경솔한 판단에 이른다면, 그러한 판단의 보편타당성을 인정하기 어렵기 때문이다.

헤어에 따르면, 선험적인 도덕원리는 존재할 수 없지만, 실천적 문제에 봉착한 인간이 취할 수 있는 최선의 선택은, 우선 관련된 사실을 정확한 지식으로 파악하고, 다음에는 최대한의 상상력을 동원하여 입장을 바꾸어 생각해보고, 같은 사정 하에서 같은 문제에 당면한 모든 사람들이 그렇게 행동해도 좋다는 것을 인간적으로 긍정할 수 있는 처방에 따라 행동하는 것이다. 이 같은 신중한 고려를 통해 내려진 처방이 만인의 동의를 얻을 수 있다면, 그것은 곧 보편적 도덕원리로서의 타당성을 갖는 처방이기도 하다. 헤어는 도덕판단의 대립과 불일치를 초래하는 원인들을 지적하고 있지만 그 원인들이 인내력과 노력으로 인해 극복될 수 있다는 낙관적인 견해를 피력한다.[182]

끝으로 그의 이론에서 찾을 수 있는 규범윤리적 통찰은 도덕적 추론에서의 원리의 중요성을 인정한 점이다. 그는 도덕적 추론은 원리와 관계되어 있으며, 원리가 없다면 대부분의 교육도 불가능할 것이라고 주장한다. 왜냐하면 대개의 경우 세세한 특수 항목을 가르치는 것이 아니라 행위를 인도하는 원리의 집합을 가르치기 때문이다. 즉, 우리는 고립된 개별적 행위를 배우는 것이 아니라 상황의 유형과 행위의 유형을 배운다.[183] 예를 들어, 운전을 배울 때, 우리는 먼저 기본원리를 배운 후에 언제 그 원리를 사용하고 언제 복잡한 상황에 맞도록 그 원리들을 조정해야 하는지에 대해서 배운다.

---

182 도덕판단의 불일치를 초래하는 첫째 요인으로 도덕 언어의 의미를 사람들이 서로 다른 뜻으로 이해하여 사용할 경우인데, 이때의 대립 내지 불일치는 언어상의 불일치에 불과하며, 엄밀한 의미의 도덕적 불일치는 아니라는 것이다. 둘째로 관련된 사실에 대한 인식이 서로 다르기에 도덕판단이 대립할 수도 있으나, 충분한 인내력만 발휘한다면, 사실에 대한 정확한 인식에 도달한다는 것은 원칙적으로 가능한 일이라고 본다. 셋째로 입장을 바꾸어서 생각하는 상상력의 부족은 상상력의 개발을 통해 점차 줄일 수 있으며, 끝으로 성향의 차이에서 오는 도덕판단의 불일치는 적어도 삶의 중대한 문제에 대한 사람들의 성향은 같다고 볼 수 있으므로 이것 역시 심각한 문제는 될 수 없다고 본다. 이러한 주장을 통해 헤어는 만인이 동의할 수 있는 도덕판단의 가능성을 시사하는 동시에, 보편타당성을 지닌 도덕체계를 위한 기초를 다지려 했다.(Ibid., p.95~97)

183 *The Language of Morals*, p.61~62.

좋은 운전자는 원리를 습관화시켜서 그 원리가 자신의 행동을 정확히 지배하도록 하는 사람이다.[184] 그러므로 우리는 도덕에서 습관적으로 우리의 행동을 지도하는 데 사용할 원리가 필요한 것이다. 그러나 어떤 도덕원리를 따라야 하는가를 일목요연하게 파악할 수 있는 원리들의 완전한 목록은 없다는 것이다. 헤어에 따르면, 도덕원리란 인간의 주체적인 결단 또는 선택에 의하여 생기는 것이며 그것이 외부에서 주어지는 선천적 소여가 아니라는 것이다. 어떤 사람이 "이것은 거짓이다. 그래서 나는 그것을 말하지 않겠다" 혹은 "이것은 거짓이다. 그러나 나는 그것을 항상 말하고 그리고 그것을 나의 원리의 한 예외로 삼겠다"라고 말할 때 그는 양자 가운데 어느 것을 말할 것인가를 스스로 결단하고 있는 것이다. 즉 행위자에게 있어서 문제가 되는 것은 그가 원리를 지키느냐 그렇지 않느냐의 결단에 있는 것이다. 이러한 결단은 내가 나의 주체적인 결단에 의하여 나의 도덕적 원리로 내가 선택하는 결단인 것이다. 그러나 헤어는 도덕원리를 위한 결단은 아무렇게나 내려지는 것이 아니라 어떤 이성적 근거를 따라서 내려지는 것임을 인정하여, 윤리적 사유 속에 깃든 지성적 요소를 부각시키려 하였다. 그는 윤리학이 자연과학과 같은 성질의 학문이 될 수 있다는 생각에 대해서는 회의적이었으나. 이성적 활동으로서의 윤리학을 단념할 수는 없는 것으로 보았다.

나아가 우리가 어떤 주어진 상황에서 어떻게 행위 할 것인가를 배울 때 우리는 그 행위를 하나의 고립된 행위로서가 아니라 그와 동일한 상황에서 언제나 그렇게 하겠다는 원리로 동시에 배우게 된다.[185] 그렇기 때문에 결단 역시 단순히 고립된 하나의 행위의 결단이 아니라, 같은 상황에서는 언제나

184 Ibid., p.63.

185 Ibid., p.60.

그렇게 하겠다는 원리의 결단이다.[186] 주사위 던지듯 제 멋대로 하는 행동이 아니라, 적어도 숙고 과정을 통해 하나의 결단을 내린다면 거기엔 반드시 선택의 원리가 있는 것이며, 행동의 선택과 동시에 그 원리도 결단하고 있는 것이다. 결단이야말로 헤어가 윤리인식 긍정에의 길을 개척해나가는 데 있어서 매우 중요한 구실을 하는 것이라 할 수 있다.

그러나 여기서 간과해선 안 될 바는, 헤어의 논리가 어디까지나 대립된 도덕판단을 화해시킬 수 있는 현실적 가능성에 관한 논리라는 것이지, 도덕 원리의 절대적 타당성을 증명할 수 있다는 것은 아니라는 점이다.

윤리적 난점

헤어는 자신의 윤리 이론을 보편적 규정주의(universal prescriptivism)이라 부른다. 도덕적 판단이란 기본적으로 규정적 판단이고 그런 판단은 '보편화가 가능하다'는 점에서 다른 판단과 구별된다. 따라서 도덕적 판단의 합리성은 그것의 명령적 성격에 있는 것이 아니라 그것의 보편화 가능성에 있다는 것이다. 이것이 도덕판단의 근거이자 기초가 된다. 인간은 자유로운 행위자이므로 규범적 물음을 제기하고, 그 물음에서 제시된 도덕적 판단들이 행위 지침이 된다는 것이다. 그러나 문제는 보편화 가능한 규정적 원리가 전부 도덕적 원리가 아니라는 데 있다. 예를 들어 "독극물을 먹지마라. 그러면 생명을 잃을 수도 있다"와 같은 원리는 특정한 행동을 요구하기 때문에 규정적이며, 또한 그것의 지시내용이 모든 사람에게 적용될 수 있으므로 보편적이다. 그러나 그러한 보편화 가능한 규정적 원리를 도덕적 원리라 할 수는 없다. 적국의 기밀을 알아내기 위해 암약하던 첩보원이 체포되었을

186 Ibid..

때 예상되는 강제 자백의 상황을 예상하고 유독물질을 먹는 행위는 전혀 비도덕적으로 볼 수 없을 것이다. 따라서 도덕적 원리에 근거하는 것과 보편화 가능한 규정을 준수하는 것 사이에는 큰 차이가 있다는 점을 간과해서는 안 될 것이다. 도덕적 원리를 따르는 것은 어떤 환경에서라도 항상 그 원리를 필연적으로 따른다는 것을 의미하지는 않는다.

메타윤리학의 난점

지금까지 살펴본 바와 같이 메타윤리학은 그 본성상 오로지 윤리적인 언사와 도덕판단들의 의미를 분석하고 도덕적 논증들 사이의 논리적 관계를 규정하거나, 그런 관계가 없음을 규정하는 개념적인 작업을 그 주된 과제로 삼고 있다. 그리고 이런 작업을 통해 윤리적 내용의 애매성을 제거하려는 의도였다. 따라서 메타윤리는 어떤 윤리적 원리나 규칙, 규범들도 제시하지 않고, 우리가 어떻게 행위해야만 하는지, 어떤 삶을 살아야 하는지에 대한 규범적인 질문에 답하려는 어떠한 시도도 거부한다. 특히 비인지주의적 윤리는 도덕문제에 있어서 철저하게 가치중립적인 입장을 견지하고 있다. 이모티비즘 윤리는 논리실증주의적인 관점에서 가치상대주의 내지 가치회의주의를 주장하면서 윤리학은 하나의 학문으로 성립할 수 없다는 입장을 견지한다.

그러나 원래 윤리적 명제들은 확실한 사실을 지적하는 것이 아니고 사실적 내용에 의미를 부여하는 것이므로 윤리적 명제를 경험적인 사실 명제처럼 다룰 수는 없는 것이다. 사실 윤리적 명제들은 확실성을 검증하기 전에, 즉 확실성을 증명하는 것에 관계없이 보편성을 갖는 것이다. 가령 "도둑질은 나쁘다", "살인은 나쁘다" 등과 같은 언명은 직관적으로 보편적인 가치를 지닌 명제이며, 모든 사람이 그렇게 하도록 하는 것인 동시에, 그렇게 인식되는 것이다. 이런 점에서 비인지주의적 메타윤리는 그것의 명제와 개념의 분석에서 애매성을 노출하고 있다 하겠다.

특히 이모티비즘의 문제는 비록 이 입장이 참이라 해도, 위험한 결과를 낳기 쉽다는 것이다. 즉 만일 모든 사람이 "거짓말하는 것은 그르다"와 같은 언명이 그저 "거짓말? 우!"라고 말하는 것과 같은 의미라고 믿게 된다면, 사회질서는 무너지고 말 것이다. 도덕판단은 개인을 초월해 모든 사람에게 적용된다는 칸트식의 논리는 개인들이 일반적으로 도덕률을 지킬 좋은 이유를 제공한다. 그러나 만일 도덕판단을 내리는 것이 기껏해야 우리의 감정표현에 지나지 않는다면, 어떤 도덕판단을 내리는가는 전혀 중요하지 않게 된다. 그것이 느낌에 불과한 것이라면 "어린이를 학대하는 것은 옳다"고 주장할 수도 있기 때문이다. 이런 주장을 한다 해도 이런 판단에 대해 심각한 도덕적 논증을 시도할 수 없을 것인 바, 할 수 있는 것이라곤 기껏해야 그 문제에 대해 자신들의 도덕적 느낌을 표현하는 것에 불과할 것이기 때문이다. 따라서 이러한 메타윤리학은 전통적인 규범윤리학의 기반을 근본적으로 무너뜨리면서 현대사회에서의 윤리학의 위기를 더욱 심화시켰다 할 수 있으며, 이것이 오늘날 다시 '덕의 윤리'가 부활되는 계기가 되기도 했다.

4.4 덕 윤리

공동체적인 사회의 특징을 지닌 전통사회에서는 최대의 윤리인 덕 윤리가 강조되었고, 이익사회의 특징을 보이는 근현대사회에서는 최소의 도덕인 의무 윤리 내지 도덕법칙이 강조되고 있다. 사회구조에 따라 도덕(윤리)은 서로 다른 체계를 가진다. 사회구조의 변화와 더불어 변천된 덕 윤리의 모습은 다음과 같다. 즉, 혈연과 가계의 구조로 이루어졌고, 한 개인의 의무와 특권이 사회적 지위에 의해 결정되었던 고대 그리스 사회에서는, 개인들에게 요청되는 사회적 역할을 수행할 수 있는 능력으로서의 개인의 '탁월성'(arete)이 강조되었다. '덕'(arete: virtus)은 '힘'과 '탁월성'을 의미하였고[187], 대표적인 것은 '용기'와 '명예'였다. 그러나 소수의 영웅들이 그러한 덕들을 가지며, 일반인들이 가질 수 있는 덕들은 관심을 두지 않았다. 고대 그리스 사회에서는 혈연과 가계에서 폴리스로 덕 논의의 중심이 옮겨졌으며, 우정, 용기, 자기절제, 지혜, 정의 등의 덕이 강조되었다. 여기서는 특정한 사회적 역할 외에 행위와 정책의 정당성을 보장하는 척도로서나 최선의 삶의 모습을 구현하는 덕 개념이 강조되었다.

소크라테스는 시민들에게 덕의 본질을 질문함으로써 단순한 '탁월성' 내지 사회적 역할 수행 능력 이상의 덕 개념을 강조하였다. 그는 "성찰하지 않는 삶은 살 가치가 없다"면서 아테네의 관습적 신념에 물든 당대인들에게 도전했다. 덕을 가진 인간은 덕을 갖지 않은 인간보다 더 잘못될 수가 없다. 그래서 인간의 영혼이 최상의 상태에 있을 때, 즉 인간의 품성이 가지는 덕, 특히 정의가 갖추어졌을 때 인간은 행복해진다고 보았다. 인간은 모두 행복하기를 원하기 때문에, 덕이 있는 것이 무엇인지를 안다면 덕이 있는 것을 향하지 않을 수 없게 되는 것이다. 그래서 소크라테스는 인간의 영혼에서

---

187 덕(virtue, Tugend)이란 자신의 고유한 기능을 충분히 발휘한 상태를 말한다. 그리고 덕의 본래의 뜻은 우수하다, 능숙하다, 세련되었다는 내용인데, 이것은 헬라어 arete에서 유래한 것이다. arete란 사람들이 갖고 있는 것 중에서 자신만의 고유한 기능 혹은 우수성 및 능력을 말한다. Alasdair MacIntyre, *A Short History of Ethics* (New York: Macmillan, 1966), p.14
arete는 사람의 직업이나 성에 따라 달라지는데 가령 전체적인 측면에서 본다면 사람다움, 사람으로서의 특수성, 사람으로서의 능숙함을 갖춘 것이 된다. 그런데 직업이나 성별에서 본다면 군인다움, 정치인다움, 교사다움 혹은 남성다움, 여성다움, 아버지다움 등등이다. 환언하면 분류된 직업에 속하는 사람으로서 가장 본질적인 속성을 충실히 실천할 수 있는 상태를 덕이라고 한다. Ibid., p.18.

무지와 악을 지식과 덕으로 대체하면 인간은 행복해진다고 보았다.[188]

플라톤은 소크라테스를 따라 올바로 알아야 선을 실천할 수 있다고 본다. 구체적인 현실 상황에서 어떻게 행해야 옳은가는 보편적인 선의 원리에 의해서 결정될 수 있다. 이 말은 구체적인 상황에서 옳은 행동의 결정은 우연히 운 좋게 되는 것이 아니라 보편적인 선에서 그 근거를 갖는다는 것이다. 예컨대 진정으로 용기 있는 행위는 용기의 이데아, 즉 용기의 원리를 알아야 한다. 이것은 마치 우리가 원을 원이게끔 하는 본질을 알아야 감각적으로 경험하는 어떤 도형이 원인지 아닌지를 판단하는 올바른 지식(근거)이 성립하는 것과 같다. 이데아 인식을 통한 근거 파악은 이론지만이 아니라 실천지에도 적용된다.

그런데 인간의 실천적 욕구나 기능은 순수한 이성적 능력과 다르다. 플라톤은 『국가론』에서 인간의 영혼의 여러 기능을 밝힌다. 인간은 목마를 때 물을 마시고 싶고, 배고플 때 밥 먹고 싶다. 사람이면 누구나 이런 육체적 욕구(epithymia)를 갖는다. 그런데 사람은 자주 너무 많이 먹고 마시게 되어 절도를 잃기 쉽다. 이러한 무절제로 말미암아 인간은 육체적 쾌락에 빠지거나 이기적이고 비겁하게 된다. 그러나 사람한테는 이런 무절제와 이기심, 탐욕을 창피하게 여기고 웬만한 고통과 욕구를 참고 이겨내는 기개(thymia)를 추구하는 능력도 있다. 사람은 수치를 느낄 줄 알고 명예를 생각하기에 쾌락을 멀리할 수 있다. 그러나 사람이 지나치게 명예를 추구하다보면 정도를 벗어날 수도 있다. 기개적 능력은 인간의 무절제한 쾌락을 제어하는 기능을 하지만, 때로는 지나칠 수 있다. 따라서 기개가 자신의 기능과 역할을

---

188 Charles Young, "Moral Philosophy: Medieval and Renaissance", Maryanne Cline Horowitz(ed.), *New Dictionary of the History of Ideas*, vol. 4 (New York: Charles Scribner's Sons, 2005), p.1788,

제대로 수행하기 위해서는 이성적 능력이 개입되어야 한다. 이성(logiston)이 작용해서 기개가 빠지기 쉬운 지나친 명예욕도 막을 수 있으며, 기개가 지나치게 쾌락을 억제하는 것도 막을 수 있다. 이렇게 본다면 욕구 능력의 덕인 절제나, 기개의 덕인 용기 등도 오직 이성이 제 기능을 다할 때 갖춰질 수 있다. 각각의 기능이 이성의 통제에 따라 제 기능을 다하며, 그럴 때 인간은 올바른 길을 갈 수 있다.[189] 그리고 영혼의 세 기능인 욕구, 기개, 이성에 각기 필요한 덕이 절제, 용기, 지혜이다. 그리고 이를 총괄하는 덕이 정의이다. 이것이 소위 플라톤의 4주덕(主德)이다. 이러한 덕을 가지고 살아가면 인간은 행복해질 수 있다.

그리고 실천적 지혜(phronesis)를 획득하기 위해서는 반드시 실천을 통한 습관이 형성되어 있어야 한다. 실천적 지혜를 갖는다는 것은 실천이 이루어진다는 것이요, 곧 실천적 습관과 성향을 갖는다는 것이다. 그런데 실천적 습관이 어느 정도 있다고 해서 곧 실천지를 가질 수 있는 것은 아니다. 실천지를 위해서는 실천적 습관에 따른 실천 외에도 그러한 실천을 해야 하는 근거를 알아야 한다. 플라톤 역시 안다면 행하지 않을 수 없다고 말할 것이다. 제대로 알기만 한다면 실천의지가 부족해서 행하지 못했다는 말을 할 수 없다는 것이다.

선이 무엇인지 알 수 있고 선을 행할 수 있으려면 이데아 세계에 대한 이해가 먼저 있어야 한다. 그래서 플라톤에게 선이라는 것은 추상적인 숙고의 대상이다. 선이 숙고의 대상이 된다는 것은 선이란 개개인이 요구하거나 선호하는 것으로 결정되지 않는다는 것을 의미한다. 말하자면 선은 우주의 객관적인 양상으로 존재한다. 이처럼 선이 객관적으로 존재하는 것으로 여

---

189 플라톤, 조우현 역, 『국가』(서울: 삼성출판사, 1995), p.586~587.

겨지면 선은 지식의 대상이 된다.[190] 이데아 중에서 가장 고상한 최고 이데아는 선의 이데아다. 이는 신과 같은 것이다. 신과 합일됨으로써 인간은 최고의 주관적인 선을 가지는데, 이것이 행복이다. 이를 달성하는 수단은 영혼에서 적절한 조화를 갖는 것인데, 영혼의 여러 부분을 최고의 능력인 지성에 종속시킴으로써 조화를 이룰 수 있다. 이렇게 조화를 이룬다는 것은 인간을 신적인 합일에 참여하게 하는 것이다. 이렇게 합일됨으로써 인간은 행복해진다.

아리스토텔레스는 '형이상학적 생물학'에서 시작하여 덕의 개념을 정의하였다. 즉, 어떤 생물체의 선 내지 덕은 그것이 구성원으로 속해 있는 종의 목적을 달성하기 위해 독특한 능력이나 성향을 그 생물체가 유감없이 발휘하는 것이다. 인간의 경우도 마찬가지라 하겠다. 덕을 가진 사람은 좋은 삶을 사는 사람이며, 인간 종의 고유한 목적을 위해 능력과 성향을 성공적으로 실현하는 사람이다. 즉 이것은 인간의 삶의 목적(telos)을 말하는 것이며, 그는 이것을 '행복'(eudaimonia)라 불렀다. 이것은 '최선의 삶'을 의미한다. 그에게 덕은 인간 삶의 목적에 가능한 여러 수단 중의 하나가 아니라 그 목적의 필수적이고 중심적인 부분을 구성한다. 아리스토텔레스의 덕은 인간의 영혼이 지닌 이성적인 부분과 비이성적인 부분에 상응해 두 가지로 나타난다고 본 점에서 플라톤과는 차별성을 갖는다. 아리스토텔레스의 덕 윤리에 대해서는 다시 상론할 것이다.

고전 헬라시대와 달리 헬레니즘 시대의 철학은 행복이 인간의 궁극적인 목적이라는 데 동의했지만, 선이나 덕이 있는 것이 무엇인지를 추상적으로 설명하는 데 그치지 않고, 선한 삶을 영위하는 구체적인 방법을 제시하

190 Charles Young, "Moral Philosophy: Medieval and Renaissance", Ibid., p.1789.

려고 했다. 이에 스토아학파(Stoicism)는 '정념의 부재'(apatheia) 혹은 '정신적인 평정(부동심)'이라는 마음의 상태를 행복과 일치시켰다. 이러한 상태에 이르려면 인간은 욕구를 줄이고, 우주의 공정한 도덕질서를 이해하고 이에 부합되도록 자연에 따라 살아가야 한다. 우주의 모든 것은 법칙에 의해 통제되며, 인간의 최고선, 즉 행복은 보편적인 법칙에 자신의 행동을 순응시키는 것이기 때문이다. 즉 인간은 합리적인 존재로서, 인간의 본성을 표현하는 방식으로 살아야 한다.[191] 그러한 생활에 결정적인 것은 덕이다. 유쾌하거나 고통스럽거나 결과를 무시함으로써 덕이 나타난다. 이러한 덕에 대한 지식을 얻게 되면 우리는 냉정해지고, 빈곤, 고통, 그리고 나아가서는 노예상태나 죽음과 같은 악에도 무관심해진다. 인간은 외부의 변화에 대해 평정을 유지함으로써 운명의 부침에도 태연자약하고 행복한 삶을 영위할 수 있게 되는 것이다. 스토아학파의 특이한 점은 윤리적 행위에 의무 개념을 부각시켰다는 점이다. 우리가 옳은 행위를 한다고 할 때, 우연이나 경향성 때문에 행위를 하다가 객관적으로 올바른 일을 한 사람은 완전한 윤리적 행위를 한 것이 아니다. 당연히 그렇게 있어야 한다고 하는 관점에서, 즉 의무 그 자체를 위해서 특별힌 선을 행하는 사람이 완전한 윤리적 행위를 하는 사람이라고 본 것이다.[192]

헬레니즘 시대에 등장한 또 다른 사상이 에피쿠로스학파의 사상이다. 쾌락의 일차적인 형태는 육체의 감각적 쾌락(역동적 쾌락)이다. 그러나 이에 대비되는 수동적 쾌락은 고통을 수반하지 않는 쾌락인데, 참다운 우정-검소한 삶-철학적 담소 등의 지적인 쾌락이다. 행복하고 바람직한 삶을 영위

---

191 하기락, 『서양윤리사상사』(서울: 형설출판사, 1989), p.72.

192 Johannes Hirschberger, *Geschichte der Philosophie* (상), p.319.

하기 위해서는 역동적 쾌락보다는 수동적 쾌락을 추구해야 한다. 영속적인 쾌락을 추구했다는 의미에서, 그리고 고통이 없는 마음의 평정 상태(atarxia)에 이르러야 행복[193]이라고 여겼다는 의미에서 쾌락주의라고 할 수 있다. 마음의 평화와 자유를 얻기 위해 고통을 피하고 쾌락을 추구해야한다는 당위성을 내세운 점에서 그의 윤리를 쾌락주의 윤리로 규정할 수 있는 것이다.[194] 그러나 엄격한 의미에서 볼 때 쾌락주의라기보다는 일종의 고행주의라 하는 편이 옳을 것이다. 영속적인 바람직한 쾌락을 얻기 위해서는 지혜-용기-절제 등의 덕을 엄격히 갖추어야하기 때문이다.

고대의 윤리는 덕 있는 삶을 행복, 즉 최고의 선을 가지며 향유하는 것과 동일시하였다. 이에 반해 중세의 기독교 윤리적 관점에서는 덕 있는 삶은 근접할 수 있는 목적이며 인간에게 좋은 것이지만 궁극적인 목적이나 최고선은 아니다. 현세의 덕 있는 삶에 나타나는 행복은 고통과 슬픔을 동반하고 지상에서의 선을 박탈할 수도 있는 반면에 '완전한 행복'(beatitude)은 지상에서의 존재에게는 없고 내세에 있으며, 신, 즉 최고의 선과 일치함으로서 나타난다. 현세에서의 덕 있는 삶은 도덕적인 선으로서 인간으로 하여금 다음의 궁극적인 목적을 달성하도록 한다. 중세의 근간이 되는 기독교 윤리는 선 자체인 신에게 인간의 궁극적인 목표를 두었다.[195] 말하자면, 기독교를 통해서 그 자체가 선인 신을 만나서 믿는 것이 인간의 삶의 목적이

---

193 엄정식, 『지혜의 윤리학』(서울: 지학사, 1986), p.92.

194 프랑케나는 인간의 본능적 행위 속에서 누구나 쾌락을 추구한다는 사실을 이끌어내어 해명하는 것을 "심리적 쾌락주의"라 부른다. 이런 점에서 보면, 에피쿠로스학파의 윤리는 심리적 쾌락주의를 바탕으로 한 윤리적 쾌락주의라 볼 수 있다. W. Frankena, 『윤리학』, p.147~156 참조.

195 Jill Kraye, "Moral Philosophy: Medieval and Renaissance", Maryanne Cline Horowitz (ed.), *New Dictionary of the History of Ideas*, vol. 4 (New York: Charles Scribner's Sons, 2005), p.1790.

되었다. 기독교윤리의 과제는 현세의 선이나 행복과 내세의 선이나 행복의 관계를 설정하는 것이었다. 말하자면, 교회의 입장에서는 덕보다 큰 보상, 즉 내세에서의 행복을 고대하면서 추구하는 것일 수밖에 없었다. 결국 중세에는 행복에 대한 논의를 신적인 것에 근접하는 것과 연관되었다.

그러나 헬라의 고전윤리와 중세 기독교윤리 사이의 차이에도, 중세의 윤리는 그 기본적인 토대를 하나는 플라톤의 형이상학적 관념과 아리스토텔레스의 목적론적 관념에 두고 있다. 플라톤은 선이 인간의 지식을 통해 접근할 수 있는 대상이기는 하지만, 현세의 일상적인 경험과는 거리가 먼 것이라고 보았다. 선에 대한 아우구스티누스의 관념은 선이 존재에 앞선다는 플라톤의 개념에 근거를 두고 있다. 경우에 따라서는 선과 신의 존재는 근본적으로 동일하다고 보았다. 그는 플라톤의 4주덕과 더불어 신학적인 덕인 믿음, 소망, 사랑을 덕으로 삼았다. 다른 한편으로 아퀴나스는 행복으로서의 선이라는 아리스토텔레스의 관념과 존재와 선은 객관적으로 하나라는 아리스토텔레스의 원칙을 받아들였다. 아리스토텔레스는 인간의 최고선은 현세의 삶에서 철학적인 관조로써 이루어지는 행복이라고 밝혔다. 그런데 이 주장은 인간의 궁극적인 최고 목표는 내세의 축복에서 얻을 수 있다는 기독교적 신념과 어긋난다. 그래서 이 문제를 해결하기 위해 아퀴나스는 아리스토텔레스가 논하는 주제는 '불완전한 행복', 즉 현세에서 인간의 힘으로 달성할 수 있는 자연적인 상태이며, 반면에 '완전한 행복' 혹은 지복은 은총을 통해 내세에서 달성할 수 있는 초자연적인 상태라는 입장을 취하게 되었다. 그는 도덕철학의 영역으로 아리스토텔레스가 기술하고 있는 인간의 본성에 의해 얻게 되는 덕을 통해 인간이 성취할 수 있는 제한적인 행복을 검토했다. 다른 한편, 신성으로 주입된 덕에 의해 나타나는 무제한적인 천상의 지복은 신학의 소관이라고 보았다.[196] 아퀴나스는 이렇게 제한적인 인간의 행복과 무제한적인 천상의 지복을 분리시켰지만, 궁극적인 선은 인간으로서의 육체적, 사회적, 지적 목적만이 아니라 정신적 목적까지도 지닌 것이라고 보았다. 그래서 플라톤적인 관념과 달리 아퀴나스의 관념에서는 세속의 선과 초세속의 선이 보완적인 것으로 여겨지고, 정신적인 선이 자연에 대립하는 것이라기보다는 자연을 완결시키거나 완전하게 하는 것으로 여겼다.[197]

그러나 근대에 와서 의무론적 윤리나 법칙론적 윤리 또는 공리주의에 그 주도권을 내어주게 된 덕 윤리가, 20세기에 들어 다시 부상하는 사태를 맞고 있다. 덕 윤리의 재등장은 칸트 의무론이나 공리주의 같은 이론에 대한 비판과 맥을 같이하는 것이 사실이다. 이제 현대사회에서 새롭게 부활하고 있는 덕 윤리에 대한 심층적 이해를 위해 덕 윤리의 대변자인 아리스토텔레스, 덕 윤리의 부활을 주도했던 매킨타이어, 기독교 덕 윤리를 대표하는 하우어와스 그리고 길리건의 배려윤리에 대해 살펴보고자 한다.

4.4.1 아리스토텔레스의 덕 윤리

지적인 덕과 도덕적인 덕

아리스토텔레스는 덕을 지적인 덕과 도덕적인 덕으로 구별한다. 지적인 덕은 논증의 탁월성이다. 도덕적인 덕은 영혼의 비이성적인 부분의 탁월성인데, 이는 훈련을 하고 습관을 들여야 나타난다. 인간은 그 본성으로는 선하지도 않고 악하지도 않다. 선하거나 악한 습관을 가짐으로써 선하거나

---

196 Ibid., p.1790.

197 James Montmarquet, "Good", Maryanne Cline Horowitz (ed.), *New Dictionary of the History of Ideas*, vol. 3 (New York: Charles Scribner's Sons, 2005), p.953.

악하게 된다. 인간의 품성이라는 것은 그의 습관이 합쳐진 것이다.[198]

따라서 지적인 덕은 영혼이 이성적인 덕을 적절하게 수행하는 것, 즉 진리의 달성을 전제로 한다. 아리스토텔레스는 지적인 덕으로 다섯 가지를 열거한다. 기예(art), 과학적(체계적) 지식, 실천적 지혜, 철학적 지혜, 직관적 이성이 그것이다. 과학적 지식, 철학적 지혜, 직관적 이성은 그가 말하는 이성의 과학적 기능과 연관되는데, '이론적 지식', 즉 앎 그 자체를 위해 아는 것과 관련 있다. 사물을 만드는 것과 연관되는 기예와 올바른 행동과 연관되는 실천적 지혜는 이성의 신중함 기능과 관련이 있다. 다섯 가지 지적인 덕은 보다 근본적인 세 가지로 분류될 수 있는데, 이는 앎 그 자체를 위해 아는 것, 만드는 것, 행하는 것이다. 앎 자체로서 아는 것은 변하지 않는 것을 포함한다. 만들고 행하는 능력은 변하는 것과 관련되며, 행하는 것은 행동의 올바른 규칙에 대한 지식과 특정한 경우에 그 규칙을 적용하는 능력을 전제로 한다.[199]

도덕적인 덕은 결국 성품(character)의 상태이다. 이는 훈련과 습관에 달려 있다. 그러나 거기에는 선택이 게재된다. 숙고하는 것이 포함되어 있기 때문이다. 그렇다면 도덕적으로 덕 있는 사람은 습관적으로 올바른 행동을 선택하는 사람이다. 덕 윤리에서 습관이 강조되는 이유는, 인간이 선해질 수도 악해질 수도 있는 존재이기 때문이다. 즉, 인간됨은 타고난 본성에 따라 결정되는 것이 아니라 행동을 통해 형성된다. 그러므로 인간은 덕을 가지기 위해 평생을 두고 인간으로서의 목적을 달성하게 하는 행동, 즉 선한 행동을 해야 하고, 그렇게 하기 위해서는 그런 행동을 하는 것이 습관화되

---

198 아리스토텔레스, 최명관 역, 『니코마코스윤리학』(서울: 서광사, 1996), NE, 1102a5_1103b26.

199 NE, 1139a4-1141a19.

도록 노력해야 한다. '제비 한 마리가 왔다고 해서 봄이 왔다고 말할 수 없다.'는 말은 선한 일을 한 번 했다고 선한 사람, 즉 덕을 갖춘 사람이 되는 것이 아니라, 평생을 두고 선한 일을 지속해야만 선한 인간, 덕스러운 인간이 된다는 의미이다. 요컨대 인간은 습관을 통해 탁월한 성품을 갖게 되거나 열등한 품성을 갖게 되는 것이다. 이것은 선한 것이 무엇인지 알면 선한 일을 하게 되어 선한 사람이 되는 것이 아니라, 선한 일을 알고 행하는 차원을 넘어 부단하게 선한 일을 행해야 선한 사람이 된다는 의미다.[200] 결국 아리스토텔레스는 선이 경험적인 내용에 상응하는 것이라고 본 것이다. 덕은 인간에게 내재하는 것이 아니라, 스스로 계발해야 하는 일종의 능력 같은 것이다. 인간이 덕이 있고 존경받는다면, 그가 좋은 습관을 가지게 되었기 때문에, 그리고 균형 잡힌 삶을 모색했기 때문이다.

아리스토텔레스는 어떤 원칙을 지적으로 파악하는 데 두 가지 방식이 있다고 보았다. 과학적이거나 사변적인 방법은 변하지 않는 것에 적합하며, 반면에 변하는 것에는 숙고나 사려(신중)함의 방식이 적합하다. 전자의 이성은 진리를 목표로 하는 데 반해 후자의 이성은 올바른 욕구와 부합한다. 지적으로 파악하는 것은 도덕적 선택에서 큰 역할을 한다. 사변적 이성을 통해 진리를 파악하고, 숙고적이며 실천적인 이성을 통해 진리를 욕구와 일치시켜서 선택해 행동한다. 아는 것으로 갖게 되는 지적인 덕은 행함으로써 갖게 되는 도덕적인 덕과 직결되지 않는다. 그래서 아는 것을 행하게 하는 데 필요한 것은 아는 것을 행하도록 습관화하는 것이다. 즉, 인간은 습관화를 통해 자신이 가진 감정과 욕구를 이성과 조화시켜 절제할 수 있다. 그렇다면 인간은 아는 것만으로 아는 것을 행하게 되는 것이 아니라, 아는 것을

200 NE, 1103a.

행하는 행동을 반복해 습관으로 만들어야만 아는 것을 행하게 되는 것이다. 이렇게 하여 감정이나 욕구가 이성과 조화를 이루게 되면, 즉 완전한 덕이 갖추어지게 되면, 행위자는 내적 갈등 없이 올바른 것을 행하게 된다.

행복

아리스토텔레스에 의하면, 궁극적 목적은 지고의 선이다. 즉 지고의 선은 그 자체로서 항상 바람직한 것이며, 결코 다른 어떤 것을 위한 수단이 아니다.[201] 행복이 지고의 선이며 궁극적인 목적이다. 오늘날에는 행복을 일반적으로 쾌락으로 이해한다. 즉, 감정의 주체에 의해 가장 정확하게 규정되는 감정 상태가 행복이다. 이런 점에서 행복은 주관적이며 지속시간이 짧다. 그런데 궁극적인 선으로서 최고의 목적이 되는 행복(eudaimonia)은 일반적으로 행복(happiness)라고 번역되지만, 그 의미와 범위가 다르다. eudaimonia는 완전하며 자급자족적이며 선택할 가치가 가장 높은 것이다. 일시적이며 주관적이고 감각적인 상태에 적용되는 것이 아니라 삶 전체에 적용되며, 삶의 계획처럼 기능을 한다.

우리가 그 자체를 위해 욕구하는 어떤 것이 목적을 가진다면, 그것이 바로 지고의 선이다. 말하자면, 인간에게 선한 것은 그 자체로서 인간이 바람직하다고 생각하는 것이다. 그래서 일단 선한 것을 갖게 되면 인간은 더 이

---

201 아리스토텔레스는 '본질적인 선'(intrinsical good)과 '도구적인 선'(instrumental good)을 구별했다. 전자는 그 자체로서 본질적으로 선한 것이며, 후자는 다른 어떤 목적에 대한 수단으로서 선한 것이다. 예를 들면, 공리주의자들에게는 쾌락이 유일하게 본질적인 선이다. 그래서 그들에게는 다른 것들, 예를 들어 돈, 건강 같은 것뿐만 아니라 정직, 관대, 성실 같은 덕도 쾌락을 달성한다는, 목적에 대한 수단으로서의 선일 따름이다. 반면 아리스토텔레스에 의하면 덕은 행복이라는 최고 목적을 달성하는 수단이기도 하지만, 그 자체로서 지고선의 부분이며, 그러한 만큼 그 자체로도 목적이다. James Montmarquet, "Good", p.952.

상의 것을 요구하지 않는다. 행복은 궁극적이며 자족적인 것이다. 인간은 행복 이상의 것을 요구하지 않으며, 일단 행복을 가지면 인간은 더 이상의 것을 욕구하지 않기 때문이다. 그러므로 행복은 이 세상에서 최고의 선이며, 가장 고상하고 즐거운 것이다. 그러므로 행복이 인간의 선이 되어야 한다.

중용의 덕

행복의 본질을 더 구체적으로 규명하기 위해서는 인간의 기능을 알아야 한다. 인간의 기능은 합리적인 원칙을 따르거나 그 원칙을 함축하는 영혼의 활동이다. 그러므로 선한 인간의 기능은 덕에 부합하는 영혼의 활동이다. 앞에서 본 것처럼 아리스토텔레스는 두 가지 덕을 구별하는데, 철학적 지혜, 이해, 실천적 지혜를 '지적인 덕'으로, 그리고 관대한 것과 절제를 '도덕적인 덕'으로 본다. 아리스토텔레스에게 행복은 수학, 자연 철학 등 영원한 진리를 숙고하는 데서 우선적으로 이루어진다. 그러나 삶을 영위하는 데 나타나는 실천적 지혜(phronesis)는 아리스토텔레스에게 별개의 지적인 덕이며, 인간 품성이 가지는 덕은 이와 밀접하게 연관되어 있는 것으로, 행동, 욕구, 감정의 내화된 성향이다.[202]

인간을 선하게 하고 행동을 잘하게 하는 성품의 상태가 덕이다. 더군다나 덕은 선택과 관계되는데, 올바른 선택은 이성에 의해 결정된다. 이성이 영혼의 욕구적인 부분을 통제하며, 이성적인 원칙 그 자체를 통제하기 때문이다. 그런데 욕구적인 부분을 통제하는 것이 도덕적인 덕을 행사하는 것이며, 지적인 덕은 이성적인 원칙을 통제하는 것이다.

도덕적으로 덕 있는 행동은 행동을 하는 사람에게 상대적인 양극단, 즉

---

202 Bernard Williams, *Ethics and the Limits of Philosophy* (Cambridge: Cambridge University of Press, 1985), p.35~36.

지나친 것과 결핍된 것 사이의 중앙에 있다. 지나친 것과 결핍된 것은 악이다. 덕은 일종의 중간이다. 덕은 중앙에 있는 것을 목표로 하기 때문이다. 이 중앙이 무엇인지는 실천적 지혜가 있는 사람이 적용하고자 하는 규칙에 의해 결정된다. 아리스토텔레스는 육체의 강함이나 건강이 음식물의 지나친 섭취나 너무 적은 섭취, 너무 과한 운동이나 너무 적은 운동량에서 오는 것이 아니듯, 덕에 대해서도 적용시키고 있다. 용기의 덕은 비겁과 만용(무모함)의 중용이며, 절제는 쾌락을 무절제하게 탐닉하는 방탕과 모든 쾌락을 피하려는 무감각의 중용(mesotes)이다.[203]

본래 중용은 수학적인 중간 혹은 중심을 의미했으나, 아리스토텔레스가 사용하는 중용의 의미는 너무 지나치지도 않고 너무 모자라지도 않는 상태(medan agan)를 의미한다. 그러나 이러한 상태란 사람마다 서로 다르고 환경과 처지에 따라 차이가 있을 수밖에 없다. 그러므로 윤리적인 차원에서의 중용은 절대적 중간의 의미의 중용이 아니라 어떠한 상황에서 어떠한 역할을 누가 수행하느냐에 따라 달라질 수밖에 없는 상대적 중용을 의미한다.[204] 이러한 중용이 아리스토텔레스가 제시하는 행위의 지침으로서의 중용의 원칙이다. 이러한 중용의 원칙은 그때 그 상황에서 가장 알맞은 '필요한 적도(suitableness)'를 의미한다. 이 같은 적도를 알기 위해서는 실천적 지혜가 뒤따라야 하는 것이다.

도덕적인 덕과 실천적인 지혜는 다르게 규정되지만, 사실에 있어서는 같은 것이다. 도덕적으로 덕을 가진 이는 선한 것을 하는 사람이다. 반면에 실천적인 지혜를 가진 이는 선한 행동이 무엇인지를 아는 사람이다. 선한

---

203 NE, 1104a15-25.

204 최재희, 『서양윤리사상사』(서울: 서울대출판부, 1984), p.54 참조.

행동을 하기 위해서, 말하자면 도덕적으로 덕을 가지기 위해 인간은 선을 알아야 하며, 그래서 실천적인 지혜를 가져야 한다. 따라서 도덕적인 덕을 가진 이와 실천적인 지혜를 가진 이는 실제로는 분리될 수 없다. 역으로 말하면, 실천적인 지혜는 좋은 판단을 내리는 사람이며, 좋은 판단은 올바른 선택을 하는 사람에게서, 즉 도덕적으로 덕을 가진 사람에게서 발견된다.[205] 결국 아리스토텔레스에게 '중용을 선택하는 성품'이 덕이고, 이 선택은 바로 실천적 지혜가 숙고한 결과이다.

고전적 덕 윤리의 난점

덕을 탁월성이라고 할 때 '탁월하다'는 말은 명백한 개념이 아니다. 덕은 탁월한 성품인 도덕적 덕과 탁월한 이성인 지적 덕이 불가분의 관계를 가지고 있는 그 어떤 것이라고 하지만, 그것이 무엇인지는 막연하다. 덕이라는 개념을 떠올리는 순간 분명한 정의보다는 덕의 목록이 떠오르게 된다. 그런데 덕목들은 너무 다양하고, 시대에 따라 강조되는 덕목들이 다르기도 하다. 그리고 어떤 유형의 행위, 욕구, 느낌을 덕으로 간주할지를 확립하는 것도 어려운 일에 해당한다. 한 인간이 행복하게 살기 위해 필요한 것이 덕이라고 하지만, 중용, 정직, 용기, 절제, 관용, 충성 등의 덕의 목록이 어떤 근거에서 덕으로 지명되었는지 명확하지가 않다.

그리고 시대적, 사회적으로 전통이 변함에 따라 덕의 목록이 달라지는 것을 알 수 있다. 예를 들어 호머 시대에서 덕은 장군-가장-주인 등이 그 사회적 역할을 수행하기 위한 의무로 주어지고, 그 사회에 적합한 영적 덕의 목록이 사람들에게 의무로서 명령을 내리게 된다. 아리스토텔레스 시대는

---

205 NE, 1104b4-1108b18.

그 사회적 배경이 폴리스이며 그에 적합한 덕의 목록은 특정한 사회적 역할이 아니라 보편적 인간의 본성을 두고 작성된다. 지혜-절제-정의와 같은 덕의 목록은 행복이라는 추상적 목표를 달성하기 위한 인간의 성품이다. 서양의 중세는 기독교적 세계관이 배경적 형이상학을 이루므로 아리스토텔레스의 인간적 덕의 목록과 별도로 신학적 덕이 목록에 추가되어 믿음-소망-사랑이 기본적 덕으로 꼽히게 된다.

이렇게 덕의 목록이 변화한다는 것은 이전에는 특수한 전통에서 덕이었던 것이 다른 전통에서는 더 이상 덕이 아니게 되거나, 반대로 과거에는 덕이 아니었던 것이 새로운 전통에서는 덕의 목록에 올라올 수 있음을 말하는 것이다. 실제로 겸손이라는 기독교적 덕은 아리스토텔레스의 덕의 목록에 없을 뿐만 아니라 오히려 악덕에 해당한다. 용서와 인내의 덕도 이와 마찬가지다.

그리고 이론가들마다 덕의 목록이 일치하지 않는다는 점에서도 논란이 있다. 위험한 것은 덕 윤리의 이론가들이 단순히 자신들의 편견에 따라 선호하는 삶의 방식을 덕으로 자신들이 싫어하는 활동들을 악덕으로 재정의할 수 있다는데 있다. 고전음악에 탐닉한 음악 애호가는 고전음악을 사랑하는 성품을 갖추는 것을 덕이라 말할지 모른다. 금욕주의자는 금주와 금연이 덕이라고 여길 것이며, 근본주의적 신앙에 세뇌된 사람은 성서를 문자적으로 해석하고 믿는 것을 최고의 덕으로 여길 것이다. 더 나아가 덕의 윤리를 신봉하는 자가 자신이 속한 사회에서 통상적으로 덕으로 간주되는 행위, 욕구, 느낌의 방식들만을 덕으로 받아들인다면, 이 이론은 본질적으로, 적어도 도덕적인 면에서는 사회를 개혁시킬 능력이 없는 수구적인 이론이 되고 말 것이다.

4.4.2 매킨타이어의 덕 윤리

매킨타이어(Alasdair MacIntyre)의 눈에는 칸트주의나 공리주의와 같은 서구를 대표하는 근대윤리가 우정이나 사랑과 같은 고귀한 인간관계를 제대로 다루지 못하고 있는 것으로 비춰진다. 칸트주의나 공리주의는 모든 사람을 평등하게 보는 공정한 이론이라고 하지만, 일상에서는 공정하게 행동하지 않는 것이 현실이다. 어느 누구보다 부모, 자녀, 형제, 친구처럼 가까운 사람들에게 더 많은 신경을 기울인다. 그들을 배려하고, 그들과 사랑과 믿음의 관계를 쌓아가는 것이 삶에서는 매우 의미있는 가치를 지닌다. 이러한 가치에 대해 칸트주의나 공리주의가 무관심했던 것이다. 또한 그러한 이론들은 인간의 정서에 대해서도 역시 무관심했다. 인간의 정서는 불합리의 근원이며 투철한 도덕적 사고에 장애가 되는 것으로 여겼던 것이다. 그러나 덕에 관심하는 윤리는 옳은 정서에 바탕을 둔 동기가 때로는 옳은 행위를 이끌어 내는 데 필수적이란 사실을 지적한다. 아프리카의 난민 구호에 기부하는 행위가 최선의 결과를 고려하거나 도덕원칙에 대한 의무에서 비롯된 것이 아니라 힘든 삶을 살아가는 그들에 대한 강렬한 연민과 배려심에서 기인했다는 점이 하등하게 취급되어야 할 이유가 전혀 없다는 것이다. 즉 의무론이나 공리주의를 비롯한 기존의 윤리이론에 대해 불만에서 덕 윤리가 태동한 것이다.

덕 윤리의 정당성을 심도 있게 논구한 매킨타이어의 주장을 살펴보자. 그에 따르면, 덕 윤리를 수용하기 힘든 다원주의적이고 개인주의적인 사회구조를 가진 현대사회에서 다시 덕 윤리가 요청되는 이유는 '계몽주의 도덕의 실패'에서 기인한 것이라는 점이다. 계몽주의 도덕철학의 실패는 한마디로 말해 '목적론의 상실'이다. 아리스토텔레스의 목적론적 도식에서는 '현존하는 인간'(man as he is)과 '존재할 가능성으로서의 인간'(man as he could be)을 구분한다. 그 둘 사이의 간격을 메우는 것이 도덕철학의 역할이다. 다시 말해, 자신의 목적이 무엇이며 그 목적을 달성하는 방법은 무엇인지를 이해하여 존재하는 인간이 존재할 가능성이 있는 인간이 될 수 있게 하는 것이다. 그런데 근대 이후의 도덕철학자들은 인간 본성에 관한 목적론적 관점을 배격했다는 것이다. 이것은 인간은 자신의 목적을 정의할 수 있는 본질을 가지고 있다는 인간관을 거부함을 의미한다. 기독교와 아리스토텔레스를 거부한 근대 도덕철학은 '존재할 가능성이 있는 인간', 즉 '목적을 실현하면 가능한 인간'의 관념을 제거하면서, 존재에서 당위를 도출할 수 없다는 원리에 충실하였다는 것이다. 결국, 목적을 상실한 채 현존하는 인간 본성에서 도덕적 내용을 찾으려는 시도는 당연히 성공할 수 없었던 것이다.[206] 그런데 매킨타이어는 계몽주의의 도덕적 실패가 현대사회의 이모티비즘으로 귀결된다고 주장한다.

> 이모티비즘은 모든 도덕적 판단이 선호의 표현들, 태도 및 감정의 표현들과 다를 바 없다는 학설이다. 사실판단은 그 진위에 관한 의견 일치를 가능하게 하는 합리적 기준이 있지만, 가치판단의 경우 그러한 기준이 존재하지 않는다. 따라서 가치판단은 항상 주관적인 판단일 수밖에 없다. 이모티비즘이 옳다면 모든 도덕적 불일치가 합리적으로 무한하다.[207]

매킨타이어에 의하면, 도덕적 표현의 의미에 관한 이론으로서 실패한 이모티비즘은 아직도 완전히 죽지 않고 현대사회에서 사회적 문화적 의미들을 함축하고 있다.[208] 그는 심미주의자(Aesthete), 경영자(Manager), 치료사

---

206 Alasdair MacIntyre, *After Virtue*, 이진우 역, 『덕의 상실』(서울: 문예출판사, 1997), p.93.

207 Ibid., p.32.

208 Ibid., p.44.

(Therapist)라는 상징적인 세 인물을 통해 현대사회의 이모티비즘 문화를 설명한다. 심미주의자는 사회를 오직 자기 자신의 태도와 선호 체계를 가진 개인 의지들이 만나는 장소로밖에 보지 않는 사람들, 이 세계를 오직 자신들의 욕구를 충족시키기 위한 경쟁의 무대로 이해하는 사람들, 또 현실을 그들이 즐길 수 있는 쾌락의 기회의 연속으로 해석하는 까닭에 권태를 최대의 적으로 간주하는 사람들이다. 그들은 도덕적 모범과는 어울리지 않는 성격이며 점증하는 향락주의적 문화에서 쉽게 발견될 수 있는 인물들이다. 경영자는 조직이 보유하고 있는 인적 물적 가용 자원들을 목표를 위해 가능한 한 효율적으로 관리하고 조정한다. 모든 관료제적 조직은 어떤 형태로든 비용과 이익에 관한 명시적 또는 함축적 정의를 구현한다. 이 정의로부터 효율성의 기준이 도출된다. 관료제적 합리성은 수단과 목적을 경제적이고 효율적으로 결합시키는 합리성이다. 관료제적 조직 속에서의 경영자라는 인물은 이모티비즘이 구현하는 분열들을 함축하고 있다. 목표에 관한 물음들은 가치에 관한 물음들이며 이성은 가치에 관한 물음들에 침묵한다. 가치 갈등은 합리적으로 해결될 수 없다. 그것은 간단하게 선택될 문제다. 모든 신념들과 평가들은 비합리적인 것이며, 모든 것은 정서와 감정에 주어진 주관적 지침들이다. 치료사 역시 목표를 주어진 것으로서 자신의 지평 바깥에 놓인 것으로 생각한다. 그의 관심 또한 기술, 즉 신경증 징후를 통제된 에너지로 그리고 적응하지 못한 개인들을 잘 적응하는 개인들로 전환시키는 효율성에 있다. 경영자나 치료사나 모두 경영자와 치료사로서의 자신들의 역할들 속에서는 도덕적 논쟁에 참여하지도 않고 또 참여할 수도 없다. 그들은 자신들에 의해 그리고 그들을 자신들과 똑같은 시각으로 바라보는 사람들에 의해 논의의 여지가 없는 인물들로 관찰된다. 매킨타이어는 세 가지 인물들에 대한 설명을 통해 현대사회가 효율성(심미주의자의 경우는 쾌락에 의해 규정되는 효율성, 경

영자의 경우는 경제적 효율성, 치료사의 경우는 치료적 효율성)이 각각의 영역에서 행동을 조작하고 통제하는 유일한 권위를 행사하고 있음을 지적한다.[209]

효율성이 지배하는 현대사회는 가치의 영역과 사실의 영역이 엄격하게 구분된다. 도덕(가치)의 영역에서는 개인들에게 자유롭고 자의적인 선택들이 주권적 역할을 하는 삶의 양식이 주어지고, 효율성이 지배적 권위를 행사하는 사실의 영역에서는 관료제적 조직이 너무나 주권적이어서 자유로운 선택을 제한당하는 삶의 양식이 주어진다. 이런 두 가지 삶의 양식들은 장기적으로 지탱하기 힘들다. 그래서 현대사회는 관료제적 집단주의와 자유주의적 개인주의가 동지가 되기도 하고 적이 되기도 하는 사회다. 매킨타이어의 주장은, 관료주의와 이모티비즘(개인주의)이 불안하게 공존하는 현대사회에 어울리는 의무론적 도덕철학의 문제점들을 극복하기 위한 대안은 덕윤리의 부활이며, 그것이 어울리는 사회구조는 소규모 공동체라는 것이다.

이모티비즘적 현대사회에서 어떤 행위규범이나 규칙을 수립한다는 것은 매우 어려운 일이며, 더욱이 도덕적 의무로 규정되어 있지 않지만 도덕적으로 바람직한 일들이 다양하다. 예를 들어, 길을 물어보는 사람에게 반드시 길을 가르쳐줄 의무나 규칙은 없지만, 대부분의 사람들은 길을 가르쳐주는 것이 옳은 일이며, 인간으로서 해야할 일이라고 생각할 것이다. 그것은 도덕적 의무로 요구된 것이 아니고 해야할 필연성도 없고 규칙도 아니지만, 도덕적으로 바람직한 행위인 것이다. 그래서 의무는 아니지만 도덕적으로 바람직한 행위를 나타낼 또 하나의 범주가 필요하게 된 것이다. 그것이 바로 덕인 것이다.

근대이후의 행위 윤리가 "나는 무엇을 해야 하는가?"라고 물었다면, 덕

---

209 Ibid.

윤리에서는 "나는 누구여야 하는가?"를 묻는다. 물론 행위와 인격 사이에는 밀접한 관계가 있다. 그리고 고전적인 덕 윤리나 근현대적 행위윤리 모두 인격과 행위의 통합성을 강조하고 있다. 그러나 그 통합성에 접근하는 길은 서로 그 방향이 다르다. 행위 윤리는 일정한 행위들의 반복적 수행을 통한 인격의 형성에 관심을 둔다면, 덕 윤리는 인격이나 성품, 즉 덕의 형성에서 출발하여 행위 수행을 거의 자동적인 현상으로 생각한다. 다시 말하면, 분명히 존재양식과 행위양식 사이에는 밀접한 관계가 있다. 어떤 사람도 단순히 어떤 존재 혹은 어떤 유형의 사람일 수는 없다. 그가 어떤 행위들을 함으로써 어떤 유형의 사람이 될 수 있다는 것이다. 그의 존재유형 내지 성품은 그가 행하는 행위들에 의해 형성된다는 것이다. 도덕적인 행위의 반복적 수행을 통해 도덕적인 성품이나 덕이 형성된다는 것이다. 덕 윤리는 인격이나 성격 특성으로서의 덕의 형성에 행위의 반복적 수행이 중요함을 충분히 인정한다. 그러나 행위 윤리는 행위 자체에 관심을 집중시킨 나머지 인격이나 덕의 형성에는 별 관심을 두지 않는다. 행위 윤리는 단지 사람들이 해야 하거나 하지 말아야 하는 것, 즉 행위 원칙이나 규칙만 강조하면서 어떤 원칙과 규칙이 바람직한 것이냐에 관심을 모은다는 것이다.

4.4.3 하우어와스의 덕 윤리

하우어와스(S. Hauerwas)는 덕의 윤리와 성품 윤리를 개발하기 위해 아리스토텔레스와 아퀴나스를 집중적으로 연구했고, 요더(John Yoder)를 연구하여 기독교윤리학의 패러다임으로서의 예수, 제자도의 대안적 공동체로서의 교회, 그리스도인의 삶의 표지로서의 비폭력 사상에 집중하였다.[210] 하우어와스는 교회가 진실하고 평화로운 공동체가 되어야만 성서의 예수를 바로 이해할 수 있다고 보았다. 말하자면 예수처럼 살아야 예수에 대한 바른 이해가 따라올 수 있다는 것이다. 행하는 것만큼 알게 된다는 셈이다. 예수 이야기에 의해 성품과 정체성이 형성된 공동체가 교회이고 그 공동체가 전하는 예수 이야기에 의해 결정된 윤리를 실천하는 자가 그리스도인이다. 이것은 하우어와스의 아타나시우스 인용에서 잘 읽을 수 있다.

> 성서를 연구하고 제대로 이해하기 위해서는, 선한 삶과 순결한 영혼이 필요하다. 인간의 본성이 할 수 있는 한 최선을 다해, 기독교적인 덕이 마음을 인도하여 신의 말씀에 관한 진리를 파악할 수 있게 할 필요가 있다. 순결한 마음을 소유하여 성자들의 삶을 본받으려 하지 않는 한 성자들의 가르침을 이해할 수 없을 것이다… 성스러운 그리스도인들의 마음을 이해하기 원하는 사람이라면 누구든지 우선 자신의 삶을 정결케 하고 그들의 행위를 모방함으로써 성자들에게 다가가야 한다.[211]

하우어와스는 아타나시우스의 논리를 연장해서 해석 공동체인 교회의 성품에 적용했다. 교회의 가장 중요한 과제는 성서에서 발견하는 신의 이야기를 들을 능력을 갖추고 그 이야기에 충실한 방식으로 살아가는 공동체가 되는 것이다. 성품 형성의 공동체인 교회의 맥락 밖에서 일어나는 성서읽기는, 교회 정치와는 전혀 다른 정치 이데올로기를 뒷받침할 뿐이다. 달리 말해 예수의 성품 형성이 이루어지지 않은 상태에서는 반드시 삶의 왜곡이 일어날

---

210 S. Hauerwas, *Character and the Christian Life*, Richard Hays, *The moral vision of the New Testament: community, cross, new creation-a contemporary introduction to New Testament ethics*, 유승원 역, 『신약의 윤리적 비전』(서울: IVP, 2002), p.395에서 재인용.

211 S. Hauerwas, *A Community of Character: Toward a Contructive Christian Social Ethic*, 36. Richard Hays, 『신약의 윤리적 비전』, p.396에서 재인용.

수밖에 없다는 것이다. 그래서 어쩌면 성서지상주의자들이 오히려 천박한 이기주의, 탐욕주의, 폭력주의의 주체가 되는 경우가 발생하는 지도 모른다.

결국 신의 의지를 올바로 알기 위해서는 성서를 읽어야 할 것인데, 성서의 의미를 올바로 깨닫기 위해서는 공동체에서 도덕적으로 삶의 모범을 보이는 덕스러운 사람(성도)들을 주목하고 그들의 삶을 배우지 않으면 안 된다는 것이다. 그래야 예수 이야기를 전달할 능력을 갖춘 성품의 소유자가 될 수 있는 것이다.[212] "예수의 제자가 된다는 것은 새로운 공동체, 즉 예수의 십자가 순종에 의지하는 새로운 정치 구조의 일부분이 되는 것이다."[213]

하우어와스에 의하면, 공동체에서 예수 이야기에 의해 함양되는 덕은 우선 용서이다. 이야기는 공동체가 용서를 체화시킬 것을 훈련시킨다. 용서받은 죄인으로서 정직과 겸손으로 살아가도록 훈련받음으로써 기만과 강압 그리고 폭력에 의존하려는 열망에서 해방된다.[214] 용서의 덕과 관련하여 강조되는 것이 다양성이다. 그리스도 안에서 구성원들의 다양한 특별성을 귀하게 여기는 것이다. "각 개인이 복음에 충실하기 위해 투쟁하는 것은 우리 자신의 삶을 위해 필수적이다. 다른 사람들이 제자가 되기 위해 부르심을 입은 다른 방법들을 보는 것을 통해 나는 나의 이야기를 이해"[215]하는 것이다.

하우어와스가 공동체의 덕으로 강조하는 것은 융통성(flexibility)이다. 신의 은혜는 예측할 수 없다는 예수의 이야기에 터하여 예기치 못하고 전혀 낯선 모양으로 다가오는 것에 대해서도 두려워할 것이 아니라 신의 은총으로 기꺼이 환영하는 법을 배워야 한다는 것이다.[216] 이런 맥락에서 예수의

---

212 *A Community of Character*, 70. Richard Hays, 『신약의 윤리적 비전』, p.397에서 재인용.

213 *A Community of Character*, 49. Richard Hays, 『신약의 윤리적 비전』, p.399에서 재인용.

214 *A Community of Character*, 51-52. Richard Hays, 『신약의 윤리적 비전』, p.399에서 재인용.

215 *A Community of Character*, 51. Richard Hays, 『신약의 윤리적 비전』, p.399에서 재인용.

삶을 따르는 제자들은 증오와 원한이 자연스럽게 보이는 세계에서 도대체 불가능해 보이는 산상수훈의 원수 사랑의 요구가 실현 불가능한 이상이 아니라 실재에 대한 진리로 수용하며 실천 가능한 삶의 방식으로 깨닫게 된다.[217] 그리고 예수를 따르는 삶은 필연적으로 도상적 삶, 끝나지 않은 삶의 이야기이며 '공동의 모험'에 참여하는 삶이다. 이러한 모험적인 삶을 통해 자기 성장의 숙련된 기술(덕)이 쌓여 간다.[218]

하우어와스에게 있어서 교회의 텔로스는 분명하다. 예수의 이야기에 의해, 그리고 그 이야기를 구성원들에게 전해준 사람들의 삶의 모범을 따라서 형성하는 것이다. 그래서 교회는 예수 성품 공동체이며, 예수 이야기에 의해 자신들의 삶을 형성한 사람들에게 가능한 사회적 삶을 증거하면서, 모든 나라에 대한 정치적 대안 공동체로서 존재하도록 하는 것이다. 이 정치적 대안은 세상의 눈에서는 매우 낯선 것이다. 그러나 평화, 용서 그리고 원수 사랑의 대안적 삶의 방식은 공동체 안에서 마땅히 도야되어야 할 핵심적 성질의 것이다.

4.4.4 길리건의 배려윤리

길리건(Carol Gilligan)은 도덕발달과 관련하여 주류적인 생각과 반대되는, 즉 여자아이는 남자아이와는 다르게 발달한다고 주장했다.[219] 콜버그(L.

---

216 *The Peaceable Kingdom*, 89. Richard Hays, 『신약의 윤리적 비전』, p.400에서 재인용.

217 *The Peaceable Kingdom*, 85. Richard Hays, 『신약의 윤리적 비전』, p.401에서 재인용.

218 *The Peaceable Kingdom*, 95. Richard Hays, 『신약의 윤리적 비전』, p.401에서 재인용.

219 Carol Gilligan, "The Maps of Development: New Visions of Maturity", *American Journal of Orthopsychiatry* 52, p.199~212.

Kohlberg)는 정의의 이상, 즉 도덕적 사유의 최고의 형식으로서 보편적으로 적용되는 추상적 원리를 강조하는 도덕발달 이론을 제시하였다. 그런데 길리건은 콜버그의 연구가 완전히 남성 중심적이며, 이러한 종류의 합리적인 도덕적 사유는 여자아이의 관계를 강조하는 도덕적 추론과 대조가 된다고 지적하였다. 남성들은 전형적으로 개인주의적, 개별적 자아 개념, 객관주의적 경향, 직업에 기초한 자신들의 정체성, 추상적이고 비편향적인 규칙들과 원리들에 대한 경향성을 지니기 때문에 '정의, 권리정향'(justice, right orientation)을 갖는다. 그러나 반면 여성은 다른 사람들과 연계된 그리고 상호의존적인 것으로서의 자아에 대한 개념, 친밀한 관계에 기초한 정체성, 자아와 타인들의 복지, 그리고 배려에 대한 관심, 위험을 가하거나 혹은 해를 주지 않는 것에 대한 민감성, 구체적인 상황에서 조화로운 관계를 위한 관심 등의 경향성을 지녀 '배려, 반응정향'(care, response orientation)을 갖는다는 것이다. 이렇게 남녀가 다른 경향을 가지는 이유는 어린 시기에 겪는 타인들과의 관계가 다르기 때문이라고 한다.[220]

덕 윤리와 관련된 길리건의 공헌은 배려윤리학(care ethics)의 발전이다. 배려윤리학은 보살핌과 맥락에 대한 감수성 같은 태도가 도덕적 삶의 중요한 측면이라는 논제를 가지고 있다. 타인의 의견에 복종적이며, 주관성이 없고 보편적일 수 없다는 부정적인 이유로 여성들의 입장은 무시되어 왔지만, 이러한 것을 부정적인 측면이 아니라 여성 윤리의 장점으로 부각시킨

220 여기에 기초한 '정의 윤리'는 모든 사람들이 동등하게 대우 받아야 한다는 평등의 전제에 의존하고 공평한 규칙과 원리와 기준에 근거해서 합리적으로 사고하는 도덕판단의 지향성이다. 또한 정의 윤리는 남성들의 시각에서 개인의 권리와 정의에 관심을 두는 공정성과 정의에 관한 문제에 초점을 둔다. 사실 정의 윤리는 남성들의 시각에서 조명되었으며 남성들의 입장, 남성들의 시각에서 정의 윤리를 분석했다. 그리고 이것은 배려윤리가 등장하기 전까지 도덕성을 설명할 수 있는 지배적인 이론이었던 것이 사실이다.

것이다. 여성 윤리는 남성의 윤리와는 달리 정의와 책임 면에서 약할지 모르나 타인의 감정에 공감하고, 타인의 입장을 생각할 수 있는 배려의 힘을 지니고 있다는 것이다.

> 여성들은 인간관계 속에서 자신을 규정할 뿐 아니라 보살핌의 능력을 기준으로 자신을 측정한다. 남성의 삶의 순환에서 여성이 담당하는 역할은 양육자, 보호자, 보조자 등인데, 이것은 여성 자신의 자아 규정에 영향을 미치는 인간관계를 짜 나가는 직조자로서의 역할이다. 또한 남성들은 성인 중기에 이르러 겨우 친밀성의 중요성을 깨닫지만, 여성들은 처음부터 친밀성이 중요하다는 것을 인식하고 있다.[221]

배려윤리는 남성의 윤리와는 달리 배려하고 보살피며 친밀성을 추구한다. 그래서 배려윤리는 다양한 페미니즘의 흐름 속에서 남성과 여성의 동일성 보다는 차이에 주목하고, 여성성에 대한 정당한 가치평가를 통한 양성평등 사회를 지향하고 있다 할 것이다. 또한 전통적으로 합리적이고 개인주의적인 사고에 근거해서 자유과 권리, 가치를 강조했던 서구인들에게 여성적인 덕과 모성애에 근거한 관계, 상호의존성, 책임, 공동체적 가치와 함께 정서적인 측면을 강조하였다. 그리고 길리건은 배려의 목소리를 함양하기 위해 도덕 교육에서 '이야기(narrative) 사고방식'이 중요시되어야 할 것을 역설한다. 여성들은 남성들과 뚜렷하게 구별되는 도덕적 언어를 지니고 있기에 도덕 교육에서는 여성 당사자들의 실제적인 도덕적 경험이 이야기 될 수 있는 기회가 많이 주어져야 한다는 것이다. 이것은 내러티브를 통해 자신의

---

221 Carol Gilligan, *In a Different Voice: Psychological Theory and Women's Development*, 허란주 역, 『다른 목소리로』(서울: 동녘, 1997), p.64.

도덕적 경험 속에 담겨진 인지적, 감정적, 행동적 차원을 드러내고, 특히 자기가 구성한 이야기에 자신이 주인공이 됨으로써 여성은 자신의 권위와 책임감을 고양시킬 수 있게 된다는 것이다.[222]

배려윤리의 주장은 남성을 위한 도덕성과 여성을 위한 도덕성이 따로 존재하고 있다는 주장이라기보다는, 남성의 도덕성과 여성의 도덕성이 각각 다르게 발달한다는 것을 인정하자는 것이다. 여성이 정의와 합리성에 관심을 나타낼 수도 있으며, 남성이 타자에 대한 예민한 감수성을 나타낼 수도 있는 것이다. 즉, 우리는 원리에 대한 편향적인 강조를 교정할 필요가 있고, 도덕적 사유에서 덕의 측면을 구체화시킬 필요가 있다는 점이다. 특히 우리는 아이 양육, 가족 그리고 우정과 같은 인간관계에 주목해서 보살핌의 윤리학을 규칙 지배적인 윤리학보다 더 중요한 것으로 간주할 필요가 있다는 것이다.

배려윤리학은 기독교의 아가페 이론과 유사하다. 아가페의 영감은 요한 일서 4장 7-8절에서 나온다. "사랑하는 자들아 우리가 서로 사랑하자. 사랑은 하나님께 속한 것이니 사랑하는 자마다 하나님으로부터 나서 하나님을 알고, 사랑하지 아니하는 자는 하나님을 알지 못하나니 이는 하나님은 사랑이심이라." 본질적으로 기독교의 사랑은, 모든 인류를 포함해 보편적으로 적용된 배려윤리학이고, 배려윤리학은 부모-자식 관계, 결혼한 배우자, 친구, 그리고 사랑하는 사람과 같은 특수한 관계에 더 좁게 초점을 맞춘 기독교의 사랑이다.

배려윤리에 대한 문제점[223]을 한 가지만 지적하겠다. 배려나 보살핌이

---

222 Ibid., p.17.

223 길리건의 배려윤리에 대한 비판은 소위 '성차별적 본질주의'라는 비판이다. 즉, '여성들이 왜 배려나 보살핌과 같은 특징을 보이게 되었는지'에 대한 심각한 고민이 생략되어

없는 규칙이나 정의가 많은 문제점을 안고 있는 것과 마찬가지로, 규칙의 안내 없는 배려나 사랑도 맹목적일 수 있다는 점이다. 내 아이가 가증스런 범죄를 저질렀을 때, 나는 비록 나의 아이를 사랑하지만, 그래도 내 아이뿐만 아니라 사회에 대한 전반적인 도덕적 의무를 지닌다. 나는 나의 아이를 눈물을 머금고 관계 당국에 신고해야 한다. 즉 배려윤리만으로는 사람들의 관계 속에서 발생하는 문제들을 해결할 수 없고, 공동체를 해석하기 힘들다. 보다 완전한 도덕 체계와 완전한 도덕적 삶을 위해서는 사랑과 정의가 필수적이다. 즉 배려윤리와 정의윤리는 상호 보완되고 통합되어야 올바른 도덕적 추론이 가능할 것이다.

덕 윤리의 과제

지금까지 살펴본 덕 윤리는 표준적 행위 중심의 윤리에 의미심장한 도전을 제기한다. 성품이 없는 원리는 무기력하다. 덕은 일반적으로 원리에 생명을 불어넣고, 도덕적 삶에 활력을 제공한다. 적어도 덕 윤리는 덕의 중요성을 부각시키는 데 성공했다고 말할 수 있다. 그 동안 근대 이래로 윤리학에서는 덕이 무시되어 왔다는 것, 그리고 그것을 우리의 도덕적 관점에 끌어들이는 것이 중요하다는 것은 윤리학 내에서 합의를 이루는 바이다. 반면 순수한 덕 윤리는 강한 행위 중심적 요소가 없이는 홀로 설 수 없다는 점이 고려되어야 할 것이다. 고전적인 덕 윤리는 행위자의 성품을 기술하고 평가하는 것을 기본으로 삼고 있을 뿐, 행위의 옳음에 대한 평가나 그 결과에 대한 평가를 도외시하였기에 도덕철학에서 외면당했을 것이다. 실천 행

있다는 것이다. 그런 여성들의 성향이 가부장제의 산물은 아닌지에 대한 의심과 그러한 여성에 대한 고정관념을 그대로 인정함으로써 여성의 종속을 더욱 심화시킬 수도 있다는 비판이다.

위에 대한 평가가 아니라 인격 행위자에 대한 평가에 중심을 두거나 기껏해야 인격의 평가에서 행위의 평가를 도출하는 덕 윤리는 행위의 옳고 그름을 명백하게 구별하지 못한다는 것이다. 그리고 덕 윤리는 원리나 규칙을 갖지 않기 때문에 규범윤리의 핵심적인 요구인 행위 지침을 제공하지 못한다는 것이다. 따라서 규범성을 부정하는 덕 윤리는 오늘날 결코 부활할 수 없을 것이며, 새롭게 부활된 덕 윤리는 당연히 행위 중심의 덕 개념과 행위 지침으로 기능하는 덕 개념이 제시되어야 한다.

그래서 프랑케나(William Frankena)는 성품의 도덕과 원칙의 도덕은 상반된 것이 아니라 동일한 도덕의 상호보완적인 두 측면이라고 강조한다.

> 우리는 도덕을 일차적으로 어떤 원칙에 따르는 것으로 해석해야 할 것인가 아니면 어떤 성향이나 성품을 함양하는 것으로 해석해야 할 것인가? 이 둘 가운데 반드시 선택을 해야 하는 것인가? 원칙의 도덕이 그 원칙에 따라서 행위 하려는 성향이나 성품의 계발에 의하지 않고서는 현실에 구현된 방도를 알기가 어렵다. 그렇지 않고는 그 원칙에 의거해서 행위하려는 모든 동기는 타산적이거나 충동적으로 이타적인 그러한 특별한 종류의 것이 되지 않을 수 없다. 도덕이란 그 법칙을 나타내는 문자만이 아니라 그 근본정신에 관계되는 것인 한 자발적이든 자의식적이든 간에 규칙에의 단순한 합치만으로 만족할 수 없다. 다른 한편, 우리는 어떤 여건에서 특정한 방식으로 행위하려는 성향이나 경향을 내포함이 없이 품성을 생각할 수 없다. 이를테면 공리의 원칙이나 선의와 정의의 원칙과 같은 어떤 원칙에 동의하지 않는 한 어떤 품성이 무엇을 권장하고 가르치는 것인지를 알 수 있는 방도를 찾기 어렵다.[224]

---

224 W. Frankena, 『윤리학』, p.115~116.

도덕 규칙을 통해서 덕은 내용을 가질 수 있는 것이다. 따라서 원칙에 따라서 행위하려는 성향이 품성이라고 말할 수 있을 것이다. 품성 없는 원칙은 무력하고, 원칙 없는 품성은 맹목적이다.

5. 나오면서

20세기 후반기에 접어들면서 현대 윤리학은 두 가지의 매우 큰 과제와 정면으로 대결해야할 처지에 놓이게 되었다. 그 과제의 하나는 윤리적 회의론을 극복함으로써 도덕판단의 시비를 가릴 수 있는 확고부동한 기준이 존재함을 밝히는 일이요, 다른 하나는 본래 실천을 위한 철학이었던 윤리학이, 메타윤리학이라는 논리와 언어분석의 굴레를 벗어나, 사회 현실의 문제에 대답하는 본연의 구실을 회복하는 것이었다. 20년대에서 30년대에 걸쳐 주목을 끌었던 논리실증주의의 투철한 이모티비즘의 주장이 너무 지나쳤다는 반성이 제기되면서, 윤리적 추론에도 객관적 근거와 이성적 요소가 존재한다는 주장들이 힘을 얻기 시작했다. 물론 그러한 주장들이 사실과 당위 사이의 논리적 간격을 확고하게 해결했다는 의미는 아니지만, 사회윤리 전반에 걸쳐 적용할 수 있는 도덕판단의 기본원리들이 호소력을 얻게 된 것이 사실이다.

이 장에서 우리는 윤리적인 기본 개념들에 대한 정리와 더불어 도덕적으로 선/악, 옳음/그름을 판별하는 원칙은 다양한 윤리 이론들을 통해 논의될 수 있음을 보았다. 그러나 이러한 비판이 가능할 것이다. 즉 옳은 행위를 실천함에 있어 이렇게 다양하게 숙고한다는 것이 오히려 옳은 행위의 사실을 불가해한 것으로 만들어 버렸다는 것과 매우 단순하게 사고하고 판단하는 것이 복잡하게 생각하는 것보다 윤리적 딜레마를 해결하는 데 훨씬 효과적일 수 있다는 비판이다. 그러나 굳이 변명을 하자면, 이렇게 말할 수 있겠다. 올바른 행동을 축구의 올바른 공놀이에 비유하고, 또한 옳은 행동에 관한 이론을 축구공의 운동에 관한 기계적이고 유체역학적인 이론에 비유해 보는 것이다. 훌륭한 축구선수는 공의 운동에 관한 명확한 수학적 계산이나 분석 없이도, 초과학적으로 분석이나 계산의 능력을 터득하여 고도로 복잡하고 민감한 상황에 탁월하게 판단하고 행동한다는 것을 알 수 있다. 축구공의 수학적·물리적 운동에 관한 이론을 정확하게 숙지한다고 해서 훌륭한 축구 선수가 되는 것이 아니듯, 옳은 행동에 관한 윤리적 이론을 공부함으로써 윤리적으로 올바르게 판단하고 행동하는 것은 아닌 것이다. 윤리학의 관심은 축구공의 운동에 관한 물리적 이론이 그렇듯 지극히 이론적이다. 그럼에도 그것은 모종의 실천적 적용을 가질 수 있다는 점을 인정하지 않으면 안 된다. 즉 윤리이론은 만일 그것에 대한 공부가 없었다면 의심하지 못했을 어떤 윤리적 사고체계의 결함과 약점을 찾아낼 수 있게 해주는 것이다.

마지막으로 언급하고 싶은 것은, 최근에 이르러 윤리학이 안락사, 낙태, 뇌사, 동물권(animal right), 성차별, 인종차별, 생태 등의 다양한 현실 주제에 관한 실천윤리의 문제들로 관심을 돌린 것이 사실이다. 윤리학은 이런 도덕적 문제들에 획일적이고 명쾌한 답변을 해주지는 못하지만 그래도 그런 문제들이 알기 쉽게 논의될 수 있는 틀을 제공해 주기는 한다. 따라서 윤리학이 상아탑의 영역에서 내려와 우리 삶의 깊숙한 현장까지 진입하고 있는 일련의 흐름은 매우 바람직한 현상이라 하겠다.

기독교와 윤리

1. 들어가면서

유사 이래로, 도덕은 지속적으로 종교와 연관되어 왔다. 도덕은 신성에 충실하게 따르는 것이고, 비도덕은 죄를 짓는 것과 동일시되었다. 특히 신학적 윤리는 우주를 창조한 '선한 신'을 전제로 한다. 신은 선하기 때문에 신이 창조한 모든 것은 선할 수밖에 없다. 그래서 최고의 선은 신이며 최고의 덕은 신에 대한 사랑이다. 이처럼 철학적 윤리와 신학적 윤리를 구별짓는 차이는 선을 규정하는 방식에 있다. 철학적 윤리에서 최고선은 쾌락 혹은 자아실현이지만 신학적 윤리에서 최고선은 신이다. 신학적 윤리는 가톨릭 윤리와 개신교 윤리로 대별해 볼 수 있지만 도덕적 선악, 옳고 그름, 의무의 근거는 모두 절대선, 최고선으로서 신의 존재에 대한 믿음에 있다.

그런데 오늘날에 이르러 "도덕과 종교"의 의존관계를 따지는 작업은 생소한 것으로 여겨진다. 이슬람을 절대적으로 신봉하는 특정 지역을 제외하고는 어떤 특정 종교가 지배하는 시대나 장소에 살고 있지 않기 때문이다. 과거 서구 기독교문명권에서는 도덕을 신의 명령과 동일시해온 것이 사실이다. "신앙 없는 인간은 진정한 선도 정의도 알 수 없다"[225]는 파스칼의 말이나, "신이 존재하지 않는다면 모든 것이 허용될 수 있다"는 도스토예프스키의 말은 기독교 도덕의식을 잘 드러내고 있다 하겠다. 만일 신이 존재하지 않는다면 아무것도 윤리적으로 그르거나, 금지되거나, 요구되지 않는다는 것, 그래서 결국 인간은 모두 도덕적 허무주의자가 될 수밖에 없다는 것을 의미한다.

그러나 서구는 계몽주의 이후 의식구조에 큰 변화가 수반되었다. 계몽주의 파도는 이성의 이름으로 기존의 사회제도와 전통에 의문을 제기하였

---

225 Blaise Pascal, *Pensees*. 이환 역.『팡세』(서울: 서울대학교출판부, 1993), p.174.

으며, 모든 외적 권위(교회의 법과 가르침, 절대군주의 명령 등)에서 삶의 전 영역을 해방시켜왔다. 그리하여 자신의 행위와 판단의 기준을 더 이상 신의 명령과 같은 외적 권위에 의존하지 않고 스스로 지니고 있는 내적 능력, 즉 이성에서 찾고자 하였다. 종교 없는 도덕, 자율적 도덕이 등장한 것이다. 이제 우리는 신이 정의롭고 선하다고 말하기 앞서 선과 정의가 무엇인지 먼저 알아야 하는 시대에 살고 있는 것이다.

이 장에서는 신학적 행복윤리, 신 명령 윤리, 가톨릭의 자연법 윤리 등의 신학적 윤리를 중심으로 도덕과 기독교의 상관성을 다룰 것이다. 그리고 신학적 윤리의 정당성에 대해 의심하거나 심지어 윤리적 정당성을 허용하지 않으려는 반-기독교적 윤리론을 비판적으로 검토할 것이다. 그리고 신학적 윤리처럼 도덕은 신에 의해서만 창조되었다는 것을 수용하지 않더라도, 여전히 실존적으로 도덕은 종교적일 수밖에 없다고 주장하는 틸리히의 신율적 윤리의 논지와 도덕의 완전을 위해 신은 필연적으로 요청될 수밖에 없다고 주장하는 칸트의 도덕신학에 대해 살펴볼 것이다. 칸트는 계몽주의의 정점에서 근대철학의 과제와 문제점을 누구보다 예리하게 인식했고 인간주의 윤리학의 역사적인 신기원을 이룩하였으며, 특히 도덕과 종교의 문제에 대해서도 새로운 시도를 했던 철학자이기에 논의할 가치가 충분하다.

2. 신학적 윤리

유신론적 기독교 신앙의 관점에서 보면, 신은 전지전능할 뿐만 아니라 완전한 선이므로 모든 존재의 근원이며 도덕적 의무의 근거이다. 우리가 옳고 그름의 지식을 알 수 있는 것도 신의 의지에 달려 있다. 우리의 도덕적 요구를 알 수 있는 것은, 신이 우리에게 무엇을 원하는지 알기 때문이다. 절대적이고 신성한 존재로서 신은 모든 완전성을 갖춘 초월적 존재자이다. 인간은 자신의 의지가 신의 의지로 지배되고 자신의 올바른 삶의 실현이 신의 명령에 복종하는 데 있다고 믿는다.

신학적 윤리는 이처럼 도덕이 종교에 의존한다는 신념에 바탕을 두고, 인간의 도덕적 의무의 궁극적 근거를 신의 명령(의지)에 두는 윤리체계이다. 신학적 윤리의 가장 보편적 유형은 도덕의 본질을 '신의 명령'으로 이해하는 윤리이론이다. 이에 따르면, 인간은 불완전한 존재이기 때문에 전지전능하고 선 그 자체인 신의 도움 없이는 도덕적으로 올바른 삶을 살 수 없다. 인간이 선악, 도덕적 옳고 그름, 의무 등 도덕적 진리를 알 수 있는 것은 오로지 신의 계시를 통해서이다. 그러므로 도덕의 본질은 신의 명령이다. 신이 명령한 것이 도덕적으로 옳고, 신이 금지한 것이 도덕적으로 그르다. 어떤 행위가 도덕적인 의무인 이유는 신이 그런 행동을 하라고 명했기 때문이며, 어떤 행위를 수행하라는 신의 명령이 바로 그것을 의무로 만든다. 가령 살인하는 행위가 도덕적으로 나쁜 것은 신이 우리에게 살인하지 말라고 명한 바로 그 사실 때문이다.

인간의 눈에 그것이 선하게 보이든 그렇지 않든 상관없이 선한 신은 틀림없이 선하게 섭리할 것이기에 그의 명령에 복종하는 것은 인간을 행복하게 하는 지름길이며 따라서 신의 명령에 복종해야 하는 것이 신앙이자 윤리적 책임이다. 그러나 그런 신의 뜻이 어떻게 나타나며 어떻게 인간이 수용하느냐에 대한 과제가 문제로 등장한다. 그 시행과정에서 인간의 상황과 처지를 고려하는 정도에 따라 신학적 윤리의 스펙트럼은 무지개 색깔보다 더 다양하다. 달리 말해 신학적 윤리에는 해석학적인 문제가 대두될 수밖에 없는 것이다. 문자적 해석이냐 그 본래 의미를 파악해야 하느냐에 따라 윤리의 지형은 상당히 다르게 된다. 예컨대 성서를 통해 말씀하는 평화에 관한 신의 명령을 어떻게 해석하느냐에 따라 절대평화주의에서 십자군 전쟁(성전)주의까지 극과 극의 입장을 취할 수 있다. 여기다가 상황에 대한 해석까지 가세하면 신학 윤리의 지형은 훨씬 복잡하게 전개된다.

과거 유대인들의 토라나 할라카라고 불리는 구전에 따른 도덕 생활이나 중세 때 엄격한 교회법적인 도덕률, 청교도들의 성서주의에 기초한 엄격한 율법주의(legalism)는 세속화된 현대사회에서 찾아보기 쉽지 않다. 아무튼 신 명령 윤리를 주장하는 바르트나 브룬너에서부터 상황윤리를 주장하는 조셉 플레처에 이르기까지 정도의 차이는 있지만 맥락이나 상황이 전혀 고려되지 않는 신학적 윤리는 존립 불가능하다.

그러나 한국의 개신교가 근본주의 신학의 영향으로 율법주의적인 신학윤리가 일정 부분 도드라진 것이 사실이다. 그래서 하나의 주류적인 신학에서 기독교윤리 또는 신학적 윤리는 신 명령의 윤리이며 신 명령은 엄밀히 규칙-의무론적이어야 함이 주장된다.[226] 말하자면 규칙-의무론적 신 명령 윤리는 신이 계시한 말씀인 성서를 객관적인 규범으로 수용되어야 한다는 것이다. 보수적인 신학 윤리는 바르트나 브룬너의 신 명령 윤리조차 행위-의무론으로 규정하고 엄밀한 의미에서 신 명령 윤리와 다르다는 점이 강조된다. 그들은 신의 말씀을 강조만 했을 뿐 실제적으로 성서를 객관적인 신의 법으로서가 아니라 신자들 개인에게 실존적이고 주관적으로 들려오는 신의 음성으로 이해했기에 기독교적 상황윤리 등장의 단초를 제공하고 말았다는 것이다.[227] 간단히 말해, 성서를 객관적인 신의 법으로 이해하는 것이 참다운 신학적 윤리라는 주장이 되겠다.

---

226 이상원, 『기독교윤리학』(서울: 총신대출판부, 2010), 도덕의 본질을 41.

227 Ibid.

그러나 그러한 보수적인 신학 윤리의 선언에도 성서 전체를 문자적으로 해석하고 그것을 오늘날의 윤리적 규범으로 삼는 경우는 절대로 없다. 성서를 신의 말씀으로 교리적으로 고백하면서도 성서 자체를 오늘날의 삶에서 신이 명령한 규범으로 명문화시키지는 못한다. 그보다는 자신들의 이념에 토대를 둔 신앙과 교리의 빛으로 성서와 삶의 맥락을 해석하고 부분적인 규범화를 시도한다는 편이 옳을 것이다. 주류적인 한국 개신교가 반공주의나 정치적 보수주의 이념을 신앙의 도그마로 삼고 그것을 윤리적 규범으로 정립한 것은 특정한 자신들의 정치적 이념으로 성서와 현재의 삶의 자리를 선택적으로 해석하고 실천하는 대표적인 예라 할 수 있다. 성서는 사회주의 이념을 정당화시킨다고 말할 수도 없지만, 성서가 자본주의나 성장제일주의 또는 물질중심의 기복주의를 조장한다고 볼 수도 없는 것이다. 성서를 훨씬 더 문자적으로 해석하고 실천하는 일부 소종파(sect)들의 경우도 정도의 차이는 있을지언정 성서 전체를 윤리 규정집으로 구체적으로 받아들이지는 않는다. 그들 역시 자신들의 관점에 기초해서 성서를 선택적으로 신의 명령으로 이해할 따름인 것이다.

여기서는 신학 윤리를 논구하기에 가장 편리한 신학자를 선정하여 그들의 관점을 살펴보고자 한다. 아우구스티누스(신의 은총의 윤리), 토마스 아퀴나스(자연법적 윤리), 바르트(신 명령 윤리), 플레처(상황윤리), 그리고 리처드 니버(책임윤리)가 그 내용이 될 것이다.

2.1 아우구스티누스의 행복윤리

서구의 모든 철학이 플라톤의 각주라 한다면 서구 기독교 신학은 아우구스티누스에 대한 각주라고 할 수 있다.[228] 아우구스티누스는 가장 뛰어난 기독교 플라톤주의자였다. 그는 플라톤과 아리스토텔레스에서부터 비롯되는 고전적 유신론과, 기독교가 융합할 수 있는 토대를 마련한 인물이었다. 그는 플로티노스에게 지대한 영향을 받으면서 플라톤 전통을 체계화했다. 그렇지만 동시에 자신에게 큰 영향을 미친 플라톤 철학의 전통을 누구보다 예리하게 비판했다.[229] 신학적으로 아우구스티누스 이후 서방교회는 동방교회의 영향에서 자유로웠으며, 바울 사상을 재발견했다는 의미에서 그리스도교 신앙의 제2 창시자라고도 할 수 있다. 아우구스티누스는 서구 그리스도교 역사상 가장 위대한 신학자이며, 13세기 스콜라주의에 이르기까지 철학과 신학의 방법론과 내용이 줄곧 그의 영향 아래에 있었다고 해도 결코 과장된 표현이 아니다.

행복의 윤리

고대 철학자들과 마찬가지로 아우구스티누스도 모든 사람들이 행복해지기를 원하며, 지고의 선이 무엇이며 어떻게 도달할 수 있는지를 밝히는 것이 철학의 임무라는 전제에 기초하여 자신의 윤리론을 전개한다. 윤리학이나 도덕철학은 최고선에 관한 탐구이다. 최고선이란 우리의 모든 행위에 대한 기준을 제공하는 선이며, 다른 어떤 목적에 대한 수단으로서가 아니라 그 자체로 추구되는 선이기도 하다. 일단 최고의 선에 도달하기만 하면 행복에 이르는데 아무것도 부족함이 없다.[230]

그러나 아우구스티누스는 참된 행복을 위해서는 인간은 진리를 소유해

---

228 아우구스티누스의 인물평에 대한 부분은 신재식.『아우구스티누스 & 아퀴나스』(서울: 김영사, 2008), 93. p.110~111을 인용한다.

229 Ibid,. p.110~111.

230 Augustinus, *De Civitate Dei* VIII. 8, https://archive.org/details/augustinidecivitatedei00jensuoft.

야하고,[231] 인간은 시간 안에 사는 불안정하며 무상할 수밖에 없는 존재(본래 무에서 창조된 것이기 때문에 그 자체 내의 무의 성격으로부터 항상 위협을 받고 있기에)이므로 영원하고 안정성이 있는 대상에 의지해야 한다. 이런 조건에서 인간은 영원부터 존재하고 영원불변한 참존재(vere esse)인 신을 추구할 때에만 참된 행복을 누릴 수 있다는 것이다. 이러한 대상이 다름 아닌 신이다. 결국 인간이 소유해야 할 진리는 진리 자체인 신인 것이다.[232] 신이 진리 자체인 것은, 타락할 수 없는 존재이며 "인간의 최고의 선이 신에게 있기"[233] 때문이다.

그런데 신을 아는 것은 지식(scientia)의 문제가 아니라 지혜(sapientia)의 문제다. 지식이 '앎'(cognition)이라면, 지혜는 '다시 앎'(recognition)이다. 왜냐하면 자연 상태의 인간은 의지의 타락으로 말미암아 자연 이성이 교정된 이성이 되기까지는 신의 이데아를 볼 수 없기 때문이다.[234] "지혜는 인간과 신에 관한 일들의 지식이다."[235] 결국 인간은 지식으로 행복해질 수가 없고, 신을 아는 지혜(참된 앎)가 있을 때 참으로 행복할 수 있는 것이다. 이성이 지혜를 알기 위해서는 반드시 신앙이 요청된다. 왜냐하면 이성은 이미 배운 것을 분리 또는 결합 할 수는 있지만, 신을 직관하고 이해하는 데까지 이를

---

231 Augustinus, *Confessiones* X, xxiii, 33. "참으로 행복한 삶이란 진리로부터 나온 기쁨입니다." https://archive.org/details/staugustinesconf01augu,

232 Augustinus, *De Trinitate*, X, xxiv, 35. "그것은 내가 진리를 찾은 곳에서 진리 자체이신 나의 신을 찾았기 때문입니다." http://individual.utoronto.ca/pking/articles/Augustines_Trinitarian_Analysis.pdf.

233 *Confessiones*, VII, iv, 6.

234 R. E. Cushman, "Faith and Reason" in *A Companion to the study of St. Augustine* (New York: Oxford Press, 1955), 289. 양명수.『어거스틴의 인식론』(서울: 한들출판사, 1999), p.90에서 재인용.

235 *De Trinitate*, XIV, I, 3.

수는 없기 때문이다.[236] 아우구스티누스에게 있어서 진리에 도달하는 가장 안전한 길은 이성에서 출발하여 이성적 확실성으로부터 신앙에 이르는 길(intelligo ut credam)이 아니라, 반대로 출발점을 신앙으로 삼아서 계시로부터 이성에 이르는 길(credo ut intelligam)이라는 것을 분명히 했다.[237]

참된 앎인 지혜의 인식 가능성은 인간의 정신에 신이 빛을 비춘다는 데 있다.(theory of illumination)[238] 태양 빛이 사물들을 우리 눈에 보이게 하듯이 신의 빛이 정신을 비추면 정신이 영원한 진리를 볼 수 있다는 것이다. 인간이 아무리 이성적이고 지적이라고 해도 인간 스스로 영원한 진리를 얻을 수 있는 가능성은 없다. 오직 신에게서 오는 직접적인 조명을 통해서만 그 진리를 받아들이고 알 수 있다는 것이다. 즉 신의 빛이 우리의 정신을 먼저 비춰주어야 참된 인식을 얻을 수 있다는 것이다. 왜냐하면 신은 예지의 빛이기 때문에 신 안에서, 신에 의해, 신을 통해서만 밝아지게 되기 때문이다.[239] 자연이성으로는 희미한 진리밖에 볼 수 없다. 인간의 정신이 혼탁해지면 결국 많은 오류와 거짓된 견해(doxa)들로 인해 정신과 삶이 혼미하게 될 수밖에 없다. 그래서 인간의 자연이성은 신의 빛에 의해 조명되어야 하는 것이다. 말하자면, 신과 계속 접촉하면서 진리가 인식된다는 것을 말한다. 이것은 진리가 인간과 신의 인격적 만남에서 이루지는 것을 의미한다. "플라톤에서 진리에 대한 참여는 아우구스티누스에서 인격적 만남이 된 것이다."[240] 따라서 이성에 따른 진리의 깨달음은 신을 온전히 받아들이는 신앙으로만 완전히

236 Augustinus, *De ordine*, II, 11, 30. http://www.augustinus.it/latino/ordine/index2.htm

237 Etienne Gilson, 강영계 역.『중세철학입문』(서울: 서광사, 1983), p.34.

238 Augustinus, *Soliloques.*, I. 8. 15. https://archive.org/details/kingalfredsolde03augugoog.

239 *Soliloques.*, I. 1. 3.

240 신재식, p.89.

이루어질 수 있는 것이다.

그런데 아우구스티누스에서는 이성과 신앙의 관계를 통해 인식하기 위해서는 반드시 인간의 의지가 신을 향해 가야한다. 인간의 의지가 이성과 서로 연합해 신을 인식할 수 있는 기능을 발휘할 수 있는 것이다. 인간의 의지는 행복 자체인 신을 향한 의지의 전환이 없이는 인간의 자연이성만으로는 희미한 진리밖에 볼 수 없으며 결국 참다운 행복에 이를 수 없다. 여기서 아우구스티누스의 덕의 개념은 의지가 중심이 된다. 왜냐하면 의지의 방향에 따라 행복해지기도 하고 불행해 질 수도 있기 때문이다. 그래서 아우구스티누스는 덕에 대해 "바른 질서로 사랑함"[241]이라고 정의 내리고, 선의지는 "우리가 바르고 정직하게 살고 최고의 지혜에 도달하기 열망하는 의지"[242]라고 했다. 간단히 말하면, 선의지는 신을 열망하는 의지를 말한다. 그리고 의지가 신을 향하고 열망한다는 것은 신을 사랑하는 것이다.

아우구스티누스는 플라톤의 사주덕을 인정하였다. 그러나 그는 기독교 덕인 믿음-소망-사랑 중에 최고의 덕인 사랑의 덕을 통해 영혼을 정화하고 축복의 경지에 이를 수 있으며, 또한 자기 의지를 무한하고 궁극적인 존재인 신에게 완전히 굴복시킴으로써 최고의 선을 이룰 수 있다고 보았다. 그래서 플라톤의 지혜는 선악을 구별하는 덕으로, 절제는 인간이 지혜를 얻기 위하여 준비하는 덕으로, 용기는 가난한 사람을 돌보고 보호할 때 발휘되는 덕으로, 정의는 모든 사람에게 돌아가야 할 것은 되돌려주는 힘으로 해석한다. 그런데 "우리들을 행복한 삶에 이르게 하는 덕은 신으로의 완전한 사랑 이외에 아무것도 아니다."[243] 말하자면 인간을 참된 진리로 인도하

---

241 Augustinus, *De Civitate Dei*, XV, p.22.

242 Augustinus, *De libero arbitrio*, I, xii, 25. http://www.documentacatholicaomnia.eu/03d/0354-0430,_Augustinus,_De_Gratia_Et_Libero_Arbitrio_Ad_Valentinum_[Schaff],_EN.pdf.

는 것이 바로 신에 대한 사랑이 되는 셈이다.

카리타스

아우구스티누스는 사랑의 대상에 따라 사용하다와 향유하다를 구분하고, 사랑의 질서에 따라 카리타스(caritas)와 쿠피디타스(cupiditas)를 구분지어 설명한다. 사랑은 항상 어떤 대상을 향해 끊임없는 운동을 하는데, 그 사랑의 좋고 나쁨은 그 사랑의 대상에 달려있다. 그래서 행복하기 위해서는 질서 있게 사랑해야 하는 것이다.[244] 그는 행복을 설명하기 위해 향유(frui)와 사용(uti)을 구별한다. 사용(uti)은 관계적 가치를 총괄하는 개념으로, 항상 스스로를 넘어서려고 하는 경향이 있다. 따라서 이런 가치들은 아무리 얻고 또 얻더라도 결코 만족할 수 없으며, 평안함에 도달할 수 없다. 이 세상의 모든 가치는 여기에 속한 것이다.[245] 인간 주관적인 성향에 의해 이끌려지는 행복은 참된 행복이 아니다. 그것은 오히려 불행이다.[246] 이에 비해 향유(frui)는 어떤 사물 자체를 위해 그 사물에 대한 사랑에 매달려 있는 것이다.[247] 오직 최고선만이 그것 자체를 위해서 추구되고 소유될 수 있다. 최고

---

243 박태혼.『서양윤리사상사(1)』(서울: 이문출판사, 1987), p.83.

244 *De Civitate Dei*, XV, 22. '질서'의 개념은 '무로부터의 창조' 개념에 기인한 것이다. 신은 존재 자체이고 모든 존재와 가치의 근원이 되며, 모든 피조물은 무로부터 창조되었기 때문에 신과 동등한 존재가 될 수 없다. 질서는 신에 의해 창조시에 부여된 것으로서, 피조물의 질서는 최상의 피조물부터 최하의 피조물에 이르기까지 정당한 위계에 의해 차등지어진다. 따라서 행복에 이르는 사랑의 대상은 위계적으로 가장 상위의 존재가 되는 것은 자연스런 논리적 귀결이 된다.

245 Augustinus, *De dotrina christiana*, I, xxiii, 20-xxxiii, 36. http://www9.georgetown.edu/faculty/jod/augustine/ddc1.html. 아우구스티누스는 사랑의 위계에 따라 사랑의 대상을 네 가지로 나눈다: 신, 우리 자신, 우리 이웃, 그리고 우리자신과 이웃 밑에 있는 존재의 사물.

246 Johannes Hirschberger, *Geschichte der Der Philosophie*, p.474.

247 Augustinus, *De Civitate Dei* XI. p.25.

선인 신을 향유해야만 인간은 행복할 수 있다.[248] 질서에 따라서 향유할 대상을 향유하고 사용해야 할 대상을 사용하는 바른 사랑이 카리타스[249]이다. 반면, 향유해야 할 대상을 사용하고 사용해야 할 대상을 향유하여 가치의 질서가 전도되고 왜곡된 사랑이 쿠피디타스이다. 결국 신을 향한 사랑이 바른 사랑, 즉 카리타스이고 신으로부터 벗어난 자기사랑과 세상사랑은 왜곡된 사랑, 즉 쿠피디타스이다.

신의 은총

인간이 이 카리타스적인 사랑으로 참된 행복을 소유할 수 있는 것은 자동적으로 보장된 것이 아니다. 아무리 행복을 추구하고 이에 도달하기 위해 올바른 사랑의 질서를 회복하여 신의 사랑을 소유하려 해도 인간 능력의 결함 때문에 불가능하다는 것이 아우구스티누스의 주장이다. 인간은 피조물로서 무에서부터 만들어졌기 때문에 신과 동등할 수 없으며 가변적이고 불완전한 존재이다. 무로 귀환하려는 피조물로서의 가변성이 최고선에서 이탈할 수 있는 경향성을 갖게 한다. 이것을 도덕적으로 보면, 선한 의지의 결핍이라 할 수 있다. 말하자면, 도덕적인 관점에서 악이란 어떤 실체가 아니라 '의지의 왜곡'이며, 이것은 '신과 분리'이다. 즉, "악은 곧 신과의 분리"이다.[250] 아우구스티누스에 따르면, 이는 원죄에서 비롯한 것이며, 아담의 자유의지의 잘못된 선택이 모든 악의 원인인 것이다. 아담은 타락하기 전엔

---

248 *De libero arbitrio*, II, xiii, p.36. "최고선을 향유하는 사람은 정말 행복하다."

249 아우구스티누스에게 카리타스라는 용어는 두 가지 의미를 갖는다. 하나는 신이라는 실체적인 카리타스(Deus caritas est)이고, 다른 하나는 영혼에서의 신의 사랑이라는 것이다. Etienne Gilson, *Introduction a l'étude de Saint Augustin*, 김태규 역.『아우구스티누스 사상의 이해』(서울: 성균관대학교출판부, 2010), p.279.

250 *Confessiones*, VII, xvi, p.22.

죽지 않을 수도 있었고(posse non mori) 죄를 짓지 않을 수도 있었다(posse non peccare). 그러나 범죄 후 아담은 죄를 짓지 않을 수 없었으며(non posse non peccare) 올바로 행위할 수도 없게 되었다(non posse recta agere).[251] 그렇다면 악은 불완전한 가운데 더욱 완전한 지성적 존재가 갖는 자유의지의 잘못된 사용의 결과라고 할 수 있다. 인간은 자유의지가 있고, 이 자유의지가 잘못 사용되었을 때 악에 빠진다.[252] 이것이 악의 현존에 대한 기독교의 가장 유력한 해명 중의 하나이다. 신이 악을 막는 유일한 방법은 자유의지 없는 인간을 창조하는 것뿐인데, 자유의지가 없는 인간은 자유의지를 지닌 인간보다 존중될 수 있는 존재가 아니다. 그러므로 자유의지의 결과인 악은 자유의지를 위해 어쩔 수 없이 인간이 치러야 할 대가이다. 그러나 이것은 수긍되기 힘든 점이 있다. 왜냐하면 이 세상의 모든 악이 인간의 자유의지의 산물은 아니기 때문이다. 가령 천재지변, 기아, 질병 등은 인간의 자유의지와 무관하게 일어나는 악이기 때문이다.

아무튼 아우구스티누스에 따르면, 자유의지의 타락으로 인해서 인간은 올바른 사랑의 대상인 신을 사랑하고 소유하려는 것이 근본적으로 불가능하게 되었다. 그러므로 인간의 행복을 위해서는 외부적인 무엇이 필요하다. 이것이 아우구스티누스가 말하는 신의 은총이다. 그래서 그는 자신의 나약한 의지로 선을 행할 수 없음을 탄식하며 바울의 고백을 자신의 것으로 삼는다. "오호라 나는 곤고한 사람이로다. 이 사망의 몸에서 누가 나를 건져내랴?(롬 7:23) 다만 우리 주 예수 그리스도를 통한 당신의 은총밖에 없나이다."[253] 진리 자체인 신의 은총을 통해서만 참된 행복을 소유하고 참된 자유

251 Augustinus, *De Praedestinatione sactorum ad Prosperum*, 18, 36. http://www.augustinus.it/latino/predestinazione_santi/predestinazione_santi.htm

252 *De Libero arbitrio*, 3. p.25.

를 얻게 된다는 것이다. 신의 은총은 인간의 자유의지를 무시하고 인간의 의지를 강제로 일으킨다는 의미가 아니라, 인간이 자발적으로 선을 선택할 수 있도록 의지를 일으킨다는 의미이다. 또한 신의 은총은 인간의 악한 마음을 변화시켜 의지로 하여금 신을 열망하게 해준다. 그래서 아우구스티누스는 "당신이 당신의 향기를 내 주위에 풍기셨을 때 나는 그 향기를 맡고서 당신을 더욱 갈망하였습니다."[254]라고 고백한 것이다.

그런데 이러한 값없는 은총은 인간이 계속적으로 순종하며 선을 행하며 살 수 있도록 이끈다는 점에서, 인간의 선한 의지가 전혀 값어치 없고 무의미한 것은 아니다. 왜냐하면 약하고 보잘것없는 인간의 선한 의지에 신은 은총을 더함으로써 완전케 하기 때문이다. 그래서 신의 은총에 의해 회복된 의지의 자유는 오류와 후천적인 죄악들과 싸워 승리하고 오직 지고 불변한 최고선인 신만을 추구하게 되는 것이다.[255] 신앙으로 정화된 정신과 의지를 통해 올바른 사유를 하고 진리에 도달하여 참된 행복을 누릴 수 있다.

아우구스티누스의 윤리가 플라톤의 윤리를 계승하면서도 확연하게 구분되는 것은 그리스도의 가르침에 따라 신을 믿고 사랑하며, 동시에 신이 사랑하는 이웃을 사랑하면서, 구원과 영생의 희망 속에 살아가는 데서 찾아진다는 것이다.[256] 이러한 도덕적 삶은 바로 절대자의 요구이기 때문에 선하고 바람직한 삶이 되는 것이다. 그러니까 플라톤을 위시한 헬라의 도덕철학의 이상은 이 세상에서의 정의를 구현하기 위해 지혜와 절제와 용기, 정의의 덕이 존중되었다고 한다면, 아우구스티누스의 이상은 영혼의 구원과

---

253 *Confessiones*, VIII, v, p.12.

254 *Confessiones*, X, xxvii, p.38.

255 *De Civitate Dei*, XXII, p.24.

256 엄정식.『지혜의 윤리학』(서울: 지학사, 1986), p.84.

영생이었다. 그래서 그리스도교 윤리에서는 신앙의 자세가 가장 근본적인 것이며, 용기보다는 인내가 높이 평가되고, 절제보다는 한층 강화된 금욕이 요구되었던 것이다. 특히 그가 강조한 인간의 원죄성은 오랜 역사를 통해 많은 신학자들을 통해 계승되었으며, 이러한 전통은 20세기에 들어서도 이성보다 신앙을 우선하는 신학에서는 강조되고 있다.

2.2 토마스 아퀴나스의 자연법 윤리

자연법 윤리는 신의 명령 대신에 '이성'을 대체한다. 자연이 자연법칙에 따라 움직이듯 인간 역시 행위를 지배하는 법칙이 있다는 것이다. 자연법이 도덕적 삶을 지배한다는 관념은 키케로와 스토아학파의 영향을 받은 교부들에게는 친숙한 것이었고, 바울 역시 기독교적 관점에서 이 개념에 특별한 의미를 부여하였다.

> 율법 없는 이방인이 본성으로 율법의 일을 행할 때에는 이 사람은 율법이 없어도 자기가 자기에게 율법이 되나니. 이런 이들은 그 양심이 증거가 되어 그 생각들이 서로 혹은 고발하며 혹은 변명하여 그 마음에 새긴 율법의 행위를 나타내느니라.[257]

교부들은 종종 바울에 의해 보증된 것처럼 보이는 "마음속에 쓰인 율법"을 그리스-로마 철학의 "자연법"과 같다고 생각하였다. 그러나 이것을 체계적으로 논의하지는 못했다. 스콜라시대에 이르러 느슨한 형태의 자연

---

257 롬 2:15

법적 논의가 전개되다가[258] 토마스 아퀴나스에 이르러 그 논의가 플라톤의 전통을 따르는 아우구스티누스의 "영원한 법"의 개념과 아리스토텔레스와 키케로의 자연이성 개념을 서로 연결시키면서 본격적으로 시작된다. 자연법은 이성적 피조물이 영원한 법에 참여하는 것이다. 그 참여는 아리스토텔레스의 이성에 대한 용어로 기술되었다. 즉, 사변적 이성이 자명한 원리(모든 진실한 명제들이 그것에서 연역된다)를 파악하듯, 실천적 이성은 선을 행하고 악을 피해야 한다는 것을 최초의 자명한 원리로 파악한다. 실천적 이성의 이 첫째 원리는 사변적 이성의 질서 안에서 무모순적 원리와 유사하다.[259]

아퀴나스는 자연법을 영원법이 이성적 동물에 분여(分與)된 것이라 정의(Lex naturalis nihil aliud est quam participatio legis aeternae in rationali creatura)[260]한다. 이는 자연법과 영원법 간의 관계를 명확히 보여주는 말이다. 이 정의

---

258 12세기 스콜라주의에서 인간의 타락한 본성에 관한 격렬한 논쟁이 있었다. 원죄 이전 인간의 도덕적, 영적 지위는 무엇이었는가? 원죄 이후 그리스도의 계시까지의 상태는? 그리고 그리스도의 계시 이후에도 그것을 모르는 사람에게는? 이러한 논의를 통해 자연법이 신의 은총을 상실한 이후에도 살아남은 인간성의 원초적 도덕법칙이었다고 주장하였다. 그것은 모든 인간이 남에게 해를 입히지 않고 서로에게 선행을 할 것을 요구하는 자연이성의 명령 안에 놓여 있었다. 바로 이 도덕적 의무의 최소한의 개념 위에다가, 십계명에 표현된 모세의 율법과 자연법을 동일시한 바울의 주장이 이식되었다. 나아가, 몇몇 신학자들과 법학자들은 자연법이 십계명의 엄격한 계명뿐 아니라 "세상의 재화에 대한 공유, 그리고 모든 개인의 자유와 같은 인간 본성에 적합한 권고들"로도 구성되었다고 보았다. 아리스토텔레스의 자연과학에 영향을 받은 옥세르의 윌리엄(William Auxerre)은 자연법을 구원을 위해 필수적인 "일차적 계율"(primary precept)과, 필수적이진 않지만 구원에 유용하고 도움을 주는 "이차적 계율"(secondary precept)로 구분할 것을 제안했다. 빈번하게 등장하는 일부다처제와 거짓말의 사례들에 대한 구약성서의 관용은 당시 고심거리가 아닐 수 없었는데, 스콜라 신학자들은 자연법 계율의 다양한 수준을 구분하고, 긴급성과 인식가능성의 서로 다른 함의를 구분하여 도덕적 난제에 답하고자 했던 것이다. O. Lottin, "Le Droit naturel chez St. Thomas d'Aquin et ses prédécesseurs", *Psychologie et Morale*, II: p.71~100.

259 Thomas Aquinas, ***Summa Theologica***, I-II, q.91, a.1. http://www.basilica.org/pages/ebooks/St.%20Thomas%20Aquinas-Summa%20Theologica.pdf.

260 ***Summa Theologica***, I-II, Q.91. A.2.

를 내리기 전에 아퀴나스는 시편 4:6을 해설하면서 우리가 그것으로 선과 악을 분별하고 자연법에 속하는 자연 이성의 빛은 신의 빛이 우리에게 각인된 것과 다르지 않다고 말한다.[261]

영원법에 참여

그런데 신이 인간의 본성에 자연법을 심어주었다는 점과 인간이 영원법에 참여한 것이 자연법이라는 점이 어떻게 연결되는가? 아퀴나스는 자연법이 비록 인간에게 심어졌다고 하지만 영원법과 실체적으로 다른 것이 아니라고 말한다. 그런데 영원법은 신의 영원한 지혜 혹은 섭리와 다르지 않다. 따라서 자연법은 인간이 신의 지혜를 분유한 것이라 할 수 있다. 이는 신이 인간을 신의 형상(imago Dei)으로 만들었다는 내용과 통한다. 신이 인간을 자신의 형상대로 만들었다는 말은 인간의 겉모습이 신을 닮았다는 말이 아니라, 신의 지혜를 분유하고 따라서 피조물 중에 유일하게 이성적으로 사유한다는 말이다.

그런데 아퀴나스의 자연법은 어떠한 원리로 운용되는가? 아퀴나스는 자연법의 두 가지 계율에 대해 설명하면서 제1계율로 "선은 추구해야 하고 악은 피해야 한다"(bonum est faciendum et prosequendum, et malum vitandum)는 것을 제시하였다. 그리고 이 계율이 일차적이고 가장 근본적이기 때문에 다른 모든 계율들은 이 계율에 의존한다고 주장했다.[262] 이론이성의 제1계율이 동일률과 모순율이라는 존재 개념에 근거하는 것과 마찬가지로 실천적 이성의 제1계율은 선이라는 개념에 근거한다. 그리고 이 말은 실천적 이성

---

261 *Summa Theologica*, I-II, Q.91. A.2.

262 *Summa Theologica*, I-II, Q.94. A.2.

을 가진 인간이 본성적으로 선한 것 혹은 악한 것으로 이해하는 것이 바로 실천이성의 제1계율이고 행해야하고 피해야하는 모든 행위들은 이것과 관련된다는 말이다. 따라서 자연적 경향성 혹은 본성과 맞는 것은 선이고 본성에 반대되는 것은 악이라고 볼 수 있다. 이와 같이 자연법은 본성적으로 알려진 것으로서의 원리에 근거한다.[263]

아퀴나스는 자연법의 제2계율은 인간 본성에서 도출되는 변치 않는 도덕적 명제들로 제1계율과 연관된다. 그에 따르면 본성적 경향의 순서에 따라 다음과 같은 세 가지가 있다. 첫째는 모든 실체에 공통되는 것으로 자신의 존재를 보존하는 것(자신의 생명 유지권과 자기 완성의 권리), 둘째는 다른 동물들과 공통되는 것으로 자손을 번식시키고 돌보는 것(부부 공동체와 자녀 양육권), 셋째는 인간 고유한 이성의 본성에 따라 신(절대적 진리)에 대해 알려고 하는 것과 사회 속에서 살려는 것(올바른 중용, 누구에게도 불의를 행하지 말 것, 이웃에 대한 사랑, 황금률 등)이다.[264]

인간은 영원법에 대해 인식할 수 있다. 그리고 인간은 영원법과 양립하는 자연적 경향을 가진다. 따라서 아퀴나스는 자연법의 제1계율이 인간에게만 고유한 인식의 방식(modus cognitionis) 혹은 동물에게도 공통적인 행위와 감성의 방식(modus actionis et passionis) 이라는 두 가지 방식으로 영원법에 참여한다고 말한다.[265] 그런데 이러한 두 가지 방식은 완전하지 않다. 인식의 방식과 관련하여 인간은 열정과 죄의 습관에 의해 영원법을 못보게 되고, 행위와 감성의 방식과 관련하여 인간은 나쁜 습관에 의해 덕으로의 경

263 *Summa Theologica*, I-II. Q.100. A.1.

264 한국 가톨릭 대사전 편찬 위원회 편, 『한국가톨릭대사전』v. 10 (서울: 한국교회사연구소, 1995), p.7251.

265 *Summa Theologica*, I-II. Q. 93. A.6.

향이 타락된다고 한다. 따라서 완전한 도덕적 생활의 완성을 위하여 인간은 자연적 지식에 더하여 믿음과 지혜가 필요하게 되고, 선으로서의 경향성에 더하여 은혜와 덕이 필요하게 된다. 그래서 신은 영원법과 자연법에 더하여 신법(divine law)과 실정법(positive law)을 인간에게 부여했다. 신법은 인간이 신의 계시를 통하여 부여받는 법인데, 인간의 판단 능력을 넘어서는 법칙을 제공하고 자연법을 보완함으로써 초자연적인 목적(신의 목적)을 지향하도록 도와준다. 실정법은 시민법과 같이 인간에 의해 만들어진 법으로, 인간이 그들이 속해 있는 특정 공동체의 일원으로서 지배하는 법이다.[266]

양심

그러면 아퀴나스의 자연법 윤리는 어떤 과정을 통해 도덕적 결단에 이르게 되는가? 첫째 단계에서는 인간이 가장 일반적인 도덕원리를 이해하게 되는 원리인 신데레시스(synderesis: 양심의 불꽃, 죄를 범하지 않을 수 있는 힘)[267]에 따라 자연법의 제1계율과 기본적인 행위의 구분을 이해하고 받아들이게 된다. 말하자면 신데레시스의 양심은 아퀴나스에게 있어서 실천적 이성의 제1원리에 대한 지성의 파악이다. 그렇기에 신데레시스는 이론적 이성이 제1원리를 파악하는 지적 능력만큼이나 오류를 저지를 수 없다. 그래서 콘스키엔치아(conscientia)의 양심을 신데레시스의 일반적 판단을 개별자(특정 사례)에 적용시키는 것을 위해 유보하였다. 이런 의미에서 신데레시스의 양

---

266 *Summa Theologica*, I-II, Q. 93~97. 실정법은 키케로가 최초로 명명한 것으로서 주로 살인금지, 형법의 기준, 소유권 조항으로 삼고 있는 법을 말한다.

267 신데레시스는 양심의 불꽃이다. 이 불꽃은 아담과 하와가 낙원에서 추방당했을 때도 꺼지지 않았고, 그에 의해 인간들은 욕망이나 격분에 의해 압도되거나 거짓된 이유로 오도되었을 때 죄를 짓고 있음을 인식한다. C. Pierce, *Conscience in the New Testament* (London: SCM Press, 1953), 5장 참고.

심은 오류를 저지를 수 없지만, 콘스키엔치아의 양심은 오류를 저지를 수 있다. 신데레시스는 다른 생명을 이롭게 하는 봉사와 희생은 좋은 행위이고 살인, 간음은 나쁜 행위라는 가장 기본적이고 일반적인 구분을 하는 것이다.[268]

둘째 단계에서는 실천적 이성을 통하여 일반적인 원리들을 구체적인 문제들에 적용하는 단계이다. 사회에 대하여 배려를 하는 입법자의 경우에 이 명제는 "공동선을 행하고, 공동체에 악이 되는 것은 피하라"는 명제로 할 수도 있고 여기서 "이웃을 사랑하라." 혹은 "타인의 것을 훔치지 말라." "살인하지 말라."와 같은 부수적인 명제를 파생시킬 수가 있을 것이다.

세 번째 단계인 결론에서는 신데레시스와 구별하였던 콘스키엔치아를 가지고 이러한 행위는 해야 하고 저러한 행위는 해서는 안 된다는 실천적 결정을 내린다. 이 단계에서 비로소 도덕적 의무가 발생하게 된다. 그런데 여기서 보편자에서 개별자로 타당한 논증을 전개하는데 실패할 수 있는 가능성이 놓여있다. 만약 특정한 행위에 대한 판단의 근거로서 양심이 오류를 저지를 수 있다면, 사람은 양심이 오류를 저질렀을 때도 양심에 따라 행동해야만 하는가? 아퀴나스는 만일 오류가 어떤 상황에 대한 무지 때문에 일어났으면, 그리고 무지함이 그 자체 태만의 결과가 아니었다면, 오류를 저지른 양심은 죄에서 벗어난다고 최종적으로 판단하였다. 그러나 오류를 저지른 양심은 올바른 양심과는 다른 방식으로 구속력을 갖는다. 올바른 양심은 무조건적으로 구속력을 갖지만, 오류를 저지른 양심은 오직 조건적으로만 구속력을 갖는다. 만약 오류가 발견되면 그것은 제쳐둘 필요가 있기 때

268 신데레시스는 자연법의 계율들을 가지는 습관이고 인간 행위의 제 1원리이며 우리 마음의 법이다. *Summa Theologica*, I-II. Q. 94. A.1.

문이다. 올바른 양심은 그 자체로 구속력을 갖고 오류를 저지른 양심은 우연적으로 구속력을 갖는데, 왜냐하면 오류를 저지른 양심에 따라 행동하는 사람은 그것이 오류여서가 아니라 그의 눈에는 그것이 옳기 때문에 그렇게 하기 때문이다. 아퀴나스의 양심이론은 불확실성에 대한 광범위한 여지를 남겨 두고 있다.

그래서 양심이론은 다시 사려 또는 신중함(prudentia)[269]과 관련을 맺고 있다. 다양함에 대해 질서를 부여하기 위해서이다. 프루덴치아는 헬라어 프로네시스(phronesis)에 해당한다. 프로네시스는 플라톤과 스토아철학에서 "도덕적 지혜" 또는 "실천적 지혜"라는 광의적 의미로 사용되던 말이다. 플라톤는 "모든 덕의 통일인 사려(프로네시스)는 덕들의 전차 기수"[270]라고 주장하였으며, 키케로는 프로네시스를 "무엇을 행하고, 무엇을 삼가야 하는지에 대한 지식"으로 정의함과 동시에 사주덕(지혜, 용기, 절제, 사려) 중의 하나로 분류하였다.[271] 그런데 아리스토텔레스는 프로네시스를 일반적인 도덕적 지혜만을 지칭하는 것이 아니라 특정한 행위의 선택을 지칭하였다. 즉

269 prudentia는 영어로 prudence로 번역된다. 그런데 영어에서는 퓨리탄들이 prudence를 근검절약, 특히 금전 문제에서의 근검절약과 연관시킨 탓에 prudence는 자신의 이익을 감안해 조심하고 계산을 한다는 의미로 쓰이게 되었다. 그러나 그것의 어원이 되는 헬라적 개념에서는 조심이나 자기 이익과는 상당히 거리가 멀다. 실천적 지성의 덕성 혹은 일반 원칙을 특정한 상황에서 적용하는 방법을 아는 덕성이라는 의미였다. 즉 원칙이 구체적인 형태를 택하게끔 행동하는 능력을 가리킨 것이다. 따라서 prudence는 그 자체가 덕일 뿐 아니라 모든 덕의 기초가 된다. 그것 없이는 인간은 덕이 있을 수 없다. 인간은 훌륭한 원리를 갖고도 그에 따라 행동하지 않을 수 있다. 그리고 설사 정의로운 행동을 하더라도, 처벌당할 수 있다는 공포심을 느끼며 그렇게 할 수도 있다. 이런 경우 prudence를 결했다고 말할 수 있는 것이다. 그런데 prudence가 근대에 들어와 물질적인 의미로 전이되었기 때문에 칸트는 prudence가 도덕의 영역이 아니라고 생각한 것이다. A. MacIntyre, *A Short History of Ethics* (New York: Macmillan, 1966), p.74.

270 플라톤.『파이드로스』에서 전차기수의 이미지가 언급된다.

271 Cicero, *De Officiis* I, 43. https://archive.org/details/deofficiiswithen00ciceuoft.

사려는 영혼의 미덕이나 상태이면서, 또한 특정한 선택(중용적 선택) 안에서 발휘되는 것이다. 아퀴나스는 아리스토텔레스의 개념을 수용하여 사려를 "행하여야 하는 것에 대한 올바른 추론"으로 정의하고 있다. 사려 깊게 선택하기 위해서는 주어진 목표를 위한 다양한 수단을 숙고하고, 최선의 수단을 건전하게 판단하고, 이 판단이 시사하는 각 단계들을 굳건히 받아들여야 하는 것이다.[272]

요약하면 자연법 윤리에서 어느 경우에나 우리가 해야 할 최선의 것은 그 행위에 대한 최선의 이유를 가지고 있는 행위 과정이다. 그러므로 신앙인이든 아니든 책임 있는 도덕판단은 인간에게 선천적으로 주어진 이성의 소리에 귀 기울이고 자신의 양심에 충실히 따르는 것이다. 그렇다면 도덕적 삶이란 결국 '이성에 따르는 삶'이다. 말하자면, 자연법 윤리의 관점에서는 이성적으로 행동하는 것과 그리스도인으로서 행동하는 것은 차이가 없다. 이성의 명령을 무시하는 것은 결국 신의 명령을 거역하는 것이다. 이것은 도덕에 관해서 그리스도인과 비그리스도인의 도덕적 의무는 완전히 다르지 않음을 의미한다. 도덕적 행위는 여러 가지 행동 과정에 대한 찬반 이유를 주의 깊게 통찰하고 난 후, 가장 이성적으로 생각되는 계획에 자신의 행동을 맞추는 것이다. 도덕 행위자가 어떻게 행동해야 할 것인가를 고려할 때 무조건 종교적일 필요는 없으며 여러 가지 선택 가능한 대안 중에서 이성과 양심에 비추어 최선의 근거를 택할 수 있는 것이다.

아퀴나스가 묘사하는 사려 깊은 사람은 보편적 원리와 특정한 상황에 대한 지식을 둘 다 갖추고 있다. 과거 경험에 대한 기억과 미래의 가능성에 대한 예지를 함께 엮을 수 있다. 그리고 새롭고 아직 일어나지 않은 상황에

---

272 *Summa Theologica*, II-II, q.47, aa.1-16.

서도 쟁점이 되는 것을 인식할 수 있다. 사려 깊은 사람은 인간 삶의 궁극적 목적이 신성한 섭리에 의해 정해져 있지만, 그 궁극적 목적을 이루는 수단은 "다양한 사람과 상황에 따라 수많은 다양성을 가지고 있음"을 알고 있다. 그래서 사려 깊은 행동의 한 가지 특징은 용의주도함이다. 아퀴나스는 특정 행위와 관련된 상황은 잠재적으로 무한할 수 있다고 지적하였다. 그러나 이 무한한 것들 중에서 단지 몇 가지만이 어떤 특정한 상황에서 무엇을 행하고, 또 삼가야 할지에 대한 판단을 변경할 만큼 중대하다. 그에 따르면 사려는 서로 관련된 것들을 선택한다. 인간의 행위는 너무 다양해서 악과 선이 함께 섞일 수 있기 때문에 신중함 또한 요구된다. 사려 깊은 사람이라 하더라도 악을 모두 회피할 수는 없는데, 악이 때로는 선을 가장하기 때문이다. 하지만 그는 예지를 가지고, 흔한 함정을 회피하여 가능한 한 해악을 줄일 수 있도록 신중해야 한다.[273]

결의론

그런데 자연법 윤리에서 보편적 원리와 약간 거리가 있는 윤리적인 문제를 다룰 때는 상당한 도덕적 훈련이 요구된다.[274] 예컨대 자살, 안락사, 이혼, 낙태, 동성애와 같은 문제를 다룰 때가 그러하다. 이러한 문제에 대한 자연법적 원리들은 비록 지성적인 사람이라 할지라도 즉각적인 이해가 쉽지 않다. 더구나 자연법의 원리들을 특수한 경우들에 적용시키는 것은 이보다 더욱 어렵기 때문에 신학윤리학자들은 온전한 도덕체계를 세워 가르치고 모범을 보이는 것이 필요하다는 결론에 이르게 된다. 이러한 윤리학적

---

273 *Summa Theologica*, II-II, q.47, a.15; q.49, a.7, ad 1-2, a.8, ad 3.

274 박충구.『기독교윤리사I』(서울: 대한기독교서회, 2003), p.183~184 참조.

방법론을 결의론(casuistry)[275]적 방법이라 부른다. 이러한 결의론적 방법론을 가지고 도덕교사의 역할을 하는 제도가 바로 교회이며, 따라서 가톨릭교회는 신도들의 도덕적 교사로서 교도권을 가지고 있는 것이다. 이런 까닭에 가톨릭교회에서는 기독교 윤리학적 관점을 신앙인들의 삶에 적용시키는 구조가 매우 중요한 위치를 차지한다.

지금까지 살펴본 바와 같이 중세를 대표하는 아퀴나스의 자연법 윤리는 신적인 근거를 가지고 있었다. 그리고 도덕은 법과도 긴밀한 관계를 맺는다. 그러나 중세의 자연법 윤리는 근대에 이르러 계몽주의의 영향을 받아 세속화되고 신적인 법과의 긴밀한 관계가 약화되거나 단절되는 사태로 나아가게 된다.

자연법 윤리와 종교개혁가들

자연법 윤리에 대한 가톨릭과 종교개혁가들의 이해는 상이하다. 전자가 적극적으로 긍정한다면, 후자는 보다 소극적이거나 부정적이라 할 수 있다. 이것은 인간의 본성의 중요한 요소인 이성의 능력에 대한 이해의 차이에서 비롯된 것이다. 가톨릭은 이성의 능력에 대해 더 긍정적으로 보기에 자연법 윤리에 적극적인 반면, 종교개혁가들의 경우는 이성의 능력을 회의

---

275 결의론이란 일반적 규칙들을 구체적인 경우에 적용하는 윤리적 방법론을 말한다. 모든 구체적인 경우에 적용하는 규칙을 고려하기 때문에 규칙의 수가 많아지는 것은 불가피하다. 바리새인들의 결의론, 중세 가톨릭의 윤리도 대표적인 결의론 체계를 갖추고 있다. 그리고 결의론은 인간의 어떤 상황이나 행동도 윤리적인 판단에서 배제될 수 있는 것은 없다는 신념, 즉 아디아포라(adiaphora)란 결코 존재할 수 없다는 신념을 바탕에 깔고 있다. 칼 바르트는 결의론을 강하게 비판하면서, 이것은 윤리학자가 신의 자리에 앉는 일이며, 신의 명령은 일반적인 규칙이 아니라 언제나 특정한 상황에서 특정한 순간에 특정한 사람에게 주어지는 특정한 명령이기에 인간의 자유로운 순종을 위협하는 것이라 보았다. Karl Barth, *Kirchliche Dogmatik*, III/4 (Zürich: Evangelischer Verlag, 1951), 4ff.

적으로 보기에 자연법 윤리에 대해 제한을 두려는 경향이 있다. 원죄로 인한 인간의 타락한 본성을 더욱 강조하는 프로테스탄트는 자연법에 대한 인식능력이 희박하다는 것이며, 설령 있다하더라도 계시나 신앙의 전제 하에서만 가능하다는 입장을 보인다. 특히 도덕적인 행위와 구원을 결부시키려는 신학, 즉 자연적 목적과 궁극적인 목적을 결부시킨 가톨릭신앙은 루터의 눈에는 불신앙과 다름없었다. 인간의 악은 도덕적인 행위보다 더 근본적인 것인데, 그 근원적인 악에서 도덕적인 죄의 결과가 비롯했다는 것이다. 그래서 윤리적 문제의 답은 도덕적인 것에 있기보다는 종교적인 것에 있는 것이며, 그것을 신의 은총과 그 은총에 대한 응답으로서의 신앙에서 찾았던 것이다. 그러나 루터가 자연법을 완전히 부정했다고 볼 수는 없다. 제한적이긴 하지만 창조질서나 두 왕국 이론에서 정의와 인간의 의무를 결정하는 이성의 기능에 대해 인정하고 있으며, 또한 신약성서의 황금률을 자연법의 한 진술로 확신하고 있음을 알 수 있다.[276] 그리고 칼뱅은 신의 절대주권과 은총, 그리고 신앙을 강조한 점에서는 루터가 다르지 않으나, 자연법과 십계명 그리고 성서의 새로운 계명에 대한 연속성을 인정한 점에서는 루터보다 가톨릭의 입장에 더 가까워 보인다.[277] 그는 자연법에 대한 설명으로 모세의 율법만이 아니라 예수의 교훈을 해석한다는 점에서, 그리고 도덕법이 모든 사람의 양심에 새겨져 있다고 본 점에서 가톨릭과 칼뱅은 친화적이라 볼 수 있겠다. 물론 자연법을 이해하는 자연이성에 대한 신뢰에 있어서는 칼뱅이 훨씬 더 약하다는 점을 간과할 수는 없다.

신학적 자연법 윤리의 이해에서 주목해야 하는 것은, 아퀴나스의 윤리

---

276 James Gustafson, *Protestant and Roman Catholic Ethics, Prospects for Rapprochement* (Chicago: Chicago University Press, 1978), p.10.

277 Ibid., p.19.

역시 타락 이전의 아담이 아니라 타락 이후의 아담을 전제로 하고 있다는 점이다. 그러하기에 아퀴나스의 자연법은 죄악의 상태를 전제로 한 자연법임을 고려해야 하며, 그것은 고대의 이교적인 자연법보다는 소극적인 자연법이라는 점도 유념해야 한다. 그런데 이 원죄를 바로잡고 세상의 질서를 바로 세워야 할 사명이 부여된 기관이 교회인 것이다. 그러니 노예제도 같은 것은 처음부터 인정될 수밖에 없었다. 아담의 죄를 없애고 인류를 구원하기 위해서는 '처벌'(경우에 따라서 국가는 죄에 대한 '치료'를 관장하기도 한다)이라는 구원의 수단이 절실했던 것이다. 이런 방식으로 합법화되는 것이 국가가 국민에게 자행하는 폭력이다. 인간은 죄에 합당한 처벌을 받아야 하는 것이다. 이렇게 해서 인간의 존엄성을 위한 자연법은 인간을 억압하는 논리가 될 수도 있는 것이다. 자연법을 토대로 계층 질서와 노예에 대한 억압이 정당화되고 그것이 실정법으로 규정되기 때문이다. "은총은 자연을 파괴시키는 것이 아니라, 완성 시킨다"(Gratia naturam non tolluit, sed perficit)[278]는 말에서 교회의 목표가 단순히 저세상의 은총이 아니라는 것을 알 수 있으며, 이 세상을 목표에 포함시킨다는 의미에서 세상적인 권력에의 의지를 읽을 수 있다.

루터는 국가란 법에 따라 자신의 권한을 피치 못하게 강제적으로 집행하는 기관이라 간주하면서 가톨릭교회의 권위에 맞섰다. 그에게는 교회보다는 오히려 국가가 세상의 모든 악을 제거해야 하는 신의 도구이다. 그래서 루터가 가장 거부하고자 한 사상은 엄밀히 말해 아퀴나스보다 더 급진적인 자연법(타락 이전의 완전했던 아담의 상태)을 갈망하는 사상이었다. 물론 루터는 교회의 수장인 교황의 절대 권력에는 반대했지만, 군주가 대표하는 국

278 *Summa Theologica*, I, q.1, a.8, resp.2.

가 권력은 적극 옹호했다. 이점은 "범죄의 처벌과 치료"에 관한 아퀴나스의 기본 입장을 그대로 수용한 것이며, 이를 체제 옹호적으로 더 확실하게 밀고 나갔다.

종교개혁 시기의 재세례파와 같은 급진주의자들의 자연법사상은 아퀴나스나 루터처럼 완화된 자연법사상(죄의 상태를 용인하는 자연법)과는 근본적으로 달랐다. 그들은 어떤 제한도 용인하지 않는 지상천국을 갈망했고, 이를 향해 혁명을 실천했다. 이들에게는 근본적인 자연법과 그리스도의 법은 동일한 것이었기 때문이다. 아퀴나스나 루터처럼 죄의 상태를 고려한 자연법은 모두 타락한 것이며, 그것을 통해 신의 은총을 독점하려는 종교권력의 술수라고 본 것이다. 그래서 뮌처(Thomas Müntzer)는 "거짓된 신앙의 강력한 폭로"라는 글에서 다음과 같이 요구한다.

> 그 밖에 우리는 지극히 폭력적이고, 자기중심적이며 신앙심 없는 인간들을 권좌에서 내 지 않으면 안 된다. 이들이 권좌와 모든 세상을 손아귀에 넣은 채, 성스럽고도 올바른 기독교 신앙을 방해하고 있기 때문이다. 올바른 기독교 신앙이 자신의 진정한 근원에서 퍼져 나가게 하려면, 우리는 그러한 인간들을 권좌에서 내쫓아야 한다.[279]

뮌처는 현존하는 인간이 소유권-국가-강제적 법령에서 완전히 자유로울 때 기독교의 경건성이 진정한 쓰라림, 진정한 은총과 함께 제 자리를 찾으리라는 견해를 피력한 것이다.

재세례파는 죄의 상태를 전제로 한 자연법을 악마의 법이라 규정하였으

279 Thomas Müntzer, "Ausgedrückte Entblöβung des falschen Glaubens," http://www.mlwerke.de/mu/mu_002.htm

나, 루터는 이러한 무정부적인 죄인들을 다스리는 수단으로서 국가의 폭력을 적극 지지한다. 그리고 자연법의 시행은 이러한 무질서를 일삼는 자들을 척결하는 방책으로 환원시켜 이해한다. 법이란 엄격할수록 좋고, 그것이 야만적인 방법으로 적용되어야 인간이 신에 가까이 갈 수 있다고 보았던 것이다. "전쟁을 치르는 자들도 성스러울 수 있는가?"(Ob kriegsleute auch im seligen Stande sein können)에서, 고대 그리스인들과 로마인들은 진정한 자연법을 알지 못했으며, 이에 반해서 페르시아와 타타르 등 중동 국가의 사람들은 자연법에 충실했다고 평한다.[280] 또한 이러한 방식으로 출현하는 것이 억압을 다루는 자연법 또는 전능한 폭력 국가의 자연법이라고 한다. 실제로 루터가 신학적으로 정당화시킨 국가는 기독교의 복음을 전혀 염두에 두지 않고 무자비한 폭력을 자행하였다. 살인을 금지하는 신의 계명인 십계명이 루터에게는 기독교적으로 그다지 의미를 갖지 못했던 것이다. 십계명 같은 율법은 죄에 대한 두려움을 일깨우는 정도의 소극적인 의미만 지닐 뿐이다. 그에게서 복음은 개인적인 도덕으로 이해될 뿐이고 은혜의 왕국인 교회에서 추구될 수 있는 사안이었다. 악의 세력에 대항하고 보복하고 심판하는 국가의 권력의 차원에서 필요한 것은 복음이 아니라 강력한 법적 강제력이었다.

루터에서 그리스도인의 자유는 결코 육체적·세속적인 자유를 말하는 것이 아니다. 특히 노예와 농부에게는 어떠한 경우에도 저항하지 말고 모든 것을 수용하고 무조건 참고 견딜 것을 요구한다. 루터는 농민들의 불평에 심정적으로 동정을 보내기는 하지만, 자신들의 억울함과 부조리를 복음에 호소하는 것을 단호하게 거부한다. 농민들이나 노예들은 그들의 불평이 아

280 Martin Luther, *Ob kriegsleute auch im seligen Stande sein können*, http://www.glaubensstimme.de/doku.php?id=autoren:l:luther:o:ob_kriegsleute_in_seligem_stande_sein_koennen.

무리 정당하다 해도 개선을 위한 청원 정도는 할 수는 있으나 대항해서 행동하는 것은 용납되지 않는 것이다.[281] 그들은 모든 것을 신께 의뢰하고 구원을 위한 기도밖에 할 것이 없다. 특히 루터는 농민들이 자신의 반란을 복음으로 정당화시키는 시도를 신성모독이요 두 왕국의 혼동이라 공격한다.[282] 농민들이 호소하는 복음의 자유는 세상 영역에서는 해당되지 않는다는 것이다. 복음은 그리스도 안에서 인간의 영적 해방과 관련 있는 순전히 영적 자유인 것이다. 복음은 세상 영역과 관계가 없다. 그러므로 복음은 농노 폐지를 정당화하기 위해서도 사용될 수 없다. 왜냐하면 그것은 세상 영역에 속한 것이고 세상에서 노예로 살면서도 그리스도 안에서 자유를 누릴 수 있는 가능성이 크기 때문이다.[283]

루터는 인내에 대한 강조를 통해 자연법과 복음이 조화될 수 있으리라 보았다. "고통, 고통, 십자가, 십자가는 오로지 그리스도의 법이며, 이외의 어떤 것도 그리스도의 법이 아니다."[284] 죄인인 인간에게 필요한 것은 자연법적인 권리나 자유가 아니라 오직 신의 은혜였고, 세상의 질서를 위해서는 국가의 정의 실현이 필요했던 것이다.

루터는 이원론을 표방하면서, 최고의 권력체제로서의 국가 영역을 기독교의 영역에서 분리시켰다. 그리고 십계명과 같은 율법도 사랑의 신과 그리스도의 복음으로부터 분리시켰다. 그러나 칼뱅은 루터와 달리 십계명에서 복음의 정신을 찾았고, 복음에서 십계명의 가르침을 발견하고자 했다.

---

281 James Gargill Thompson, *The Political Thought of Martin Luther*, 김주한 역, 『마르틴 루터의 정치사상』(성남: 민들레책방, 2002), p.149.

282 Ibid.

283 Ibid.

284 M. Luther, *Die Hauptschriften* (Berlin: Christlicher Zeitschriftenverlag, 1958), p.281, p.298 참조.

그래서 칼뱅은 "성서의 기록된 법(율법)은 자연법의 정당한 증거이며, 신은 이러한 수단을 통해서 애초부터 인간의 마음속에 새겨 넣은 우리의 기억을 회상시킨다"[285]고 말할 수 있었다. 특히 칼뱅은 "율법의 제3용법"(그리스도인들의 규범과 안내 및 행동의 규칙)을 통해 율법이 그리스도인의 삶을 성령이 인도하는 상황에서 매우 유익한 것임을 주장한다. 이는 율법을 통해서도 성령의 사역이 이루어진다는 의미이다.[286] 칼뱅은 구약 율법 폐기론자들과는 달리 구약율법도 하나의 계시로서 신약과 상호보완 관계에 있으면서 그리스도인의 삶에 지침이 된다는 것이다. 다시 말해 십계명을 포함한 율법과 예언의 제3용법은 성령의 역사를 통한 황금률의 정신 구현을 보좌하는 역할을 하게 되는 것이다. 이처럼 칼뱅에 있어서는 율법이 폐기의 대상이 아니라 성령의 사역과 긴밀한 연관을 갖게 된다.[287]

칼뱅의 자연법사상은 구약성서와 십계명에 담긴 신법에 관한 비유로만 해석될 수 있었기에, 산상수훈의 급진적 내용에도 당황하지 않지 않고 루터처럼 이상주의와 현실주의를 분리시키지도 않았다. 가령 신약성서의 "부자가 천국에 들어가는 것은 낙타가 바늘귀로 들어가는 것보다 어렵다"는말에 대해 신의 뜻을 따르기 위해서는 자본을 축적할 수 있다고 주장함으로써 급진성을 약화시킨다. 산상수훈의 급진적 사랑의 요구도 '타인에 대한 충분한 사랑'으로 해석한다.[288] 이것은 구약성서에서도 수없이 언급될 수 있는 내용들이다. 그래서 칼뱅은 산상수훈을 모세와 예언서의 말씀과도 동일시했으며, 다윗의 시편과도 일치시켰던 것이다. 신은 불변하는 존재이기 때문에

285 John Calvin, *Calvin's Commentaries* (Edinburgh: Grand Rapid, 1981) Psalms 119:52.

286 John Hesselink, *Calvin's Concept of the law* (Pennsylvania: Pickwick Pub., 1992), p.9.

287 Ibid., p.10~11.

288 John Calvin, *Calvin's Commentaries*

어떠한 경우라도 십계명은 준수되어야 한다.

칼뱅은 사유재산과 부의 축적을 신의 은총으로 이해했기 때문에 재세례파들과 같은 이상주의와는 매우 거리가 멀었다. 당시 성장하고 있던 상업과 무역에 종사하는 그리스도인의 입장을 두둔하고자 했던 칼뱅에게 급진적인 자연법(경제적인 이상주의) 사상은 생각할 수 없는 사고였다. 그러나 칼뱅은 최소한 개인의 자유를 인식하고 있었다. 그리고 그 자유인들은 국가권력에 대항하는 세력이 될 수 있었다. 그의 정치윤리에서 볼 수 있듯이, 만일 사악한 군주가 끔찍한 폭력을 행사한다면, 이는 십계명에 기술된 자연법의 정신에 위배되거나 이를 지속적으로 해체하는 행위에 해당하므로, 개인은 왕의 폭력에 무력으로 제재를 가할 수 있다고 칼뱅은 주장한 것이다.[289] 그리스도인은 한 분 주님을 모시고 있기에 인간적인 주인이나 상관이나 국가 위정자에게 바쳐야 할 복종은 절대적 권위를 갖는 신에게 바쳐야 할 복종에서 비롯한 조건적인 복종일 뿐이며, 신의 뜻에 반하는 정치권력의 경우 언제든지 가차 없이 저항할 수 있는 것이다.

> 신은 다양한 방식으로 압제적인 폭압적 전제정권을 타도한다. 때로는 신의 뜻과 섭리를 따르는 구원자가 보내질 수도 있고, 어떤 경우에는 공적인 보복자인 종들을 세워서 그들에게 임무를 맡긴 뒤, 그들을 무장시켜 불의한 지배체제를 심판한다. 그리고는 불의하게 압제를 받아왔던 사람들을 비참하고도 괴로움이 가득 찬 큰 재앙으로부터 해방시킨다 … 그들이 신으로부터 받은 합법적인 위탁에 의해 그러한 행위를 하도록 요청될 때, 폭압적인 왕에 대해 무장을 하여 대항하는 것은 신의 임명에 의해 부여된 왕의 위엄을 침해하

289 André Biéler, *The Social Humanism of Calvin*, tran. by Paul Fuhrmann (Richmond: John Knox Press, 1964), p.24.

는 것이 아니고 또한 그들에게 책임이 돌아가는 것도 아니다. 하늘로부터 온 권위에 의해 무장하는 것은 차라리 열등한 땅의 권세가 우월한 하늘의 권세에 의해 심판을 받는 것으로 보아야 할 것이다.[290]

칼뱅의 주장에서 볼 수 있듯, 물론 저항의 권리가 만인에게 허용된 것은 아니다. 그것은 적어도 국민들에게 봉사하는 위치에 있는 하급관리(종)에게 허용된 것이다. 그러나 당시 권력에 대한 저항을 통해 극심한 박해와 희생을 경험했던 재세례파의 비극을 생생하게 목도한 칼뱅의 경험을 고려한다면, 그의 저항권 주장에는 상당한 급진성이 내포되어 있다고 볼 수 있을 것이다. 구약성서의 고대 이스라엘 역사가 신의 뜻을 배신한 독재자에 대항한 예언자들의 선포로 가득하다는 점을 인정한다면, 인권을 중시하는 근대 합리주의 자연법사상이 신학적으로 고찰할 때, 구약성서를 토대로 자신의 자연법사상을 전개한 칼뱅에서 가장 큰 영향을 받았다고 평할 수 있을 것이다.

현대 자연법 윤리

자연법 윤리는 현대의 여러 가지 어려운 문제에 직면하여 그 타당성이 의문시되고 있다. 틸리케(Helmut Thielicke)는 자연법이 기초하고 있는 인간관과 정의관의 불일치성을 지적한다. 인간개념은 일정한 정치적 맥락에서 발생하는 것이기에 인간본성을 정확하게 규정하기는 어렵다는 것이다.[291]

---

290 John Calvin, *Institutes of the Christian Religion*, IV, 20. 33. http://oll.libertyfund.org/?option=com_staticxt&staticfile=show.php%3Ftitle=535&chapter=218654&layout=html&Itemid=27

291 Helmut Thielicke, *Theological Ethics*, vol.1 (Michigan: William B. Eerdmans Publishing Co., 1966), p.420~429.

예컨대 고대 폴리스 사회에서는 인간은 폴리스의 시민을 의미했고, 서구 계몽주의 시대의 인간은 서구 백인 지성을 의미했던 것이다. 결과적으로 보편적 범주에 들지 않는 인간은 인간으로 대할 수 없기 때문에 노예제도는 당연히 허용되고 마는 것이다. 따라서 이러한 정치적 인간관계에 기초해 있는 자연법은 불변적 성격을 가질 수 없다는 것이다. 그리고 마찬가지로, 정의관에 있어서도, 모든 시대 모든 장소에서 순수 형식적 원리로 발견될 수 있는 정의관은 존재하지 않는다는 것이다.[292] 인간은 역사적으로 그 어떤 원인에서건 늘 평등하지 않았다는 것이며, 이런 상황에서 천부적인 인간적 권리(suum cuique: 각자의 정해진 몫)라는 것은 모호하다는 생각이다. 결국 틸리케 주장의 핵심은 자연법적 윤리가 형식적인 원리로는 항구성을 지닐지 몰라도, 내용적으로 구체성과 항구성을 갖추지 못하고 있다는 것이다. 실제 오늘날과 같은 다원주의 사회에서 관철할 수 있는 항구적으로 보편타당한 규범이란 존재하기 힘든 것이며, 모든 역사적 상황을 초월하는 초시간적 규범을 제시하는 것도 쉽지 않은 일일 것이다.

그러나 제2차 바티칸 공의회 이후 가톨릭의 자연법[293]은 '이성적 동물'이라는 추상적 인간 본성에서 형이상학적으로 연역하는 것을 지양하고, 인간의 존엄성과 자유에 있어서 인권의 근거와 척도가 되는 개인의 '인격'(개인주의적-집단주의적 인간이 아닌 개인적 자유의 주체인 인간으로서의 인격)을 자연법의 출발점으로 삼고 있다. 환언하면 인격으로서의 인간의 자유권이 오늘날 가톨릭 자연법 윤리의 핵심을 이룬다는 것이다. 그리고 그것을 지탱하고 있

---

292 Ibid., p.421~425.

293 Eberhard Schockenhoff, *Naturrecht und Menschenwürde. Universale Ethik in einer geschichtlichen Welt* (Mainz: Grünewald, 1996), 백봉흠, "자연법과 인간의 존엄성 -국제법상 인권보장의 유래-,"『가톨릭사회과학연구』제2집, 한국가톨릭사회과학연구회, 1983. 제5장 참조.

는 두 기둥이 '인간의 존엄성'과 '공동선'(bonum commune)이다. 여기서 중점적으로 다루어지는 주제는 인간의 자율성-자유-책임-역사성 등이다. 그리고 연역적이고 형이상학적 방법론을 지양하고 경험적 연구방법과 그 성과를 가능한 한 고려하고 있으며, 특히 인격주의와 실존주의의 기본 사상을 적극적으로 수용하여 응용윤리 분야에 적응을 시도하고 있다. 이런 의미에서 오늘날 자연법은 초시간적이고 탈역사화된 원리가 아니라 '인간화'의 과제로 인식되고 있으며, 신의 뜻에 부응하여 인간 존엄성이 보장되는 사회공동체 건설을 위해 부단하게 고민하고 노력하고 있다는 점을 정당하게 평가해야 할 것이다.

2.3 바르트(Karl Barth)의 신 명령 윤리

바르트는 윤리학을 인간의 활동에 관한 질문에 대하여 인간적인 대답을 하려는 시도로 본다.[294] 그런데 이 활동은 다른 사람들과의 관계에서 일어나는 기대에 근거를 두고 있다. 이렇게 해서 윤리학은 관계 가운데 있는 기대로서의 인간의 활동에 관한 질문에 답하는 것이다.[295] 그런데 그는 윤리학을 교의학, 특히 신론의 과제로 생각한다. 그것은 윤리학을 인간에게 향한 신의 명령을 다루는 것으로 이해하기 때문이다. 따라서 윤리학은 당연히 신의 계시인 삼위일체 구조를 반영해야 하기에, 신의 명령은 창조주 신의 명령, 화목주 신의 명령, 구속주 신의 명령 개념을 포함한다.[296] 바르트는

294 Karl Barth, *God Here and Now* (New York: Harper & Row, 1964), 86. 맹용길. 『하나님의 명령과 현실』(서울: 대한기독교출판사, 1980), p.8에서 재인용. 우리말로 된 이 책은 맹용길 교수의 박사학위논문을 번역한 것으로서 저술 연대와 상관없이 바르트 윤리 공부에서 필독이 요구된다.

295 맹용길, Ibid., p.8~9.

신의 명령을 "명령법적 양태에서 인간의 존재와 본성이 자신의 창조주이며 주가 되는 분을 따라 내리는 최고로 권위 있고 객관적인(authentic) 해석"[297]이라고 정의한다. 그렇기에 바르트는 신학적 윤리학과 철학적 윤리학을 연관시키고 서로 보완하려는 노력에 반대하며, 특히 아퀴나스와 같이 신학적 윤리와 인간적 윤리를 접합시키는 자연법적 윤리는 용납될 수 없다.

바르트의 신학의 출발점 자체가 그리스도 안에 계시된 신의 말씀이다. 그리스도는 종교적 인간성이 아니고 신이 인간에게 자신을 계시하는 신의 말씀이다.[298] 신의 말씀은 신으로부터 인간을 향한 세상성을 담지하고 인간에게로 침범해 들어온다. 그런데 불행하게도 인간은 이 말씀을 인식할 수 있는 능력이 없다. 이런 점에서 인간의 지혜와 모든 방법은 쓸모없다는 것이다.[299] 따라서 신의 말씀을 파악하지 못하는 인간의 도덕과 윤리, 선행은 신의 말씀의 관점에서 보면 무의미하다. 이런 점에서 보면 바르트에게서 윤리란 사실 인간의 모든 노력의 한계를 지적한다는 의미이며, 인간에게 윤리가 가능할 수 있는 근거는 오직 자비로운 신이다. 그리고 신의 사랑과 자비로운 명령은 오직 예수 그리스도 안에서 계시되었다는 것이다.[300]

그렇다면 인간은 어떻게 신의 말씀에 접근해 갈 수 있는가. 그것은 도덕적 추론 과정이 요구되는 것이 아니며, 성서 이외의 다른 출처와 관련될 수 있는 것도 아니다. 바르트에게서 인간은 대주체인 신 안에서 괄호 안에 묶인 도덕적 주체이기에, 인간의 의지는 자율적일 수 없다. 인간은 신의 은

296 Karl Barth, *Church Dogmatics* II/2 (New York: T & T Clark, 1967), p.549.

297 Karl Barth, *Church Dogmatics* III/4 (New York: T & T Clark, 1961), p.568.

298 맹용길, 『하나님의 명령과 현실』, p.32.

299 박충구. 『기독교윤리사II』(서울: 대한기독교서회, 2001), p.191.

300 Karl Barth, *The Holy Spirit and the Christian Life: The Theological Basis of Ethics* (Louisville: The Westminster, 1993), p.213.

혜 아래서만 존립할 수 있는 하나의 "불가능성"(impossibility)이다.[301] 이제 남은 유일한 방법은 신이 스스로 계시해야만 가능한 성질의 것이다. 결국 신의 말씀에 대한 우리의 판단과 이해가 중요한 것이 아니며, 선에 관한 기원적 사고에 대한 의문은 있을 수도 없다. "선악에 관한 문제는 신의 뜻 즉 예수의 십자가와 부활에 의해 단번에 해결되었기 때문에 인간에 있어서 모든 '선한 것'은 이미 인간에게 말씀되어진 것이다."[302] 그래서 오직 중요한 것은 신의 계시된 말씀에 대한 철저한 순종이다.[303] 고로 신학적 윤리는 신과의 만남 속에서 들려오는 신의 명령에 대하여 순종하는가 아니면 불순종하는가의 문제를 다루는 것이다. 그런데 믿음보다 더 큰 복종이 없으므로 믿음에서 나온 책임적 응답이 가장 구체적인 신의 명령에 대한 순종이라 할 수 있다. "신의 명령 아래 서 있지 않은 인간 행동은 없으며 어떤 인간의 행동도 신의 명령과 관계를 떠난 경우도 없고, 또한 그 명령과의 관계에서 중립적 위치에 있는 경우도 없다."[304] 신이 요구하는 순종이 예수 안에서 완전히 드러났기 때문에, "우리 편에서 실제로 전혀 더 첨가할 것은 없고, 단지 우리의 행동을 통해서 이 사건을 인정하는 일만 남아 있다. 교회 교의학의 윤리적 문제는, 인간의 행동이 예수 그리스도의 은혜를 영화롭게 하는지 그리고 어느 정도까지 그렇게 하는지의 질문에 달려있다."[305]

예수 그리스도는 인간에 대한 신적 요청의 근거이며 내용이자 형식이다. 예수는 이미 신앙의 전무후무한 위대한 일을 성취했기 때문에 인간에게

---

301 맹용길.『하나님의 명령과 현실』, p.45.

302 *Church Dogmatics* II/2, p.536.

303 *Church Dogmatics* II/2, p.537.

304 *Church Dogmatics* II/2, p.535.

305 *Church Dogmatics* II/2, p.540.

더 이상 성취되어야 할 것을 요청하지 않는다. 인간은 단지 믿음으로 예수의 일을 우러러볼 뿐이다. 오직 믿음으로 그것을 인정하고 따르며, 확인할 뿐이다.[306] 바르트의 신앙은 행동으로서의 순종이 된다. 신의 명령은 구체적인 인간 역사 속에서 실현된 결정적인 신의 행동 속에 근거를 둔다. 따라서 신의 명령은 인간으로서 접근 불가능한 이상으로 다가오는 것이 아니다. 그것이 의무적 명령이든, 허용 명령이든 예수 그리스도의 인격 안에서 성취된 실재로서 인간에게 다가온다. 이렇듯 예수 그리스도의 인격은 신적인 요청의 근거와 내용일 뿐만 아니라 신적 요청의 형식이기도 하다.[307]

종교개혁의 신의 주권 사상을 계승한 바르트는 신의 말씀은 언제나 확정적이고, 신의 의지는 언제나 개별 상황에 맞게 구체적으로 주어진다.

> 신의 결정은 매우 확정적인 결정이다. 바로 그 안에서 우리의 결정에 대해 신의 주권적인 심판이 표현된다. 이것은 신이 명령과 심판 안에서 항상 구체적인 의미와 의도를 가지고, 아무리 작은 것이라도 우연이나 인간의 변덕에 맡겨두지 않고, 모든 것과 또한 개별적인 것을 예견하는 의지를 가지고 우리를 대면한다는 것을 의미한다. … 모든 가시적인 또는 비가시적인 구체적인 것들 속에서 신은 한 가지, 다른 어떤 것도 아닌 한 가지를 우리에게 기대하며, 우리가 신이 그렇게 원하는 것을 정확함을 가지고 행하는가의 여부에 따라 우리를 평가하고 심판한다.[308]

그러나 바르트의 난점은 신의 명령의 확정성에 대한 그의 설명이 애매모호한 해석학적 견해를 채택하도록 요청한다는 점이다. 바르트에 따르면

---

306 *Church Dogmatics* II/2, p.558.

307 *Church Dogmatics* II/2, p.606.

308 *Church Dogmatics* II/2, p.663~664.

신의 명령은 어떤 해석도 필요하지 않는데, 그것은 가장 작은 세부사항에 이르기까지 스스로를 해석하기 때문이라는 것이다.[309] 참으로 신의 말씀은 자기 해석적이어야만, "명령은 무조건적이며, 순종과 불순종 사이의 선택 외에는 어떤 선택의 여지도 우리에게 남겨져 있지 않다"[310]는 확신이 가능해지기 때문이다. 그러나 성서가 명료하고 성서 자신이 해석을 부여한다는 바르트의 강력한 확신은 교회 내에서조차 왜 동일한 사안에 대해도 해석의 심대한 불일치가 존재하는지에 대한 물음에 답하기 어려워진다.

성서 안에서 발견되는 신적인 법은 언제나 구체적인 명령이고, 이 명령은 현재의 우리에게도 현실적합성을 가진 신의 명령으로 이해될 수 있는가?[311] 어떤 특별한 상황에 부딪혔을 경우 특수하지 않으면 안 된다. 바로 그럴 때 신의 명령은 매우 모호하게 된다.[312] 신의 명령에 복종한다는 것이 결국 성서를 주의 깊게 읽고, 신의 말씀에 귀를 기울이며 사는 일일지라도, 또한 우리의 삶이 예언자나 예수의 삶의 유비를 따라 산다고 할지라도 현대의 복잡한 삶의 정황 가운데서 수천년 전에 당대인들에게 명령한 신의 말씀이 수사적인 차원을 넘어서 과연 현실적합성을 가질 수 있겠는가. 오늘의 상황에서 인간에게 요구되는 것은 모호성과는 거리를 둔 보다 명료한 판단의 기준일 것이다.

바르트는 정통주의 신학이 신의 명령과 뜻을 경직된 규범 속에 가두고 율법주의에 빠졌던 오류를 시정하고 신의 말씀의 자유, 신 앞에서의 자유를 강조했다. 그리고 윤리의 형식적 범주만을 제시하고 구체적인 상황 속에서

---

309 *Church Dogmatics* II/2, p.665.

310 *Church Dogmatics* II/2, p.669.

311 *Church Dogmatics* II/2, p.672참조.

312 박봉배.『기독교윤리와 한국문화』(서울: 성광문화사, 1982), p.159.

신에 대한 신앙 고백적 결단과 행위를 강조했다는 점에서 상황적 요소를 갖는다 하겠다. 그럼에도 바르트는 상황윤리로는 발전해 나가지 않는다. 상황윤리에서처럼 신의 뜻이 실용주의적이고 다분히 결과론적인 방향으로 나가는 것을 바르트가 수용할 수는 없었기 때문이다. 따라서 그의 신학적 윤리는 구체적인 문제에 접근해 나가기에는 많은 난점을 안고 있다 하겠다.

2.4 플레처의 상황윤리

상황윤리의 대표적인 기독교윤리학자는 플레처(Joseph Fletcher)라고 할 수 있다. 그러나 오히려 플레처는 지나친 율법주의와 무율법주의(antinomianism) 양자를 비판적으로 보완하기 위한 대안으로서 상황윤리를 제시한다고 주장한다.

먼저 율법주의에서 강조되는 도덕법칙은 도덕행위자를 자유스럽고 독립적인 도덕적 결단을 방해하는 부정적 기능을 하는 것으로 이해한다. 즉 독자적 반성 없이 맹목적으로 도덕법칙의 명령에 따르는 것을 반대한다. 그리고 무율법주의는 사르트르같은 실존주의자에게서 볼 수 있는 것처럼 인간이 자기 행동을 결정함에 있어 하등의 법칙이나 격률(maxim)에 구애받을 필요가 없이 하나 하나의 실존적 순간이나 하나의 상황에서 그때그때의 장소에서 윤리적 결단을 내리는 태도를 말하는데, 이러한 태도는 도덕적인 결단을 내릴 때 원리에 입각하지 않고 경우에 알맞게 결단하며, 한 상황과 다른 상황 사이에 아무런 관련성을 인정하지 않는다.[313] 때문에 무율법주의는 즉흥적 판단과

313 Joseph Fletcher, *Situation Ethics: The New Morality* (Philadelphia: The Westminster Press, 1966), p.23.

도덕적 결정에서 무책임한 혼란을 야기할 수 있다. 플레처는 바로 이러한 도덕적 무정부주의의 이름으로 무율법주의를 반대한다. 그런고로 플레처는 율법주의와 무율법주의 사이에서 제3의 방법으로 상황윤리를 제시한 것이다.

플레처의 상황윤리의 기원을 신약성서에서 예수와 바울이 토라의 교훈을 아가페의 원리로 대치했다는 데서 찾고 있다. 사랑이 율법을 대신하고 정신이 문자를 대신하는 것이다. 설령 율법을 따른다 하더라도 그것은 어디까지나 사랑을 위한 것이어야 한다.[314] 율법주의자들은 토라의 율법을 문자 그 자체로 최고의 가치가 있는 신성한 신의 명령으로 이해했다. 그러나 이와는 달리 예수는 정결법 같은 율법의 형식적 준수의 무의미성을 비판하고 율법의 본래적 정신, 즉 신이 인간을 위한 사랑의 정신에 충실한 것이 오히려 신의 의지에 합당하며 그러한 율법을 통해 인간이 속박되는 것이 아니라 오히려 자유함을 누려야 할 것을 가르쳤다는 것이다. 따라서 상황윤리는 예수의 아가페적 사랑을 유일한 규범으로 삼는다. 이 규범을 내세워 더 나은 해결책이 있으면 상황에 따라 기존의 법칙을 무시할 수 있다고 본다. 말하자면 사랑이 필요할 때 도덕법칙을 인정할 수도 있고 무시할 수도 있다.[315] 도덕적 의무는 그 처한 상황에서 대해서는 상대적이지만 하나의 상황 안에서는 절대적인 것으로 이 절대적인 요소는 사랑이며 상황을 측정하는 요소는 각각 구체적 상황 하에서 이루어지는 상관적 규범을 의미한다. 그래서 기독교윤리의 목적은 하나의 체계나 계획을 수립하는 것이 아니라 이 세계를 사랑에 연관시키는 것이며, 사랑의 힘으로 법률-규칙-원리-이상-규범의 지나친 규제를 극복하는 것이다.

314 Ibid., p.70.

315 Ibid., p.26.

상황윤리에서 절대적 가치인 사랑은 사랑 자체를 위한 것이 아니라 인간을 위한 것으로 인간의 사랑, 즉 이웃 사랑을 말한다. 말하자면, 어떠한 율법이나 법칙 또한 가치든지 그 어느 것도 그대로 선하다고 볼 수 없으며, 사랑만이 모든 상황 하에서 도덕적 판단 기준으로 적합하며, 사랑만이 율법이며 가치가 될 수 있는 선천적 선이라고 주장한다.[316]

플레처는 사랑이 절대적 선이며 유일한 규범일 뿐만 아니라 또한 정의라고 주장한다.[317] 실례로 만약 어떤 의사가 세 어린아이를 가진 젊은 엄마와 술에 만취한 늙은이가 모두 혈액주사가 필요한 경우 세 어린이의 엄마를 선택했다면 가장 사랑을 잘 나타낸 결정이라고 볼 수 있다는 것이다. 왜냐하면 그것은 소수가 아닌 다수를 돕는 사려 깊은 행위이기 때문이다. 사려를 수반하기에 이웃 사랑은 감정적이 아니며, 의지적이고 아가페적인 사랑이다. 사랑은 집단의 궁극적인 선을 위하여 진행되므로 옳음, 즉 정의를 실제적으로 진행시키며 현재에만 존속하는 것이 아니라, 미래에 대한 비전을 제시하는 것이기에, 사랑을 하기 위해서는 공정성을 가져야 한다. 사랑은 정의의 궁극적 원리이기에 사랑의 실현을 위해서는 자기의 양심에 따라 법률로 파괴할 수 있으며, 법에 불복종하거나 정부가 사랑의 정신에 위배될 때 저항하는 것도 상황윤리적 책임을 다하는 것이 된다.

이런 점에서 보면 플레처의 사랑은 감상주의적인 사랑이 아님을 알 수 있다. 사랑은 비판적이며 분별력을 의미한다. 사랑은 아가페적 사랑을 말하며, 이것은 자기중심적인 사랑이 아니라 전적으로 타인에 대한 끝없는 관심이라 할 수 있다. 그래서 아가페적 사랑은 모든 욕망에 우선하며 감정적 동

316 Ibid., p.61.

317 Ibid., p.89.

기나 정서적인 규범을 초월하며 한 개인에게만 제한되지 않는 총체적이며 모든 사회에 대한 균형된 관심을 갖는 것이다.[318]

플레처는 아가페 사랑의 실례를 다음과 같이 보여준다. 거지에게 동냥을 베풀어야 하는가 하지 말아야 하는가. 이 문제에 대해 플레처는 아가페의 견지에서 동냥을 베풀지 말아야 한다는 입장에 동의한다. 왜냐하면 진정한 아가페적 사랑은 거지를 동정해서 돈을 주는 것이 아니라 돈을 주지 않음으로써 거지에게 자립의지를 심어줄 수 있다는 것이다. 다시 말하면 개인의 감정이나 연민에 따라 행동하는 것이 아닌 냉철하게 숙고하여 무엇이 진정한 유익인가에 따라 행동하는 것이 아가페적이라는 것이다. 따라서 상황에 대한 관심은 물론 자기가 처한 상황에 대하여 정확한 지식을 갖고, 그 지식을 바탕으로 분석, 검토되어야 사려 깊다고 할 수 있는 것이다.

상황윤리에서는 절대적 가치인 사랑이 최고의 목적이 된다. 그렇기 때문에 사랑을 궁극적으로 이행하려고 하는 모든 행위는 선하며, 따라서 사랑을 목적으로 하는 모든 수단은 정당화될 수 있다.[319] 그리고 절대 가치인 사랑은 항상 상황 하에서 이루어지는 것이지 어떤 관례적 법에 따르는 것이 아니다.[320] 예를 들어 유전적인 질병을 가진 아이를 갖게 된 산모의 경우 상황윤리에서는 법적으로 금지되어 있는 낙태 행위가 그녀에게는 상황에 맞는 최선의 사랑의 행위로 보는 것이다. 상황윤리는 법칙이 주는 안정성을 거부하고 현실과 부딪혀 결단의 용기로써 선한 의지를 지닌 자유의 인간으로 정립되고자 한다. 그러므로 모든 결정을 함에 있어서 경우의 다양성을 인정하고, 윤리적인 생활은 모험적이며 오류를 범할지라도 용감히 결단하

318 Ibid., p.104.

319 Ibid., p.120.

320 Ibid., p.134.

고자 하며, 어떤 새로운 상황에 대해서든지 올바로 이해하고 사려 깊게 계산하여 개인의 행동을 결정하고자 한다.

플레처의 상황윤리는 몇 가지 심각한 문제에 직면한다. 우선 급변하는 사회적 상황 속에서 기존의 도덕적 규범의 타당성을 끊임없이 재평가해야 할 필요성을 인정한다 하더라도, 공동체의 삶이 도덕규범의 필요성과 유용성을 무시하고서 올바르게 영위될 수 있을 것인가에 대해서는 의심에 직면한다. 인간의 자율성에 대한 지나친 강조로 인해 도덕적 행위가 순간의 결단에 좌우될 수 있으며, 따라서 사회윤리에 대한 규범적 고려 없이 도덕적 행위자의 자의적 판단에 의존하는 주관주의와 편의주의로 흐를 가능성이 있다.

상황윤리는 사랑의 목적을 위해서라면 윤리적 규범이 위반되어도 무방하며, 사랑 이외의 모든 것은 관계 속에서 선도 되고 악도 되는 상대적인 것들이기에 본질적인 선이나 악은 존재할 수 없다고 본다. 그러나 강간, 아동학대, 양민 학살은 본질적으로 악이지 어떤 경우에도 선이 될 수 없는 악이다. 수단이 잘못되면 목적도 훼손될 수밖에 없는 것이다. 다시 말해 윤리규범이 없이는 결국 사랑을 논하기 불충분한 것이다.

따라서 기독교 상황윤리는 사랑만을 유일한 신의 명령, 즉 규범(원리)으로 보고 기존의 율법주의적 성향의 기독교윤리에서 인간을 해방해서 능동적인 도덕 주체로 설 수 있도록 유도한 공헌이 큼에도, 윤리적 규범을 경시함으로써 또 다른 윤리적 아노미를 야기하게 되었다는 점에서 약점을 노출한다.

2.5 리처드 니버의 신중심의 책임윤리

니버(H. Richard Niebuhr)의 신학적 기초는 신의 주권(sovereignty)에 대한 깊은 인식에 있다.[321] 우주적인 신의 주권을 강조한 것은 그의 신에 대한 고백일 뿐만 아니라, 주권적 신에 대한 신뢰와 충성을 통해 경험해질 수 있다는 이유다. 신의 주권을 깨닫게 되면 인간은 결국 신을 부분적으로밖에 인식할 수 없다는 자각이 동반되기 때문이다. 이런 점에서 니버는 왜곡된 성서주의나 교파주의적 자만심에서 드러난 것 같은 자기 방어적 독단을 그리스도인들이 보이고 있는 무질서로 보게 되었다.[322] 신의 주권에 대한 강조는 방법론적으로 신중심의 윤리로 귀결될 수밖에 없다. 그는 신의 사랑을 신학과 윤리의 결정적인 요소로서의 그리스도만을 강조하기보다는 모든 창조와 연관하여 이해한다.[323]

프라이(Hans W. Frei)는 "니버의 신학적 출발점이 아들부터라기보다는 아버지와 함께 시작된다. 그에게 있어서 기독교 신학의 과제는 예수 그리스도 안에서의 신의 행위라는 견지에서 우리의 신앙의 변혁, 신의 능력과 통일성 그리고 선하심(goodness)에 대한 신앙적인 새로운 이해를 표현하는 것이다."[324]라고 말함으로써 니버가 철저하게 신 중심적 신학을 전개하고 있음을 말해 주고 있다.

니버에게 그리스도인은 기독교 공동체에 속한 사람인데, 기독교 공동체란 예수 그리스도(그의 생애와 말과 행실과 운명)가 그들 자신과 그들의 세계를 이해하는 열쇠로서 최고 중요한 것이라고 인정하며, 그가 신과 인간과 선과 악에 대한 지식의 주요 원천이며, 끊임없는 양심의 동반자 그리고 악

321 H. Richard Niebuhr, "Reformation: Continuing Imperative," *Christian Century* 77(March, 1960), p.248.

322 Libertus A. Hoedemaker, *The Theology of H. Richard Niebuhr* (New York: Harpercollins, 1970), p.4~243.

323 H. Richard Niebuhr, *The Purpose of the Church and Its Ministry* (New York: Harper & Bro., 1956), p.44~45.

324 Hans W. Frei, "The Theology of H. Richard Niebuhr," in Paul Ramsey ed., Faith and Ethics (New York: Harper and Brothers, 1957), p.96.

으로부터의 구원자라고 믿는 사람들로 구성된 공동체이며,[325] 또한 교회는 그리스도의 덕목(사랑, 소망, 순종, 믿음, 겸손 등)을 우선적으로 중요하게 여기는 공동체로 인식한다. 이러한 덕목들 또는 성품의 탁월성은 단순히 인격적 자질에 속한 것이 아니라, 예수의 신 중심적 삶의 결과다. 니버는 그리스도에 대한 다양한 해석과 그의 주요한 덕목들 중의 어떤 하나에 포섭되지 않고 관점의 다양성을 인정한다. 단지 그 해석이 신약성서의 예수 그리스도와 모순되어선 안 된다고 보는 것이다. 왜냐하면 성서는 그리스도의 원 초상화가 보여주는 행위와 인격이 현재의 그리스도인들에게 있어서도(비록 그들의 경험 안에 나타난 그의 역할이 각각 다르다 할지라도) 동일하게 역사하시는 권위요, 이 권위를 다양한 모습으로 행사하는 분은 한 분 그리스도라는 사실을 보여주기 때문이다.[326]

니버에게 그리스도의 의미는 성서적으로 아들됨(sonship)의 상징이다. 신과의 관계에서 표현된 이 상징은 그의 인격과 권위에 대한 신학적 관점을 위한 기준이 된다. 신의 아들로서 예수는 역사적이고 사회적인 존재의 권력들과 수많은 가치들에서 선하시고 강력한 유일신을 향하도록 해준다.[327] 아버지 신과의 관계에서 아들됨은 신을 향한 인간들, 인간들을 향한 신, 세상에서 타자에게로, 타자에서 세상으로 향하는 이중적인 운동을 함의하고 있다. 인간들이 이러한 그리스도에 관계될 때 비롯되는 책임성 역시 이중의 운동을 내포하게 된다.[328] 니버는 그리스도를 다음과 같은 말로써 결정적으

325 Ibid., p.11

326 Ibid., p.13.

327 Douglas F. Ottati, *Meaning And Method in H. Richard Niebuhr's Theology* (Washington D. C.: The University Press of America, Inc., 1982), p.96.

328 Niebuhr, *Christ and Culture* (New York: Harper & Bros., 1951), p.28~29.

로 정의한다. "그리스도는 신에게서 사람에게로, 사람에게서 신에게로 계속적인 교대를 하는 운동의 초점으로 존재하는 분이시다."[329]

니버는 가시적 교회(visible church)와 불가시적 교회(invisible church)의 문제에 있어서 신정통주의와 노선을 달리했다. 신정통주의는 교회가 교회의 영원한 실재와는 모순된 존재임을 배타적으로 강조했다. 그러나 니버는 가시적 교회가 많은 문제가 있는 것은 사실이지만, 그럼에도 가시적 교회에 참여하지 않고서는 불가시적 교회로 참여하는 것은 바랄 수 없으며 불가시적 교회와 가시적 교회는 서로에게 속해 있을 뿐만 아니라 그리스도인이 모인 곳에는 어디서나 현존하는 것이라 여겼다.[330] 니버의 그러한 교회 이해 때문에 신의 주권과 인간 역사의 관계성 문제에 대해서 명확하게 응답할 수 있었다. 신에 관한 모든 경험은 역사 안에서 일어난다.

> 역사적 존재의 관점에서 우리는 오로지 우리 시대 가운데 있고 또 우리가 경험하는 역사라는 매개체(medium)를 통해 볼 수 있는 것들에 대해서만 말할 수 있다. 물고기가 물에서 살듯이, 우리는 역사 가운데 살고 있으며, 우리가 의미하는 신의 계시란 말은 오직 우리가 살고 있는 역사의 매개체를 통해 우리가 지시하고 있는 대로만 언급될 수가 있다.[331]

---

329 Ibid.

330 Jon Diefenthaler, *H. Richard Niebuhr: A Lifetime of Reflections on the Church and the World* (Macon: Mercer University Press, 1986), p.84; H. Richard Niebuhr, "The Hidden Church and the Churches of Sight," *Religion in Life* 15(Winter 1945-1946), p.107~116. 니버에게 있어서 가시적 교회와 불가시적 교회의 구분은 큰 의미가 없지만, 차이가 없는 것만은 아니다. "그것은 종말론적이라는 데 있다. 불가시적 교회는 가시적 교회 내에서의 절박한 현실이며, 적어도 부분적으로라도 신과 나머지 사람들과의 연합에 기여한다."

331 H. Richard Niebuhr, *The Meaning of Revelation* (New York: Macmillan Co., 1941), 4p.8.

이것은 인간적인 공동체, 즉 자신들의 신 이해와 신앙 이해를 공동체의 역사 내에서 앞선 경험과 이해들을 통해서 구축하려는 공동체가 존재함을 의미하는 것이다.[332] 인간의 죄와 한계성 때문에, 역사적인 공동체는 상대적일 수밖에 없으며, 그 결과 절대적인 신과의 만남을 아무리 완벽하게 파악하고 표현하려고 애쓴다 할지라도 가능치 않은 것이 사실이다.[333] 공동체의 역사나 이야기(stories)는 신앙 경험에 대해 과학적인 타당성을 입증해 줄 수는 없으나 신학을 고백적인 방식으로 표현하게 해준다. "신은 자아들과 공동체들의 주체적인 역사에 매몰되거나 유리됨이 없이, 그 역사들을 통해서 인식하고 섬길 수 있어야 한다."[334]

니버는 전통적으로 크게 두 가지의 윤리 사상의 흐름, 즉 의무론적(de-ontological) 윤리와 목적론적(teleological) 윤리가 있음을 말한다. 니버는 양대 윤리의 장점을 인식하면서도 제3의 대안, 즉 책임윤리 또는 응답윤리를 제시한다. 의무론적 윤리가 묻는 것은 "이 행위가 옳은가?", "그것이 법을 준수했는가 아니면 지키지 않았는가?"이다. 목적론적 윤리는 "이 행위가 선한가?", "그것은 우리가 바라는 목적으로 우리를 추동시킬 수 있는가?"를 묻는다. 그러나 책임윤리는 "무엇이 진행되고 있는가?"를 묻고 나서 "우리에게 일어난 것에 대해 응답할 수 있는 가장 적합한 것이 무엇인가?"를 묻는다는 것이다.

니버에게서 공동체의 중요성은 전통적인 윤리 방법론과의 비교에서 잘

---

332 H. Richard Niebuhr, *The Kingdom of God in America*, (New York: Harper & Row Pub., 1937), p.1.

333 *Christ and Culture*, p.238.

334 Lonnie D. Kliever, *H. Richard Niebuhr, Makers of the Modern Theological Mind series*, ed. by Bob E. Patterson (Waco: Word Books, 1977), p.40~41.

드러난다. 목적론적 윤리는 타자아(alter-ego)들을 진지하게 고려하지 않고 개인주의로 안주하려는 경향성을 갖고 있으며, 의무론적 윤리는 타자들을 고려하지만, 타자들에 대한 개인의 관계는 기껏해야 법적으로 고려되기 때문에, 자아는 우선적으로 타자아들과의 관계에서 실존하는 것으로 이해되어야 한다는 것이다. 니버는 응답 모델을 기독교 윤리를 이해하기 위한 유일하고 필요 충분한 모델로서 주장하지는 않는다. 오히려 그는 의무론적 윤리와 목적론적 윤리의 계속되는 역할이 필요함을 인정하고 있다. 그럼에도 응답의 은유(metaphor)가 인간의 도덕적 경험에 가장 가까이 접근했다는 점을 강조하는 것이다.[335]

니버는 바르트의 방법론과는 대조를 이룬다. 바르트는 올바른 믿음을 강조하고 나서 도덕성을 마치 고정된 일련의 원리들을 엄격히 복종하는 문제로 만듦으로써 의무론적인 패턴을 따랐다.[336] 그러나 니버는 모든 도덕적 딜레마에 적합한 응답을 할 수 있다는 생각을 허용하지 않는다. 각각의 응답은 타자들과 대화를 통해서 그리고 무엇보다 신이 특수한 상황에서 무엇을 하고 있는가를 고려함으로써 풀어나갈 필요가 있음을 인식하고 있다.[337] 그의 『책임적 자아』(The Responsible Self)는 도덕적 주체 그리고 도덕적 삶을 자아의 응답이라는 개념으로 해석하려는 시도이다. 그는 책임을 다음과 같이 말하고 있다.

> 책임의 개념이나 유형을 압축해서 추상적으로 정의해 본다면, 주체의 행위는 자신에게 미친 행위에 대해 해석을 수반한 응답하는 행위이며, 그리고

---

335 Lonnie D. Kliever, *H. Richard Niebuhr*, p.118~119.

336 Jon Diefenthaler, *H. Richard Niebuhr*, p.90.

337 Ibid.

이러한 응답 행위 전부는 행위 주체들이 속한 공동체에서 끊임없이 일어나는 행위라는 개념으로 말할 수 있다.[338]

환언하면, 응답모델은 도덕적 행위를 위한 책무(accountability)를 행위 주체에 부여해주는 것이며, 행위주체로 하여금 자신이 현재 응답함에 있어 한계성과 가능성을 제공해주는 선행된 행위에 대한 응답자로서 이해하게 해준다. 행위의 주체는 자기가 본 것과 자기에게 어떤 행위가 일어났는지를 해석할 수 있을 때, 비로소 자기에게 일어난 행위에 적합한 응답적 행위를 할 수 있다.[339] 니버는 적합함이란 말을 사용할 때 옳고 그름이라는 범주를 제거하는 것이 아니라, 그것들을 관계적인 의미로 해석한다.[340] 적합한 응답이란 타자들(이웃)과의 상호작용을 도덕성의 중심에 두는 것을 말한다. 왜냐하면 타자들은 도덕적 행위가 일어나는 맥락의 한 부분이기 때문이다.

거스탑슨은 니버의 윤리를 직관적(intuitive)이라 간주하면서, 더욱 규정적인(prescriptive) 윤리가 될 필요성이 있음을 주장한다.[341] 이것은 그의 일관된 상대주의적 태도에서 야기된 구체적인 도덕적 선택과 판단에 수반되는 도덕기준의 문제일 것이다.[342] 환언하면, 적합한 응답의 토대가 무엇이냐는 문제 제기이기도 하다. 목적론적 윤리가 의무론적 윤리와 상보적 관계에 있

---

338 H. Richard Niebuhr, *The Responsible Self: An Essay in Christian Moral Philosophy* (New York: Harper & Row, 1963), p.65.

339 James M. Gustafson, *Can Ethics Be Christian?* (Chicago: University of Chicago Press, 1975), p.19.

340 Clinton Gardner, *Christocentrism in Christian Social Ethics: A Depth Study of Eight Modern Protestants* (MD: University Press of America, 1983), p.77.

341 James Gustafson, *Can Ethics Be Christian?*, p.158.

342 김철영, "리챠드 니버의 상관주의와 책임," 『믿음과 삶의 윤리학』(서울: 장로회신학대학교 출판부, 1994), p.163~164.

듯이 책임 윤리도 규범적 윤리의 도움을 요청할 필요가 있지 않은가 하는 것이다.[343] 그러나 디펜탈러(Jon Diefenthaler)는 니버가 윤리적 구체성을 결여한 것은 매우 의도적이었다고 본다. 왜냐하면 니버는 자신의 변혁주의적 노선을 원칙적으로 따르면서, 동시에 발생하는 모든 새로운 상황에 대해 창조적으로 대응할 수 있는 자유를 고려하고 있었기 때문이라는 생각이다.[344]

니버의 책임 윤리는 행동하는 신에 대해서 응답할 것을 촉구하려는 니버의 방식이다. "책임개념에서 확인할 수 있는 것은 다음과 같은 것이다. 즉 신은 너에게 일어나는 모든 행위들 속에서 행동하신다는 것, 그래서 신의 행위에 응답하기 위해서는 너에게 일어나는 모든 행위에 대해 응답하라는 것이다."[345] 윤리를 숙고함에 있어서 니버는 윤리적 행위의 구체적인 내용을 결정하기보다는 신의 행위를 개인과 공동체의 맥락 안에서 이해하고 나서 응답하는 것에 무게를 두고 있다. 책임 윤리의 강점은 개인의 존엄성을 간과하지 않으면서도 개인 자신과 타자들을 위해서 신 앞에서 책임적인 인간으로 서게 한다는 데 있다.

니버 사상에서 결정적으로 주요한 주제는 '교회-세상 관계'다. 니버 사상의 전체는 복음과 복음이 속해서 기능하고 있는 문화 사이의 관계를 관통하고 있으며, 그의 관심은 신에 대한 형이상학적인 것이 아니라, 개인들의 그리고 그들의 사회적 삶의 변혁에 있었다.[346] 갓세이(Jon D. Godsey)도 니버의 사상은 언제나 기독교 신앙과 불신앙의 세상 사이에 있는 날카로운 긴장

---

343 임성빈, "리챠드 니버의 '응답의 윤리,'" 『현대 기독교윤리학의 동향』(서울: 예영커뮤니케이션, 1997), p.48.

344 Diefenthaler, *H. Richard Niebuhr*, p.90.

345 H. Richard Niebuhr, *The Responsible Self*, p.126.

346 Hoedemaker, *The Theology of H. Richard Niebuhr*, xvii; Diefenthaler, *H. Richard Niebuhr*, xii~xiii.

속에 머물러 있어서, 어떤 때는 세상에 대해서 신앙의 본질을 사수할 것을 요청하고, 또 어떤 때는 그 사명을 다하기 위해 세상에 참여할 것을 요청하지만, 어떤 경우라도 교회와 세상은 항상 대화적인 관계에 있어야 하는 것으로 이해했다는 것이다.[347] 니버는 『그리스도와 문화』에서 기독교가 세상 문화에 대해서 갖는 다섯 가지 유형들을 고찰했다. 그리스도와 문화의 관계에서 '퇴거'(withdrawal)나 '일치'(identification)의 거리감에 따라 '문화에 대립하는 그리스도'(Christ Against Culture) 유형(이것은 세상 문화에서 극단적으로 퇴거하는 것이다), '문화와 일치하는 그리스도'(Christ of Culture) 유형(이것은 극단적인 일치이다), 그리고 이 양극단 사이에서 기독교적인 영역을 확보하려는 유형이 있다. 즉 '문화 위에 있는 그리스도'(Christ Above Culture) 유형, '문화에 역설적인 관계에 있는 그리스도'(Christ and Culture in Paradox) 유형, '문화를 변혁하는 그리스도'(Christ the Transformer of Culture) 유형이 그것이다.

'문화에 대립하는 그리스도' 유형은 그리스도와 그리스도인들이 살고 있는 문화와의 대립을 강조한다. 이러한 응답은 그리스도인에 대한 그리스도의 유일한 권위를 확증하는 것이며, 문화의 충성 요청을 단호히 거부하는 것을 말한다.[348] 니버는 당대의 문화를 거부하고 세상과의 분리를 요청하는 관점의 예로서 소종파주의적 집단을 거론한다. 이러한 입장의 성서적 근거는 "세상이나 세상에 있는 것들을 사랑하지 말라. 누구든지 세상을 사랑하면, 아버지를 위한 사랑이 그 속에 있지 아니하니"(요2:15)와 같은 데서 획득할 수 있다. 니버는 이러한 극단적 응답은 신약성서와 초대 교회에서 유래된 것임을 인정하면서, 이것을 "필요한 요인" 또는 "불가피한 응답"임을 밝히고 있

347 John Godsey, *The Promise of H. Richard Niebuhr* (Philadelphia: J. B. Lippincott Co, 1970), 18; Diefenthaler, Ibid., x iii.

348 *Christ and Culture*, p.45.

다. 그러나 종국적으로는 이러한 입장이 부적절한 것이라고 결론짓는다.

또 다른 극단은 '문화와 일치하는 그리스도'유형이다. 이것은 문화와 기독교의 화해를 촉진시키는 응답인 바, 양자 사이의 일치가 초점이다.

> 그들은 문화적 공동체 안에서 아무런 생소함도 느끼지 않는다. … 그들은 한편으로 그리스도를 통하여 문화를 해석한다. 즉 문화 안에 있는 가장 중요한 요소들은 다른 한편으로 문화를 통하여 그리스도를 이해한다. 즉 그리스도의 교훈과 행동, 그리스도에 관한 교리 등에서 문명 안에 있는 최선의 것과 일치된다고 보이는 것들을 선택하여 그것을 그리스도와 일치시킨다.[349]

니버는 이 유형에 속한 사람들의 다양성을 인정하면서, 기독교 영지주의자, 아벨라르, 문화 개신교주의자를 예를 들고 있다. 이러한 관점에서 그리스도는 자신의 제자들을 세성에서 분별해내려는 급진적인 지도자라기보다는 위대한 도덕 교사이며 문화적인 명분들의 지도자가 된다. 그러나 인간의 지혜와 성서적 신앙을 결합하려는 시도는 적어도 그러한 입장이 "신약성서의 예수를 왜곡시킨다."[350]는 점에서 실패로 끝나고 만다. 니버에게 그리스도가 만일 특별한 존재라고 한다면, 단순히 우리의 관념적 등가물 그 이상은 되어야 할 것이기 때문이다.

'문화 위에 있는 그리스도' 유형은 그리스도와 문화의 문제에 있어서 '둘 다'(both and)의 해결방식을 택한다. 이 유형의 사람, 즉 종합주의자(synthesist)는 그리스도를 이 세상과 영적 세상의 주님으로 간주한다. 종합주의자는 기독교를 문화에 적응시키려고 하는 바, 기독교는 위대한 제도를 위

349 Ibid., p.83.

350 Ibid., p.109.

해서 사회적 책임을 기꺼이 수락했고 또 성취했다.[351] 이 유형의 대표자는 토마스(Thomas Aquinas)이다. 니버는 종합주의자의 장점을 인정하면서도, “그리스도와 문화, 하나님의 일과 사람의 일, 일시적인 것과 영원한 것, 법과 은혜 등을 사상과 실천의 체계에 넣어버리려는 노력은 결국 불가피하게 상대적인 것을 절대화하며 무한한 것을 유한화하며 생명적인 것을 물질화하는 경향을 가지게 된다.”[352]고 경고한다.

‘문화에 역설적인 관계에 있는 그리스도’ 유형은 루터의 ‘두 왕국 사상’에서 볼 수 있는 바와 같은 이원론적 관점이다. 그리스도인은 율법과 은혜 아래서 의인이자 동시에 죄인이다. 그런고로 타자들의 이익을 위해서라면 폭력도 정당화될 수 있다. 니버는 이 유형의 장점을 “그리스도인들의 실제적인 갈등을 잘 반영하고 있다”[353]고 지적하면서도, 그것의 결정적인 약점을 간과하지 않는다. 그것은 바울적인 것에 철저하고자 했던 마르시온주의자의 경우에서와 같이, 그리스도인들을 반 율법주의나 문화적 보수주의로 몰고 갈 위험성을 안고 있다는 점이다.[354] 현대적인 의미에서 본다면 루터의 두 왕국 사상이 적어도 부분적으로는 독일 루터 교회가 히틀러와 그의 유대인 학살 시도를 저지하는데 실패하는 원인 제공자라는 비판을 완전히 면하기는 힘들다는 사실이 이것을 잘 말해준다.

니버가 다룬 마지막 유형은 ‘문화의 변혁자 그리스도’이다. 니버에 따르면 변혁주의자는 이원론자와 마찬가지로 죄와 그 증후군에 대해 심각하게 여기지만, “문화를 향한 적극적이고 희망적인 태도”[355]를 잃지 않는다.

---

351 Ibid., p.128.

352 Ibid., p.145.

353 Ibid., p.185.

354 Ibid., p.187.

변혁주의자들은 인간의 문화가 원래는 선했다가 타락으로 인해 부패되었지만, 하나님은 여전히 구속적 사역을 하고 계시는 것으로 이해한다. 변혁주의자들의 목표는 문화가 기독교 신앙의 이상과 규범에 부응하도록 문화를 변혁시키는 것이다. 어거스틴, 칼빈, 웨슬레이, 조나단 에드워드를 변혁주의자의 예로 드는 것도 그런 연유에서이다. 니버의 유형론에서 비판을 제기하지 않는 유일한 경우가 마지막 유형이다.

니버가 그리스도와 문화의 관계에 대한 역사적 고찰에서 결론적으로 변혁주의로 기울어지는 근거는 그의 철저적 유일신론(radical monotheism)[356]과 그의 역사 이해에서 비롯되었다고 보아야 할 것이다. 철저적 유일신론은 홀로 절대적인 존재인 신을 축으로 모든 인간과 인간의 제도는 상대적이며 그분을 토대로 해서만 의미를 갖는다고 보기 때문이다. 그러므로 니버에게 있어서 상대적인 모든 것은 변혁의 대상이다. 개별적인 인간뿐만 아니라 사회의 특정 제도들도 그것들이 절대화의 소지를 안고 있을 때 모든 것이 변혁의 대상이 된다. 그의 역사는 근본적으로 인간만이 만들어내는 사건들의 과정이 아니라 언제나 신과 인간의 극적인 상호 행동 속에서 생기는 것이므로 그는 신이 어떤 일이든지 하실 수 있다는 역사관을 갖는다.[357] 그는 인간문화 영역 속에 신의 뜻을 개입시킴으로써 그리스도인들은 문화에 대하여 적극적으로 접근해야 함을 암시하고 있다. 그래서 그는 문화가 전적으로 악한 것이기 때문에 거부되어야 한다는 문화에 대한 극단적인 배타주의적 입장을 거부하고 있는 것이다. 또한 그는 문화와 그리스도를 동일시하려는 시

---

355 Ibid., p.191.

356 H. Richard Niebuhr, *Radical Monotheism and Western Culture* (New York: Harper & Bros, 1960), 16f.

357 *Christ and Culture*, p.194.

도 역시 지양하고 문화에 적극적으로 대처하는 변혁주의를 가장 바람직한 입장으로 제시하고 있는 것이다. 결국 니버에게 있어서 그리스도는 문화의 변혁자다. 그리스도는 사람과 사회가 자아에서 신에게로, 그러나 언제나 문화의 틀 내에서 변혁되어야 할 것을 지속적으로 촉구하는 것이다.

니버는 서구문화에서 목격한 단일신론적(monotheistic), 그리고 다신론적(polytheistic) 신앙형태를 『급진적 유일신론과 서구문화』(Radial Monotheism and Western Culture)에서 분석하고 있다. 두 가지 형태의 신앙은 신에 대한 유일신론적 신뢰와 충성의 왜곡된 형태다. 왜냐하면 단일신론적 신앙은 가족, 국가, 교회 또는 인류 같은 사회집단 중의 하나를 신으로 섬기는 것이며, 이것들이 구성원들에게 삶의 가치를 부여하는 동시에 그들의 충성을 요구하게 되는 것이다. 다신론적 신앙에서는 쾌락, 부, 명예 같은 다양한 가치들이 함께 신이 되어 삶의 가치와 윤리의 근거가 되고 신봉자들의 충성과 헌신을 강요하게 된다.[358] 이러한 두 종류의 병적인 신앙은 개인과 사회의 삶 속에 화합과 통일성, 고결함과 진정한 중심축, 그리고 의미를 제공하지 못한다는 것이다.

니버의 관심이 흔히 교회의 내적인 개혁에 집중되었다고 평가되기도 한다. 사실 그의 형 니버(Reinhold Niebuhr)는 문화 변혁에 책임의식을 가졌던 반면에 리처드 니버는 교회 변혁에 특별한 사명감을 가졌다고 일컬어진다.[359] 리처드 니버는 언제나 교회를 세상과의 관계에서 생각하였다. 니버의 기본적인 원리들 가운데 하나는 신이 참된 신이라고 한다면 전 피조물의 모든 사건들 가운데 현존해야 한다는 것이다. 그런고로 니버는 언제나 신의 현존과

---

358 Ibid., vii.

359 H. Richaed Niebuhr, "Reformation: Continuing Imperative." 248-52; Jon Diefenthaler, *H. Richard Niebuhr*, vi.

활동을 세계 전반에서 찾았으며, 그와 동시에 그는 믿지 않는 세계에 대해 신이 의도한 교회의 목적이 무엇인지를 발견하려고 했던 것이다. 교회 개혁은 결국 유일하신 신과의 관계 속에서 응답하는 교회 공동체의 윤리적 숙고이자, 궁극적으로 세상문화의 변혁을 위한 전제였다고 말할 수 있다.

2.6 신학적 윤리의 재고

신학적 윤리의 전제는 신은 존재한다는 것이며, 그 신은 어떤 행동이 옳고 그른지 알고 있고, 신은 완전한 선이므로 항상 옳은 행동을 명하고 그른 행동을 금하라고 명령하는 존재다. 신의 전지전능과 선함이 그가 인간에게 명령한 것은 행하지 않으면 안 되는 것임을 보증한다. 옳은 행위와 신이 명령한 것 간의 관계는 우연적인 것이 아니라 필연적인 것이다. 신이 명령한 것은 옳은 것이어야 하며, 옳은 것은 신이 명령한 것이어야 한다. 전지전능한 신은 어떤 것이 옳은 행위인지 알고 있을 뿐만 아니라, 자신의 피조물인 인간이 옳은 것을 행하도록 의지하기 때문이다.

신이 명령했기 때문에 도덕적이라는 주장은 외견상 신의 전능 혹은 신의 주권을 정당화한다는 점에서 유신론에게는 매력적인 주장이다. 만일 신이 도덕의 원천이 아니라면, 신은 어떤 식으로든 우리의 삶에 덜 간섭하게 될 것이고 그렇게 되면 신은 인간의 삶에 덜 필요한 존재처럼 비칠 것이기 때문이다. 전통적인 유신론적 신앙인에게 있어서 선함이나 의무와 관련된 어떤 것이 신과 독립되어 있다는 것은 기독교의 입장에서는 불편함을 넘어 불신앙이라 여길 수도 있을 것이다. 왜냐하면 신은 신앙인의 삶을 주관하는 최고의 주님(Lord)이고, 신앙인에게 도덕적 옳음이 의미하는 것은 우리가 그것을 비록 완전하게는 이해하지 못한다 할지라도 언제나 신이 명령하는 것이기 때문이다.

그런데 문제는 "신의 명령이 무엇이며, 그것을 어떻게 알 수 있는가"하는 것이다. 오늘날 신의 명령 윤리에 대한 문제제기를 위한 논거로 플라톤의 『에우튀프론』(Euthyphro)의 딜레마가 흔히 사용된다.[360] 여기서 제기는 물음은 "어떤 행위가 옳은 것은 신이 그것을 명했기 때문인가, 그것이 옳은 것이기 때문에 신이 명한 것인가?"이다. 그런데 원래 소크라테스와 에우튀프론 사이에 전개된 대화의 주제는 '경건'이다. 이 문제는 에우튀프론이 자기 아버지를 살인죄의 재판을 받게 하는 것이 경건한 행위인지, 즉 종교적으로 옳은 행위인지를 묻게 되면서 제기된다. 소크라테스는 그에게 경건함이란 무엇인지를 묻는다. 에우튀프론은 경건한 행위란 신의 사랑을 받는 행위라고 대답한다. 이에 소크라테스는 "신이 경건을 사랑하는 것은 그것이 경건하기 때문인가, 아니면 신이 그것을 사랑하기 때문에 경건인가?"라고 묻는다. 소크라테스는 만일 신들에 의해 사랑을 받기 때문에 경건한 것이라면 경건하면서 동시에 불경건한 것이 된다고 말한다. 신이 경건함을 사랑하는 것은 그것이 '경건하기 때문'이라고 한다면, 신의 사랑을 받는 속성과 경건함의 속성은 같은 것이 될 수 없다. 이 경우에 경건함은 신의 사랑에 의존하는 것이 아니기 때문에 누가 사랑하든 그것은 경건한 것이다. 그렇다면 그것은 어디에 의존하는가? 반면에 어떤 행위가 경건한 것은 '신이 사랑하기 때문'이라고 말한다면, 신이 무엇을 사랑하든, 어떤 이유에서 사랑하든, 그것은 경건한 것이다. 그래서 어떤 유형의 행위든 경건하게 되는 것은 전

---

360 플라톤, "에우튀프론".『플라톤의 네 대화편: 에우티프론 소크라테스의 변론 크리톤 파이돈』(서울: 서광사, 2003), 6d-10b.

적으로 신이 그 행위에 대해 갖는 태도에 달렸다.

이것은 오늘날 "선한 행위이기 때문에 신이 그것을 명한 것인가, 아니면 신이 명했기 때문에 그것이 선한 것인가?" 혹은 "그른 행위이기 때문에 신이 그것을 금한 것인가, 아니면 신이 금했기 때문에 그것은 그른 행위인가?"하는 형식으로 진술된다. '선한 것이기 때문에' 신이 선한 행위로 명한 것이라면, 그것은 신의 명령 이전에 그리고 신의 명령과 무관하게 선한 것이다. 그러나 신의 명령 윤리는 이런 주장을 인정할 수 없다. 그렇게 되면 선한 행위는 신의 명령과 상관없이 만들어진다는 주장이 되기 때문이다. 신이 선하다는 주장에 대해서는 논리적인 문제가 제기될 수도 있다. 신에게 "선함"이라는 속성을 부가하는 것은 논리적으로 동어반복이라는 주장이다.[361] "신은 선하다"라고 말할 때, 우리는 신에게 어떤 속성을 부여한다고 생각한다. 하지만 만약 선이 단순히 "신이 명령하거나 신이 의지하는 것"을 의미한다면, 우리는 신에게 어떤 속성을 부여하는 것이 아니게 된다. "신은 선하다"는 우리의 진술은 단지 "신은 그가 명령하거나 의지하는 것이다"를 의미할 뿐이다. 그리고 "신은 우리에게 선한 것을 하라고 명령한다"는 진술은 "신은 우리에게 신이 명령하거나 의지하는 것을 하라고 명령하거나 의지한다"는 식의 동어반복일 뿐이 되는 것이다.

반면 '신이 명했기 때문에' 선한 행위가 된다는 명제는 신의 자의성 문제가 해결되어야 된다. 단지 신이 명했기 때문에 옳은 행위가 된다면 신이 무엇을 명하든 옳은 것이 될 수 있기 때문이다. 만약 신의 명령이 옳고 그름의 유일한 심판자라면, 강간, 무고한 자를 학살하고 그들의 재산을 강탈하

361 Paul Taylor, *Problems of Moral Philosophy* (Belmont: Wadsworth Publishing Company, 1978), p.562.

는 것과 같은 잔혹한 행위들이 도덕적으로 선한 행위가 되는 것도 논리적으로 가능하게 된다. 신이 그러한 행위를 하라고 명령했다는 확신만 생긴다면 얼마든지 가능한 일이게 된다. 만일 신이 명령할 수 있는 것에 어떤 제한도 없다면, 도덕적 행위에 대한 어떤 독립된 척도나 이유도 없다면, 어떤 것도 도덕적 의무가 될 수 있다. 그리고 우리의 도덕적 의무는 매 순간 바뀔 수 있다. 신이 거짓말이나 살인을 도덕적으로 의지하지 않는다는 것을 신앙인들은 어떻게 알 수 있는가? 다음의 예를 보자.

> 내가 십대 때, 나는 신문에서 자신의 아내와 다섯 아이들의 심장을 칼로 찔렀던 아프리카의 한 선교사의 기사를 읽은 적이 있다. 살인 혐의로 체포되자 그는, 신이 자기에게 가족을 죽이라고 명령했다면서 자기는 단지 신에게 순종했을 뿐이라고 주장했다. 그 선교사는 "창세기 22장에 보면 신이 아브라함에게 그의 아들 이삭을 죽이라고 명령했지 않은가?"라고 대답할 수도 있었을 것이다. 우리는 신이 그 선교사에게 이런 끔찍한 행위를 하라고 명령하지 않았다는 것을 어떻게 알 수 있는가? 그는 단지 정상보다 조금 빨리 자기의 가족을 하늘나라에 보낸 것일 수도 있을 것이다. 정신병원에서는 우리가 보통은 비도덕적인 것으로 생각하는 행위 들, 즉 강간, 절도, 횡령, 살인 등을 자신들에게 하라고 명령하는 신의 음성을 들었다는 사람들로 가득 차 있다. 만약 신의 명령 윤리가 옳다면, 우리는 이러한 사람들을 단순히 신에게 순종했다는 이유로 미친 사람 취급하는 셈일 것이다.[362]

신의 음성을 듣고 실행으로 옮긴 정신병자(정신병자 당사가 보기엔 그렇게 판단하는 우리가 정신병자일 수도 있지만)에게 신은 그런 명령을 내리지 않았다

362 L. P. Pojman, *Ethics: Discovering Right and Wrong* (Belmont: Wadsworth Pub., 2002), p.198.

는 것을 어떻게 확신시킬 수 있는가? 신의 명령을 따른 그들이 비도덕적이며 미친 자들이라는 것을 어떻게 설명할 수 있는가? 극악무도해 보이는 것도 신이 의지한 것이기에 도덕적으로 선하다고 주장한다면, 그래서 도덕이 신의 자의적인 명령이라고 주장한다면, 신과 악마의 차이가 무엇이겠는가? 옳고 그름을 판단할 수 있는 기준이 없다면 바로 이러한 문제에 봉착하고 말 것이다.

이런 점을 통해서 본다면, 어차피 신을 도덕적 존재로 묘사하기 위해서는, 우리가 그를 도덕적으로 평가할 수 있는 도덕적 옳고 그름에 대한 어떤 표준을 이미 가지고 있지 않으면 안 된다는 것을 알 수 있다. 신의 가르침 자체가 우리에게 명령하기 위해서는 우리가 신의 증언과 연관된 옳고 그름에 대한 어떤 기본적인 통찰력은 가지고 있어야 한다는 것이다. 그리스도의 행위가 우리가 이미 지니고 있는 도덕기준에 호소하고, 그의 도덕적 교훈 자체가 지금 우리가 가지고 있는 도덕적 계몽에 명하는 것이 신앙적으로든 이성적으로든 수용되어져야만, 그리스도의 권위로 인한 그의 도덕적 교훈을 믿고 따르는 것이 당연시 될 수 있을 것이다. 그러므로 우리가 갖고 있는 도덕적 옳고 그름에 대한 모든 지식이 신의 직접적인 명령이나 성서에 나타나있는 문자에만 의존해야 한다는 경직된 신 명령 윤리는 재고되어야 할 것이다.

실제로 신학적 윤리는 앞에서 논의했던 신학자들의 경우에서처럼 단순히 성서의 계명을 따르는 것 이상의 복잡한 차원을 포함하고 있다는 것을 알 수 있다. 그럼에도 신학적 윤리가 근본적으로 고민해야 하는 문제는 모호해 보이는 신의 뜻이 무엇인가를 알아내는 것이다. 신의 뜻을 담지하고 있는 성서는 이미 그 자체로 윤리적 판단의 모호성이 내재하고 있기에 도덕적 판단에 더 큰 어려움을 겪게 된다. 혹자는 성서를 근거로 전쟁에 대해 반대하는 반면, 혹자는 동일한 그 성서를 근거로 전쟁을 지지한다. 또 다른 예로 안락사의 경우를 들자면, '살인하지 말라'는 십계명과 '네 이웃을 사랑하라'는 신약의 계명 사이에 충돌이 있을 수 있다. 말기 암 환자가 큰 고통을 받고 있고, 그래서 고통 없이 죽기를 원한다면, 오히려 그의 삶을 마감하도록 돕는 것이 '이웃 사랑'의 행위일 수 있다. 그리스도인의 도덕적 판단의 근거는 신의 명령이고 성서적 계명이라는 단순논리를 훨씬 넘어서는 복잡하고도 고통스런 신앙 · 이성적이며 신학 · 철학적 고민 속에서 모색되어야 할 것이다.

3. 반-종교적 윤리

신의 명령 윤리의 원리적 타당성은 신이 존재한다는 것을 전제해야만 도출될 수 있는 것이다. 그런데 만일 신이 존재하지 않는다면, 보편타당한 도덕 역시 존재하지 않을 것이다. 도덕이 오직 신에게서만 유래한다는 입장에서 볼 때, 도덕적 옳음은 단순히 "신에 의해 의지됨"을 의미하고, 도덕적 그름은 "신의 의지에 반대됨"을 의미한다. 즉, 어떤 행위는 신의 의지에 의해 허용됨으로 해서 옳고, 어떤 행위는 신의 의지에 반대됨으로 해서 그르다. 도덕은 본질적으로 신의 의지에 기초하고, 독립적으로 존재하는 행위에 대한 이유에 기초하지 않기 때문에, 더 이상 어떠한 행동의 이유도 필요하지 않다. 그래서 도스토예프스키의 글에서처럼 "신이 존재하지 않는다면, 모든 것이 허용될지도 모른다"는 우려가 나오기도 한다. 만일 신이 없다면 그 어떤 것도 금지되거나 요구되지 않을 것이기에, 신이 존재하지 않는다면 도덕적 허무주의에 빠질 수밖에 없다는 것이다. 신이 없다면, 아무것도 윤리적으로 그르거나, 요구되거나, 허용되지 않는다.

그러나 신의 명령 윤리에 반박하는 입장에서는 윤리학은 신과 독립적으로 존재하는 것이라고 주장한다. 그리고 심지어 신도 도덕법에 복종해야 된다고 본다. 도덕법 역시 수학이나 논리학과 마찬가지로 신에게서 독립적으로 존재한다는 것이다. 예컨대 신이라 하더라도 둥근 네모를 만들 수는 없는 것과 마찬가지로 신도 본질적으로 악인 것을 선으로 만들 수 없고 선인 것을 악으로 만들 수는 없다고 보는 것이다. 이러한 생각에 동조하는 유신론자들은 당연히 신에게는 인식론적인 우월성이 있다는 점을 긍정한다. 신은 무엇이 옳은지를 인간보다는 더 완벽하게 안다. 그래서 인간은 항상 신에게 조언을 구할 수 있다. 하지만 원리적으로 우리는 신의 이유와 똑같은 이유로 인해 도덕적으로 행위 한다. 우리 모두는 신의 의지와는 독립된 도덕적 이유들을 따른다. 죄 없는 사람을 고문하는 것이 잔혹하고 부당하기 때문에 신이 그것에 반대하는 것과 마찬가지로, 우리도 죄 없는 사람을 고문하는 것이 잔혹하고 부당하기 때문에 그것에 반대한다. 이러한 이유로 만약 신이 존재하지 않는다 해도 바뀌는 것은 없다는 것이다. 도덕의 문제는 그대로 있는 것이며, 유신론자나 무신론자 모두 동일한 도덕적 의무를 지니는 것이다.

3.1 도덕은 종교와 무관한가

어떤 사람들은 종교가 도덕과 무관하다고 주장한다. 어떤 사람들은 종교가 참된 도덕과는 거리가 멀다고 주장한다. 러셀(B. Russell)은 종교가 문명화에 유익한 공헌을 한 것이 전혀 없고, 사실 수많은 고통의 원천이었다고 주장했다.[363] 이집트의 종교가 일식을 관찰하였고 그것을 예측할 수 있도록 도움을 주었다는 것은 인정하지만 그 이외에 인류에 유익함을 준 일이 없다고 주장한다. 그래서 도덕에서는 신이 필요 없다는 주장이다. 도덕은 신이 존재하든 존재하지 않든 간에 인간적 번영을 증진하고, 우리의 모든 이해 관심에 부합하는 것으로 드러날 수 있다. 종교적 입장은 이성적, 세속적, 상식적 도덕에 불필요한 것일 수 있다.

러셀보다 시대적으로 한참 앞선 흄(D. Hume)은 러셀보다 더 과격하게 밀고 나갔다. 종교적 도덕과 세속적 도덕은 서로 같지 않을 뿐만 아니라, 종교적 도덕은 실제로 심오한 도덕적 발전을 방해하는 열등한 종류의 도덕이라고 주장했다. 흄은 도덕과 종요를 연결하는 전통적인 견해에 대해 문제점을 지적했다. 그 중에 하나가 종교에서 대중적으로 묘사되는 그 신의 개념이 보복성-가혹함-잔혹함-악함 등을 가지고 행위 하는 비도덕적 폭군이라는 것이다.

> 공포에 질려 헌신적으로 종교를 믿는 사람들(신앙인)은 종교의 체계에 구조화될 수 있는 모든 왜곡된 사악함의 개념을 아무런 거리낌 없이 그들 자신의 신성함에 기꺼이 적용한다 … 그리고 사람들이 그들의 신성에 대한 그들의 사상을 더 높이 찬양하면 할수록, 개선되는 것은 신의 선함의 개념이 아니라 단지 신의 능력과 지식에 대한 그들의 개념뿐이다.[364]

흄이 주장하는, 종교와 도덕 사이의 전통적인 연결의 문제점은 종교적 관행 그 자체가 전형적으로 도덕에 반대된다는 것이다. 그 이유는 다음과

---

363 Bertrand Russell, *Why I Am Not a Christian* (New York: Simon & Schuster, 1975) 참조.

364 David Hume, *The Natural History of Religion*(1757), Sec. 13 and 14. http://oll.libertyfund.org/?option=com_staticxt&staticfile=show.php%3Ftitle=340&Itemid=27.

같다. 즉, 신앙인들이 신을 기쁘게 하려고 할 때, 신앙인들은 덕을 통해서가 아니라 사소한 계명 준수, 무절제한 열정, 열광적인 황홀감 혹은 신비하고 불합리한 생각을 통해 그렇게 하려고 한다.

흄에 따르면, 진정한 도덕은 인간의 삶의 매우 자연스럽고 즐거운 부분이다. 반대로 상식을 벗어나는 미신적인 관행은 더 어렵고 지루하다. 그래서 지나치게 까다로운 신을 달래려고 시도할 때, 신앙인들은 자연스러운 방법보다 더 까다로운 방법에 매달리게 된다는 것이다. 그러한 신앙인의 미신이 극에 달할수록 그들은 더욱 도덕과 멀어지게 된다. 이처럼 흄은 신앙인들의 행위에 대해 매우 불신했던 것을 알 수 있다.

물론 신앙인들은 자신들이 신을 믿기 때문에 가장 참되고 도덕적으로 순수할 것이라고 믿고 싶은 욕망이 있을 것이다. 그래서 불신앙인과 다른 종교를 믿는 신앙인들의 삶이 도덕적 결함이 훨씬 큰 것으로 믿고 싶어 한다. 하지만 이러한 가정은 신과 종교의 개념에서 비롯된 것일 뿐이며 종교 안에는 너무나 많은 도덕적 결점들이 발견되기 때문에 종교에 도덕성이 있는지 그 자체에 대해서 회의적으로 보는 것이 흄의 입장이라 할 것이다. 그렇다고 도덕적이 되려면 무신론적이거나 무종교적이어야 한다는 것은 아니지만, 최소한 종교적 미신과 광신주의를 대폭 줄이고 종교는 일상적 삶의 취미와 같은 수준으로 변모해야 할 것으로 보고 있다.

노웰 스미스(Patrick Nowell-Smith) 역시 도덕의 토대를 자율성에 두고 있다. 피아제의 아동 발달에서 볼 수 있듯, 매우 어린 나이의 아동들은 규칙의 소중함을 배워야 한다. 그리고 일단 배운 규칙에 대해서는 매우 완고한 태도를 보이는 경향이 있다. 이와 마찬가지로 종교적 도덕은 규칙을 근본적으로 고수함으로써 게임규칙의 보다 넓은 목적을 이해하지 못하는 아동들에게 비유된다. 말하자면 종교적 도덕은 유아적 도덕이라는 것이다.[365]

레이첼스(James Rachels)는 인간은 본래적 존엄성을 가지고 있기 때문에 그 어떤 누구도 인간의 숭배를 받을 만하지 않다고 주장한다. 신 개념은 "경배를 받을 만한 가치가 있음"을 의미하기 때문에, 신은 존재할 수가 없다는 것이 그의 생각이다. 왜냐하면 신에 대한 경배는 도덕적 행위자(주체)인 인간에게 자신의 역할을 포기할 것을 요구하는 것이기 때문이다.[366]

3.2 종교는 인간 소외

어떤 사람들은 종교가 심리적인 노이로제나 '인민의 아편'과 같은 허위의식이라고 비판한다. 그리고 어떤 이는 서슴없이 "신은 죽었다"고 선포하기도 한다. 프로이트, 마르크스 그리고 니체는 종교에 대한 가장 강렬한 비판을 내놓은 대표적 인물이다.

프로이트

프로이트는 종교를 보편적 강박 신경증으로 평했다. 그는 유대-기독교의 근원을 밝히기 위해 토템 연구에 집중했다. 토템 숭배를 모든 종교의 원형으로 보면서, 원시인들의 오이디푸스 콤플렉스 때문에 발생한 부친 살해 사건이 종교의 기원이라는 것이다. 종교는 부친 살해로 인해 생긴 심리적 갈등을 해소하기 위한 수단일 뿐 아니라, 다른 모든 종교들도 같은 사건에 연관된 것이며 동일한 심리적 문제를 해소하는 것이라고 보았다.[367] 이러한 관점

---

365 Patrick Nowell-Smith, "Morality: Religious and Secular," http://www.qcc.cuny.edu/socialsciences/ppecorino/phil_of_religion_text/CHAPTER_9_MORALITY_VALUES/Morality_Secular.htm

366 James Rachels, "God and Human Attitudes", *Religious Studies* 7(1971) 참조.

에서 보면, "종교는 그 사건으로 인한 죄의식과 후회심에 토대를 두고 있는 한편, 도덕은 부분적으로는 사회적 필요에, 그리고 부분적으로는 죄의식에 토대를 두는 것"[368]이라고 주장한다. 모든 종교는 인간의 오이디푸스 콤플렉스와 최초의 부친 살해 사건에 그 토대를 두는 것이며, 기독교의 신 또한 최초의 아버지가 변형된 것에 불과하며, 성찬 예식 안에는 토템 식사의 양식이 거의 왜곡 없이 존속되어 있다고 본 것이다.[369] 그래서 기독교를 비롯한 종교는 최초 유목 집단에서 발생한 부친 살해 사건에 뿌리를 두고 있는 "인류의 신경증"(neurosis)이고, 따라서 개인 환자의 신경증적 강박과 마찬가지로 인류 사회에 막강한 힘을 행사하고 있다는 진단을 한 것이다.[370]

프로이트는 종교의 기원에 대한 설명에 만족하지 않고, 종교적 관념의 기원도 밝히고자 했다. 종교적 관념은 실증적 증거에 기초해 있지 않기 때문에 오히려 인간에게 큰 영향력을 행사하는 것인데, 그것은 인간의 가장 오래되고 가장 강력하고 가장 긴급한 소망에 뿌리를 두고 있는 환상이라고 규정했다. 인간의 간절한 소망이 종교적 관념의 뿌리이고 따라서 종교적 관념은 환상에 불과하다.[371] 어린 아이 같은 무력한 인간이 인생의 위험으로부터 보호받고, 이 불의한 세상에서 정의를 실현하며, 후세에서도 지상의 생활을 연장하고, 우주의 기원과 아울러 정신과 육체의 관계를 이해하고 싶은 이러한 소망이 종교적 관념의 뿌리라는 것이다. 프로이트는 어린 아이들의 소망과 원시인들의 소망을 같은 것으로 보면서 개인의 개체발생은 인류의

---

367 오경환.『종교사회학』(서울: 서광사, 2003), p.285.

368 Sigmund Freud, ***Totem and Taboo.*** http://s-f-walker.org.uk/pubsebooks/pdfs/Sigmund_Freud_Totem_and_Taboo.pdf

369 오경환.『종교사회학』, p.287.

370 Ibid.

371 Ibid., p.288.

계통발생을 반복한다는 자신의 믿음을 더욱 확고히 다진 것이다.[372] 무력함을 느끼는 인간은 자연스럽게 두려움의 대상인 동시에 보호자로서의 신을 창조하게 된다. 결국 인간이 내적으로 지니고 있는 강력한 소망들과 극복되지 않는 무력감은 신과 여러 가지 종교 관념들을 만들게 된다는 것이다. 그래서 프로이트는 포이어바흐의 주장을 그대로 이어받아, 종교의 관념은 인간의 내적 문제와 소망의 투사라고 간주한 것이다.[373]

물론 프로이트는 종교의 기능에 있어서 종교가 자연의 위험, 죽음의 운명, 그리고 불의 때문에 고통받은 인간들을 위로해 왔다는 것을 부정하지는 않는다. 하지만 그것이 결코 충분하지 못하다는 것이며, 궁극적으로 인간의 성숙을 저해하고 미숙함을 지속시키는 문제의 존재일 수밖에 없다는 것이다. 그래서 인류의 행복을 위해서 인간은 더 이상 종교에 의지하고 기대해서는 안 되는 것으로 보았으며, 성숙을 포기하고 어린 아이처럼 종교에 계속 머무는 것에 대해 수치심을 느꼈던 것이다.[374]

마르크스

종교를 단순히 시대착오적이고 미성숙한 것으로 이해하고 자연적으로 소멸될 것으로 보는 시점과 달리, 마르크스는 종교를 반사회적이고 몰역사적인 것이라고 비판하고 있다. 프로이트와 마찬가지로 마르크스 역시 포이어바흐의 무신론적 논지를 이어받았다. 종교는 인간의 열망을 우주에 투사한 것에 불과하며, 미성숙한 사람들이 그들의 가장 높은 열망, 꿈, 그리고 가

---

372 Ibid., p.290.

373 Ibid.

374 Sigmund Freud, *Civilization and Its Discontents*, http://www2.winchester.ac.uk/edstudies/arch11-12/level%20two%20sem%20two/Freud-Civil-Disc.pdf

능성을 우주에 투사했고, 실제로는 인간으로서의 그들 자신의 운명을 신적인 것으로 숭배했다는 것이다. 그리하여 사람들은 자신의 가장 높은 열망을 신에 투사했던 만큼 그들은 스스로 자신의 능력을 포기했고, 자신을 무능하고 도움이 필요한 존재로 간주했으며, 그들 자신의 삶과 운명에서 소외되었다는 것이다. 마르크스가 포이어바흐에게서 배운 것은 종교가 인간의 요구를 투사하고 있는 하나의 환상(illusion)이라는 것과 그것에 대한 신앙은 인간을 자신의 깊이와 능력으로부터 소외시킬 것이라는 관념이었다.

마르크스는 포이어바흐의 무신론 입장에 대해서는 동조했으나, 포이어바흐가 왜 사람들이 최고의 것을 우주에, 신적인 것에 투사했는가에 대한 사회적-경제적 근거에 대해서는 관심을 갖지 않았다고 비판했다. 자본주의 사회에서 비인간적 경제구조에서 생겨나는 소외 때문에 하나의 이데올로기적인 종교가 생겨난다는 것이다. 자본주의 사회에서 노동자들은 비인간화의 결과로 소외를 경험하게 된다. 창조적인 활동을 할 운명을 지닌 인간이 인간을 비인간화시키는 노동으로 인해 소외를 말한다. 우선 노동자에게 부과된 노동은 그를 자연으로부터 소외시킨다. 이것은 일 자체 혹은 생산물로부터의 소외이다. 노동 속에서 노동자는 단순히 작업의 도구나 기계로 전락하게 된다. 노동은 욕망의 성취가 아니라 생존을 위해 자유를 상실한 처참한 수단이 되는 것이다. 그리고 노동자는 노동을 통해 자신으로부터 소외된다. 인격마저 상실되고 단순히 그가 만드는 물건들처럼 상품화되어 버리는 것이다. 마지막으로 노동자는 동료인간으로부터도 소외된다. 자신이 자유로운 인격이 되기를 멈추듯, 함께 일하는 동료인간들도 물건으로 간주하게 된다. 이렇게 하여 노동자는 자신의 인간성을 상실할 뿐만 아니라 타인의 인간성도 인정할 수 없게 되는 것이다.

마르크스는 바로 이러한 경제적 모순이 소외 상태를 야기하고, 이러한 것이 종교가 발생하고 유지되는 조건이 된다고 했다. 그리하여 사회발전의 특정 단계에서 종교적 신념의 내용은 소외된 인간의 자의식과 상상력의 자발적인 행위에 의해 투사되는 것이다.[375] 이러한 의식은 소외된 의식일 뿐만 아니라 허위적이고 전도된, 그릇된 의식이기도 하다. 그러므로 종교는 항상 허위의식(false consciousness)으로서, 현재 사회질서의 부정의를 반영하고 있으며 그것을 옹호하고 있다고 본 것이다. 그래서 마르크스는 종교를 '인민의 아편'으로 정의했다.

> 종교적인 고통은 동시에 진정한 고통의 표현이며, 진정한 고통에 대한 저항이다. 종교는 압제당하는 피조물의 한숨이고, 냉혹한 세계의 열정이며, 영혼이 없는 상황에서의 영혼이다. 종교는 인민의 아편이다. 인간이 종교를 만들지, 종교가 인간을 만들지 않는다. 종교는 아직 그 자신을 발견하지 못했거나 자신을 상실한 사람들의 자의식이며 자기감정이다. 그러나 인간은 세상 밖에서 웅크리고 있는 추상적인 존재가 아니다. 인간은 그 자신이 인간 세계요, 국가이며 사회다. 종교는 인간 본질의 환상적인 인식이다. 왜냐하면 인간은 참 실재라고 할 만한 것을 가지고 있지 않기 때문이다.[376]

종교는 단순히 자기기만의 형태일 뿐 아니라 노동자 계급을 통제하는 지배계급의 강력한 수단이기도 한 것이다. 신은 처음에는 단지 소외의식에 의해 만들어졌으나 일단 출현하게 되면 공포심과 혼돈을 조성하고, 착취자의 이익을 대변하고, 강력한 보수적 힘을 행사하게 된다는 것이다. 미성숙

---

375 Karl Marx, *Economic and Philosophic Manuscripts of 1844*, ed. by D. Struik (New York: International Publishers, 1964), p.73.

376 Karl Marx, *Selected Writings*, ed. by David McLellan (Oxford: Oxford University Press, 1977), p.64.

한 약자(종교인)들은 낙원으로 상상된 저 세상에서 현세에서 얻지 못한 것들을 얻을 것이라고 믿기에 그들의 불행을 극복하기 위한 현실적 노력에 게으르게 된다. 종교인들은 종교가 보여주는 환상의 힘으로 현실적 고통을 감수한다. 천국에 대한 염원 속에서 그들은 현실에서 찾지 못하는 이상과 기대가 투사된 보다 완벽하고 행복한 자신을 구상하게 되는 것이다. 그렇다면 종교는 몰인정한 냉혹한 세계에서 착취당하고 슬픔에 빠져 있는 약한 존재들의 탄식이자 눈물이라고 표현할 수도 있을 것이다.

실제로 오랜 세월 동안 종교는 아편처럼 착취당하는 민중의 고통을 잠재우고 그들의 관심을 현실에서 환상의 세계로 돌리는 역할을 해왔다. 마르크스에게 있어서 종교란 천상의 보상을 제시함으로써 약자가 현실의 모순에 저항하지 않고 영원한 약자로 머물러 있도록 만드는 착취적이고 수구적인 이데올로기에 불과하기 때문에 사회의 발전을 통해 허위의식으로서의 종교가 소멸되어야 한다고 생각했다. "민중적 환상적 행복으로서의 종교"는 모든 사회에 필요한 것이 아니라 불평등과 고통을 만들어내는 불행한 사회에만 필요한 것이기에 사회적 조건만 바뀌게 되면(사회주의 혁명) 자동 소멸되는 것으로 보았다.[377]

니체

거의 모든 사람들이 19세기의 유럽 상황을 힘과 안전의 상징으로 낙관하고 있을 때, 니체는 근대의 인간들이 이룩한 가치체계를 의심하고 그것의 몰락의 양상을 가장 예리하게 통찰한 인물이다. 니체가 느꼈던 것은 허무주의의 시대가 다가오고 있으며 그 씨앗이 이미 뿌려졌다는 사실이다. 명백한

377 Ibid.

사실은 기독교의 신에 대한 믿음이 극적으로 붕괴되어 그가 "신은 죽었다"고 말할 수 있는 지경에까지 도달했다는 점이다. 모든 가치를 타파한 니체는 "신은 죽었다"고 외치면서, 기독교에 기초한 서양 문명의 전통적인 가치의 전환을 주장했던 것이다.[378]

무엇보다 니체는 당시까지의 도덕성의 근원과 가치를 의문시했다. 소위 "'비이기적인 것'의 가치, 동정심과 자기 부정, 자기희생이라는 본능의 가치"[379]가 도덕성이라고 여겨지는 것인데, 이것은 삶의 본질인 '힘에의 의지'(Wille zur Macht)와 정반대되는 것이라고 주장했다. 말하자면 "진정한 삶에 등을 돌린"[380] 태도가 도덕적인 태도라는 것이다. 또한 원래는 귀족적인 의미를 지니고 있었던 "선"(good)이라는 개념이 천민적인 무리들이 주장하는 선함의 개념으로 변화된 과정을 계보학적으로 추적한다. "비이기적"이라는 소극적이고, 다른 사람들을 두려워하고, 다른 사람들에 대하여 민감하게 반응하는 사람들의 관점이 반영되어 있다는 것이다. 그러나 니체에 따르면, "선"이란 자기 자신들을 선하다고 생각하며, 다른 사람들에게 영향을 미치며, 다른 사람들을 압도하고 지배하는 위치에 있는 사람들로부터 등장한 것으로서 바로 그들이 자신들의 행위를 선하다고 규정했다는 것이다. 그리고 지배하는 계층의 구성원들은 자신들의 영향을 받는, 자신들이 지배하고 있는 사람들을 악하고 혐오스럽다고 여겼다는 것이다. 그런데 "이기적"과 "비이기적"의 대립이 인간의 양심에 부상하게 된 것은 오히려 귀족적인 가치관

---

378 Friedrich Nietzsche, The Gay Science, trans. Walter Kaufmann (New York: Vintage, 1974), §108, §125.

379 Friedrich Nietzsche, *On the Genealogy of Morals*, trans. Walter Kaufmann & R. Hollingdale (New York: Vintage Books, 1989), 서문, §5.

380 Ibid.

이 몰락하는 그 지점에서 등장하게 되었다는 것이며. 이것을 니체는 "무리들의 본능"이라 불렀던 것이다.[381] 비이기적이고, 개인의 이익에 좌우되지 않으며, 공평한 행위와 더불어 강조되는 평등한 도덕성에 책임을 져야만 하는 것은 바로 이 무리의 본능인 것이다. 그리고 이런 무리의 본능 가운데는 두려움이 자리 잡고 있다는 것이다. 즉 두려움이 잉태시킨 것이 도덕이다.[382]

선에 대한 귀족적인 개념에 포함된 것은 우월한 정신의 관념, 즉 귀족들이 소유한 사회적-정치적 우월성에 기초한 관념이다. 그러나 정치적인 지배권이 교회와 성직자들에게 넘어갔을 때 이러한 성직자 귀족들은 선의 개념 자체를 무리와 군중들이 받아들이는 것으로 간주한 비천한 선의 개념으로 바꾸기 시작했다는 것이다. 이때부터 "무리 위로 상승시키고 이웃들에게 공포를 주는 모든 것을 사악함으로 불리게 되었다."[383] 선과 악의 대비 대신에 선과 사악함이 대비되었으며, 사악함이 지배하는 사회는 항상 위험한 사회가 되는 것이다. 그래서 오만함은 물론 "복수, 명민함, 방종함, 사랑, 지배욕, 덕, 질병"[384] 등이 모두 위험스런 것이 된 것이다. 니체는 유대인들을 성직자 부류의 대표적인 인물들로 분류하면서, 그들이 자행한 가치의 전도를 이렇게 지적한다.

> 비참한 자들만이 선한 자이다. 가난하고 무력하고 비천한 자들만이 오직

---

381 *On the Genealogy of Morals*, 제1논문, §2.

382 Nietzsche, *Beyond Good and Evil*, in Basic Writings of Nietzsche, trans. W. Kaufmann (New York: Modern Library, 1968), § 201.

383 Ibid.

384 *On the Genealogy of Morals*, 제1논문, §6,

> 선한 자이다. 그리고 고통 받는 자, 궁핍한 자, 병든 자, 추한 자들만이 유일하게 경건한 자들이며 신의 축복을 받는 자들이다. 신의 축복은 오직 이들만을 위한 것이다. 반면에 … 고귀하고 강력한 자들은 영원히 사악한 자이며 잔인한 자, 음란한 자, 탐욕스러운 자, 무신론자이다 … 영원히 축복받지 못할 자, 저주받을 자, 결국 멸망할 자가 될 것이다.[385]

그리고 이러한 유대인의 가치 전도의 유산을 기독교가 물려받았다는 것이며, 도덕에서의 노예들의 반란으로 인간들의 눈이 멀게 되었다는 것이 니체의 진단이다. 주인도덕에 대하여 승리를 거둔 노예도덕은 이전까지 무리들을 정치적으로나 도덕적으로 모두 통치했던 귀족과 주인들에 대한 노예들의 원한(ressentiment)과 복수의 표현이었다고 간주된다. "도덕에서의 노예들의 반란은 원한 자체가 창조적이 되고 가치를 낳게 될 때 시작된다. 이 원한은 실제적인 반응이나 행위를 통한 반응을 포기하고 오직 상상의 복수를 통하여 보상받으려고 하는 사람들의 원한이다."[386] 그래서 예수가 가르친 사랑의 복음도 복수의 열망과 크게 다르지 않다는 것이며 복수와 증오의 승리를 상징하는 사건이 된다. "사랑의 복음의 화신인 예수, 가난한 자, 병든 자, 죄인들에게 축복과 승리를 선포한 '구세주', 그야말로 바로 가장 섬뜩하고 저항하기 어려운 형태의 유혹이 아니었던가? 정확하게 유대적 가치와 새로운 이상을 내세우려는 유혹이며 우회로가 아니었던가?"[387] 도덕적-정치적 우월한 힘을 가진 자들을 정복함에 있어 사랑의 복음을 퍼뜨려 그들을 나약하게 만드는 것이 가장 확실한 방법이었을 것이라는 의미다.

---

385 *On the Genealogy of Morals*, 제1논문, §7.

386 *On the Genealogy of Morals*, 제1논문, §10.

387 *On the Genealogy of Morals*, 제1논문, §8.

자신들을 긍정하면서 가치를 창조하는 주인과 달리 노예들은 자신들과는 다른 모든 것을 부정함으로써, 즉 주인들이 내세우는 모든 것을 부정함으로써 가치를 만들어낸다. 주인의 도덕에서 보면, '선'은 항상 '넓은 도량의 영혼'을 소유한다는 의미에서 고매함을 의미했으며, '악'은 비열함과 저속함을 의미하였다. 그러나 노예의 도덕에서 '선'은 고통 받는 사람들의 존재를 약화시키고 비굴하게 하는 모든 행위의 상징을 뜻한다. 동정-자비의 손길-온정-인내-근면-박애-순결-겸손-복종-친절 등과 같은 행위들이 노예의 도덕을 구성하게 되는 것이다.

니체는 이처럼 서구 사회를 지배해온 기독교 도덕은 물론 휴머니즘, 소크라테스와 칸트[388] 윤리 역시 노예도덕이라고 비판함으로써, 기본적으로 전통적인 도덕에 대한 반도덕적 입장을 분명히 했다. 그리고 노예도덕인 유대-기독교적 가치들을 힘에의 의지에 기초한 주인도덕(힘의 윤리)으로 대체시킬 것을 역설하였다.

니체는 "삶의 빈곤화"에서 벗어나는 이상을 발견하기란 매우 힘든 일이 될 것이라는 점을 인정한다.(우리가 할 수 있는 것은 기껏해야 코미디언처럼 노예도덕의 이상을 비웃고 마음껏 조소하는 일 이외에는 없을 것이라고 말한다)[389].그럼에도 지금까지 통용되던 영원하고 고정된 가치를 전도시키기에 충분한 강건하고 근원적인 정신의 소유자, 가치에 창조함에 있어 힘에의 의지를 결코 두려워하지 않는 강한 영혼의 소유자에 대한 희망을 포기하지 않았다.[390] "무엇인 선인가? 힘의 느낌, 힘에의 의지, 인간들에게 있어서의 힘 자체, 무엇이 악인

---

388 니체는 칸트를 가장 세련된 형태로 무리의 도덕을 체계화시킨 인물로 평가한다. *Beyond Good and Evil*, §188.

389 *On the Genealogy of Morals*, 제3 논문, §27.

390 *Beyond Good and Evil*, §56.

가? 약함에서 나오는 모든 것들, 무엇이 행복인가? 힘이 증가하는 느낌, 저항이 극복되는 느낌."[391] 최대로 증가된 힘이 인간에게 행복을 가져다준다. 절망과 허무주의를 극복하기 위한 이상적 인간상이 바로 '초인'(Übermensch)인 것이다. 초인, 즉 참된 인간은 고정된 사상에 얽매이지 않고 부단히 진화하는 인간이며, 속물적인 인간을 초월한 숭고한 귀인을 말한다. 마음 깊은 곳에서 솟아나는 '힘에의 의지'가 현실 사회에서 저지당하고 자기실현을 할 수 없는 상황에서도 결코 원한에 의한 피안의 세계를 날조하지 않고 현실의 고통을 그대로 받아들여 강한 자신을 유지할 수 있는 인간, 어떤 일에도 등을 돌리지 않고 견디며 상황을 원망하지 않고 운명을 사랑하는 강한 인간, 이러한 '힘에의 의지'를 순수하게 발휘하여 강인하게 살아가는 인간, 그래서 인류의 목표를 창조해 내는 인간, 이 대지에 충실하고 이 대지에 의미를 부여하고 미래를 약속하는 인간, 그래서 사물 안에서 선과 악의 성질을 창조하는 인간이 바로 초인이다.[392] 결국 대지에 충실한 초인은 신과 허무를 넘어서며, 생성을 사랑하고 현세적 삶의 모든 것을 긍정하게 되는 것이다.

이러한 삶에 대한 긍정을 니체는 '영원회귀'(der ewige Wiederkunft)로 체득했다. 순간은 영원의 현재다. 현재의 이 순간에 영원의 과거가 현재로 끌어와지고 영원의 미래도 이 순간을 지나야 한다. 우주의 원환 운동과 더불어 인간의 삶도 지상의 환희와 고민을 지니고 영원히 회귀한다. 내세도 피안도 존재하는 것이 아니라 현재의 순간순간이 충실히 있을 뿐이다.[393] '영

---

391 Friedrich Nietzsche, *The Antichrist*, trans. R. J. Hollingdale (New York: Penguin, 1968), 2절.

392 Friedrich Nietzsche, *Thus Spoke Zarathustra*, trans. R. J. Hollingdale (Penguin, 1961), 1부 서설 § 3; 3부 12장 §2.

393 *Thus Spoke Zarathustra*, 3부 13장 2절; Friedrich Nietzsche, *The Will to Power*, trans. Walter Kaufmann and R. J. Hollingdale (New York: Vintage, 1967), §55, §504.

원회귀'는 부단히 창조하고 있는 순간의 생을 절대적 현재, 절대적 가치로 긍정한다. 즉, 영원불변하고 고정적인 것을 부정하고 힘에의 의지에 의한 끊임없는 변화를 긍정하는 것이다. 이러한 점에서 니체는 기독교의 신과 이상주의를 철저하게 부정한 것이다.

3.3 반종교적 도덕에 대한 재고

기독교 도덕을 정신적으로 미숙한 단계의 도덕으로 간주하거나 사회적으로 소멸되야할 허위의식으로 치부해버리는 이들의 견해는 일면 타당한 측면이 있다. 불합리할 정도로 엄격하게 교리에 집착하는 신앙인들의 도덕적 양태에서 그들의 주장을 뒷받침하는 현상을 읽어낼 수 있다. 하지만 기독교 도덕 전체가 미숙하거나 악하다고 보는 것은 부분적인 것을 일반화한 오류가 아닐 수 없다. 예수는 전 생애를 통해 사랑의 동기에 기초해 유대 율법주의적 윤리와 맞섰던 것을 알 수 있으며, 실제 기독교는 기독교의 교조주적인 윤리에 저항하고 예수 윤리를 실천하려는 윤리적 흐름이 있어왔다는 점이 충분히 고려되어야 할 것이다.

그리고 레이첼스의 주장처럼 신을 경배하는 데 있어, 신앙인들이 자신의 자율성을 완전히 포기해야만 하는 것인지는 의문이 든다. 역사적으로도 미신적이고 광신적인 신앙이 있어온 것과 마찬가지로 이성적인 신앙 역시 견지되어 온 것이 사실이다. 오히려 이성적이고 자율적인 신앙이 신에 대한 올바른 사랑과 인간 사회에서 도덕적인 종교의 모습을 유지시켜 왔다 할 것이다. 신앙인은 맹목적으로 신의 판단에 순종하는 것이 아니라 그것이 이성을 통해 신의 판단이라는 확신이 들 때, 그 뜻을 따를 수 있다. 어떠한 상황에서 윤리적 판단을 해야할 경우 나보다 경험이 많고 평소 더 지혜로운 사람의 조언을 받아들이는 경우 그것이 곧 자율성의 상실이라 성급하게 결론내릴 수는 없다. 나는 그 조언자의 판단을 따를지를 자유롭고 이성적으로 판단하고 따른 것이기에 유아적 순응과는 거리가 멀다 할 것이다.

그리고 기독교에 지극히 반감을 가졌던 무신론자들의 예상과는 달리 21세기 첨단 과학기술의 시대에도 종교의 소멸은커녕 전통적인 기존 종교보다 더 비이성적이고 비합리적인 종교들이 더 왕성하게 성장하는 현상을 볼 수 있다. 비록 기독교가 서구에서 그 지배적 위치를 상실한 것은 분명하지만 서구인들은 동양적 종교에 더 매력을 느끼는 현상 역시 무신론자들의 예상과는 다르게 전개되고 있는 모습이다. 종교를 현세에서의 불행을 정당화하기 위해 억압된 경제적 관계와 사회적 상황이 빚어놓은 환상에 불과하다는 마르크스의 주장은 18~19세기 유럽 사회의 자본주의 발전 과정에서 드러난 심각한 비인간화 문제에 적절하게 응답하지 못했던 서구기독교를 비판하는 논리로서는 타당성을 확보할 수 있으나 인류의 역사 전체를 포괄하는 보편적 이론이 되기에는 너무 단순화된 측면이 크다.

오히려 대부분의 종교학자들은 인류가 특징적 본성으로서 종교성을 가지고 있다고 지적한다. 무신론자들이 종교의 해악성을 강조하지만 종교적 감정은 인간에게 자연스러운 것이고 사람들이 오늘에 이르기까지 종교에 그토록 집착한다면 그것은 분명 종교가 인류에게 긍정적인 역할을 수행하기 때문일 것이다. 실제로 정신적 이득이 없는 신앙이란 존재하지 않는다. 비록 고통을 동반한다 해도 종교적 믿음은 사회적 권력이나 경제력을 지니지 못한 약자에게 위로가 될 수 있다. 종교는 어떤 형태로든 심리적 보상을 제공하기 때문이다.

4. 종교는 실존에 대한 대답이며 윤리의 완성

종교는 무신론자들이 생각하는 것보다 더 본질적이고 중요한 문제가 있다. 우선 종교적 감정은 초월적 존재를 지향하는 형이상학적 감정이라는 점에 주목할 필요가 있다. 어떤 사람도 "나는 누구인가?" "나는 어디서 와서 어디로 가는가?"라는 근본적인 물음을 피할 수 없으며 이것은 과학적 지식이 답할 수 있는 영역이 아니다. 과학적 지식은 인간의 궁극적인 물음에 답할 수 없다. 과학적 지식과 같은 객관적인 것은 결코 본래적인 것이 될 수 없다. 나 자신의 실존과 가장 깊은 뿌리와 서로 얽힐 수 있는 것이어야 한다. 인간의 실존은 죽음-고통-죄책감-역사성과 같은 한계상황에 처해있다. 인간의 모든 행위는 이런 한계상황의 지평에서 이루어진다. 바로 이러한 한계상황에 부딪칠 때 인간은 좌절하게 되기도 하고, 회의주의와 허무주의를 극복할 수 있기도 한다. 한계상황을 넘어서는 것이 인간의 실존임을 자각하면서 말이다. 한계상황에서 스스로 놀라고, 스스로 반성하고, 현존재의 무상함을 깨닫고, 인생을 개인적이고 비합리적이며, 어떤 것으로도 대체할 수 없는 책임으로서 경험하는 사람만이 한계상황에 직면한 인간의 실존을 자각할 수 있을 것이다. 인간은 자신이 죽는다는 사실을 깨달음으로써 두려워하며 절망하기에, 인생의 무상함과 허무함을 극복하기 위해 초월적 세계를 지향하는지도 모른다. 그렇다고 한다면 종교의 심층적 뿌리는 인간의 실존적인 조건에 있다고 할 것이다. 종교는 인간 실존의 전 영역에 깊이 관여하고 있으며, 모든 것의 궁극적인 근거를 성찰하게 하는 것이다. 그런 의미에서 종교는 인간의 실존적인 물음에 대한 답이 될 수 있다.

여기서는 실존주의를 토대로 존재신학을 전개하는 틸리히를 다루고자 한다. 그러나 그의 신학 전반을 논의하는 것은 논의 범위를 벗어나는 것이기에, 그의 윤리사상에 국한하고자 한다. 여기서는 도덕적 명령이 지나치게 자율적이거나 타율적으로 흘러 율법주의적인 도덕주의로 전락하는 것을 예방하고 오히려 절대적 명령으로 변혁시켜주는 것이 종교라고 주장한 틸리히의 신율적(theonomous)[394] 윤리를 살펴보고자 한다.

4.1 틸리히의 신율적 윤리

틸리히는 방법론적으로 바르트의 신학과 명확한 대조를 이룬다. 바르트는 신학의 전통적 개념을 그대로 고수했지만, 틸리히는 교회의 범위를 넘어서 문화 영역에 있는 모든 인간을 대상으로 신학을 전개했다. 그래서 신-그리스도-성령-계시-죄-용서-믿음-영생-신의 나라와 같은 기독교의 전통적인 개념과 표상들은 현대인들에게 낯선 것들이기에, 그들이 이해할 수 있도록 해석해야 한다고 생각했다. 말하자면, 성서의 종교 언어와 표상들을 현대의 상황에서 이해될 수 있게 하자는 것이었다. 그래서 바르트가 신의 영원한 삼위일체에서 시작하는 철저한 교회 신학을 전개했다면, 틸리히는 신의 존재를 인정하지만 먼저 인간의 실존적 상황의 문제에 대한 분석과 더불어 신학을 시작한다. 그래서 틸리히의 신학은 해석학적-문화적 신학으로

---

394 틸리히의 '신율'은 신적 경륜(oikonomia), 구속경륜을 의미한다. 일찍이 교부 이레니우스이 사용했던 개념이다. 말하자면 신이 자신의 섭리로 인간과 세계를 이끌어 간다는 의미다. 그러나 신적 경륜은 그 주체가 신이라고는 하지만 외부의 권위에 이끌린다는 점에서 타율적이라 할 수 있다. 그래서 틸리히가 말하는 신율은 통상 인간의 자율을 폐기하는 외부적인 권위를 갖는 신율과는 의미가 전혀 다르다. 전통적인 신율은 틸리히에게 있어서 타율이다. 신율은 자율을 폐기하는 것이 아니라 완성시킨다. 말하자면 신율은 섭리에 의해 모든 상황과 여건이 성숙되어 초월적으로 실현되는 자율을 말한다. "자신의 신적 근거를 알고 있는 자율이 곧 신율이다." Paul Tillich, 송기득 역, 『19~20세기 프로테스탄트사상사』(천안: 한국신학연구소, 1993), p.38.

정립된 것이다. 바르트와의 신학적 방법론에 관한 차이를 한 가지만 예를 든다면, 아마도 계시 이해를 말할 수 있을 것이다. 오직 예수 그리스도의 계시만을 주장했던 바르트가 거부했던 "존재 유비"(analogia entis)에 대해 틸리히는 오히려 존재 유비가 없다면 신에 대해 아무런 진술을 할 수 없다고 주장한다. 유한한 존재자들이 존재 자체 곧 신에게 참여되어져 있다면, 모든 유한한 존재자들 속에 신의 계시가 있다고 볼 수 있다는 것이다. 그렇다면 인간을 포함한 전체 존재자들은 물론, 시간의 과정, 자연의 질서, 역사의 과정, 인간의 모든 활동들, 심지어 성 행위와 언어도 황홀경의 상황에서 계시의 매개체가 될 수 있는 것이다.[395]

틸리히의 신학방법론은 "상관관계 방법론"[396]이라 부른다. 유한한 인간의 실존적 상황 속에 내포되어 있는 문제나 질문을 찾고, 이에 대해 신의 영원한 진리의 답변을 모색하는 방법을 말한다. 질문과 대답은 서로 독립되어 있지만, 동시에 서로 의존하며 상관되어 있다. 그러나 분명히 알아야하는 것은 유한한 존재를 통해 제기하는 질문은 신의 존재에서 주어지는 대답에 의존할 수밖에 없다는 것이다. 그래서 상관 방법론은 신의 계시적 진리를 마치 인간적 상황과는 아무런 관계가 없는 것처럼 여기는 초자연주의적 방법론과 인간의 자연적 상태 자체에서 답을 찾아버리는 교만함으로 인해 인간의 실존 자체가 답이 아니라 하나의 질문임을 망각하는 자연주의적 방법을 동시에 극복하고자 하는 의도이다.

틸리히에 따르면, 모든 인간은 실존의 소외 상태에 예속되어 있는 동시에 절대적 존재 곧 신의 존재에 참여되어져 있으며, 그의 존재를 폐기시키

---

395 김균진, 『20세기 신학사상 I』(서울; 연세대출판부, 2003), p.285.

396 Ibid., p.262~266 참조.

고자 하는 비존재의 위협을 이기고 존재할 수 있는 "존재의 힘"을 부여받는다. 그러므로 그는 존재할 수 있으며, 존재하기 위해 언제나 절대적 존재를 질문하고 그것을 찾을 수밖에 없다. 그러나 절대적 존재는 인간의 존재 밖에 있는 것이 아니라 인간의 존재와 연결되어 있기 때문에, 인간은 그의 모든 활동에 있어서 절대적 존재를 부분적으로 경험하며, 절대적 존재로부터 그의 존재 의미를 발견한다. 이와 같이 절대적 존재 곧 절대자와 관계된 인간의 활동 전체를 틸리히는 "종교"[397]라고 생각한다.

종교는 인간의 정신적 삶에서 필연적 차원이다. 그것은 인간의 삶의 많은 기능들 가운데 하나의 특수한 기능이 아니며, 삶의 많은 영역들 가운데 한 특수한 부분 영역이 아니다. 오히려 그것은 인간의 정신적 삶의 모든 기능들과 활동들의 깊은 차원이다. 말하자면, 종교는 "인간의 정신적 삶의 모든 기능들의 가장 깊은 곳에 있다. 종교는 총체성 속에 있는 인간의 정신의 심층적 측면이다."[398] 따라서 틸리히에 따르면, 종교적 차원이란 곧 궁극적 관심(ultimate concern)에 의해 포착된 절대성을 의미하는 것이기에 도덕성에 궁극적 차원을 가져다주는 종교를 어느 특정 종교로 보지 않는다. 오히려 그는 인간 존재의 심연에 관심을 두는 보편적 종교의 관점에서 이해한다. 그렇기 때문에 도덕성이 지니고 있는 종교적 요소를 도덕성 그 자체에 고유한 것으로 이해하는 틸리히에게 있어 모든 윤리는 종교적 윤리일 수밖에 없다.[399]

그러나 이것은 종교가 인간 정신의 특수한 기능(인식론적 영역-도덕적 영역-미학적 영역)들을 대체한다는 의미도 아니며, 그것들과 일치된다는 의미도 아니다. 그러나 종교는 인식적 영역에서는 궁극적 진리를 찾는 열정적

---

397 이후 틸리히의 "종교"에 관한 논의는 Ibid., p.308~309 참조.

398 Paul Tillich, *Theology of Culture* (New York: Oxford University Press, 1959), p.7

399 Paul Tillich, *Morality and Beyond* (London: The Fontana Library, 1963), p.9~24.

추구의 형태로 작용하고, 도덕적 영역에서는 도덕적 요구의 절대적 타당성의 형태로 작용하며, 미학의 영역에서는 궁극적 현실을 표현하고자 하는 절대적 동경의 형태로 작용한다는 것이다. 그래서 틸리히는 "종교는 인간의 정신적 삶의 내용과 기초와 깊이"[400]라고 주장하는 것이다.

인간만이 영을 가진 존재 삶을 영위하는 존재이기에 본성적으로 도덕성을 지니고 있다면, 더 온전하고 궁극적인 도덕성이 되기 위해서는 더 높은 수준의 궁극적적인 영을 소유할 필요가 있다. 이러한 고차원적인 영의 수준을 '성령의 수준'이라고 말한다. 틸리히에 따르면, 영(또는 성령)은 근대 이후 두 가지로 오해되어 왔다. 첫째, 합리주의와 세속주의 세계관 속에서 영은 단순히 인간의 합리적-이성적 능력을 가리키는 것으로 오해하여 인간의 지적 능력의 자리인 정신(mind)와 동일시되었다. 근대정신은 영을 심리화하고 주지화하는 잘못을 범한 것이다. 둘째, 영을 실체화하고 초월화시켜 인간의 육신과 분리되어 혼자 떠돌아다닐 수 있는 '혼령', '유령' 등으로 오해하였다는 것이다. 이에 대해 틸리히는 인간 생명 안에서 '힘의 요소'와 '의미의 요소'가 통일되어 나타나는 것을 영이라 하였다. 따라서 영적 생명 현상은 인간의 합리적 구조를 수용하면서도 그것을 극복-승화시키는 힘과 의미의 통일 내지 일치로 이해되는 것이다.[401] 그러므로 진정한 기독교적인 윤리가 되기 위해서는 성령의 현존을 전제해야 하는 것이다. 이 성령의 현존만이 결과적으로 신율적인 문화를 창조하고, 그 문화가 신율적인 도덕을 창조하게 된다는 것이다. 그렇게 만들어진 문화는 성령에 의해 변혁된 문화라 할 수 있으며, 그 도덕 역시 변혁된 신율의 도덕이 될 수 있는 것이다.[402]

---

400 *Theology of Culture*, p.8.

401 박만. 『폴 틸리히: 경계선상의 신학자』(서울: 살림출판사, 2003), p.191~192.

402 Paul Tillich, *Systematic Theology* III (Chicago: The University of Chicago Press, 1963),

틸리히는 윤리학을 도덕적 명령법의 궁극성과 타당성에 대한 기준, 그리고 그 명령법 내용의 출처 및 그것을 실현하는 힘을 묻는 인간의 도덕적 실존에 관한 학문으로 규정한다.[403] 곧 도덕의 학문이 윤리학이라는 말이다. 틸리히는 윤리학의 탐구 대상으로서의 도덕을 근본적으로 자기통전(self-integration)이란 말과 관련지어 설명한다. 자기통전이란 영을 가진 자기(self)가 이 세계에 대한 개체화와 참여의 변증법적 연관을 통하여 자신의 중심을 찾아내는 것으로, 공동체 속에서 자신의 인격을 완성하는 것을 뜻한다.[404]

틸리히는 이 같은 자신의 윤리적 견해를 존재론적 기반 위에서 전개한다. 이 존재론적 기반과 그 구조는 자기와 세계의 양극이며, 서로의 작용에 의해 파생되는 세 가지 요소로 구성되어 있다. 즉 개체화와 참여, 역동성과 형태성, 자유와 운명이 바로 그것이다. 이 세 요소가 영을 가진 생명 속에 들어와 각기 다른 역할을 하게 한다. 즉, 개체화와 참여는 생명 속에서 자기통전의 운동을 야기하게 되는데, 이는 생명이 중심을 가지려는 운동이자 자기 동일성을 유지하려는 순환운동인 것이기에 도덕이 야기되고, 역동성과 형태성은 자기창조(self-creativity)의 운동이 일어나게 하는데, 이는 새로운 것을 형성해나가는 수평적 운동으로 문화를 창출하게 한다. 끝으로 자유와 운명은 자기초월(self-transcendence)의 운동을 가능케 하는데, 위를 지향하는 승화(sublimation)로서의 수직운동이라고 할 수 있으므로 이것이 곧 종교라 할 수 있다.[405] 이러한 작용에도 틸리히는 도덕에 있어서의 문제점을 문

---

p.266.

403 Paul Tillich, *Love, Power and Justice* (London: Oxford University Press, 1976), p.72.

404 *Systematic Theology* III, p.39.

405 *Systematic Theology* III, p.30~32.

화와 종교의 분리 현상으로 보고 있다. 때문에 도덕과 종교의 일치성에 근거해서 신율적인 도덕을 강조하며, 도덕과 문화의 일치성에 근거해서 각 문화를 수용할 수 있는 도덕의 신축성을 강조한다.[406]

따라서 틸리히는 존재론적 구조의 세 요소를 통해 도덕을 다음의 세 요소로 구분한다. 도덕적 명령(moral imperative), 도덕적 요구(moral demand), 그리고 도덕적 동기(moral motivation)가 그것이다.[407]

도덕적 명령

먼저 도덕적 명령의 요소를 살펴보자. 도덕적 명령에서 문제가 되는 것은 그것의 절대성을 확보하는 문제이다.[408] 틸리히는 도덕적 명령의 절대성의 문제를 도덕과 종교의 일치로 해결하고자 한다. 곧 종교의 자기초월 운동이 도덕에 부과되어 조건적인 명령이 무조건적인 것으로 변형된다는 것이다.[409] 도덕은 모든 문화적 상황에서도 근본을 잃지 않는 무조건적인 명령이며 우리의 본질 깊숙한 곳에서 우러나오는 것이다. 이런 의미에서 도덕적 명령은 칸트의 경우에서와 같이 타율이 아니라 자율성에 기초하고 있다는 것을 알 수 있다. 그런데 도덕 또는 도덕적 명령이 왜곡되어 외부적인 강제의 형태를 띠게 될 때 그것은 천박한 도덕주의(moralism)로 전락하고 만다. 결국 도덕적 명령은 타율적 율법주의와는 전혀 무관하게 "본질적인 것이 현실적인 것이 될 것을 요구하는 것"[410]이며, 본질과 실존의 합일에 대한 요청이

---

406 *Systematic Theology* III, p.158~160.

407 Paul Tillich, *Morality and Beyond* (London: The Fontana Library, 1963), p.9.

408 *Morality and Beyond*, p.10.

409 *Systematic Theology* III, p.23~24.

410 *Morality and Beyond*. p.20.

다.[411] 그런데 이 도덕적 명령에 궁극적 의미를 더해주는 것이 종교라는 것이다. 당연히 틸리히에게 있어서 자기 초월적인 궁극적 의미는 존재 깊이에 있는 것이다.[412] 그런데 현실 세계에서는 삶의 모호성으로 인해 자기 초월성이 일어날 수 없다. 삶의 모호성으로 인해, 달리 말해 본질에서 실존으로 전이(소외)된 삶으로 인해서 무조건적인 것이 조건적인 것으로 전이되는 것이다.

그러나 틸리히에 의하면 삶의 모호성 가운데서도 모호하지 않은 삶에 대한 열망이 있기에 인간은 존재론적인 질문을 던진다는 것이다. 인간의 유한성이 무한성을 접할 때, 인간의 자유가 운명과 접할 때, 그것의 의미가 드러난다. 그래서 틸리히는 "운명이 없는 자유란 우연에 불과하고, 자유가 없는 운명은 필연에 불과하다"[413]고 말한다.

그런데 인간은 영(spirit)의 현존 하에서 본질을 알게 된다. 인간은 모호하지 않은 삶의 초월적 결합 가운데 자신이 있음을 알게 되는 데 이것은 성령의 현존 하에서 가능하게 된다는 것이다. 그래서 이것을 수용하는 신앙의 행동과 도덕적 명령의 무조건적 성격을 수용하는 행동은 동일한 행동이라는 것이다.[414]

도덕적 요구

도덕적 요구는 도덕적 명령의 내용을 의미하며, 구체적 상황에 대처함에 있어 야기되는 도덕적 요구다. 틸리히는 도덕적 요구의 문제를 존재론적으로 해결하려고 한다.[415] 인간이 존재론적 질문을 하는 이유는 인간이 비존

---

411 *Systematic Theology* III, p.272.

412 *Systematic Theology* I, (Chicago: The University of Chicago Press, 1951), p.164.

413 *Systematic Theology* II (Chicago: University of Chicago Press, 1957), p.130.

414 *Systematic Theology* III, p.159.

재의 위협을 받는 유한한 존재이기 때문이다. 이러한 비존재의 위협 속에서 모든 부정성을 극복하고 자신의 존재를 견지하기 위해서는 존재의 힘이 필요한데, 바로 이 존재의 힘이 자기에 대한 긍정(self-affirmation) 가능성이다. 그런데 비존재를 극복하는 존재의 힘이 클수록 중심적인 존재(centered being)가 된다.[416] 틸리히는 이런 중심을 갖는 인격이 영을 소유한 존재로서 영의 창조성과 자기 초월성을 갖게 된다는 것이다.[417] 영의 자기통전 운동이 이 중심을 갖는 인격을 형성하는데 주요 역할을 하는 것이다. 이런 의미에서 도덕은 영을 갖는 것, 다시 말해 중심을 갖는 인격을 형성하는 것이 그 목적이라 할 수 있다.[418]

그런데 힘을 소유하고 있는 인간의 자아실현은 그 과정에서 외부 세계의 타자아들과 관계하게 된다. 이때 인격적인 타자아도 본질적인 자아실현의 요구를 가지고 있다는 점을 인정하지 않으면 안 된다. 이것이 타인의 인격을 목적으로만 다루어야 한다는 절대적 명령이다. 타자아는 제거할 수도, 관통할 수도, 수단으로 사용할 수 없는 벽과 같은 것이다.[419] 그래서 틸리히는 "정의란 힘과 힘의 만남에 있어서 존재의 힘이 그 자신을 현실화하는 형식으로 정의된다."[420]고 말하는 것이다. 즉 정의의 원리는 인격의 원리이며, 이것이 형식적 정의로서의 본래적 정의(intrinsic justice)이다.[421]

이러한 형식적 정의는 구체적인 상황에서 판단의 기준이 되기엔 미흡하

---

415 *Love, Power and Justice*, p.2.

416 Ibid., p.44.

417 *Morality and Beyond.* p.20.

418 Ibid., p.9.

419 *Love, Power and Justice*, p.78.

420 Ibid., p.67.

421 Ibid., p.60.

다. 그래서 필요한 것이 비례적 정의(proportional justice)다. 각자에게 자기의 몫을 비례적으로 분배하는 것을 의미하며, 틸리히는 이것을 모든 사물에 있어서의 존재의 힘을 양적으로 재는, 측정하는 정의(calculating justice)라고 설명한다.[422] 그러나 이런 비례적 정의는 고정된 비율을 가지고 사물을 측정함으로써 존재 안에 있는 힘들을 통해 야기되는 새로운 요구에 부응하지 못한다.

그래서 틸리히는 본래적 정의와 비례적 정의의 문제점을 극복하기 위해 정의는 사랑과 성령의 현존이 요구된다는 것이며, 사랑으로 변혁된 정의를 변혁된 정의(transforming justice)라고 부르고, 성령의 현존에 의거한 윤리를 신율적 윤리(theonomous ethics)라고 명하는 것이다. 인간에게 본질적 자아로 존재할 것을 명하는 신의 명령은 인간의 존재와 관계가 없는 타율적 강제가 아니라, 인간이 본질적 자아가 자기 자신에게 명령하는 자율적 명령이다. 그러나 그 명령은 궁극적으로 인간 존재의 근거인 신에게 기반을 두고 있기 때문에 자율과 구별되는 신율적인 것이다. 사랑 속에 흡수되어 창조적 사랑이 된 정의는 비례적 수준을 넘어 구체적인 상황에 귀 기울일(listening) 수 있게 된다.[423] 역동적 정의로서의 사랑이 가능한 것은 성령의 현존을 통해 구체적 상황에 내재되어 있는 도덕적 요구에 대해 인간의 눈과 귀가 열리게 된다는 것이다.[424] 그리고 죄인을 의롭다고 인정하는(forgiving) 신적인 행동에서 드러난 것처럼 창조적 정의로서의 사랑은 비례적 정의를 초월하고 비례관계를 변혁시킴으로써, 자기 몫의 분배에서 제외되었던 자들의 지위를 높여서 자기의 몫을 차지할 수 있게 하는 사랑의 입장을 요구한다는 것이다.[425]

---

422 Ibid., p.63~64.

423 *Morality and Beyond.* p.37.

424 Ibid., p.38.

그런데 정의를 사랑으로 변혁시키는 힘의 근원이 신의 사랑인 아가페이다. 즉 아가페는 사랑을 변혁시키고, 사랑은 정의를 변혁시키며, 그 정의는 힘을 변혁시키는 것이다. 이렇게 신의 사랑인 아가페는 사랑, 정의, 힘 모두를 변혁하여 하나되게 하는 것이다.

도덕의 동기

도덕적 동기의 문제는 도덕적 명령을 실현하는 힘과 관련된다. 도덕적 명령의 내용에 추가된 것이 그것을 실천하는 능력의 전제가 되는 직설법(indicative)이다.[426] 틸리히는 도덕적 직설법을 도덕적 명령법에 대한 인간의 실천능력을 묻는 것으로 이해하며 이것을 도덕적 동기라는 말로 표현한다. 직설법은 신의 은혜를 서술하는 것이다. 은혜는 인간의 선의지로 인해 얻어지는 것이 아니라 공로 없이 무상으로 주어지는 것이다. 은혜는 도덕의 성취를 가능케 하는 성령의 현존의 충격이다. 그에 의하면 명령하는 법은 우리에게 도덕 행동의 동기를 부여할 수 없다. 왜냐하면 법(율법) 그 자체가 이

425 *Love, Power and Justice*, p.66.

426 불트만은 명령법과 직설법의 개념을 설명하기 위해, '아직'과 '이미'를 도입한다. 즉 이제 더 이상 옛 시대(eon)에 우리가 살고 있지 않기 때문에 우리는 직설법 안에 있게 되는 것이다. 그러나 아직도 옛 시대 안에 살고 있는 것이 틀림없기 때문에 우리는 명령법 안에 있게 되는 것이다. 곧 불트만은 신의 은혜 안에 있는 신자들의 상태를 직설법 하에 있다고 하였고, 명령법 하에 있는 상태를 신의 윤리적 명령 아래 있는 상태라고 말한다. Rudolf Bultmann, *Theology of New Testament* vol. II (London: SCM Press, 1979), p.203.
또한 레만(Paul Lehmann)은 명령법과 직설법에 대해 다음과 같이 설명한다. 그는 기독교윤리는 "내가 무엇을 해야만 하는가?"라는 명령법으로 구성되는 것이 아니라, "내가 무엇을 할 수 있는가?"라는 직설법 위에 성립되는 것이라고 말한다. 그리하여 "기독교윤리란 선함에 연관된 것이 아니라, 예수를 믿는 자로서와 교회의 성원으로서 무엇을 할 수 있는가를 다루는 것이다."라고 주장한다. Paul Lehmann, *Ethics in a Christian Context* (New York: Harper & Row, 1976), p.159.

미 본질적인 것과 현실적인 것이 분리되었음을 지적하는 것으로, 분리되었음을 밝히는 것이 그 분리됨을 결합하는 방향으로 우리를 변혁하여 행동의 동기를 부여해 줄 수는 없다는 것이다.[427]

따라서 자율적인, 또는 타율적인 도덕은 궁극적인 도덕적 원동력을 가지지 못하며 오직 성령 현존의 충격 하에서 창조되는 사랑(신율적 윤리)만이 도덕적 명령법을 신성(divinity)에 참여케 함으로써 도덕적 동기를 부여해 준다는 것이다.[428] 성령, 즉 신의 영은 신과 별개의 존재가 아니라 현존하는 신을 말하며 신은 다름 아닌 성령의 현존을 말한다. 틸리히에게서 영은 "힘"과 "의미"의 통전이므로 신의 영, 곧 신의 현존 체험 안에서의 존재의 능력과 의미는 분열을 지양하고 온전히 하나된 온전한 생으로 체험되므로 성령의 현존은 모호성에 둘러싸인 인간 실존의 소외를 치유한다.[429]

자율적 윤리나 타율적 윤리는 결국 모두 율법의 윤리이며 율법으로서는 소외를 극복할 수 없으며, 오히려 율법으로는 자기에 대한 증오를 낳을 뿐이다. 성령의 현존이 없는, 즉 신율적이지 않은 윤리는 원동력을 나타낼 수 없으며 도덕적 명령의 무조건적 타당성을 나타낼 수 없다. 그러나 틸리히는 사랑에 그러한 능력이 있다는 것이다. 사랑은 인간 의지의 문제가 아니라 성령 현존의 장소이며 은총이다.[430]

성령의 현존에 의해 창조되는 사랑의 윤리인 신율적 윤리는 보편 타당성을 가진 윤리적 규범이 되는 동시에 모든 변화하는 상황에 구체적 적용가능성이 있는 역동성(현실 적응성)을 갖고 있다고 한다. 그렇다면 사랑이 윤리

427 Paul Tillich, *Morality and Beyond*, p.44~45.

428 Paul Tillich, *Systematic Theology* III, p.274.

429 김경재.『폴 틸리히의 생애와 사상』(서울: 대한기독교서회, 1990), p.171.

430 Ibid.

적 규범으로서 타당성을 가졌다고 판단할 수 있는 근거는 무엇인가? 틸리히는 그 근거를 사랑의 재결합(re-union)에서 찾고 있다.[431] 인간 실존에 관한 그의 분석에 의하면 인간의 현실적 상태는 분리의 상태로서, 인간은 자기 자신으로부터, 다른 사람으로부터, 그리고 신으로부터 분리되어 있다. 이 분리의 상태가 바로 죄의 상태다.[432]

인간이 이기심, 남에 대한 경멸, 남을 학대하고, 파괴하려는 경향에 빠져 있는 것 못 지 않게 자기 경멸, 자기 증오, 자기 학대에 사로잡혀 있다는 것은 자기 자신의 분열의 심각성을 말해 주는 것이다. 인간은 타인과의 관계에 있어서 같은 분열을 경험하고 있다. 개인과 개인, 집단과 집단, 사회계층과 계층, 이념과 이념, 세대와 세대, 성과 성, 국가와 국가 간의 장벽은 너무나 높고 두터워서 인간의 도덕적 능력으로서는 그것을 허물어뜨릴 수가 없다.[433]

그러나 인간은 본질적으로 분리되었던 존재가 아니라(만일 본질적으로 분리된 존재라면 결합이 불가능할 것이고, 근원적인 소속이 없었다면 결합을 생각할 수조차 없었겠지만), 단지 본질에서 소외되었기에 재결합을 동경한다. 이러한 양자의 관계에 총체적 결합을 촉진하고 분리를 극복하는 것이 사랑이 윤리적 규범으로서의 타당성을 가진 근거가 되는 것이다.[434] 인간은 재결합으로 새로운 존재를 경험함으로써 자신의 존재의 기반이요, 의미인 신과의 결합을 느낄 수 있으며 자신의 운명에 대한 사랑과 자신의 불안을 스스로 감당

---

431 P. Tillich, *The New Being*, 강원용 역.『새로운 존재』(서울: 대한기독교서회, 1960), p.41~43.

432 P. Tillich, *The Shaking of the Foundation*, 김천배 역.『흔들리는 터전』(서울: 대한기독교서회, 1959), p.202.

433 남재현, "폴 틸리히 윤리학,"『신학논단』9/10집 1968, p.102~103.

434 Ibid.

할 수 있는 용기를 갖게 된다. 또한 재결합된 새로운 존재는 또한 타인과의 재결합도 창조한다.[435] 틸리히에 의하면 사실상 재결합으로서의 새로운 존재는 이미 그리스도로서의 예수 안에서 구체화되었다. 그리스도 안에서는 분열적인 힘이 그와 신 사이에, 그와 인류 사이에 그리고 그와 그 자신과의 사이에 이루어진 사랑의 결합을 한 번도 깨뜨리지 못했다. 말하자면 그리스도 사건에 나타난 재결합은 인간의 본래적인 모습이며 완전한 의미가 되는 것이다.[436] 그래서 존재자체의 본성으로서의 사랑, 그리고 모든 존재의 본성으로서의 사랑은 성령의 현존에 의해 창조되며 이와 같은 재결합을 가져다줌으로써 보편타당성을 가진 윤리적 규범이 되는 것이다.[437] 인간의 영 안에 또한 그 영을 향한 신적인 존재의 기반의 현존으로서의 성령의 현존은 구체적 상황에 내재되어 있는 도덕적 요구에 대해 인간의 눈과 귀가 열리도록 한다는 것이다.[438]

틸리히에 의하면 인간은 영적인 삶을 사는 존재이기 때문에 도덕성을 갖는다. 그런데 이 도덕성이 궁극적인 의미를 얻기 위해서는 종교적 차원이 부과되지 않으면 안 된다. 그런데 도덕성에 궁극적인 차원을 가져다주는 종교는 어느 특정한 종교라고만은 볼 수 없다. 인간의 존재 깊이에 관심을 두는 보편적인 종교를 말한다. 결국 도덕성에 있어서 종교적 요소란, 그것 자체의 고유한 것으로서 모든 윤리는 종교적 윤리일 수밖에 없다는 것이다. 그런데 기독교 이외의 모든 종교의 질문에 대한 궁극적인 답변이 기독교이므로 기독교적 또는 신학적 윤리는 모든 종교윤리의 궁극성을 제공하게 되

---

435 Ibid.

436 Ibid., p.103.

437 Ibid., p.104.

438 *Morality and Beyond.* p.38

는 것이다. 이것이 이 절에서 우리가 다룬 성령이 현존하는 윤리, 신율적인 윤리로서의 기독교윤리인 것이다.

5. 도덕의 종교

우리는 도덕이 신에 의해서 창조되었다는 신의 명령 윤리나 자연법적 윤리에 거부감을 갖는다 할지라도, 여전히 다른 방식으로 도덕이 신에 의존한다는 것을 논의할 수 있다. 칸트는 도덕이 신에 의존하고 있고, 도덕이 유일하게 의미 있게 되기 위한 유일한 가능성을 종교에 의존하는 것으로 보았다. 칸트에게 있어서 종교 윤리와 철학 윤리는 어떠한 차이도 있을 수 없다. 신과 인간은 모두 동일한 이성적 원리에 복종해야 하고, 이성은 인간을 이러한 원리로 안내할 수 있기 때문이다. 결국 칸트의 종교에 대한 견해는 도덕적이며 합리론적이라 말할 수 있다. 인간의 의무를 신의 명령으로 간주했고, 신의 내재성을 강조했다. 이는 칸트가 신의 현존에 대한 의식으로서 인간의 도덕적 자유와 도덕적 강제에 대한 의식을 보다 강조하고 있음을 알 수 있다. 말하자면 전통적인 계시의 종교는 아니지만 이성의 안에서의 종교라는 것이다. 이것은 또한 신의 존재를 이성만으로는 알 수 없다는 이성의 한계를 분명히 한다는 점에서 매우 중요한 의미를 갖는다.

또한 칸트의 윤리에서 주목해야 하는 것은 신은 개체적-도덕적 인격을 위한 필연적인 요청일 뿐 아니라, 도덕적인 인격이 도덕의 왕국, 즉 신국 건설이라는 공동의 목적을 위하여 구성하는 도덕적 공동체에 대해서도 필연적인 요청으로서 신의 존재를 실천적 타당성이 있는 것으로 보았다는 데 있다. 이러한 이유로 도덕적 공동체의 구성원들은 신의 명령 아래 있는 백성이면서 동시에 도덕법칙에 따르는 백성으로 생각될 수 있는 것이다. 칸트는 신의 백성을 악에 대항하는 무리로 이해함으로써 신의 백성은 국가와 사회의 정의를 실현할 의무와 책임이 있음을 강조한다. 이렇게 신의 백성이 다하는 의무와 책임과 함께 저 세상이 아닌 이 땅에서 도덕적 성취를 통한 신국 건설을 논구한 것은 이후 기독교의 신국사상, 특히 19세기 리츨학파, 미국의 사회복음운동, 그리고 유럽의 종교사회주의 운동에 절대적인 영향을 미치게 되었다. 칸트에 이르러서야 비로소 신국에 대한 초월적이고 종말론적인 이해에서 벗어나 그것을 현 세계에서 실현되어야 할 당위의 문제로 보기 시작했다는 점에서도 큰 의의가 있다 하겠다.

이 절에서는 칸트의 대표적인 종교적 저술을 통해 도덕에서의 종교의 역할을 해명할 것이다. 그리고 칸트의 윤리가 기독교 윤리와 사상에 얼마나 지대한 영향을 미쳤는가를 중점적으로 다루어 볼 것이다.

5.1 칸트의 도덕신학

칸트의 문제의식에 따르면, 자연과학을 통해 인식되는 세계는 모두 주관에서 유래한 범주로 인식되는 세계이기 때문에, 그 세계의 배후에 놓여 있는 참된 실재를 인식할 수 없다. 칸트는 이를 '물자체'(Ding-an-sich)라 불렀다. 사실 물자체는 한편으로 과학적 지성, 즉 사변이성이 인식론상의 딜레마를 벗어나기 위해서 불가피하게 설정한 것으로 볼 수 있으며, 다른 한편으로는 본성상 무제약자를 추구할 수밖에 없는 이성이 결국 어떤 방식으로든 다루지 않을 수 없는 것이기도 하다.

그런데 칸트가 거기에 속하는 것으로서 우선적으로 언급한 것이 도덕이다. 그것도 우선적으로 언급한 것이 정언적 성격을 가진 도덕이다. 왜냐하면 가언적인 것은 사실명제로 환원될 수 있으며, 그것은 현상계에 속하는 것이기 때문이다. 그렇다면 이러한 성격을 가진 도덕을 우리는 어떻게 알 수 있는가? 칸트는 이것을 "순수 이성의 사실"이라는 말로 표현한다. 여기서 말하는 사실은 감각적으로 경험할 수 있는 사실이 아니라 우리가 선험적으로 의식할 수 있고 필연적으로 확신할 수 있는 사실을 의미한다.

이제부터 도덕과 종교에 관한 칸트의 생각을 그의 도덕신학 논의를 통해 알아보도록 하자. 칸트의 도덕신학[439]은 그의 세 비판서와 『이성의 한계 안에서의 종교』에서 논의되고 있는데, 심화되고 있는 칸트의 도덕신앙의 검토를 통해 칸트 윤리학에서의 종교의 역할이 파악될 수 있을 것이다.

5.1.1 『순수이성비판』의 도덕적 세계

칸트가 기술하고 있는 순수이성의 최종목적의 규정근거가 되는 최고선의 이상을 살펴보도록 하자. 칸트는 '최고선의 이상'에 관한 논의에서 종교

---

439 칸트는 『순수이성비판』에서 이성의 사변적 원리에서 신학을 근원적 존재의 인식이라고 전제하고, 신학을 이성으로부터의 신학(theologia rationalis)과 계시로부터의 신학(theologia revelata)으로 구분했다. 그리고 전자를 다시 선험적 신학(transzendentale Theologie)과 자연적 신학(natürliche Theologie)으로 분류한다. 선험적 신학 가운데 근원적 존재자의 현실적 존재를 경험 일반으로부터 도출해 내려고 하면 우주론적 신학이며, 경험을 조금도 빌려오지 않고 오로지 개념으로 승인하려고 생각한다면 이것은 존재론적 신학이다. 한편 자연적 신학은 세계에서 경험할 수 있는 자연의 성질과 질서와 통일에서 세계 창조자의 성질과 현실적 존재를 추리하게 되는데, 이 경우 세계에는 다만 자연과 자유라는 이중의 원인성과 규칙성이 있다. 칸트는 여기에서 최고 예지자를 상정하는데 이것은 자연적 질서와 완전성의 원리, 아니면 도덕적 질서와 완전성의 원리 중의 하나로서 전자를 자연신학(물리신학 Physikotheologie), 후자를 도덕신학(Moraltheologie)이라고 한다. Kant, *Kritik der reinen Vernunft*, in *Kant Werke*, hg. von W. Weischedel, Bd. III, IV (Frankfurt am Main: Suhrkamp, 1977), B659, B660. 백종현 역, 『순수이성비판1,2』(서울: 아카넷, 2006) 참고.

적 희망, 행복과 도덕법의 연관성, 도덕적 세계의 객관적 실재성, 도덕신학과 이성적 최고 존재자의 관계 문제 등을 다루고 있다. 이와 같은 논의 주제들은 『실천이성비판』과 『판단력비판』에서 보다 상세하게 전개되고 있다.

칸트가 이곳에서 철학의 주요 물음으로 제시한 것 가운데, 종교적 희망에 대한 물음은 실천적인 동시에 이론적인 것이다. 모든 희망은 행복과 관련이 있다. 희망과 도덕법의 관계는 사물의 이론적 인식에 대한 지식과 자연법칙의 관계와 같다. 희망과 도덕법의 관계가 무엇이 마땅히 일어나지 않으면 안 되기 때문에 그 궁극목적을 규정한 어떤 무엇이 존재한다는 추론에서 성립되는 반면, 사물에 대한 지식과 자연법칙의 관계는 그 무엇이 일어나기 때문에 최상의 원인으로 작용하는 어떤 무엇이 존재한다는 추론에서 비롯되었다.[440] 여기서 중요한 사실은 종교적 희망이 성취될 수 있기 위해서는 자연법칙과 도덕법칙을 동시에 관장할 수 있는 세계가 필요하다는 사실이다. 왜냐하면 우리의 이성은 "물론 자유일반에 대해서는 인과성을 갖고 있지만, 전 자연에 대해서는 가지고 있지 않으며, 도덕적인 이성원리는 물론 자유로운 행동을 산출하지만 자연법칙을 산출할 수는 없기 때문이다."[441] 이것은 행복과 도덕법의 결합가능성, 그리고 도덕적 세계의 객관적 실재성의 문제와 긴밀하게 연결되어 있다.

칸트는 인간의 도덕적 행위를 행복할 가치가 있는 것(Glückwürdigkeit)으로 규정함으로써 윤리학에서의 새로운 종합을 시도하였다. 칸트 역시 행복을 '성향의 만족'이나 '실용적 영리의 규칙'[442]으로 규정하지만, 행복을 얻기 위해 도덕법이 작동되는 것이 아니고 도덕법이 작동되면 필연적으로 얻

---

440 *Kritik der reinen Vernunft*, B834.

441 *Kritik der reinen Vernunft*, B835f.

442 *Kritik der reinen Vernunft*, B834.

어질 수 있는 것이 행복이라고 파악하였다. 도덕법은 행복할 가치가 있는 것 이외의 어떤 다른 동인도 갖지 않으며, 따라서 행복을 추구하는 모든 경험적 태도들을 배제하는 것이다. 왜냐하면 도덕법은 경험적 목적을 성취하기 위한 가설이 아니고 절대적-필연적으로 명령하는 체계이기 때문이다. 칸트에 의하면 순수이성은 그 실천적-도덕적 사용에서 '경험의 가능성의 원리', 즉 인류 역사상 '발견될 수 있는 도덕적 규칙에 적합한 행동의 원리'를 포함하고 있다.

도덕법에 따르는 행위가 행복할 가치가 있다는 것은 칸트가 유일하게 가능하다고 생각하는 행복과 도덕의 일치, 즉 최고선의 실현 방식이다. 그러나 이것 역시 앞에서 지적한 것처럼 우리의 이성이 만일에 자연법과 도덕법의 구조상 이성에 직면하게 될 경우 철저하게 무기력하게 되고 만다. 그래서 칸트가 생각한 것은 도덕성과 비례적으로 결합할 수 있는 행복의 체계, 즉 도덕적 세계[443]에 대한 개념이었다. 물론 이것은 이론적인 차원에서 실재성을 갖는 것은 아니다. 그렇다고 해서 아무런 구속력을 갖지 않는 것도 아니다. 도덕성과 행복이 이념적으로 합치할 수 있는 그런 세계이기 위해서는 감성계에 영향을 줄 수 있어야 한다는 이른바 실천적인 의미에서만 그것은 '객관적 실재성'을 가질 뿐이다. 그렇다면 어떤 조건 하에서 이와 같은 영향력의 행사가 가능하게 되는가? 칸트에 의하면 그것은 오직 도덕법에 따라 명령하는 최고이성이 동시에 원인으로서 자연의 근저에 놓이는 경우에만 가능하다. 즉 행복과 도덕성이 비례적으로 일치할 수 있는 도덕적 세계는 근원적 최고선인 절대적 이성 존재자의 존재를 전제하는 경우에만 그 객관적 실재성을 확보할 수 있게 되는 것이다.[444] 이성적 존

443 *Kritik der reinen Vernunft*, B836.

재자의 자유의지가 도덕법 하에서 자기 자신의 자유와 모든 타인의 자유와의 전반적이고 체계적인 통일을 갖추는 경우에 도덕적 세계는 이제 감성계에서 이성존재자의 신비적 단체(corpus mysticum)로 기능할 수 있게 된다.[445] 칸트는 이처럼 도덕법의 명령에 따라서 행위하는 사람들에게 그에 부합하는 행복을 보장해 줄 수 있는 도덕적 세계질서에 대하여 실천적인 의미에서 객관적 실재성을 부여해주는 최고의 이성적 존재자를 '최고선의 이상'이라 불렀다.[446]

지금까지 고찰한 바와 같이 『순수이성비판』의 선험적 방법론에서 칸트가 기술하고 있는 '도덕적 세계'는 도덕적 행위에 준하는 행복을 "자체적으로 보상하는 도덕성의 체계"로서 도덕신학적으로 묘사되고 있는 한편, '신'과 '미래적 삶'의 존재를 전제함으로써 비로소 그 객관적 실재성이 확보될 수 있는 "요청"적 측면도 가지고 있다. 도덕적 세계 개념은 행복과 도덕성의 완전한 결합이 어떻게 가능한가라는 점에서 그 자체로서 완결된 도덕체계로 이해될 수도 있고, 신과 불멸성의 요청에 의해서만 상정될 수 있는 파생적인 최고선으로 이해될 수도 있다. 이 경우에 칸트는 근원적 최고선을 신으로 규정하였다.

5.1.2 『실천이성비판』의 요청된 신

칸트는 『순수이성비판』에서 모든 사변적 신 존재 증명을 비판하고, 도덕성의 개념에 기초한 신에 대한 철학적 인식, 즉 도덕신학 또는 윤리신학

444 *Kritik der reinen Vernunft*, B842.

445 *Kritik der reinen Vernunft*, B836.

446 *Kritik der reinen Vernunft*, B839.

의 기본틀을 제시하려고 하였으며, 전통적인 교의적 신앙 또는 계시신앙에 대하여 도덕적 신앙 또는 이성신앙을 대비시켰다. 이로써 신은 객관적 인식과 지식의 대상이 아닌 희망의 대상, 즉 순수한 실천이성의 요청으로 이해된 것이다. 실천이성의 요청은 최고선을 실현 가능한 것으로 만들고, 최고선이 실현될 수 있는 도덕적 세계의 객관적 실재성을 확보하게 된다. 그러나 이와 같은 요청명제들은 경험적 세계에서 구성 가능한 대상들이 아니라 도덕적 세계의 예지적 대상들에 지나지 않는다.

여기서 중요한 것은 최고선을 구성하는 우선적 원리가 행복이 아니라 도덕성이라는 사실이고, 이런 원칙은 『순수이성비판』이전부터 『실천이성비판』까지 유지되고 있다는 사실이다. 칸트는 행복을 윤리학의 필연적 요소로 수용하지만, 그렇다고 해서 도덕성의 근거를 행복에서 찾으려하지 않았다. 칸트에서 최상선(das oberste Gut)은 행복이 아니라 도덕성으로서의 덕(Tugend)이다. 그것은 덕의 완전성, 즉 각 개인의 심성이 도덕법 그 자체와 일치하는 삶을 지시하는 바, 신성성(Heiligkeit)이라 규정된다. 이와 같은 덕 또는 신성성을 향한 인간의 노력은 그에 비례하여 마땅히 행복과 연결되어야 한다. 그러나 현실적으로 이 같은 칸트의 최고선의 개념은 크게 두 가지 사실에서 난관에 봉착하게 된다. 하나는 감성계에서 살고 있는 인간은 비록 그가 이성존재이기는 하지만 어떤 시점에서도 그와 같은 도덕적 완전성에 도달할 수 없다는 사실이다. 그리고 다른 하나의 난관은 우리가 살고 있는 감성계에서는 도덕성과 비례하여 행복이 부합되지 않는다는 사실에서 비롯된다. 이와 같은 이중적인 모순 사실로부터 칸트는 최고선의 실현 가능성을 지지할 수 있는 조건 명제로서 영혼불멸성과 신 존재를 요청하게 된다.

도덕법은 우리에게 현실적으로 도덕적인 행위를 수행할 것을 요구하고 있다. 그것도 도덕적 완전성의 단계인 신성성에 도달할 때까지 부단하게 노력할 것을 강제하고 있는 것이다. 이처럼 완전한 일치를 위한 실천적인 요구는 필연적인 것이다. 그러므로 우리는 '무한한 것으로 나아가는 전진 가운데서만'(in einem Unendliche gehenden Progressus) 그 실현을 가능하게 상정할 수 있다. 이와 같은 무한한 전진이 가능하기 위해서는 '무한한 것으로서 계속 존재할 수 있는 실존'(ins Unendliche fortdauernden Existenz)과 '그 이성적 존재의 인격성'(Persönlichkeit desselben vernünftigen Wesens)을 전제하지 않으면 안 되며, 이것이 바로 영혼불멸성의 요청이다.[447]

그리하여 최고선의 실현은 영혼불멸성의 전제 하에서만 실천적으로 가능하다. 플라톤과 그리스도인들이 의무와 경향성 사이의 갈등이 현세에서만 진행되고 내세에서는 더 이상 작동되지 않는다고 보는 것과는 달리 칸트는 무한한 것을 향한 도덕적 노력을 강조했던 것이다.[448]

그러나 칸트에서는 불멸성의 요청만으로 신성성에의 완전한 일치에 도달할 수 없다. 도덕적으로 무한하게 노력하는 사람들에게 비례적으로 부합되는 행복을 배분하는 과업은 비판기 이전의 논의에서처럼 자연법칙과 도덕법칙을 동시에 통제할 수 있는 전지전능한 이성적 최고 존재자의 존재요청을 통해서만 달성될 수 있다. 바로 이 경우에 새롭게 요구되는 최고선의

---

447 Kant, *Kritik der praktischen Vernunft*, in Kant Werke. in *Kant Werke*, hg. von W. Weischedel, Bd. VII (Frankfurt am Main: Suhrkamp, 1977), A220. 백종현 역, 『실천이성비판』 (서울: 아카넷, 2009) 참조.

448 회페는 무한계열을 완전성과 동일한 것으로 평가할 수 있다고 주장한다. 그러나 이것은 사실상 신 존재의 요청과 그 활동성으로서 은총판단이 요청되는 경우에만 성립될 수 있음을 간과하고 있다. 그러나 여기서 회페가 지적하는 사실은, 무한으로 이어지는 도덕화 과정은 나약성과 근본악과 같은 인간의 구조적 결함으로 인하여 성취할 가능성이 없거나, 인간의 존재 방식 자체가 언제나 새로운 유혹에 빠질 수 있기 때문에, 그와 같은 신성성의 이상은 도덕화 과정이 더 이상 필요 없는 순수한 지성적 존재에게만 가능하다는 것이다. Otfried Höffe, *Immanuel Kant* (München: C.H. Beck, 2000), p.251.

실현가능성을 위한 조건명제가 바로 신의 현존이다. 도덕적 행위주체는 행복할만한 가치를 가지고 있다. 그러나 도덕성은 현실적으로 그에 비례적으로 부합되는 행복을 보장해 주지 못한다. 이런 상황에서는 현실적 모순을 해소할 수 있는 힘을 가진 희망적 존재만이 우리를 구제할 수 있다. 도덕성에 부합되는 행복을 보장할 수 있는 존재는 첫째로 나의 행위를 모든 가능한 경우와 미래의 모든 사실에 대해서 그 가장 깊은 내면에 이르기까지 알고 있어야 하고(allwissend), 둘째로 언제나 적절한 행복을 배분할 수 있도록 전능해야 하며(allmächtig), 무소부재하고(allgegenwärtig), 영원한(ewig) 존재라야 한다.[449] 이와 같은 존재가 바로 신이다. 그리하여 도덕이 요구하는 것을 완전하게 성취하는데 필요한 최종적인 요구는 바로 신의 현존이며, 이를 통하여 도덕은 필연적으로 종교에 이르게 되는 것이다. 도덕은 종교를 통하여 강력한 도덕적 입법자의 이념을 확보할 수 있게 된 것이다.[450]

그러나 이와 같은 신 개념은 경험적으로 우리에게 증명되거나 이론적 대상으로 파악될 수 있는 것이 아니다. 그것은 최고선 개념과 마찬가지로 이론적으로 대응하는 직관이 아니고, 객관적 실재성을 갖고 있지도 않다. 따라서 그것은 결코 사변적 이성의 확장을 뜻하지 않으며,[451] 다만 순수한 이성의 필연적 대상으로서 규정적 의미만을 갖는다.

결국 『실천이성비판』의 요청이론은 도덕성과 행복의 완전한 결합이라는 최고선의 요구를 성취하기 위하여 칸트가 구상한 것이다. 최고선의 실현가능성을 위하여 최고의 이성적 존재가 요청되는 것이다.

---

449 *Kritik der praktischen Vernunft*, A252.

450 *Kritik der praktischen Vernunft*, A223-226.

451 *Kritik der praktischen Vernunft*, A241-243.

5.1.3 『판단력비판』과 『이성의 한계 안에서의 종교』의 도덕신앙

『판단력비판』에서 도덕은 다른 어떤 동기도 필요로 하지 않는 그 자체적으로 완결된 체계이다. 칸트는 이를 '스스로 보상하는 도덕성 체계'(System der sich selbst lohnenden Moralität)라고 표현한다. 물론 그것은 도덕적으로 노력을 경주한 주체들에게 비례적으로 부합되는 행복을 보장해 줄 수 있는 도덕적 세계를 의미한다. 그런데 『실천이성비판』에서와는 달리 『판단력비판』에서는 도덕적 인류 그 자체가 행위주체로 설정되고 있으며, 따라서 도덕적 세계의 모습은 전체 인류가 도덕의식을 세계 속에 구현하는 노력으로 비쳐지고 있다. 『이성의 한계 내에서의 종교』에서도 도덕적 행위주체는 고립된 자아가 아니라 교회 또는 지상에서의 공동체 개념으로 설정되고 있다. 따라서 신의 존재 역시 미래적 삶의 개념을 통한 도덕적 인류의 발전에 연관되어 있기 때문에 개별 주체에 국한되지 않는다.[452]

『판단력비판』에서는 자연 목적론의 결함을 도덕 목적론으로 보완하여 도덕신학을 정초하고 있다. 자연신학이 경험적으로 인식될 수 있는 자연의 목적들로부터 자연의 지고한 원인과 특성을 추론하려는 이성의 시도라고 한다면, 도덕신학 또는 윤리신학은 이성적 존재자가 선천적으로 인식하고 있는 도덕적 목적으로부터 자연의 지고한 원인과 특성을 추론하려는 시도이다.[453]

---

452 Kant, *Die Religion innerhalb der Grenzen der bloßen Vernunft*, hg. Bettina Stangneth (Hamburg: F. Meiner, 2003), B52. 백종현 역, 『이성의 한계 안에서의 종교』(서울: 아카넷, 2011) 참고.

453 Kant, *Kritik der Urteilskraft*, in *Kant Werke*, hg. von W. Weischedel, Bd. X (Frankfurt am Main: Suhrkamp, 1977), B400. 백종현 역, 『판단력비판』(서울: 아카넷, 2009) 참조.

생태적으로 볼 경우 인류는 자연목적의 연쇄 가운데서 단지 하나의 항목에 지나지 않는다. 그러나 칸트에 의하면 인간은 자연 안에서 특별한 위상을 갖고 있다. 인간은 자연과의 교섭이나 결합을 통하여 유용성(Tauglichkeit)과 숙련성(Geschicklichkeit)을 실현할 수 있는 독특한 능력을 가지고 있다. 그러므로 만일 인간이 존재하지 않는다면 자연은 황무지에 불과하고 모든 가능한 궁극목적도 사라지게 될 것이다.[454] 인간이 가지고 있는 것 가운데서 가장 탁월한 것은 바로 선의지이다. 바로 이 선의지에 의해서만 인간의 현존재는 절대적 가치를 가질 수 있고, 선의지와의 관계에서만 인간은 창조의 궁극목적으로 간주될 수 있다.[455] 도덕적 존재자로서의 인간에 대해서는 어떤 목적을 위해 존재하는가라는 물음을 던질 수 없다. 인간만이 수단이 아닌 목적으로만 존재하기에 인간은 그 아래에 전 자연을 예속시킬 수 있는 최고의 목적 자체를 자신 속에 가지고 있으며, 그러한 목적에 어긋나는 자연의 어떤 영향에 대해서도 복종해서는 안 된다. 그래서 인간은 창조의 궁극적 목적이며,[456] 자연의 목적은 인간의 행복과 인간의 문화를 이룩하는데 있다.[457] 그러나 중요한 것은 인간은 도덕적 존재자로서만 창조의 궁극목적일 수 있다는 사실이다.[458]

칸트는 자연을 목적의 원리에 따르는 절대적 전체로서 고찰하고 있으며, 인간은 창조의 궁극적 목적이기 때문에 자연은 인간의 행복에 합치되지 않으면 안 된다고 강조하고 있다.[459] 문화는 인류가 자연을 귀속시켜야 할

454 *Kritik der Urteilskraft*, B410.

455 *Kritik der Urteilskraft*, B412.

456 *Kritik der Urteilskraft*, B398.

457 *Kritik der Urteilskraft*, B388.

458 *Kritik der Urteilskraft*, B412.

이유가 있는 최종목적이다. 불평등과 외부의 폭력과 내부의 불만으로 가득 찬 자연적 상태로부터 합법적 권력이 부여된 시민사회를 제도화하고, 이로부터 다시 '세계시민적 전체'(ein weltbürgerliches Ganze) 또는 '모든 국가를 위한 하나의 체계'(ein System aller Staaten)를 수립하기 위해서는 '지고한 근거로서의 제1원인'이 요구되지 않으면 안 된다. 이와 같은 이성존재자는 '자연의 입법적 지성'인 동시에 '도덕적인 목적의 왕국에서 입법적 수장'이어야 한다.[460] 칸트의 도덕신학은 자연의 목적만으로는 결코 파악될 수 없는 세계역사의 지향점, 즉 세계의 궁극목적을 반성적 판단력에 의하여 지시하는 기능을 수행하고 있다. 이로써 '지상에서 완성된 도덕공동체'(die vollendete moralische Gemeinschaft auf Erden)를 세계목적으로 지향하는 인류의 '도덕화된 문화'(versittliche Kultur)야말로 칸트가 『판단력비판』에서 강조하려했던 최고선이고, 도덕성과 행복의 통일성은 『실천이성비판』의 최고선이다. 인류가 추구하는 최고선은 도덕 지향적인 문화공동체이며, 이는 『이성의 한계 안에서의 종교』에서 제시된 지상에서의 신의 나라의 무한한 확장과 같은 맥락에 있다 할 것이다.

칸트의 『이성의 한계 안에서의 종교』는 독립된 네 개의 논문이 결합하어 구성되어 있지만 유기적 통일성을 지니고 있다. 제1권에서는 인간의 근본악의 문제를 통하여 인간은 선을 지향할 수도 악을 지향할 수도 있는 존재라는 것, 따라서 도덕적 노력이 요청된다는 것을 시사하고 있다. 제2권에서는 선의 원리의 인격화된 이념, 즉 성육신(Incarnation)사건을 통해 신을 가장 기쁘게 할 수 있을 뿐 아니라 가장 신의 마음에 드는 존재로서의 신의 아

---

459 *Kritik der Urteilskraft*, B411.

460 *Kritik der Urteilskraft*, B413.

들 및 복음교사론을 전개함으로써 도덕적 이상의 인간상을 암시하고 있다. 제3권에서는 도덕적 개인의 자아실현만이 아니라 그것과 더불어 신의 나라로서의 윤리적 공동체를 지상에 실현해야 한다는 목표를 제시하고 있다. 제4권에서는 기독교와 유대교를 직접 실례로 들어 비교함으로써 신에 대한 참 봉사와 거짓 봉사가 무엇인가를 예시하고 있다. 이러한 내용 구성으로 볼 때 칸트가 우리에게 전달하고자 하는 진정한 의도는 기존의 사변신학과 자연신학에 비하여 자신이 주창하는 도덕신학이 논리나 체계에 있어서 월등하다는 것을 말하려 하거나 신 존재의 도덕적 논증을 종합적으로 정리하고 있다기보다는 오히려 인간은 기필코 두렵고 떨리는 자세로 일생동안 도덕적 삶을 살아야한다는 강력한 논지를 전개하고 있다고 하겠다.

무엇보다 칸트가『이성의 한계 안에서의 종교』에서 기독교의 원죄론, 그리스도론, 교회론에 대해 도덕신앙적 해석을 시도하고 있다는 데 주목할 필요가 있다. 이러한 시도는 그가 경험적 사실, 특히 역사적 계시신앙을 도덕적으로 고찰하려는 데서 가능하게 된 것이다. 종교적 교의는 초자연적으로 영감을 받은 사람들에 나타난 계시에 의하여 알려지고, 나중에 이성에 의해 검증되는 것이다. 실제로 칸트가 보여주려고 한 것은 참된 종교는 하나밖에 없으며, 그것은 역사적 계시 없이도 존립한다는 사실이었다. 따라서 계시와 교회의 신조를 믿지 않더라도 종교적 인간이 될 수 있다. 그러나 칸트는 역사적으로 볼 때 참된 종교는 계시와 더불어 시작될 수 있다는 사실을 굳이 거부하려고 하지 않았다. 결국 모든 종교는 순수한 이성으로부터 유래하고, 순수한 철학적 종교이론은 순수한 이성으로부터 유래하고, 순수한 철학적 종교이론은 순수한 이성의 한계 안에서 존립할 수 있기 때문이었다.[461] 순수한 역사신앙 또는 계시신앙을 순수한 도덕신앙으로 변화시키는 것이야말로 칸트의 종교철학의 과제였던 것이다.

제1판의 서문에서 보면, 도덕은 자유의지를 위한 실질적 규정근거를 필요로 하지 않으며, 따라서 도덕은 결코 종교를 필요로 하지 않으나, 즉 도덕은 의지의 규정근거나 선행하는 목적으로서는 아무것도 필요로 하지 않으나 그 행위결과로서의 목적에 대해서는 어떤 필연적인 관계를 갖게 되는데, 그것이 바로 도덕성과 행복의 결합을 촉구하는 최고선의 이념이다.

칸트는 원죄론을 자유의지와 관련시켰다. 인간은 자연적 경향성을 행위의 최종적인 규정근거로 삼으려는 성향을 갖고 있다. 인간은 도덕법칙을 인식하고 있더라도 허약성과 불순성과 악의성으로 인하여 도덕적인 요구를 거부하고 악한 준칙에 따르는 성향이 있다. 이와 같은 악한 성향에서 벗어나기 위해서는 심정의 혁명이 필요하다. 이로써 칸트는 인간이 자연적으로 선하지만 사회적 상황에 예속되어 악하게 되었다는 소박한 낙관주의를 거부하는 동시에 인간이 악에 의해 전적으로 타락한 존재라는 염세주의도 부정하였다. 반대로 칸트는 자유 속에 악의 근원이 있고 악을 극복할 수 있는 가능성도 자유와 함께 주어져 있다는 입장을 취한 것이다.[462] 그러나 바로 이 때문에 칸트는 필연적으로 어떻게 선이 악으로 전락하게 되었으며, 어떻게 악한 나무에서 선한 열매가 열릴 수 있는가를 해명해야할 필요가 생겼다.

칸트가 제시한 그리스도론 역시 악에 대항하고 투쟁하는 선의 궁극적 승리를 보여주는 '인격화된 선의 이념'을 다루고 있다.[463] 신의 아들인 그리스도는 오직 신이 만족할 수 있는 '도덕적 완전성을 갖춘 인간(이성적 세계존재 일반)'으로서, 선의 이념이 인격화된 전범으로 해석되고 있다. 인류는 이와 같은 선의 이념을 전 지구상에 실현하기 위하여 헌신하지 않으면 안 된

---

461 *Die Religion innerhalb der Grenzen der bloßen Vernunft*, 2판 서문 참조.

462 Höffe, *Immanuel Kant*, 254f.

463 *Die Religion innerhalb der Grenzen der bloßen Vernunft*, B73.

다. 이처럼 악의 원리에 대한 선의 원리의 투쟁과 궁극적 승리가 지향하는 것은 신의 나라를 지상에 세우는 것이다. 칸트에게서 신의 나라는 세계주의적 법 공동체의 영구평화가 인류의 법적 궁극목적인 것과 같은 의미에서 도덕적 궁극목적이다. 신의 명령 아래서 덕의 법칙에 의하여 살아가는 신의 사람들이 구성하는 사회가 바로 윤리적 공동체이며, 신의 나라 백성들은 이 나라를 무한하게 확장하기 위해 부단히 노력하지 않으면 안 된다.

여기서 우리는 칸트 윤리학의 난점과 만나게 된다. 그 하나는 근본악에 빠져있는 인간은 그 경향성으로 인하여 아무리 부단하게 선을 향한 도덕적 수행을 강화한다고 하더라도 여전히 죄의 상태에 머물러 있다는 사실이다. 또한 동시에 신의 백성들이 지상에서의 윤리적 공동체를 확장하기 위하여 무한한 노력을 기울인다 할지라도 여전히 실현되지 않은 상태에 머물러 있게 된다는 것이다. 이와 같은 두 가지의 난점으로 인하여 새롭게 요구되는 것이 바로 신의 은총[464]과 지상에서 신국의 완전 실현에 대한 요구이다. 그런데 바로 이와 같은 요구는 신 존재 요청의 변형이며 신의 활동과 영향력에 속하는 개념이라 할 수 있다.[465] 선한 인간이 되기 위한 무한한 노력과

---

464 칸트는 모든 종교를 은혜 간구의(제의적) 종교와 도덕적 종교(선한 품행의 종교)로 구분한다. 전자에 따르는 인간은, 신은 그가 보다 더 선한 인간이 될 것을 강요하지 않고서도 그를 능히 영원히 행복하게 할 수 있다고 자위하게 만들며, 그때 인간은 아무것도 안 한 것과 마찬가지가 된다. 그러나 "도덕종교는 (지금까지의 모든 공적 종교들 가운데서 기독교만 그러한 종교인데) 보다 더 선한 인간이 되기 위해서는 각자는 자기의 힘이 미치는 한 최선을 다해 행하지 않으면 안 된다. 그리고 오직 인간은 그의 타고난 재능을 묻어두지 않을 때에만, 그가 보다 더 선한 인간이 되기 위해 선으로의 근원적 소질을 이용했을 때에만, 그의 능력 안에는 없는 것이 보다 더 고위의 협력에 의하여 보충될 희망을 가질 수 있다.(『이성의 한계 안에서의 종교』, B62.)" 이러한 칸트의 말에서 우리는 기독교 신앙의 은총 세계의 접근마저 해석해 낼 수 있다.

465 Allen Wood, *Kant's Moral Religion* (Ithaca: Cornell University Press, 1969), p.232~248.

지상에서 신의 나라를 확장하려는 무한 노력은 영혼불멸성의 요청과 같은 맥락에 있다 할 것이다. 칸트가 『실천이성비판』에서 신성성의 도달의 가능성 조건으로 내세웠던 최고선의 실현을 위한 인간의 무한한 노력-접근-진보-발전은 『이성의 한계 안에서의 종교』에서는 '도덕 공동체', 공동사회, 지상에서의 신국을 실현하려는 무한한 노력 속에 투영되어 있다.

5.1.4 도덕 공동체, 신국의 현실화

최고선의 실현은 자기가 스스로 입법한 도덕 공동체 안에서 가능하다. 그것은 내적 자유, 즉 의지의 자유를 전제로 한 이 땅에서의 신국이며 목적의 영역이다. 인간의 순수이성이 제대로 발휘된다면, 도덕왕국은 실현될 수 있다는 믿음이 칸트철학의 전제다. 그러나 칸트는 도덕 공동체에 대한 비전이 현실적 조건을 무시해서는 결코 실현될 수 없다는 것을 잘 인식하고 있었다. 그가 보기에 도덕 공동체로 이행하는 데 있어서 가장 걸림돌이 된 것은 전쟁이었다. 국내평화와 세계평화 유지는 최고선을 실현하기 위한 선결사항이었기에, 평화를 위한 제도적 조건을 마련하는 것을 사회적 의무로 생각했다. 최고의 공동선을 구현할 수 있는 이상사회를 위해서 '정치적 공동선'은 필수적인 것이다. 정치적 공동선에서 법은 법적 권위로 부여된 강제적 법이며, 도덕 공동체의 법은 비강제적인 자율적인 법이다. 말하자면 법적 공동체는 도덕 공동체가 출현할 수 있는 전제조건이다. 법으로 외적 자유가 보장되지 않으면 이중적 본성(신을 닮고자 하는 '본체적 자아'와 욕구와 욕망에 사로잡힌 '현상적 자아' 간에 갈등하는)에서 방황하는 인간의 자율성이 확보되기 어렵기 때문이다.

칸트가 말하는 최고의 정치적 선, 즉 완전국가의 이상은 모든 국민의 동등한 외적 자유가 보장되는 법과 제도를 갖춘 국가이다. "네 의지의 자유로운 활용이 보편법칙에 따라서 모든 사람의 자유와 양립할 수 있도록 외적으로 행동하라"[466]는 정의의 준칙이 완전국가의 이상이다. 국제평화와 국내평화로써 보장되는 외적 자유는, 자율적 행동을 위한 여지를 만들어 주고 비도덕적 행위를 감소시키며, 또한 자유로운 제도는 정당한 행위와 사회정책을 결정하는 데 꼭 필요한 도덕적 대화를 조장한다.

칸트 철학을 흔히 말하듯 관념론적 이상주의를 지향하는 것으로 오해해선 안 된다. 그의 도덕철학은 도덕적 비전의 실천을 통해 이 세상에서 행복을 실현하려는 매우 현실적이고 구체적인 내용을 담고 있다. 그 비전의 실현은 이상적 정치제도인 '완전국가' 안에서만 가능하므로, 도덕적 이상사회는 국가의 틀 안에서 가능하다는 결론에 이른다. 개인의 도덕적 자율성을 근간으로 하는 도덕공동체의 실현을 위해 정치적 공동선을 전제로 했을 때, 타락한 정치적 사회적 조건이 도덕적 진보를 가로막고 있을 경우 최고선의 의무는 당연히 정치와 사회적 구조를 개혁함으로써 완전국가를 실현해야 할 사회적 의무를 포함하게 된다.

466 I. Kant, *Metaphysical Elements of Justice* (Indianapolis: Bobbs-Merrill, 1965), p.35.

5.1.5 종교와 도덕의 화해 전통 계승과 신국 운동

신 존재를 요청하는 칸트의 논변에 대해 쉽게 수긍하기 어려울 것이다. 이론이성의 가능성과 한계에 대한 엄밀한 논변이나, 대부분의 사람들이 공감할 수 있는 도덕적 직관에서 출발하여 도덕법칙의 보편성과 정언적 성격을 설득하는 세밀한 논변과 비교할 때, 기독교 세계 밖에 사는 사람들에게는 칸트의 도덕신학적 논변이 다소 의아스럽기까지 할 것이다. 그것은 '우리는 선하게 살아야 한다'는 것의 당위성을 설득하기 위해 '선한 행위에 대한 것은 반드시 보상이 될 것이며, 이를 위해서라도 반드시 신은 존재해야 한다'는 유신론적 소망과 다를 바 없어 보이기 때문이다. 그러므로 칸트의 주장은 "주관적 신앙을 정당화하는 논변으로서, 객관적 증명이나 증거에 근거한 것이 아니라, 도덕적으로 올바른 삶을 선택하기 위한 개인적인(그러나 이성적으로 명령된) 결단에 근거한 것"[467]이라고 보는 편이 적절할지도 모른다.

그렇지만 다른 한편으로 생각해 볼 때, 도덕적 삶과 도덕적 세계를 지향하는 사람에게 있어서 이 이상의 도덕적 논변을 찾기도 어려운 것이 사실이다. 도덕의 최종적 근거는 결국 개개인의 신념-결단-희망에 놓여 있는 것이 아닐까? 신학적 윤리에서 볼 수 있는 바와 같이 오직 기독교만이 도덕의 근본적 토대라는 교리적 주장은 납득하기 힘들다 하더라도 기독교가 도덕적 삶을 고양시키고 더욱 풍부하게 만든다는 점은 수긍할 수 있는 바라 여겨진다.

칸트는 『실천이성비판』에서 덕과 행복의 완전한 일치는 인간의 세계인 감각계에서는 실현될 수 없고 예지계에서만 가능하다고 보았다. 예지계

467 A. W. Wood, *Kant's Moral Religion* (Ithaca: Cornell Uni. Press, 1970) ,p.34.

는 인간이 도달할 수 없는 신의 영역이다. 덕과 행복의 완전한 일치가 예지계에서만 가능하다면, 인간은 신에게 의존할 수밖에 없는 존재가 아닐까? 현실 세계에서는 비록 부정의가 득세하고 있으나 정의가 반드시 승리할 것이라는 믿음, 신이 정의의 편에 서있기에 궁극적으로 정의가 승리할 것이라는 믿음이 부정의한 세력과의 지난한 싸움에서 지치지 않고 계속해서 싸울 수 있는 힘과 용기를 줄 수 있을 것이다. 기독교의 "신국 운동"은 선의 최종적 승리에 대한 확신을 견고하게 만들어 주고 현실적으로 직면하는 어려움을 견디게 해왔다는 점에서 칸트적 도덕신학에서 절대적인 영향을 받았다.

칸트의 도덕의 왕국은 로테(Richard Rothe)에게 와서 세계 역사의 목적으로 이해되었다. 로테는 기독교 신앙이 교회형태가 아니라 세상형태로 존립해야 함을 주장하였다. 따라서 로테는 이 신국을 지향하는 기독교 신앙은 자연에 대한 정신적 승리를 뜻하는 정신의 나라(das Reich des Geistes)요, 교회 조직을 지양한 기독교 국가 조직의 형태로 나타난다고 하였다.[468] 로테는 역사를 신국의 발전사로 보았기에, 그에게서 신국은 역사적 진보를 의미했다.[469]

리츨

로테가 신국에 대한 사회 제도적 해명을 가한 것을 넘어 리츨(Albrecht Ritschl)은 종교와 도덕의 화해를 위해 보다 적극적으로 작업했던 인물이다. 리츨의 신국은 신의 세계 계획의 궁극적 목표와 인간의 궁극적 목표가 갖는 보편적 도덕 공동체이다. 리츨은 19세기 서구의 지성사의 흐름(유물론적 사

---

468 Martin Honecker, *Konzept einer sozialethischen Theorie* (Tübingen: J. C. B. More, 1971), 92, 박충구.『기독교윤리사II』(서울: 대한기독교서회, 2001), p.171에서 재인용.

469 Ibid.

유, 사회학과 자연과학의 득세)에서 점점 몰락해가던 사변신학과 슐라이어마허적인 체험 신학이 처한 위기 상황의 현실적 돌파구를 칸트 철학에서 찾았던 것이다. 인간의 자율적인 도덕적 이해와 능력을 절대적으로 긍정했던 칸트 철학의 견지에서는 종교가 평가절하되는 인상을 보이지만 종교의 의미가 상실되어가는 바로 그 지점에서 종교의 도덕적 가치를 담보할 수 있는 길이 칸트의 도덕철학이었다.

신국은 창조 이전에 신이 스스로 가지고 있는 목적에 부합하는 것이다. 그런데 인간은 죄인이다. 죄란 리츨에 의하면, 도덕적 관점에서 도덕법과 자유를 불법적으로 오용한 것에서 생기는 자유 사이의 상호관계의 장애의 표현이기에, 죄용서에 의한 죄의식과 죄의 제거를 통해서 인간의 도덕적 행위가 비로소 가능하게 된다. 따라서 칸트적 의미에서 도덕법의 완성에 대한 비전이 인간에게 부과되었다. 왜냐하면 신이 이 세계에서 실현하고자 하는 궁극적 목표는 인류를 통해서 실현되어야하기 때문이다. 신의 자기목적과 인간의 자기목적은 창조에 따르는 통일성을 지향하고, 이 통일성은 보편적인 이웃사랑의 동기에서 이루어지는 행위를 통해 인류의 도덕적 연합을 요구한다. 이웃사랑을 통한 도덕적 연합이 바로 리츨에게 있어서 최고의 선이자 신의 나라를 가리키는 개념인 것이다.[470]

물론 리츨은 신학이 인간학에 용해될 것을 우려하여 근원적인 신의 은총을 강조한다. 말하자면, 신의 자기목적과 인간의 자기목적이 하나가 될 수 있는 것은 오직 신의 은총(사랑)에 의하여 이루어진다는 것이다. 사랑은 대상이 가진 자기 목적을 요구하고 있는 "항속적 의지"이기 때문에, 이를 통해 타인의 자기 목적이 자신의 자기목적에 받아들여지고 그 반대도 마찬가

---

470 박충구. 『기독교윤리사II』, p.101.

지이다. 신국은 신의 사랑에 근거하기 때문에 이웃사랑은 자기목적을 받아들이는 것으로서 작용한다. 따라서 이웃사랑은 신국과 도덕법의 최고 완성의 표징이 된다.[471]

칸트가 순수한 의무를 최고선이라 규정하고, 무조건적인 의무감을 느끼는 인간을 말했으며, 이 의무의 근거는 자율적인 주체로서의 인간 이성이었다. 이에 비해 리츨은 최고선의 가치를 신국에 두고, 최고선의 근거를 예수 그리스도 안에서 주어진 계시적 의미로서의 인간의 자기목적으로 해명하였다.[472] 리츨은 기독교 이전의 역사나 기독교 밖의 역사는 이러한 신국을 향한 인류의 교육으로서 파악되어야 한다고 보았으며, 이런 의미에서 교회 역시 그 자체가 신국이 아니고 도덕적 영향을 통해서 신국을 실현해야 할 여러 수단들 가운데 중요한 수단이라고 보았다.[473] 물론 국가 역시 자기목적이 아니라 도덕적 공동체의 목적을 위한 수단임은 말할 나위가 없다.[474] 국가의 법은 종교적 윤리를 바탕으로 세워져야 한다. 바로 이점에서 리츨은 국가가 신국을 이루기 위한 수단이 될 때만 긍정될 수 있다고 보았으며 그리스도인들이 국가에서 살아가는 것도 신국의 실현과 밀접한 관련이 있는 것이며 그리스도인들이 국가를 인정하고 윤리적인 삶을 살아갈 때 신국을 국가 속에 실현할 수 있음을 강조했다.[475]

---

471 Christopher Frey, *Theologische Ethik*, s. 92, in 손규태.『개신교윤리사상사』(서울: 대한기독교출판사, 1998), p.128에서 재인용.

472 박충구.『기독교윤리사II』, p.102.

473 손규태.『개신교윤리사상사』, p.128.

474 Ibid., p.129.

475 Albrecht Ritschl, *Die Lehre Von Rechtfertigung und Versönung*, 박종화 역.『신론』(서울: 신태양사, 1978), p.115~116.

하르낙

리츨을 기독교의 최후의 교부라 불렀던 하르낙(Adolf von Harnak)도 예수 복음의 초점을 신국이라고 보았다.[476] 인간에게 선험적으로 주어진 도덕률을 이 땅에서 실현할 것을 주장한 칸트처럼 하르낙의 복음은 인간의 양심에 전달된 종교적, 도덕적 선언으로 이해되었다. 즉 인간에게 긍정적이든 부정적이든 결단을 촉구하여 마침내 인간의 내적 성격에 변혁을 가져오게 하는 종교적-도덕적 선언이 예수의 복음이라는 것이다. 그러므로 하르낙도 칸트와 리츨과 동일하게 신국을 외향적 초월이 아니라 내재적인 점진적 과정을 통해 실현된다고 보았던 것이다.

사회복음 운동

이렇게 19세기에 이루어진 신국 사상의 발전은 기독교에 대한 변증적 차원에서 이루어진 종교와 도덕의 화해 현상임을 알 수 있다. 무엇보다 신국의 역동성, 윤리적 동기화, 그리고 이 땅에서 신국의 현실화는 교회 안으로만 활동 영역을 국한시키는, 다분히 내세 지향적이었던 교회의 취약성을 비판적으로 성찰하는 계기가 되었다. 특히 19세기말~20세기초 산업 프롤레타리아의 문제가 큰 사회적 문제로 대두되었을 때 서구의 교회들은 적절한 대응은커녕 사태조차 제대로 파악할 수 없었다. 콘스탄틴 시대 이후 정치권력과 갈등하는 시절이 없지는 않았지만, 일반적으로 볼 때 교회는 지배계급과 결탁했거나 아니면 교회 자신이 지배권력으로 군림해온 것이 사실이다. 그러하기에 교회가 서구 사회에 출현한 산업 자본주의 사회에서 친-부르주아적 성향을 띠는 것은 오히려 자연스러운 현상이었다. 따라서 당시의 노동

---

476 Adolf von Harnak, *Das Wesen des Christentum*, 손규태 역.『기독교의 본질』(서울: 신태양사, 1978), p.246.

계급이 처했던 비참한 현실은 교회 본연의 영적인 일과는 무관한 사태로 간주되었던 것이다. 바로 이러한 현실에서 그것도 보수적인 복음주의가 매우 강했던 미국에서 라우센부쉬(Walter Rauschenbush)가 이례적으로 사회복음 운동을 전개하였던 것이다. 사회복음 운동은 복음을 통한 지상에서의 신국 실현이라는 매우 구체적인 이상과 결합시켰다. 라우센부쉬는 복음의 본질을 연대적인 것으로 보았다. 모든 반 사회적인 행위의 근본 동기는 연대성의 상실에서 오는 경제적 사회적 이기주의에서 비롯된 것이다. 그래서 신국은 연대성의 나라이며, 개인적 이기성을 전혀 보장하지 않는 나라이다. 신국을 향한 과정은 사회악의 제거과정이며, 이는 사회구조와 제도의 칭의, 인간화와 동일시되는 성질의 것이었다. 말하자면, 죄와 구원은 사회적 지평으로 확대하여, 각각은 연대적 죄와 악 그리고 연대적 구원을 의미하는 것이 되었다. 그리고 사회복음을 등한시하는 교회를 향해 교회가 신국의 지평을 상실할 때 개인의 구원을 미래에 두고 사회질서를 회복하는 일에 무관심하게 된다고 비판했다.[477]

사회복음 운동은 산업자본주의와 그로 인해서 대량으로 산출된 산업 노동자들의 처참한 삶에서 구조적인 악을 보았다. 즉 그들에게는 사적 경건이나 사적인 죄보다는 제도적이고 구조적인 악이 더 큰 문제로 인식되었던 것이다. 따라서 기독교가 말하는 구원은 사적 경건을 통해서 저 세상에서 얻게 되는 신과의 자기 일치가 아니라, 오늘의 현실에서의 "사회적 구원" 즉 소외된 사회구조의 변혁과 그것을 통한 인간해방을 의미하게 되었다.[478] 물론 사회복음운동에서 신국은 칸트의 입장과는 달리 그 시원과 과정 그리고

477 Walter Rauschenbusch, *A Theology for the Social Gospel* (Nashville: Abingdon Press, 1987), 137, 박충구, 『기독교윤리사II』, p.155에서 재인용.

478 H. H. Schrey, 손규태 역.『개신교 사회론 입문』(서울: 대한기독교출판사,), p.117,

목적의 성취에 있어서 철저하게 신적인 기원을 가지고 있다.[479] 신국은 예수에 의해서 시작되었고 성령에 의하여 유지되며 신의 능력에 의하여 성취되어가는 나라다. 즉 신국은 신비한 신의 역사를 신의 사랑이 나타나는 과정이라고 할 수 있다. 그러나 역시 신국으로의 이행과정을 평가할 수 있는 윤리적 준거는 문명화된 도덕성과 도덕적 자율성이다.[480] 이는 칸트의 도덕철학에서 완전히 벗어나지 않는다. 도덕적 자율성을 뒷받침하는 자유가 기독교화된 사회질서의 조건이라고 본 것은 칸트적 종교와 도덕의 화해의 계승이며, 이것은 종교사회주의 운동으로 그리고 20세기 중반 이후에 제3세계를 중심으로 등장하는 여러 형태의 해방신학 운동의 저변에 흐르는 근본주제가 아닐 수 없다.

물론 칸트의 궁극적인 도덕공동체와 신국이 기독교의 종말론적인 신국과 정확히 동일시될 수 있는 것은 아니며, 종교사회주의 운동에서 주장된 바와 같이 이 땅에서의 신국 운동이 궁극적 완성으로서의 신국을 향한 궁극이전적(pre-ultimate) 신국 운동임이 강조되었던 것도 사실이다. 특히 폴 틸리히에게서 볼 수 있듯이 영원이 유한으로 돌입해 들어오는 카이로스[481] 개

---

479 *A Theology for the Social Gospel*, 박충구, 『기독교윤리사II』, p.173에서 재인용.

480 Janet Fishburn, *The Fatherhood of God and the Victorian Family* (Philadelphia: Fortress Press, 1981), 119, 박충구, 『기독교윤리사II』, p.174에서 재인용.

481 틸리히에게 있어서 신국과 카이로스는 밀접한 관계를 맺고 있다. 신국이 전개되는 데 있어 카이로스는 함께 이해되어야 하는 시간적 개념이다. 카이로스는 계측 가능한 양적 시간이 아닌 시간의 중요한 계를 지적하는 질적인 시간, 특별한 기회, 알맞은 때를 의미한다. 틸리히는 이 카이로스를 신이 선택한 순간, 시간과 역사가 성취되는 때, 신의 때로 정의한다. 구체적인 상황에서 신국의 중심적인 나타남의 돌입을 수용할 수 있는 순간, 곧 시간의 완성(fulfillment of time)이 카이로스인 것이다. P. Tillich, *Systematic Theology* III, p.369.
틸리히에게서 위대한 카이로스의 출현은 예수 그리스도의 사건이다. 세속 화 되고, 공허 한 자율문화의 토양에서 나타난 신율이 카이로스다. 카이로스 의식은 새로운 현실에 새로운 사명감과 의의를 부여하기 때문에 영구적인 사랑의 계명을 실현하고 새로운

념은 정치적 계획의 모든 신격화(deification)를 근본적으로 불가능하게 만들고 어떤 형태의 유토피아니즘에 대해서도 회의를 품게 만든다.

그러나 기독교가 저 세상이 아닌 이 땅에서 신의 자녀들인 인간이 정치적으로 민주적이고 경제적으로 보다 평등하고 인간의 존엄성이 보장되는 이상적인 사회를 윤리적 비전으로 삼고 있다면, 그것은 한마디로 신국 윤리의 비전이라 할 수 있을 것이다. 그리스도인의 삶이나 교회행위가 예배하는 행위에서만 머무는 것이 아니고, 교회가 자신의 사회적 책임을 포기하지 않는다면, 신국의 비전은 교회가 도덕적으로 실천해야할 의무와 그 길을 제시하는 것이라 할 수 있다. 현재도 한국 교회의 무거운 과제로 주어져 있는 신국운동의 윤리적 비전과 의무는 방법론적으로 칸트의 윤리와 궁극적인 도덕공동체 개념을 염두에 두지 않을 수 없다.

6. 나오면서

적어도 계몽주의의 세례를 받은 윤리학은 기독교와 무관하게 철저하게 이성에 바탕을 둔 윤리체계의 확립에 주된 관심을 보여 온 것이 사실이다. 윤리는 기독교와 무관하며, 종교가 윤리적 삶에 전혀 관련이 없거나 별로

윤리도 창조한다. 영원의 시간의 돌입으로서의 카이로스는 인간과 사회를 변화시킨다. 카이로스는 공허한 개인주의적 자율성과 강요된 전체주의적 타율성을 넘어 새로운 신율성으로 나가는 과정에서의 시간의 성숙성이기도 하다. 틸리히에게서는 카이로스 즉 신의 시간의 성숙성은 사회주의 운동을 통해 나타난다. 그런데 신율적 사회주의주의 운동의 주체는 프롤레타리아가 아니라 신 자신이다. 그렇기 때문에 기독교를 사회화하거나 사회주의를 기독교화하려는 모든 시도에 대해 틸리히는 단호히 거부한다. 다시 말해 틸리히가 생각하는 사회주의운동은 유대교 예언운동, 기독교 전통 및 헬라적 휴머니즘의 전통에 뿌리를 둔 사회운동이라는 점을 특징으로 하고 있다 하겠다.

도움이 되지 않는다는 것이 윤리학 또는 도덕철학의 기본적인 입장이었다. 이러한 윤리학의 입장은 일면 도덕의 원천을 종교가 아닌 이성에서 찾고자 한 것이었고 그 이성의 보편성을 강조하여 보편적 도덕을 주창한 것이지만, 다른 한편으로 보면 당시의 기독교 전통이 지닌 비도덕적 측면에 대한 강한 회의와 비판이 포함되 있었다고 봐야 한다. 특히 종교전쟁을 통해 증명된 종교의 독단성과 비관용성은 계몽주의이후 수많은 사상가들의 비판의 대상이 되어왔으며 다양성을 중시하는 현대사회에 가까워질수록 기독교의 윤리에 대한 현실적 영향력은 현저히 감소하고 있다.

역사적 단계에서 드러난 기독교의 부정적인 측면을 무시할 수는 없겠지만, 그러나 그것을 근거로 기독교가 윤리와 무관하거나 심지어 반-도덕적이라고 규정하는 것은 그 반대의 예에 의해 부정될 수밖에 없다고 본다. 특히 특정 시대의 종교 현실을 근거로 종교의 비도덕성을 주장하는 것은 일종의 자연주의의 오류라 할 수 있는 것이다. 따라서 도덕의 원천으로 종교를 배제하고 그것의 상관성을 부정하는 것 역시 일종의 신념이 아닐 수 없다. 종교와 무관한 윤리를 논할 수는 있지만 종교를 배제하는 것만이 윤리적이라고 주장하는 것은 또 다른 형이상학적 신념을 전제해야만 가능한 것이다. 오히려 한 사회나 국가, 혹은 인류 전체가 안고 있는 윤리적인 문제를 다룸에 있어서 기독교 윤리와 도덕철학의 윤리를 분리하는 것은 무의미한 일일 수 있다. 우리가 사는 세상이 이미 기독교를 포함하고 있기 때문이다.

기독교는 나름대로의 도덕규범이 있고 그것을 체계화한 윤리가 있다. 그러한 윤리적 규범은 교리나 신념에 의해 정당화된다. 그렇기에 교리나 신념에 따라 다양한 형태의 자신만의 고유한 기독교 윤리가 존재하게 된다. 그러나 여기서는 특정한 교리적 신념에 기초한 윤리적 정당화의 타당성을 논구하지는 않았다. 인간의 번성하게 하고 그것에 반하는 것을 방지하는 것이 근본적인 도덕적 책임이라고 한다면, 그 책임을 다하는 데에 기독교 윤리와 도덕철학이 서로 대화하고 협력하는 것은 기본이라 여겼기 때문이다. 양자가 일치될 수 있는 성질의 것은 아니지만 완전히 분리될 수 있는 성질의 것은 더더욱 아니라 여겨진다.

기독교가 인류의 보편적인 문화적 가치로서 존중받을 수 있는 것은 기독교가 보편적으로 주장하는 사랑과 자비, 즉 선한 삶에 대한 강조 때문일 것이다. 이점은 기독교적인 윤리에서 충분히 발견되는 것이다. 죄를 미워하고 불쌍한 사람을 돕고 슬픔에 빠진 삶을 위로하는 것 등의 도덕적 행동은 인간만이, 인간 중에서도 자신의 정념과 욕망을 제어할 수 있는 자만이 행할 수 있는 미덕이다. 종교는 이런 도덕성을 통해 이기적인 본성으로 인해 분열되기 쉬운 인간들을 깨우치고 공동체적으로 집결시켜서 공동의 문화를 형성한다.

또한 신앙은 현실적 어려움을 극복할 수 있는 초월적 힘을 주기도 한다. 기도와 같은 행동을 비현실적 존재에 의지하는 무모하고 수동적인 행동으로 비판할 수도 있겠으나 기도가 인간의 정신건강에 유익하며 인간의 능력을 극대화하는 계기가 된다는 것은 분명하다. 종교가 약자들을 위한 위약(placebo)이라는 것은 너무 편협한 시각이다. 진정한 종교인은 평화와 사랑의 이름으로 약자들을 위로하고 불의한 권력에 저항할 수 있는 힘과 용기를 갖춘 자들이다. 사회에서 배타성을 보이며 스스로 게토화 되는 모습이 없는 것은 아니지만 이와는 달리 인간의 현실에 대해 포용과 대화를 통해 자신의 독단을 극복하고 화해와 평화를 추구하는 신앙인이 존재한다는 것을 생각할 때 기독교의 종교적이고 윤리적인 의의는 크다 할 것이다.

환경 위기와 윤리

1. 들어가면서

환경문제로 지구가 위기를 맞이하리라고 경고하는 사람들이 적지 않다. 앨 고어(Al Gore)가 인용해서 유명해진 다음의 글은 오늘날 환경 관련 글에서 매우 빈번하게 등장한다. 그 내용은 땅을 팔라는 백인의 요구를 거절하는 인디언 추장 시애틀의 반박이다. 다소 길지만 축약 인용해본다.

> 위대하고 훌륭한 백인 추장은 우리의 땅을 사고 싶다고 제의했다 … 우리는 우리의 땅을 사겠다는 당신들의 제안에 대해 심사숙고할 것이다. 하지만 나의 부족은 물을 것이다. 백인 추장이 사고자 하는 것이 무엇인가를. 그것은 우리로서는 무척 이해하기 힘든 일이다. 우리가 어떻게 공기를 사고팔 수 있단 말인가? 대지의 따뜻함을 어떻게 사고판단 말인가? 우리로선 상상하기조차 어려운 일이다. 부드러운 공기와 재잘거리는 시냇물을 우리가 어떻게 소유할 수 있으며, 또한 소유하지도 않은 것을 어떻게 사고팔 수 있단 말인가? … 우리는 대지의 일부분이며, 대지는 우리의 일부분이다. 들꽃은 우리의 누이이고, 순록과 말과 독수리는 우리의 형제다. 강의 물결과 초원에 핀 꽃들의 수액, 조랑말의 땀과 인간의 땀은 모두 하나다. 모두가 같은 부족, 우리의 부족이다. 따라서 워싱턴 대추장이 우리 땅을 사겠다고 한 제의는 우리에게 더없이 중요한 일이다. 우리에게 그것은 우리의 누이와 형제와 우리 자신을 팔아넘기는 일과 다름없기 때문이다. 우리는 그 대추장이 우리의 삶의 방식을 전혀 이해하지 못하고 있음을 안다. 그에게는 우리의 땅조각이 다른 땅조각들과 다를 바 없는 것으로 보일 것이다. 그는 자신에게 필요한 땅을 손에 넣기 위해 한밤중에 찾아온 낯선 자다. 대지는 그의 형제가 아니라 적이며, 그는 대지를 정복한 다음 그곳으로 이주한다. 그는 대지에 대해서는 아무것도 상관하지 않는다. 어머니인 대지와 맏형인 하늘을 물건처럼 취급한다. 결국 그의 욕심은 대지를 다 먹어치워 사막으로 만들고야 말 것이다 … 세상

> 의 모든 것은 하나로 연결되어 있다. 대지에서 일어나는 일은 대지의 아들들에게도 일어난다. 사람이 삶의 거미줄을 짜 나아가는 것이 아니라, 사람 역시 한 올의 거미줄에 불과하다. 따라서 그가 거미줄에 가하는 행동은 반드시 그 자신에게 되돌아오게 마련이다 … 당신들의 부족이 쓰러질 날이 지금으로선 아득히 먼 훗날의 일처럼 여겨질지 모르지만, 그날은 반드시 온다. 신의 보호를 받고 있는 백인들이라 해도 인간의 공통된 운명에서 예외일 수는 없다. 그런 점에서 우리 모두는 한 형제인지도 모른다. 그것을 곧 알게 되리라.[482]

그러나 유감스럽게도 인디언 추장이 이렇게 말했다는 기록은 어디에도 없다. 이것은 꾸며낸 이야기다. 우습게도 이 인용문은 미국의 시나리오 작가 페리(Ted Perry)가 1971년에 썼던 드라마 대본의 한 부분으로 밝혀졌다.[483] 실제로 남아 있는 기록은 땅을 넘겨준 추장의 호의를 칭송하는 내용을 담은 30년 후의 기록뿐이다. 아이러니하게도 추장은 땅을 팔았다. 땅을 팔았기에 추장은 칭송받을 수 있었다. 만일 저항했더라면? 필자처럼 서부영화를 많이 본 경험이 있는 사람이라면 충분히 상상할 수 있을 것이다. 아무튼 땅을 팔았던 추장이 인간과 자연의 합일(조화)을 주장했다는 것은 사실이 될 수 없다.

그럼에도 인간과 자연의 합일이 가능하리라고 굳게 믿는 낭만주의 사상가들은 빈번하게 인디언 추장의 말과 함께 '자연으로 돌아가라!'를 외친다. 문제는 이러한 외침이 줄곧 자연과 원시의 구분을 모호하게 만든다는 사실이다. 자연으로 돌아가려면 어떻게 해야 하는가. 주말마다 숲 속으로의 소풍이나 등산만으로는 분명 충분치 않다. 그러면 도대체 우리는 얼마나 멀

---

482 시애틀 추장, "어떻게 공기를 사고판단 말인가", 류시화, 『나는 왜 너가 아니고 나인가』 (서울: 김영사, 2003), p.15~22.

483 Matt Ridley, *The Origin of Virtue* (Penguin Books, 1996), 참조.

리 떨어진 숲으로 들어가서 살아야 할까. 도대체 우리는 온갖 인공물로부터 얼마나 멀리 떨어져야 하는가. 지금까지 우리는 물품을 생산하고 새로운 발명품을 개발하여 질병을 치료해 왔다. 이런 문명의 결과물을 어느 정도까지 멀리해야 할까.

자연은 어머니의 품같이 넉넉하고 고마운 존재이기만 할까. 이런 의인론적 사고가 얼마나 낭만적인가. 자연의 재앙을 떠올려보라. 인간적으로 보면 최악의 행위를 인간에게 저지르는 자연이 아닌가. 자연은 역사상의 그 어떤 폭군보다 더 잔혹하게 인간을 다루어왔다. 인류의 문명은 바로 자연의 이러한 극악함 속에서 생존을 위한 목숨을 건 투쟁의 과정에서 산출된 것이다. 이 무지막지한 자연과 어떻게 합일할 수 있는가. 자연으로 돌아가자는 생태주의자들의 외침이 너무 낭만적인 것은 아닌가. 정녕 인디언들은 불가사의할 정도로 심오하게 자연과 합일을 이루었을까. 인간에게 은혜를 베푸는 자연 또는 인간을 무자비하게 다루어 온 자연과 합일을 이룬다는 것은 문학적 수사인가, 아니면 삶의 실천을 담보할 수 있는 윤리일 수 있는가.

윤리는 각 사물의 본성에 고유하고 내재적인 역동성에 따라 올바르게 행동하고 올바르게 관계를 맺는 방식을 의미한다. 윤리에서 가장 중요한 것은 우리가 되길 원하는 것이나 또는 권력이 강요하는 것이 아니라 현실이 각 개인에게 말 걸고 요구하는 것이다. 그런데 현대 산업사회의 지배적인 사회윤리는 공리주의적이고 인간중심주의적이다. 모든 것이 인간에게 종속된다고 생각한다. 인간은 자연의 주인이고 자연은 인간의 필요를 만족시키고 인간의 욕구를 충족시키기 위해 존재한다고 본다. 이러한 자세는 인간과 자연에 대한 폭력과 지배의 관계를 가져온다. 이런 인간중심주의를 여기서는 '강한 인간중심주의'라고 부를 것이다. 필자는 이러한 의식에 대해서는 비판적인 입장을 견지할 것이다. 그러나 인간들은 자신들 이외의 존재보다 본질적으로 자신들이 더 가치가 있다고 여기면서도, 그렇다고 해서 비인간적인 존재들을 단순히 인간의 도구처럼 다루는 것은 안 된다고 보며, 그것들을 인간과 긴밀하게 얽혀 있는 관계 속에서 윤리적으로 다루어야 하는 존재로 보고자 한다. 이것을 필자는 '약한 인간중심주의'라 부를 것이다.

오늘날 전 지구적으로 겪고 있는 생태위기의 도래와 함께 다양한 생태에 대한 윤리적 담론이 대두되어왔다. 이 장에서는 먼저 다양한 생태윤리의 특징을 개관할 것이다. 그리고 사회생태학의 이념적 특징을 도출할 것이다. 필자는 그 어떤 생태적 담론보다도 사회생태학적 입장이 사회 윤리적 성격이 강하다는 점에서 주목하고자 한다. 특히 제1세계와는 달리 제3세계의 생태적 위기는 사회적 억압과 착취에 깊숙이 관련되어 있기에 사회 생태학의 분석은 상당한 설득력을 갖는다. 제1세계의 생태적 담론이 매우 추상적이고, 사변적인 성격이 강해 인간의 역할을 구체화하는데 모호함과 혼란을 주고 있다. 그리고 생태 위기의 제일의 원인이 실제적으로 자본주의와 관련된 부분이 많은데 자본주의 사회에 대한 분석 없는 생태적 사고는 현실감이 떨어지고 낭만적으로 흐를 가능성이 크다. 이에 비해, 사회 생태학은 사회 윤리적으로 생태 문제를 해결함으로써 보다 구체적인 과제를 우리에게 제시해주고 있다. 또한 사회생태학은 아나키즘의 성격을 띠고 있다는 데서 오늘날 자본주의에 대한 대안적 문명 가치를 지니고 있다. 오늘날 아나키즘에 대한 관심은 정치 이데올로기로서의 관심보다는 아나키즘적 사유의 틀과 삶의 양식에 대한 관심에서 비롯된 경향이 크다. 19세기의 실패한 이념으로 평가되던 아나키즘이 오늘날 부활한 것은 현재 전 지구적 현상과 인간 삶의 문제를 진단하고 처방하는데 그것이 많은 것을 시사해주고 있기 때문이다. 아나키즘이 오늘날 자주 공동체 운동, 참여 자치제와 시민사회운동, 생태주의 구현과 환경 운동 등과 어떤 이론적 관계를 맺고 있는지를 다루게 될 것이다.

2. 생태윤리의 유형

프랑케나(W. Frankena)는 생태윤리의 유형을 크게 네 가지 입장, 즉 인간중심주의, 감각중심주의, 생명중심주의, 그리고 생태중심주의로 나누고 있다. 이러한 분류는 도덕적 주체의 문제, 자연에 대한 도덕적 배려의 범위, 도덕적 의무가 없는 자연존재에 대한 권리 부여의 문제 등을 척도로 한다.[484] 여기서는 프랑케나의 분류에 기초하여 생태윤리 이론의 유형을 다룰 것이다.

2.1 인간 중심주의 윤리

인간중심주의 환경윤리는 자연물이 도덕적으로 고려될 만한 가치가 있는 대상인가하는 물음에 대해 부정적인 입장을 나타낸다. 이 이론은 궁극적으로 그리고 오직 인간만이 도덕적 지위를 지닐 수 있다고 보는 것이다. 인간중심주의 윤리는 가치문제에 대해 주관주의적 입장을 취한다. 환언하면 어떤 대상이 가치를 지니는 것은 그것이 자체로서 본질적 가치를 지니기 때문이 아니라 인간이 그것을 가치 있는 것으로 인식하고 경험하며 인정하기 때문이라고 보는 것이다.

인간중심주의는 신학적으로 정당화되기도 한다. 특히 문자주의적 성서해석을 강조하는 보수주의 경향의 신학자들 중에는 신의 말씀인 성서에서 언급된 구절을 근거로 인간중심주의와 자연의 도구가치를 정당화하는 경우가 있다.

---

484 William K. Frankena, "Ethics and Environment", in K. E. Goodpaster and K. M. Sayre(eds.), *Ethics and Problems of the 21st Century* (Indiana: Univ. of Noter Dame Press, 1979), p.3~8.

> 하나님이 이르시되 우리의 형상을 따라 우리의 모양대로 우리가 사람을 만들고 그들로 바다의 물고기와 하늘의 새와 가축과 온 땅과 땅에 기는 모든 것을 다스리게 하자 하시고 하나님이 자기 형상 곧 하나님의 형상대로 사람을 창조하시되 남자와 여자를 창조하시고 하나님이 그들에게 복을 주시며 하나님이 그들에게 이르시되 생육하고 번성하여 땅에 충만하라, 땅을 정복하라, 바다의 물고기와 하늘의 새와 땅에 움직이는 모든 생물을 다스리라 하시니라.[485]

위의 본문에서 "정복하라", "다스리라"는 실제적으로 매우 강한 의미를 내포하고 있다. "정복하라"(kabash)는 짓밟는다는 히브리 어원에서 발생된 것으로, 이는 노정에 있는 모든 것을 짓이겨 부수며 길을 내는 난폭한 발을 가진 자의 모습을 전달한다. 그리고 "다스리라"(radah)는 카바쉬와 마찬가지로 '짓밟는' 또는 '짓부수는' 모습을 전달하며 정복자가 노예의 목 위에 발을 올려놓은 모습을 암시한다.[486]

베이스너(E. Calvin Beisner)는 이러한 신의 문화적 명령을 근거로 자원의 무제한적 사용을 주장한다.[487] 자연은 보호의 대상이라기보다는 다스리고 개발해야 할 대상임을 다음과 같이 당위적으로 밝히고 있다. 첫째, 경제성장과 인구증가가 환경문제를 야기하기는 하지만, 반면 우리에게 많은 이익을 준다. 성장으로 인한 환경파괴를 문제로서만 보아서는 안 된다는 것이다. 둘째, 인간의 부의 증가가 결국 인간의 평균 수명, 건강, 주택, 공중위생,

---

485 창세기 1장 26~28절.

486 Loren Wilkinson, "Global Housekeeping: Lords or Servants?", *Christianity Today* (27 June 1980): p.27, 장도곤, 『예수중심의 생태신학』 (서울: 대한기독교서회, 2002), p.105에서 재인용.

487 E. Calvin Beisner, *Prospects For Growth: A Biblical View of Population, Resources, and The Future* (Westchester: Crossway Books, 1990), p.22.

교통, 교육, 휴양 등의 발전을 유도하여 인간의 복지를 증가시키는 열쇠가 된다. 셋째, 인구밀도가 높은 지역이 밀도가 낮은 지역보다 레크레이션을 즐길 기회를 더 많이 제공한다.[488]

이런 주장은 결국 생태 문제의 주범이 다름 아닌 기독교라는 비판의 빌미를 제공하는 주요 원인이 되기도 했다. 이러한 인간우월주의가 기독교 신자들로 하여금 식민지 정복과 자연정복의 성서적 근거를 제공했다는 것이다. 특히 근본 생태주의자들은 위에서 언급한 창세기 1장 28절의 인간관과 자연관이 환경파괴와 오염의 근본원인이라고 공격의 화살을 집중시키고 있다. 린 화이트(Lynn White. Jr)는 논문 "생태위기의 역사적 근원"에서 현대의 생태학적 위기의 역사적 기원은 인간의 자연관에 기초하는 것이라고 말하면서 기독교적 전통의 신학적 관점을 신랄하게 비판했다. 그에 따르면 기독교의 경전인 성서 창세기의 앞에서 인용되었던 바로 그 신의 명령("정복하라", "다스리라")이 인간을 특별한 지배권을 지닌 특권적 존재로 인식하게 만들었으며, 이것이 인간중심주의에서 기인한 환경위기의 원인이 되었다는 것이다. 화이트에 의하면 18세기 말에 들어 이러한 종교적 인식의 영향력이 감소했어도 근대서양의 과학은 자연에 대한 기독교적 인식태도에 바탕을 두고 있음이 분명하다고 확신한다.

인간중심주의는 철학적으로도 기원을 찾을 수 있다. 그리스 철학은 초기에 자연의 궁극적 원리를 묻는 물음에서 출발했다. '우주의 근원은 물이다'라는 탈레스의 명제는 최초의 물질개념을 제시한 것이다. 이 물질개념은 고정불변의 실체와 '물'이라는 단위로 환원될 수 있다는 환원주의적 태도, 그리고 세계는 합리적인 어떤 구조를 가지고 있다는 전제를 함축한다. 탈레

488 Ibid., p.17, 171, 78.

스의 이 명제에서 서구의 이성중심적, 이분법적 사유(물질과 정신, 이성과 감성, 영혼과 육체)의 맹아를 발견할 수 있다. 그 후 이러한 자연철학적 물음은 인간에 대한 물음으로 전환된다. 소피스트와 소크라테스는 인간을 철학의 중심 문제로 삼았으며, 인간 이외의 모든 자연적 존재자들은 인간보다 열등하고 가치가 없는 것으로 간주되었다. 인간중심에서 소위 신중심으로 패러다임의 변화가 일어난 중세에서도 인간이 여전히 인간 이외의 존재들에 도구적 가치를 부여하는 특수한(존재론적으로 우위에 있는) 존재로 이해되었다. 근대철학의 시조로 통하는 데카르트는 물질이 공간 내의 '연장하는 실체'(res extensa)이며 우주는 연장들로 가득 차 있고 우주를 구성하는 물질은 작은 입자로 구성되어 있는 것으로 보았다. 물질은 분해 가능하며 우주는 분해 가능한 입자들의 총합으로 본 것이다. 데카르트에게 우주는 입자로 구성된 움직이는 기계로 이해된다. 데카르트의 '사유하는 실체'(res cogitans)는 인간을 자신의 육체와 자연으로부터 구분함으로써 기본단위로 환원할 수 있는 것으로서의 육체와 환원될 수 없는 것으로서의 정신을 확실하게 나누었다. 이 구분은 정신과 물질(육체), 주체와 객체 관계에서 정신과 주체 우위의 패러다임을 구축하게 한 것이다. 그리고 갈릴레이는 기학적 세계인식의 전형을 보여줌으로서 근대철학자들에게 엄밀한 학문의 방법론으로서 수학과 기하학에 바탕을 둔 과학적 인식에 영향을 주었다. 근대 철학자들이 수행한 '존재의 양화', '자연의 수학화'는 갈릴레이의 영향이 컸다. 그리고 "지식이 권력이다"라는 테제로 유명한 베이컨은 새로운 과학방법론인 귀납법을 제안했으며 자연정복을 통한 유토피아 건설을 주장했다. 베이컨은 자연을 종교적 관점에서 신성화하던 중세의 '마술적 사유'를 버리고 자연을 자연과학의 대상으로 삼으면서 자연에 대한 지식을 통해 인간에게 유용한 자연으로 가공·변형시키는, '자연 지배'를 목적으로 하는 지식을 추구했다. 그러기 위해 베이컨은 "자연 속에 어떤 비밀도 남겨두지 말라. 자연의 비밀을 하나하나 모두 확인하자"고 주장한다. 왜냐하면 자연을 완전히 파악할 때 자연을 지배할 수 있기 때문이다. 이러한 자연에 대한 이해와 더불어 자연과학의 발달과 아메리카대륙의 발견, 중세적 세계관의 퇴조와 휴머니즘의 발달은 근대사회에 기계론적 세계관을 확산시키고 인간중심주의적 세계관과 자연지배의 가속화를 초래했던 것이다.

자연은 인간의 이익과 욕구충족에 기여하는 한에서만 가치를 지닌다는 도구주의적 가치관에 기초한 이러한 인간중심주의는 환경윤리를 직업윤리나 의료윤리와 같은 응용윤리의 하나로 이해한다. 즉 인간과 사회의 여러 가지 중요한 문제들에 대해 기존의 윤리적 이론과 원리를 적용해서 해결해 보려는 관점에서 접근한다. 또한 이 입장은 윤리학적 기본노선을 공리주의의 결과주의적 관점에 정초시키고 있는데 이는 곧바로 환경정책을 수립할 때 '그것이 인간에게 어떤 영향을 미치는가'하는 점만을 고려하는 태도로 나타나게 된다. 이 같은 인간중심주의 윤리는 패스모어(J. Passmore), 맥클로스키(H. McCloskey), 블랙스톤(W. T. Blackstone) 등이 논의를 전개하고 있다.

이상에서 살펴본 인간중심주의 윤리를 기본적으로 그것이 인간의 이기성에 기반을 두는 윤리로서의 성격을 지니고 있다는 점이다. 물론 이때의 이기성이란 계몽된 자기 이익의 개념에 기반을 두는 것이다. 그리고 이러한 관점에서 인간중심주의자들은 장기적인 인간의 생존과 복리가 지구의 생태학적 지원체제의 건강성과 안전성에 달려 있다는 점을 인정하는 한편, 생태학적 지원 체제가 건강하고 유용한 상태 속에 있도록 하기 위한 책임을 우리 인간이 마땅히 지녀야 한다고 주장한다. 그리고 환경 파괴를 극복할 수 있는 인간의 잠재력을 또한 믿는다. 그러나 인간중심주의가 기본적으로 인간의 이기성에 그 기초를 두는 한 오늘날의 환경문제를 극복하는 데에는 한계를 지닐 수밖에 없다. 왜냐하면 인간의 이기적 욕망은 그 욕구충족의 대상으로서의 자연에 대해 근본적으로 관점을 변화하지 않는 한 끝이 없으며, 참된 자기 이익을 헤아릴 수 있는 인간의 현명함도 제한적이기 때문이다.

2.2 감각 중심주의 윤리

감각중심적 윤리는 인간중심적 윤리와는 달리 자연적 존재의 비도구적 가치를 인정하는 탈 인간중심적인 입장이다. 감각중심주의는 인간에게 한정되었던 도덕적 고려의 범위를 동물에게까지 확대함으로써 동물학대를 방지하고, 그들의 복지를 살펴야할 인간의 의무를 인식시켰다는 점에서 인간중심주의보다 발전된 측면을 지니고 있다.

인간중심주의를 탈피하고 윤리적 고려 영역을 동물로까지 확산시킨 대표적 윤리학자는 싱어(Peter Singer)이다. 그에 따르면 인간 이외의 동물도 도덕 공동체의 수혜자가 되어야한다는 것이다. 물론 그의 주장은 철저하게 벤담의 공리주의 원칙에 근거하고 있다. 공리주의에 따르면 도덕적 행위자가 해야 하는 것은 합리적으로 최선의 결과를 가져오리라고 기대되는 행위이다. 이 경우 결과적 선은 물론 욕구와 선호의 만족을 극대화하고 불만족을 극소화하는 정도에 의해 결정된다. 따라서 성취해야할 목표는 모든 이해관계를 고려하여 전체적으로 최대 이익을 산출하는 것이다. 일찍이 벤담은 인간 이외의 동물들의 쾌락과 고통 역시 극대화되어야 할 전체 선에 포함해야 한다고 주장했다. 그렇기에 벤담은 다음과 같이 말한다. “문제는 ‘그들이 합리적으로 사유할 수 있는가’ 또는 ‘그들이 말할 수 있는가’가 아니라 ‘그들이 고통을 느낄 수 있는가’이다.”[489] 이런 관점에서 보면 고통을 느낄 수 있는 유정성(sentience)이 윤리적 고려대상의 기준이 된다.[490] 실험당하는 토끼들에 대한 그의 묘사는 생생함 그 자체였다.[491]

싱어는 이런 동물들에 대한 관행은 인간중심주의라는 통념에 기초하며, 이는 명백히 잘못된 것이라 비판한다. 그에 따르면, 성차별주의와 인종차별주의가 잘못된 것이라면, 종차별주의도 잘못된 것이다. 즉 남성이 단지 남성이라는 이유에서 여자에 대한 우월성을 주장하는 것, 그리고 백인이 단지 백인이라는 이유에서 흑인에 대한 우월성을 주장하는 것이 비합리적인 것과 마찬가지로 단지 인간이라는 이유 하나만으로 동물에 대한 우월성을 주장하는 것도 비합리적이라는 것이다.

그래서 개, 소, 말과 같은 동물들이 단순한 자원에 불과하다는 생각을 거부하고 이들 역시 윤리적으로 고려되어야 한다고 본다. 같은 맥락에서 밀은 일찍이 "만약 실천이 인간에게 쾌락을 가져다주는 것보다 동물에게 더 많은 고통을 야기한다면, 이 실천은 도덕적인가? 아니면 비도덕적인가?"[492]라는 물음을 제기했다. 밀의 공리주의에 따르면 이것은 명백히 비도덕적인 행위이다. 물론 벤담과 밀은 유정성의 관점에서도 인간과 인간 이외의 동물 사이에는 차이가 있음을 인정한다. 예컨대 인간의 고유한 쾌락은 공리적 계산에 있어서 인간 이외의 동물들의 쾌락보다는 더 많은 비중을 차지한다. (배부른 돼지보다는 부족한 인간으로 존재하는 것이 더 행복하다).

싱어는 바로 이와 같은 공리주의 전통을 계승하여, 만약 동물들이 인간

---

489 Tom Regan and Peter Singer(eds.), *Animal Rights and Human Obligations* (Englewood Cliffs: Prentice Hall, 1976), 129ff.

490 고통을 기준으로 윤리적 고려의 대상을 결정하는 입장을 "고통중심적 관점" 또는 동정윤리적 관점이라 부른다.

491 Peter Singer, *Animal Liberation* (New York: Random House, 1975) 참고.

492 Tom Regan and Peter Singer, *Animal Rights and Human Obligations*, p.132.

과 마찬가지로 고통을 느낄 수 있다면, 이 동물들은 고통의 감소와 완화를 요구할 권리가 있다는 것이다. 왜냐하면 인간이든 동물이든 고통은 고통이기 때문이다. 물론 싱어는 전형적 인간의 삶은 전형적인 동물의 삶보다 더 중요하다는 것을 인정한다. 따라서 인간중심주의를 거부하는 것이 반드시 전 생명의 평등주의를 함의하지는 않는다는 것이며, 추상적으로 사유하고 미래를 계획하고 의사소통의 복잡한 행위 등의 능력을 가진 자기의식적인 존재의 생명은 이러한 능력을 가지지 못한 존재의 생명보다 더 가치 있다고 주장하는 것을 자의적으로 볼 수 없다는 것이다.[493] 합리성과 자의식의 정도가 크면 클수록, 도덕적 가치와 중요도 역시 그만큼 커지는 것이며, 따라서 의식적 삶을 살 수 있는 고등동물만이 윤리적 고려의 대상이 되는 것이다. 개-소-말과 같은 동물들이 윤리적으로 고려의 대상이 되는 것은 그것들이 고통을 느끼는 존재로서 제한적이나마 의식적 삶을 살 수 있기 때문이다. 결국 싱어는 도덕적 고려의 기준으로서 고통을 느낄 수 있는 동물의 범위를 척추동물 정도로 국한하고 있다.[494]

싱어의 동물해방론이 많은 문제를 드러내고 있는 것이 사실이다. 싱어의 경우, 그가 주장하는 이익관심의 동등한 고려의 원리를 적용하고자 할 때 인간과 동물 사이의 그리고 동물과 동물 사이의 이익관심이 충돌할 때 어느 쪽의 이익관심이 얼마나 더 고려되어야 하는지를 정확하게 판단하는 일이 쉽지 않다. 또한 도덕적 고려의 대상이 되는 동물의 범위가 지나치게 협소하다는 점이다.

그럼에도 그의 해방론이 인간에게 동물 역시 고통을 당할 수 있다는 사

---

493 Peter Singer, *Animal Liberation*, p.32.

494 Ibid, p.174.

실을 일깨워줌으로써 윤리적 감수성과 상상력을 증진시키는 데 기여한 것은 틀림없다. 오늘날 소위 '과학축산'이라는 미명하에 벌어지는 동물사육의 실태에서 보듯 인간의 유익을 위해 동물들에게 의도적으로 고통을 가하는 것은 윤리적으로 용납되기 어렵다. 하지만 동물들에게 고통을 주는 것이 인간에 훨씬 더 큰 유익과 쾌락을 가져다준다면 윤리적으로 용납될 수 있는가? 여기서 공리주의의 한계가 드러나게 된다. 이런 맥락에서 톰 리건은 공리주의의 원칙은 동물해방의 윤리에 적절치 못하다고 비판한다.[495] 리건은 심각한 정신장애인은 우리가 보호해야 할 의무가 있는 도덕적 환자라는 직관적 사실에서 출발한다. 정신적 장애를 안고 있는 자가 자기의식의 능력이 없다고 해서 그들을 단지 수단으로 대해서는 안 된다. 따라서 도덕적 수혜자들에 대한 의무를 정당화하려면, 이들에게 고유한 가치를 부여해야 한다는 것이다. 정신적 장애우에 대한 우리의 도덕적 직권을 올바로 설명하려면, 그들이 고유한 권리를 가지고 있으며 또 이 권리는 그들이 소유하고 있는 고유한 가치에 근거한다는 사실을 인정해야 한다는 것이다. 그렇기 때문에 리건은 자연에 대한 인간의 책임과 의무를 정당화하려는 윤리는 "자연 내에서 고유한 가치가 있다고 요청해야 한다"고 주장한다.[496] 그렇다면 왜 생명체들은 고유한 권리와 가치를 갖는가? 리건에 의하면, 생명체들은 그들이 그 자체로 그 자신에 대해 가치 있는 생명의 주체이기 때문에 고유한 가치를 갖는 것이다.[497]

---

495 Tom Regan, *All That Dwell Therein: Animal Right and Environmental Ethics* (Berkeley: University of California Press, 1982), 54ff.

496 Ibid, p.203.

497 Ibid, p.135.

2.3 생명중심주의 윤리

생명중심주의 윤리는 모든 생명체가 내재적 가치를 가진다고 보는 관점에서 출발한다. 동물을 배려하고자 하는 공리주의적 윤리가 몇몇 동물에게만 내재적 가치를 부여한데 비해, 생명중심주의 윤리는 모든 생명체에 대해 그 고유한 가치와 권리를 인정하고자 한다. 이러한 생명중심주의는 그 연원을 슈바이처의 생명외경 사상에 둔다. 슈바이처의 사상은 자연과 인간의 윤리, 그리고 자연의 선과 생명의 선이 별개의 것으로 분리되기보다는 서로 연결되고 하나로 고려되어야 한다는 관점에 기초하고 있다. 한편, 생명중심주의 윤리를 가장 체계적으로 발전시킨 학자는 테일러(P. W. Tylor)다. 테일러도 슈바이처와 같이 생명을 가진 모든 존재를 도덕적 고려의 범위에 포함시키고자 하는 입장을 취하고 있다. 테일러나 슈바이처보다는 인간중심주의의 색채를 좀 더 드러내고 있지만, 자연에 대한 정복주의적 사고가 아닌 청지기 사상에 기초해 기독교 생태윤리를 전개해 나간 할(Douglas Hall)과 내쉬(James Nash), 미래 인류의 존속과 인류의 유일한 터전인 자연 파괴를 방지할 수 있는 책임 의식의 계발과 현대 과학기술이 지니고 있는 가공할 힘과 그것이 야기하는 위험에 대처하고자 했던 요나스(Hans Jonas)의 책임윤리도 생명중심주의 윤리 유형으로 묶어서 다루어 보았다.

2.3.1 슈바이처의 생명외경 윤리

생명윤리의 선구자라고 할 수 있는 슈바이처(Albert Schweitzer)는 생명에 대한 외경을 주장하면서, 윤리란, '살아 있는 모든 것에게 확장되는 무한한 책임'이라고 강조한다.[498] 여기서 생명은 한편으로는 근원으로부터 생겨나는 의지이고, 다른 한편으로는 무엇인가를 느끼고, 지각하고 고통 받는 것이다. 이뿐 아니라 "존재하는 모든 것은 생명의 의지"[499]이고, "존재하는 모든 것은 힘, 즉 이것은 생명의 의지라고 불리는 것이다."[500] 인간의 관점에서 볼 때 의지로 표현되지만, 모든 생명을 가진 존재는 그 자신의 생명을 보존, 유지하려는 본질적인 힘을 가지고 있다. 생명체의 자기 보존 본능을 생각한다면 생명의 의지는 '살아 있는 모든 것'으로 확대될 수밖에 없다. 그래서 슈바이처는 "본능적인 생명외경"[501]을 언급하고 있는 것이다. 슈바이처에게 있어서 생명은 생명긍정과 생명의 의지가 본질적으로 전제되어 있다. 자연에 생명부정은 허용되지 않는다.[502] 하지만 생명부정은 세계긍정이라는 근거 하에서만, 즉 생명부정 그 자체가 세계긍정에 기여하거나 세계긍정이라는 범위 안에서 합목적성에 근거한 경우에만 윤리적이다.[503]

> 수많은 방식으로 나의 존재는 다른 생명들과 갈등에 빠진다. 생명을 죽이고 해칠 수밖에 없음이 내게 강요된다. 내가 외딴 오솔길을 걸을 때, 내 발이 그 길에 살고 있는 작은 생명체를 죽이거나 고통을 준다. 나의 존재를 유지하기 위해서 나는 내 존재를 해치는 존재들로부터 나를 지킬 수밖에 없다. 나는 내 집에 살고자 하는 곤충들에게는 살인자가 되며, 내 삶을 위협하는 박테리아에게는 대량살상자가 된다. 나는 동물과 식물을 죽임으로써 나의 영양을 섭취한다.[504]

---

498 Albert Schweitzer, *Kultur und Ethik* (München: C. H. Beck, 1990), p.330.

499 Ibid, p.329.

500 Ibid, p.356.

501 Ibid, p.299.

502 Ibid, p.310.

503 Ibid, p.311.

그러나 이런 생명부정이 필연적인 것이라 할지라도 근본적으로 생명긍정과 생명부정 사이에 보편적으로 타당한 타협이란 있을 수 없다. 그래서 슈바이처는 희생이라는 개념을 덧붙이고 있다. 물론, 여기서 희생의 필연성과 자기보존의 요구 사이에 딜레마가 발생하지만,[505] 이 필연적인 딜레마 역시 생명의 본질에 속한다. 중요한 것은 생명부정(다른 생명의 해침)이 필연적이고 불가피하다 하더라도 그에 대한 책임을 자각해야 한다는 것이다.[506] 이러한 책임에 대한 자각이 바로 슈바이처의 생명윤리의 핵심이다.

끝으로 슈바이처에게 있어서 생명의 신성함은 인간의 차원에서 생명일반의 차원으로 확대된다. "생명은 인간에게 있어서 신성한 것이다."[507] 위에서 언급된 딜레마와 관련되면 생명의 서열 문제가 발생하게 된다. 즉 내 생명의 신성함과 다른 생명의 신성함 사이의 긴장이 발생하게 된다. 생명의 다양성과 생명의 우열은 결국 생명들 간의 연대성과 같이 고려되어야 한다. 슈바이처 역시 인간을 "살려고 하는 생명들 가운데서 살려고 하는 생명"[508] 이라고 규정하고 있다. 생명들 간의 연대성이 바로 희생의 기초가 된다. 개체적인 입장에 본다면 자발적인 희생은 아니지만, 종 전체의 입장에서 본다면 희생의 의미가 부여될 수 있다는 것이다.

슈바이처의 생명존중은 공리주의의 유정성의 기준을 훨씬 넘어서서 생명 자체에 신성한 가치를 부여하고 있음을 알 수 있다. 슈바이처는 인간은 살아 있는 유기체에 내재하고 있는 생명의 의지와 신비적인 유대감을 갖고

---

504 Ibid, p.339.

505 Ibid, p.338.

506 Ibid, p.340.

507 Ibid, p.331.

508 Ibid, p.330.

있다는 점을 강조하고 있지만, 그럼에도 생명체의 살려는 의지만으로는 풀리지 않는 윤리적 물음이 존재한다. 즉 도대체 생명체의 무엇이 우리의 존중을 요구하는 가이다.

2.3.2 테일러의 생명중심의 윤리

테일러(Paul Taylor)는 생명체에게 도덕적 수혜자의 지위를 부여하는 것은 고통과 쾌락을 느낄 수 있는 유정성 때문이 아니라 "존재는 도덕적 행위자에 의해 촉진되거나 훼손될 수 있는 고유의 선을 가지고 있다는 사실"[509] 때문이라고 주장한다. 고통과 쾌락을 느낄 수 있는 유정적 존재(동물)의 선과 이익에 관심을 기울여야 할뿐만 아니라 식물과 같은 비유정적 유기체의 선과 이익도 배려해야 한다는 것이다. 테일러는 인간의 윤리적 고려와 배려를 요청하는 것은 생명체의 의식도, 유정성도, 자기이익추구도 아니고 생명체에 내재하고 있는 자연적 목적추구의 능력이라 단언한다. 이런 관점에서 보면 동물이 불을 무서워하거나 식물이 태양을 향하는 것은 모두 목적지향적 행위이다. 다시 말해 생명체의 목적지향적 성격은 환경의 어떤 요소는 추구하고 어떤 요소는 배척하는 동식물의 성격에서 잘 드러난다는 것이다. 모든 자연의 생명체는 변화하는 환경에 적응하는 목적지향적 삶의 주체이다.

자연의 목적론적 가치를 인정한다면, 인간은 비로소 다른 종들을 인간 자신과 같이 볼 수 있게 된다. 우리가 실현하고자 하는 선을 가지고 있듯이, 다른 종들을 실현하고자 하는 선을 가지고 있는 존재로서 본다면, 인간이

---

509 Paul Taylor, *Respect for Nature. A Theory of Environmental Ethics* (Princeton: Princeton University Press, 1989), p.60~71.

인간 자신을 바라보듯이 다른 종들을 보기 시작하게 된다. 따라서 인간은 세계를 인간 자신의 선의 관점에서뿐만 아니라 다른 종의 선의 관점에서도 볼 수 있는 능력을 개발하게 되는 것이다.[510]

이같이 모든 생명체의 고유한 존엄성을 인정하면, 비로소 인간중심주의를 대체할 수 있는 생명중심의 세계관을 가질 수 있다는 것이 테일러의 생각이다. 생명중심의 세계관은 인간은 다른 생명체와 마찬가지로 지구 생명공동체의 구성원이라는 것과 인간은 모든 생명체의 생존이 그 환경의 물리적 조건에 의해서 뿐 아니라 다른 생명체와의 관계에 의해 결정되는 상호의존체계의 구성적 요소라는 것이며, 모든 생명체는 자신의 고유한 선을 자신의 방식으로 추구하는 유일무이한 개체라는 의미에서 생명의 목적론적 중심이기에, 인간은 결코 내재적으로 다른 생명체보다 우월한 존재라 할 수 없다는 것이다.[511]

물론 테일러의 생명중심주의, 즉 모든 생명체는 자신의 고유한 선을 갖는다는 명제는 한편으로는 인간이 다른 생명체보다 우월하지 않다는 것과 다른 한편으로는 인간 역시 지구생명공동체의 하나의 구성원에 불과하다는 사실과 결합되어 있기에 급진성을 내포할 수밖에 없다. 하지만 모든 생명체가 지구생명공동체의 구성원이라면, '종과 종의 이익이 충돌할 때 인간은 어떻게 결정할 수 있는가?'하는 문제가 여전히 난제로 자리한다. 예컨대 생존을 위해 소고기를 먹는 것이 인간의 고유한 선이라면, 소의 입장에서는 인간에게 무참히 먹히지 않고 생존하는 것이 소에게는 고유한 선이라 할 수 있을 것이다.

---

510 Paul Taylor, "The Ethics of Respect for Nature," *Environmental Ethics*. 3(1981), p.217.

511 Paul Taylor, Respect for Nature. 99ff.

지금까지 살펴본 슈바이처, 테일러를 중심으로 한 생명중심 윤리의 생명에 대한 무한하고 절대적인 책임에 대한 주장은 생명 그 자체에 대해 도덕적 지위를 부여하고 인간이 고려해야 할 자연 대상을 모든 생명체로 확대하였다는 점에서 종래의 윤리학적 관점과 사고의 범위를 획기적으로 넘어나가는 장점이 있다. 그러나 현실 생활에서는 실현되기 어려운 문제점을 가지고 있다. 예컨대 슈바이처의 경우에 그 이론에 따를 경우 구체적으로 무엇을 어떻게 해야 하는 것인지에 대해서 안내해 주는 바가 거의 없고, 또 그 취하는 입장이 다소 낭만적이고 소박하다는 비판에 직면한다.

그리고 마치 전체의 책임이 그 구성원 개개인의 책임이 아닌 것처럼 보이듯, 무한-절대적인 책임은 오히려 그 무한함과 절대성으로 인해 반대의 효과를 가져오기도 한다. 이러한 문제점을 렝크(Hans Lenk)는 다음과 같이 지적하고 있다: "(생명중심의 윤리는) 이론적으로 요청하는 모든 생명에 대한 책임의 확장은 실현될 수 없는 것이며 방법적으로도 모순된다. 모든 것에 대해 무한하게 책임 있는 자는 실제로 어느 누구도 책임지지 않는다. 무한한 책임성, 즉 정도나 관련자의 범위가 정해지지 않는 책임은 파악될 수도, 실천될 수도 없으며, 실제적으로 행위를 구속하거나 의무화하지 못한다."[512]

2.3.3 청지기 윤리

기독교적 생명중심의 윤리를 견지하는 이론이 대표적으로 할(Douglas Hall)과 내쉬(James Nash)의 "청지기(human stewardship) 사상"이라고 말할 수

512 Hans Lenk, *Albert Schweitzer-Ethik als konkrete Humanität* (Münster: Lit Verlag, 2000), p.29.

있다. 할은 창세기의 창조이야기에서 신의 형상의 의미를 탐색한다. 신의 형상의 내용은 신과의 "육체적 유사성"이라든지 "지배성"을 부정하고, 신의 형상은 "무엇보다 인간이라는 피조물의 독특성과 차이성에 대한 진술이 아니라, 창조의 행위에 대한 진술이다."[513]라고 주장한다. 신의 형상은 실체론적으로 인간이 소유하는 것이 아니라 그리스도 안에 구현된 형상인 모든 만물을 완전한 조화 안에 결속하는 사랑을 나눌 때 신의 형상을 나타내는 것이라 말한다.[514] 문제는 '신의 형상, 즉 사랑을 어떻게 자연에 적용할 것인가?'인데, 그의 요점은 신에 대한 사랑, 인간에 대한 사랑, 자연에 대한 사랑은 정도에 차이가 있다는 것이다. 이러한 기본적인 사고 위에서 할은 자연에 대한 윤리로서 청지기적 윤리를 제시한다. 인간의 우월성을 강하게 주장하지는 않는다 하더라도 인간이 다른 피조물보다 더 복잡하고 재능이 많고 예민하다는 점에서 독특성을 갖는다는 것이다.

그리하여 창세기 1장의 "정복하라", "다스리라"의 의미를 어원학적 접근을 넘어서 시대적 의미로 해석한다. 이것은 신의 청지기인 인간에게 신이 부여한 책임이라는 것이다. "청지기의 권위는 신이 돌보기를 원하는 창조주의 사랑을 적절히 재현할 때에만 유효하다"는 것이다. 따라서 그 지배는 물리적인 폭력적 지배가 아니라 "사랑과 존중에 의한 지배"(존중에 기초한 지배)이며, 이는 지배와 착취보다는 봉사와 보살핌을 제공하는 것이다.[515]

내쉬(James Nash)는 인간을 "신의 대리자"(God's representatives)로 보며 책임 있는 대리를 인간의 의무로 본다. 기독교의 사랑은 인간과 다른 피조

---

513 Douglas Hall, *Imaging God: Dominion as Stewardship* (New York: Friendship Press, 1986), 75. 장도곤, 『예수중심의 생태신학』, p.101에서 재인용.

514 Ibid., p.83~85. 장도곤, 『예수중심의 생태신학』, p.102에서 재인용.

515 Ibid., p.185. 장도곤, 『예수중심의 생태신학』, p.107에서 재인용.

물의 필요에 응답하는 돌봄과 친절한 봉사, 즉 자신을 내어주며 남을 존중하는 봉사활동이라고 말한다.[516] 그는 창세기의 "지배"의 의미를 봉사를 전제로 하는 "정당한 지배"로 해석하며, 인간의 필요를 넘어서는 지나친 정복과 오용과 압제는 오히려 신의 명령에 대한 인간의 교만이라고 말한다.[517] 내쉬가 주창한 "생물권리선언"(a bill of biotic rights)[518]은 이런 토대 위에서 나온 것이다.

그러나 내쉬 역시 할과 마찬가지로 생태학적인 사랑의 기본 성격은 우리 인간이 다른 피조물을 최선을 다해 존중해야 하나, 이것이 인간적으로나 도덕적으로 동일하지 않다는 것이다.[519] 내쉬는 현실적으로 서로 먹고 먹히는 냉엄한 생태적 상황에서 인간에 대한 사랑과 동물에 대한 사랑이 동등하지 않다고 주장한다. 왜냐하면 인간은 존재론적으로 "포식자 인간"(humanity as predator)이기 때문이다. 하지만 그는 여기서 "이타적 포식자"(altruistic predator)라는 개념을 내세운다. 이타적 포식자란 "불가피하게 일으키는 생태적 손실을 최소화하며, 조심스럽게 그리고 검소하게 소비하는 존재"이다.[520]

516 James Nash, *Loving Nature: Ecological Integrity and Christian Responsibility* (Nashville: Abingdon Press, 1991),p. 145. 장도곤, 『예수중심의 생태신학』, p.111에서 재인용.

517 Ibid., p.106~107, 장도곤, 『예수중심의 생태신학』, p.120에서 재인용.

518 "생물 권리선언"은 8개 항으로 구성되어 있다: ① 자연적인 생존경쟁에 참여할 수 있는 권리 ② 생물로서의 기본 필요를 충족하며, 개별적으로 그리고 생태적으로 자신의 생물적인 기능을 수행할 기회를 가질 권리 ③ 건강을 위한 온전한 서식 공간을 가질 권리 ④ 종족보존을 위한 번식의 권리 ⑤ 인간이 초래하는 멸종의 위험을 벗어나 생물의 진화적 잠재 능력을 온전히 발휘할 권리 ⑥ 인간의 잔인함, 파렴치한 남용 또는 오용으로부터 벗어날 권리 ⑦ 인간의 파괴행위에 의해 자연상태를 회복될 권리 ⑧ 종의 유지를 위해 필요한 자원을 공평하게 분배받을 원리. J. Nash, *Loving Nature*, p.186~189. 장도곤, 『예수중심의 생태신학』, p.117에서 재인용.

519 James Nash, *Loving Nature*, p.148-151, 장도곤, 『예수중심의 생태신학』, p.112에서 재인용.

520 Ibid., p.147, 장도곤, 『예수중심의 생태신학』, p.115에서 재인용.

내쉬 역시 모든 피조물이 '도덕적으로 존중'받을 자격이 있지만, 모든 피조물이 동등한 '도덕적 중요성'을 가진 것은 아니라고 본다. 따라서 모든 생명들이 동등한 생물학적 권리를 가지고 있다는 "생물학적 평등주의"를 배격한다. 미생물에서 포유류에 이르는 다양한 피조물의 권리와 가치에는 등급이 있다는 것이고, 이런 가정에 기초하여 "동종간의 권리"와 "타종간의 권리"를 구분하게 된다. 이에 기초하여 내쉬는 할보다 더 현실적이고 구체적인 원리를 제시하고 있는데, 인간 이외의 피조물의 권리를 소멸하거나, 또는 다른 종을 위해 적어도 권리의 일부를 무효화할 수 있는 "정당한 이유"를 제시했다. 인간의 필요를 충족시켜야 하는 경우, 부득이 인간의 가치를 실현시켜야 하는 경우, 인간에게 피해를 주는 해충이나 병원균으로부터 인간을 보호해야 하는 경우, 생태계를 파괴할 정도로 증식하는 종의 조절 등이다.[521]

할과 내쉬를 통해 청지기 사상에 기초한 생명중심의 윤리는 환경 파괴의 주범인 강한 인간중심주의에는 분명하게 반대하지만, 약한 인간중심주의를 견지하면서 전개되는 생명중심의 윤리라 할 수 있겠다.

2.3.4 요나스의 책임윤리

인간의 행복을 위해 고안되었던 자연지배는 이제 인간 본성 자체에까지 확장되고 있는 과도한 성공의 결과 때문에 도전을 야기하고 있다. 이 도전의 내용은 현대기술이 더 이상 인간이 통제할 수 없는 자기의 발전 메커니즘을 획득했으며 "인간 자신이 이제 기술의 대상으로 전락"했다는 데 있다. 기술에 의해 자연의 가치도 중립화되었고 인간도 중립화되었다. 요나스

521 Ibid., p.182, 『예수중심의 생태신학』, p.116에서 재인용.

(Hans Jonas)가 가장 심각하게 생각하는 것은 현대기술이 갖는 "장기적인 결과의 불확실성"이다. 현대기술의 장기효과에 대한 불확실성은 인간의 미래세대가 존속할 수 있는지조차 불확실하게 만든다. 이러한 위기상황으로부터 인간이 벗어나기 위해서 인간 중심적 전통윤리와 구별되는 새로운 윤리학인 미래윤리학이 필요하다. 왜냐하면 전통윤리학은 인간중심주의에 기초하고 있으며 그 관심이 인간의 행위에만 머물러 있기 때문이다. 자연에 대한 인간의 책임문제가 제외된 전통윤리학과 달리 미래윤리학은 "자연을 윤리적 이론을 통해 새롭게 심사숙고"함으로서 자연존재에 대한 존재론적 지위를 부여하며 자연의 존재와 권리의 인정을 '당위'와 '미래로의 의무의 확장' 문제로 파악한다. 이를 통해 요나스가 추구하고자 하는 것은 '미래 세대의 존속'을 가능하게 하는 것이다.

이와 같은 맥락에서 요나스가 말하는 미래세대의 존속을 위한 새로운 미래윤리는 책임윤리의 성격을 갖게 된다. 책임윤리의 언급은 막스 베버에 의해 이루어졌다. 그는 책임윤리를 심정윤리와 구분하였다. 심정윤리는 행위의 옳음을 그 행위의 구체적인 결과에 대한 고려 없이, 전적으로 그 행위가 도덕적 의무에 일치하느냐에 따라 판단된다. 그에 반해 책임윤리는 행위의 질을 그 행위의 예측 가능한 결과와 그것의 평가에 따라 판단한다. 결국 책임윤리는 결과론적 윤리가 된다. 요나스는 근대의 진보적 유토피아사상을 책임윤리로 대치하고자 한다. 베버의 책임 개념을 보다 확장시켜 인간 자신이 행동한 결과에 대해서뿐만 아니라 행위 자체 또는 존재 자체에 대해서도 책임을 져야한다고 주장한다. 책임을 손해배상의 청구라는 수평적 차원으로 바라보는 것이 아니라 수직적, 비호혜적 권력의 문제로 보고자 한다. 책임을 권력의 문제로 보고 윤리적 차원에서 다루게 될 때, 내가 책임의 대상에 비해 권력이 크고 책임의 대상자는 나에게 의존도가 클 때, 권력의 차이와 의존도에 비례해서 나의 책임은 그만큼 커진다. "의존자는 그의 고유권리를 통해서 명령자가 되고, 권력자는 그의 원인성에 의해서 의무자가 된다."[522] 예컨대 어린 자식과 부모의 관계는 수직적-의존적 관계에서 성립되는 책임이기에 보다 전체적이고 지속적이며 그런 만큼 무책임의 위험도 더 크다.[523] 자식에 대한 부모의 책임의 당위성은 책임의 대상 즉 자식의 권리에서 비롯된다. 존재로부터 당위를 도출[524]해 내고 책임의 객관성을 확보하고자 하는 자기의 의도에 가장 부합하는 예로써 갓 태어난 신생아에 대한 부모의 관계를 주목한다. 신생아의 숨결은 주변세계를 향해 자기를 수용하라는 당위를 불가항변적(unwidersprechlich)으로 제기한다.[525] 여기서 주목해야 하는 것은, 요나스가 신생아에 대한 책임의 절대성을 그에 대한 동정이나 자비 또는 사랑과 같은 감정을 통해 정당화하지 않았다는 점이다. 환언하면 어떤 대상에 대한 나의 책임의 절대성 내지 객관성이 확보될 수 있기 위해서는 그 토대가 내가 아닌 다른 대상으로부터 나와야 한다. 그리고 그 토대는 신생아 존재 자체라는 것이다.[526]

요나스는 책임을 일반적인 도덕적 배려와 인간의 존재라는 차원으로,

---

522 Hans Jonas, *Das Prinzip Verantwortung: Versuch einer Ethik für die technologische Zivilisation*, 이진우 역, 『책임의 원칙: 기술시대의 생태학적 윤리』 (서울: 서광사, 1994), p.175.

523 Ibid., p.178.

524 요나스에 의하면 존재로부터 당위 도출이 불가능성(자연주의의 오류)을 주장하는 것이 독단이라 비판한다. 존재는 반드시 '가치중립적'이어야 한다는 입장은 여태까지 한 번도 진지하게 검토되지도 않은 사실을 단순히 전제하고 있으며, '존재'와 '당위'의 구분 자체가 이미 형이상학적이라는 사실을 간과하고 있기 때문이라는 것이다. 과학 기술 시대에 대부분의 사람들이 형이상학의 종말에 대해 말할 때 요나스는 형이상학의 필연성에 대해 역설했던 것이다. Ibid., p.93참조.

525 Ibid., p.235.

526 Ibid.

즉 그가 존재적 책임라고 부르는 것으로까지 확장시키기를 요구한다. 부모가 자기에게 의존적인 아이의 복지에 대해 책임이 있는 것처럼, 우리는 미래의 인간들의 존재를 위한 의무를 갖고 있다. 인류가 존재해야 된다는 것은 제1의 당위적 계명이다. 이것은 인간의 이념에서 오는 것인데, 이 이념은 인류의 현존을 요구한다. 칸트가 도덕적 당위의 정당화를 위해서 더 이상의 설명할 이유가 필요 없는 정언명령을 제안하듯, 요나스 역시 인류의 존속을 다른 모든 것에 앞서는 첫 번째 존재론적 명령으로 수용할 것을 우리에게 요구한다. "인류의 존재는 간단히 말해 인류의 생존을 의미한다. 잘 산다는 것은 그 다음 문제이다. 인류가 존재하고 있다는 적나라한 존재적 사실은 이 점에 대해 물음을 던진 적이 없는 사람들에게는 인류가 계속 존재해야 한다는 존재론적 명령이 된다. 그 자체로 익명 상태에 놓여 있는 이 '제1계명'은 그 밖의 모든 다른 계명 안에 말없이 포함되어 있다."[527]

요나스의 책임윤리는 기술 문제를 포함한다. 기술이 인간의 힘을 행사한 것이기 때문에 그러하다. 그리고 그것을 윤리적으로 고찰하지 않으면 안 되는 근거를 다음과 같이 제시한다. 첫 번째 근거는 결과의 애매성이다. 일반적으로 모든 능력은 그 자체로는 선하지만 악용에 의해서만이 나쁜 것이 된다. 그 때문에 기술윤리도 기술의 올바른 사용과 잘못된 사용을 구분해야만 한다. 기술이 나쁜 목적에 사용되지 않더라도, 그리고 오히려 선하고 정당한 목적에 사용된다 할지라도 기술은 그 결과의 장기성 때문에 선악을 의미있게 말할 수 없게 되었다. 또한 실패보다는 오히려 성공 안에, 무능보다는 그 능력 내지 권력 안에 위험이 자리 잡고 있는 현대 기술은 결과의 예측 불가능성과 장기간에 걸친 영향력으로 인해 더 이상 윤리적 중립을 지킬 수

527 Ibid., 186f.

없게 되었다는 것이다.[528]

두 번째 근거는 적용의 강제성 내지 필연성이다 모든 지식은 그것의 적용을 이미 내포하고 있다. 증가하는 인간의 힘으로서의 기술에 대해서 더 이상 윤리적 중립성의 피난처나 혹은 힘의 소유와 행사의 구분은 더 이상 허용되지 않는다. 즉 현대 기술의 강제적 메커니즘과 아울러 그것이 떠맡지 않을 수 없는 윤리적 부담을 말한다.[529]

세 번째 근거는 결과의 규모이다. 현대 기술의 영역과 작용범위는 윤리적 고려의 내용 안에 아주 새로운 차원을 가져왔다. 또 기술은 지금 여기서 우리가 행하는 것이 동시에 다른 지역의 사람들이나 혹은 미래의 사람들에게 중대한 영향을 미칠 수 있다는 가능성을 우리에게 제시하였다.[530]

네 번째 근거는 인간 중심적 사고인 독점의 파괴이다. 지금까지 인간이 가진 의무의 대상은 바로 인간이었다. 그러나 이제 이 지구상의 모든 생태계는 존중의 몫을 요구한다. 인간적 사고와 도덕적 배려에 대한 인간의 독점적 권리는 지구상의 다른 모든 존재에 대한 독점적 힘의 획득과 함께 나타났다.[531]

끝으로 기술의 이런 파괴적 가능성(인류의 지속을 위험하게 할 수 있는 능력)은 지금까지 윤리학이 접해 보지 못했던 새로운 형이상학적 물음을 제기한다. 요나스가 인간 이외의 생명 일반에 대한 인간의 의무를 말한다고 해서 전통적으로 강조되어온 인간에 대한 의무를 소홀히 한다는 것은 결코 아니다.

---

528 Hans Jonas, *Technik, Medizin und Ethik: Praxis des Prinzips Verantwortung* (Frankfurt a. M. : Suhrkamp, 1987), p.49.

529 Ibid., p.44.

530 Ibid., p.45.

531 Ibid., p.46.

오히려 요나스는 인간 자신으로부터 인간 이외의 다른 생명체 일반과 자연에 대한 윤리적 의무의 확대 안에는 미래 인류에게 황폐한 유산을 남겨서는 안 된다는 사실이 일종의 '정언명령'의 형태로 포함되어 있음에 주목한다.[532]

그렇다면 요나스가 구상하는 기술시대에 적합한 책임윤리의 규범은 어떤 가치를 새롭게 요청하고 있는지 살펴보자. 미래의 가능한 위험에 대처하기 위해 무엇보다 절실하게 요청되는 것은 미래에 대한 충분한 정보와 지식이다. 그래서 첫 번째 가치로 수용해야 하는 것은 미래에 대한 앞선 지식의 범위를 넘어서 가려는 권력을 따라잡는, 그 권력이 지향하는 근접목표를 미래에 나타날 결과의 관점에서 비판하는 학문, 즉 미래학이다.[533] 미래학은 미래에 나타날 결과를 우리에게 보여주는 새로운 학문(기술)로서 자연에 근거한 자연과학과는 달리 권력의 증대가 아니라, 오히려 그것의 감시와 보호, 궁극적으로는 자연과학에서 비롯된 권력 이상의 권력 획득을 지향하고자 한다.[534]

두 번째 가치는 '두려움'(Furcht) 또는 '공포'의 느낌이다. 두려움을 느끼는 것이 윤리적 의무다.[535] 용기의 덕목은 여전히 필요하지만, 현대 기술의 무분별한 사용 가능성을 감안할 때 새로움을 향한 지나친 용기보다는 가능한 위험에 앞에서 두려움을 느끼고 물러설 줄 아는 태도가 더욱 절실하다고 보는 것이다. 이 두려움이 아직 태어나지 않은 우리 후손이 가지고 있는 탄생에 대한 권리와 관계한다.

세 번째 가치는 '두려움'에서 자연스럽게 도출되는 태도로, '겸손함'(Be

532 Ibid., p.47.

533 Ibid., p.65.

534 Ibid.

535 Ibid., p.66.

scheidenheit)이다.[536] 겸손함은 소심함이 아니라 인류의 미래를 내다본 사람이 지니지 않을 수 없는 절박한 태도를 말한다.

네 번째 가치는 이러한 겸손함이 새로운 소비습관을 낳게 하는 데, 그것이 바로 '검소함'(Frugalität)이다.[537] 현대의 소비문화 속에서는 과소비가 경제적 덕목이 되었다. 소비하면서 존재감을 느끼는 것이 현대인의 삶의 양식이다. 이런 도덕적 뻔뻔함에 대해 요나스는 "검소함을 새롭게 절규하는 목소리가 울려 퍼지지 않으면 안 된다"[538]고 주장한다.

다섯 번째 가치는 '절제'(Mäβigung)이다.[539] 이것은 전통적인 금욕주의적 절제와는 무관하고, 현대 기술권력과 관계되는 절제다. 전통적으로는 가능성의 실현과 부단한 능력의 배양, 한계를 넘어선 도전정신이 강조되었다면, 미래에는 오히려 가능성을 가능성으로 남겨둘 줄 알고, 적정 한계를 넘어서지 않도록 애쓰는 것이 더욱 중요하다는 것이다. 어떤 위험이 도사리고 있는지를 정확하게 알 수 없다면 능력의 사용을 포기하는 것이 최선이라는 의미다.

요나스가 한 중요한 기여는 바로 책임 개념의 확장이다. 그는 원인자적 책임개념에서 위탁자적 책임 개념으로, 과거지향적 행위책임에서 미래지향적 존재책임으로, 좁은 의미의 책임에서 보다 넓은 의미의 책임으로의 전환을 시도하였다. 이러한 책임 개념은 현대사회에서 이기적인 우리 인간들에게는 상당히 의미 있게 다가온다. 그러나 책임 개념의 확장도 중요하지만 보다 중요한 것은 책임의 실현이다. 누가 환경파괴에 대한 구체적인 책임을

---

536 Ibid., p.67.

537 Ibid.

538 Ibid., p.68.

539 Ibid., p.70.

결정하고 또 분배할 것인가? 그리고 어떻게 책임이 구체화될 수 있는가? 이런 물음에 대해 존재적 책임은 구체적인 대답을 하지 못하고 있다. 현대의 고도로 구조화된 산업사회에서 책임의 경계와 분배를 결정한다는 것은 아주 어려운 문제가 되었다. 책임의 문제는 집단적 책임, 조직체의 책임문제가 등장함으로써 더 복잡하게 되었다. 조직체-법인-기업체의 테두리 내에서 이루어지는 결정이나 실행에 의해 발생하는 책임의 문제는 개인의 도덕적 책임과는 전혀 다른 성격을 띠게 된다. 그래서 책임의 현상도 다양한 단계와 구조를 가지며 그에 따라 책임도 구분하여 분석되어야 한다. 그러나 요나스의 책임 개념은 이런 복잡한 문제를 해결하기에는 구체적이지 못한 문제점을 가지고 있다.

2.4 생태중심주의 윤리

생태중심주의 윤리는 감각중심주의와 생명중심주의가 개별 생명체만을 도덕적 고려의 범주에 포함시키는 개체주의적 관점에 입각함으로서 비롯한 문제들을 극복하고자 시도한다. 이른바 전체론적(holistic)관점에서 생태문제에 접근하려는 것이다. 이에 속하는 이론들은 탈 인간중심적 윤리이면서, 동시에 도덕적 고려대상의 범위를 동식물이나 생명을 가진 개별 존재를 넘어 무생물, 종, 군집, 관계, 생태계 전체로 확장시킴으로서 그것들에 대해 도덕적 지위를 부여하고자 한다.

2.4.1 근본생태주의

네스(Arne Naess)는 지금까지의 환경이론과 환경운동은 공해방지 등 오로지 선진국 국민만을 위한 협소한 관점에서 머물렀다고 비판하면서, 이를 '피상적인'(shallow) 생태주의라고 부른다. 그는 이러한 피상적 사고에서 벗어나 근본적인 인식의 전환이 요구된다고 역설했다. 그가 말하는 근본적인 인식의 전환이란 인간만을 위한 사고에서 벗어나 자연과 함께 공존하려는 것이며, 이런 면에서 자신의 이론은 '심층적인'(deep)인 생태주의라고 주장한다.

네스의 핵심명제는 '생명평등주의'와 '큰 자아의 실현'(Self-realization)[540]이다. "생태계에 존재하는 모든 것들은 자기를 실현할 평등한 권리를 가진다."는 생명평등주의의 실천은 큰 자아실현이라는 윤리적 명령의 실행을 통해 가능하다는 것이 그의 요지이다. 큰 자아를 추구한다는 것은 자연과 나의 하나됨을 추구하는 것이고, 이를 통해 자연의 아픔을 나의 아픔으로 깨닫는 것이다. "세계가 나의 몸이다", "모든 생명은 근본적으로 하나이다."라는 심층적이고 근본적인 생태주의의 표어도 이런 맥락에서 나온다. 네스의 특징 중의 하나는 동양적 사유에 귀를 기울인다는 점이다. 노장사상, 선불교, 인도의 우파니샤드가 그가 수용한 동양적 지혜의 모범이고, '범아일여'(梵我一如), '물아일체'(物我一體)야말로 자연과 인간의 하나됨을 밝히는 오랜 삶의 지혜라는 것이다.

이미 눈치 챌 수 있듯이 근본 생태주의는 동양사상에 큰 빚을 지고 있

540 '큰 자아'(Self)란 편협하고 이기적인 '작은 자아'(Self, ego)와 대립되는 개념이다. 심층생태주의자 세션즈(George Sessions)에 따르면 그것은 편협한 자아(ego) 정체화에서 출발하여 다른 사람과의 일체감을 터득한 후 자신과 다른 생물들(종), 생태계, 더 나아가 생물권 전체와의 일체 의식 -그는 이를 '생태학적 자아'(ecological self)라 표현한다. -을 경험하게 되는 인간의 정신적 성숙 단계에서 최고의 경지에 이르는 것을 의미한다. George Sessions, "Introduction", in M. E. Zimmerman, etc. (eds.), *Environmental Philosophy: From Animal Rights to Radical Ecology* (Englewood Cliffs: Prentice Hall, 1993), p.165.

다. 동양적 비인간주의 생명관은 근본적으로 환경을 도구적으로 보는 것이 아니라, 영성을 지닌 생명으로 보는 것이다. 그런데 사실상 영성적 생태윤리를 가장 탁월하게 제시한 사상가는 수운(水雲) 최제우다. 수운은 사람마다 천주를 하면 지기에 이른다고 하였다. 여기서 지기는 우주생명의 철학적 표현이다. 수운은 "어린아이의 땅을 밟고 가는 나막신 울림소리에 내 가슴이 아프더라, 땅을 소중히 여기기를 어머니의 살같이 여기라"[541]고 하였다. 이렇듯 어머님의 살갗 같은 생명이기에 땅은 언제나 地心, 地力, 地養, 地氣, 地勢, 地素, 地動, 地脈, 地肥, 地神, 地精, 地質, 地形을 북돋워야 하며, 地病, 地毒, 地染, 地酸, 地黃. 地沖을 예방시켜야 할 의무를 지니게 된다. 또한 해월(海月) 최시형은 구체적인 실천 덕목까지 제시했다: ① 나무는 새순을 꺾지 말며, ② 새알은 깨지 말며, ③ 가신 물을 땅에 부을 때에 멀리 뿌리지 말며, ④ 폐물을 함부로 버리지 말며, ⑤ 오물이 땅에 떨어지면 닦아 없애야 한다.

특히 해월의 시무천(十毋天) 사상[542]은 생태영성윤리의 규범이라고도 말할 수 있다. 이런 사고에서 보면, 경제적 이익과 생활의 편의를 위해 산맥을 마구 자르고 강을 파헤치는 행위는 어머니의 살갗을 저미고 여성의 생리를 인공적으로 저해하는 것이나 다름없는 셈이다.

그런데 기독교에서도 근본생태주의를 견지하는 학자들이 없는 것은 아

---

541 보성사 편집부 편, 『천도교경전』 (서울: 보성사, 1992), p.306.

542 1. 무기천(毋欺天): 하늘님을 속이지 말라. 2. 무만천(毋慢天): 하늘님을 거만하게 대하지 말라. 3. 무상천(毋傷天): 하늘님을 상하게 하지 말라. 4. 무난천(毋亂天): 하늘님을 어지럽게 하지 말라. 5. 무요천(毋夭天): 하늘님을 일찍 죽게 하지 말라. 6. 무오천(毋汚天)하라: 하늘님을 더럽히지 말라. 7. 무뇌천(毋餒天): 하늘님을 주리게 하지 말라. 8. 무괴천(毋壞天): 하늘님을 허물어지게 하지 말라. 9. 무염천(毋厭天): 하늘님을 싫어하게 하지 말라. 10. 무굴천(毋屈天): 하늘님을 굴하게 하지 말라. 『천도교경전』, p.374.

니다. 폭스(Matthew Fox)와 같은 영성주의자들은 기독교 신비주의 전통에 근거하여 생태문제를 해결하려면 근본적으로 "창조 중심의 영성"으로의 전환이 긴급히 요구된다고 주장한다. 기독교의 전통적인 신앙의 구조인 "타락/구원의 전통"은 자연 속에서의 신을 추구하지 않고 개인의 영혼 속에서만 신을 추구하게 됨으로 궁극적으로 인간을 우주적 관계, 우주적 배려, 우주적 축제로 인도하지 못한다고 보았다. 이와는 반대로 창조 중심의 영적 전통은 자연을 선하게 봄으로 현대의 인간의 생존에 필요한 새로운 패러다임을 제공한다. 자연 안에 존재하는 신성을 발견하며, 자연과 대화할 뿐만 아니라 자연과 함께 창조하며 인간과 모든 피조물 안에 존재하는 우주를 추구한다.[543] 폭스는 인간중심주의에서 우주중심주의로의 전환뿐만 아니라 그리스도의 개념도 우주적 그리스도로 확대한다. 그리고 우주적 그리스도를 모든 만물, 즉 인간이나 고등동물뿐만 아니라 모든 원소, 광물질, 그리고 원시동물에게서도 발견한다.[544] 인간과 동물은 혼과 육체뿐만 아니라 영도 공유하기에 평등하다. 인간과 동물은 물리적이고 생물학적으로 상호의존 관계에 있을 뿐 아니라 영적으로도 서로 상호의존관계를 갖는다고 주장한다.[545] 그리고 이 평등한 관계를 입증하는 방법으로 타자와 자연에 대한 "온정"(compassion)을 말한다. 그리고 온정의 실천적 과제로 우리의 동료인 모든 피조물을 고통에서 구원하는 것과 모든 피조물이 공유하는 생명과 시간과 공간을 온전한 온정이신 유일자로부터의 선물로 공표하는 것을 제시한다. 따라서 폭스에게서는 생태문제를 해결하기 위한 정의 구현이 바로 자연

---

543 Matthew Fox, *Original Blessing* (New Mexico: Bear & Company, 1983), p.11~15.

544 Ibid., p.155.

545 M. Fox, *A Spirituality Named Compassion* (San Francisco: Harper & Row Publishers, 1979), p.164~165.

에 대한 온정(약자인 자연에 대해 친밀함과 돌봄 그리고 동감의 마음으로 대하는)이라는 것을 알 수 있다.[546]

하지만 앞에서 본 생명중심주의와 마찬가지로 근본 생태주의나 생태영성주의가 함의하는 생명평등주의는 실천가능성과 관련해 많은 의구심을 낳는다. 그 이념에 동조한다 할지라도, 실천하기 어려운 이유 중 하나는 그 이념의 실천이 불가능하다는 것이다. 즉 생명평등주의를 채택한다는 것은 식물을 포함해 모든 생명체들에게 인간에게 부여한 가치와 유사한 가치를 부여하는 것인데, 이런 가치를 지닌 존재를 먹는 것은 비윤리적인 행위일 수 있기 때문이다. 생명평등주의에 충실하려면 인간은 자연과정에서 이미 죽은 식물 혹은 자연사한 동물의 시체나 주워 먹는 수준의 삶을 영위해야 할 것이다.

이러한 비판에 대해 네스의 대안은 본질적(basic) 필요와 비본질적(non-basic) 필요를 구분한다. 의식주를 위해 동물을 사냥하는 것은 본질적 필요에 해당하지만, 핸드백과 같이 없어도 되는 것을 충당하기 위해 악어를 사냥하는 것은 비본질적 필요에 해당한다. 본질적 필요를 위해서는 어쩔 수 없지만, 비본질적 필요를 위해 동식물의 생존을 해쳐서는 안 된다는 것이다. 인간을 포함해 자연의 모든 존재들이 본질적 필요를 위해서는 다른 존재를 착취하는 것은 자연의 순리라는 주장이 가능한 것처럼 보이는 대목이다.

그렇다고 생명평등주의의 난점이 해소되는 것은 아니다. 그 난점의 하나는 '본질적 필요와 비본질적 필요의 구분이 명확한가'하는 것이고, 또 하나는 생태계 관리와 관련된 근본생태주의의 한계이다. 특정개체수의 과잉은 생태계 전체의 피폐화를 초래하는데, '이를 어떻게 다루어야 하는 것인

546 M. Fox, *Original Blessing*, p.288.

가'하는 것이다. 황소개구리 같은 외래종에 의한 생태계 교란을 막기 위해 외래종을 죽여야 하는 것이 우리의 현실인데, 이를 근본 생태주의나 생명평등주의에서는 어떻게 정당화할 수 있는가.

2.4.2 레오폴드의 대지윤리

생명평등주의의 약점을 훌륭하게 보완하는 것이 레오폴드(A. Leopold)의 대지의 윤리(land ethics)이다. 레오폴드의 관점에서 전체적으로 볼 때, 자연은 상호관계성과 상호작용성을 기초로 하여 작동하고 있으며, 지구는 생명을 가진 존재로 간주한다. 따라서 생태학적 의식의 관점에서 볼 때 지구의 자연은 도구적 가치라기보다는 내재적 가치를 지닌 존재로서 그에 합당한 도덕적 지위를 부여받지 않으면 안 되는 것이다. 그래서 대지를 "우리에게 속해있는 상품"으로 보지 말고, "우리가 속해있는 공동체"로 볼 것을 촉구한다.[547] 상품에서공동체로 전환하는 것, 이것은 인간과 대지의 공동체적 관계를 인정하라는 요청이다. 생태학적 전일주의는 대지가 하나의 생태학적 질서를 갖고 있다는 사실에 기초를 두며, 원자적 개체로서의 생명체에 관심을 갖기보다는 생명체들 사이의 관계에 초점을 두고 있다. 대지는 생명공동체이기에, 전일적 대지윤리는 건강을 전체와 부분의 관계를 규정할 수 있는 규범적 척도로 제시한다. "어떤 것이 생명공동체의 통합성-안정성-아름다움을 보존하는 경향이 있으면 옳고, 그 반대의 경향이 있으면 옳지 않다."[548]

---

547 Aldo Leopold, *A Sand County Almanac* (New York: Oxford University Press, 1949), p.221.

548 Ibid, p.224~225.

레오폴드의 강점은 실천가능성과 관련해 생명평등주의의 약점을 해결하면서, 동시에 생태계에 대한 종합적이고도 체계적인 관리를 가능하게 한다는 점이다. 가령 생태계의 안정이 최선의 가치이기 때문에, 황소개구리와 청솔모에 대한 정리작업을 전체 생태계의 안정과 온전함을 위해 할 수 있다는 논거를 마련해 주기 때문이다.

대지의 윤리는 인간이 다른 생명체 대해 상품처럼 취급하거나 적극적 변형의 권리를 가지고 있다는 강한 인간중심주의를 배격하고 있으며, 인간은 유한한 존재로서 그 자체 생명공동체 속에 속해 있다는 점을 일깨워 준다. 뿐만 아니라 만일 인간이 생명의 순환과 고리까지 제멋대로 통제하려고 한다면, 그것은 공동체에 대한 반역일 뿐 아니라 인간적인 위치를 넘어선 신에 대한 죄악임을 주지시켜준다. 또한 대지윤리는 상당히 포괄적이어서 단순히 어떤 동물이나 식물을 보전하는 정도를 넘어 환경오염, 자연보전, 에너지, 자원고갈 등 다양한 환경관련 문제에 대해 체계적인 접근의 관점을 제공한다.

그러나 대지의 윤리에 대해서는 그것이 사실로부터 가치를 도출하는 이른바 '자연주의적 오류'를 범하고 있다는 비판이 가해진다. 즉 생명공동체의 온전함과 안정 그리고 아름다움을 보전하는 것이 생태학적으로 중요하다고 해서 인간이 반드시 그래야만 한다는 당위와 가치판단이 성립하는 것은 아니라는 것이다. 또한 대지 윤리가 전체주의적 특성을 띤다는 비판도 있다. 즉 대지 윤리는 전체의 선을 위해 개체의 선을 희생시킬 수도 있다는 입장에 있고, 인간도 그러한 생명공동체의 한 구성원일 뿐인 존재로 보기 때문에, 경우에 따라서는 전체 생태공동체를 위해 인간을 희생시키는 일을 정당한 것으로 허용할 수밖에 없는 생태파시즘적 논리구조를 가지고 있다는 비판이다.

3. 사회생태학

근본생태주의는 생태문제의 모든 원인을 인간중심주의에서 찾고 있는데, 이것은 매우 문제가 많은 발상임을 지적하지 않을 수가 없다. 생태 위기의 원인을 인간중심주의로 본다면, 모든 인간은 인간이라는 이유만으로 다 똑같이 환경문제에 책임을 져야 한다. 이는 이윤을 위해 환경파괴를 일삼는 악덕 기업가나 그 피해를 고스란히 보고 있는 빈민가의 아이들이나 동일한 책임을 져야한다는 말과 다를 바 없다.

사회생태론자 북친(Murray Bookchin)의 근본생태주의에 대한 비판은 한마디로 근본 생태주의 생물중심주의와 반-인간중심주의를 비판의 기본축으로 삼는다. 근본생태론과 사회생태론은 생태론이라는 틀로는 같이하고 있지만 인간의 위치와 역할에 대해서는 매우 상이하다. 북친이 가장 경계하는 것은 근본생태주의의 이성에 대한 전면적인 비판과 거부이다. 생물 중심주의가 보여주는 반-인간중심주의를 비판하면서 생물권 민주주의라는 것이 실제적으로는 생태파시즘으로 전락했고, 영성적인 기계론으로 변화해버렸다고 비판한다. 즉 사회생태주의는 탈-인간중심주의 생태윤리에 대응하면서 인간의 역할과 인간이 만드는 사회제도의 중요성을 강조하고 있다.

북친이 보기에 환경문제는 사회문제라는 광범위한 문제의 하나일 뿐이다. 북친은 사회문제의 원인을 지배(domination)와 위계(hierarchy)에서 찾는다. 사회 전반에 존재하는 지배와 위계가 갖가지 문제를 낳았는데, 환경문제도 이것의 일환이라는 것이다. 남성의 여성 지배[549], 이성의 감성지배, 정

549 남성의 여성에 대한 지배는 위계질서의 근본이 아닐 수 없다. 그렇다고 한다면 '가부장제'를 폐기하는 것이 자연에 대한 인간의 착취방식을 시정해나가는 데 핵심사안이 될지도 모른다. 이런 주장을 전개하는 이론이 생태-페미니즘이다. 생태-페미니즘은 북친의

신의 육체 지배, 자본가의 노동자 지배, 도시의 농촌 지배, 노인의 젊은이 지배, 인간의 자연 지배가 그것이다. 환경문제의 극복은 사회에 만연한 지배와 위계관계를 깨고, 자유와 해방을 추구하는 전체 사회운동의 맥락에서 찾아야 한다.[550] 일체의 지배관계를 부정한다는 점에서 사회생태학은 아나키즘적인 색채를 분명히 띠고 있다.[551]

사회생태학은 진정으로 친-생태적인 사회를 건설하려면 정치적으로 급진적인 사고가 필요하다고 주장한다. 구체적으로 말하면, 기술-관료적 정치권력과 자본주의적 경제체제는 공동의 생태학적 가치와 공동의 생활서약을 통해 규제되는 유기체적 공동체, 간단히 말해 생태공동체로 대체되어야 한다는 것이다. 사회생태주의가 지향하는 사회의 중요한 이념은 참여자치의 공동체 또는 리버테리언 지역자치주의(Libertarian municipalism)이다. 이것은 현대의 아나키스트들이 많은 관심을 두고 전개하는 자주 공동체 운동과 맥을 같이한다. 그 공동체 운동은 수평적 조직을 바탕으로 한 소규모

주장을 더 밀고나가 가부장제야말로 사회적 억압의 주된 근원이며 이것의 폐기가 온갖 억압방식의 폐기의 시금석이 된다는 것이다. 생태-페미니즘에 따르면 여성은 자연과 동일시되기에 여성지배와 자연지배는 같다. 인간의 자연지배를 정당화시키는 신화에는 많은 것들이 있지만, 가장 강력한 것이 데카르트로 대변되는 근대과학주의 신화일 것이다. 이에 따르면 정신은 육체와 분리되어 있고, 정신은 이성적인 특징을 가지므로 물질적인 또는 자연적인 육체보다 우월하며, 육체를 지배하고 있다. 여기서 여성=육체=자연의 등식이 성립되는 것을 알 수 있다. 따라서 인간의 자연지배에 대한 저항과 남성의 여성지배에 대해 맞서는 것은 결국 동일한 의미를 지닌다. 생태-페미니즘도 여러 가지 상이한 주장들로 나누어지지만 자연의 해방을 위해서 인간 사회의 가부장제를 폐지하자는 데는 일치한다.

550 Murray Bookchin, *Ecology of Freedom: The Emergence and Dissolution of Hierarchy* (Montreal: Black & Rose Books, 1982). p.76~78

551 아나키즘은 기본적으로 독선과 권위를 배제하고, 또한 완벽한 이론을 거부하면서 자유와 개인적 판단의 우위를 강조하는 아나키즘의 자유인적 태도의 성격은 각양 각색의 견해가 발생할 가능성을 이미 열어 놓고 있는 사상인 바, 북친을 생태 아나키스트로 보는 것은 지극히 당연하다.

적이고 자치적인 성격을 띠고 있다. 공동체 운동의 참여의 원리는 기존사회를 관통하고 있는 지배와 위계질서를 철저히 부정한다.

참여의 정치는 국가의 힘에 초점을 두는 것이 아니라 일반 민중들 자신의 힘을 기르는 데 역점을 둔다. 그러므로 참여의 정치는 민중화된 정치이고 생태공동체를 기반으로 한다. 생태공동체는 사회-정치적인 실천의 산실이 되어야 한다. 이러한 생태공동체를 단위로 하는 참여 정치는 궁극적으로 지역적 소규모적 정치제도를 지향하는 것이다. 그 이유는 시민들이 지역 사회를 통제할 수 있는 힘을 갖도록 하기 위함에 있다. 이를 위해 사회생태주의의 정치 논의는 기존 정치에 대한 비판, 대안의 모색, 정치 공동체의 성격 논의, 그리고 이에 도달하기 위한 전략과 전술로 구성되어 있다.

대안 공동체로서의 사회생태주의는 주권의 위임이 아닌 양도 형식의 참여 민주주의적 대의원 제도와 연방제 구조를 가진 소규모의 직접 정치를 지향하고 있다. 의회는 시민들이 바라는 것과 필요한 것을 공개적으로 논의할 수 있는 장소가 된다. 의회는 시민포럼을 통해 공동체 안팎의 복합성과 다양성을 인식하고 조정하고 필요에 따라서는 통합하게 되며, 시민들은 이 과정에서 전체 지역사회의 공동선을 체험하게 된다. 개개의 생태공동체가 이상적 사회조직의 하부구조라면 그것의 상부구조는 이들의 연합이다. 물론 이 연합 내부의 관계 역시 상하의 위계가 없는 수평적인 것이어야 한다. 사회생태주의자들은 이런 체제를 '생태민주주의'라 부른다.

이러한 정치 공동체의 원리는 자연 공동체에서 나오는 것인데, 자연 공동체는 자연 자체에 기초하고 있는 것인 바, 자연은 자유로운 생물종들의 공동체들이 진화하고 모여 사는 곳이다. 자연적 시간 속에서 생물종들의 미래는 자신에 의해 스스로 결정되는 것이고 그런 의미에서 이들은 자유롭다. 자연의 공간에서 생물종들은 모두 동등한 참여자로 자신의 위치를 가지고 있으며, 서로에게 영향력을 행사하기도 하고 의존하기도 하며, 공생의 삶을 살아간다. 바로 이러한 사상은 아나키즘 정의론의 핵심인 자연론적 사회관[552]에서 생성된 것으로 볼 수 있다.

참여와 공생의 자연관은 새로운 사회구성 원리, 즉 차이가 동등함의 근거가 되는 원리 그리고 모든 구성원의 참여가 정당하게 인정되는 원리를 제공해준다.[553] 또한 이 원리는 기존 사회에 관통해 있던 지배와 위계질서를 비판하고 변경할 수 있는 패턴을 제공해주고, 기존 위계질서와 권위를 부정하도록 해준다.

따라서 사회생태주의의 운동 전략은 기존의 정치 세력들과의 협력이나 국가 기구 활용을 거부한다. 이처럼 사회생태주의가 국가제도 안으로서의 개입을 거부하고, 정당과 노조 단체의 활동을 거부하는 것은 새로운 의식과 새로운 생활 스타일에 의거한 새로운 운동의 건설로 이어진다. 이러한 사회생태주의에 나타난 참여-자치의 공동체 구현은 바로 아나키즘의 이상이다.

북친을 비롯한 사회생태주의자들의 일관된 논지는 자연 환경과의 지속적 균형을 보장해주는 인간 공동체의 창출 없이 인간과 자연의 조화는 불가능하다는 것이다. 이들에 의하면 환경오염과 자원부족이라는 지구의 한계는

---

552 자연론적 사회관은 다양한 아나키즘을 하나로 묶는 강한 사상적 끈이다. 아나키즘은 자연론적 사회관을 바탕으로 하여 인간이 자유와 사회적 조화 속에서 살 수 있기 위한 모든 자질을 본래부터 자기 속에 지니고 있다는 사실을 믿고 있다. 아나키즘의 교의, 즉 권위의 거부, 국가에 대한 혐오, 상호부조, 권력분사, 정치에의 직접 참여 등은 자연론적 사회관에서 파생된 것이다. 자연론적 사회관은 '자연과의 합치'를 강조한 우주론적, 자연론적 정의관과 인간 이성에 대한 믿음에 바탕을 둔 자연권 사상의 전통과 밀접한 관계를 가지고 있다.

553 북친에 의하면 2차적 자연(문화)은 1차적 자연에 내재된 "협동적, 연합적 성향"을 본뜬 것이며, 이런 성향은 인간의 자유 실현을 위해서는 없어서는 안 되는 것이다. 그러므로 1차적 자연은 비계층적이고 관용적이고 상조적인 사회적 관계 형성의 모델이 되는 것이다. Murray Bookchin, Ecology of Freedom, p.317.

기존 시장경제의 비도덕성과 기술의 반무화성에 있다. 따라서 앞으로 대안 경제는 시장경제의 비도덕성을 극복할 수 있는 것이 되어야 한다. 그것은 생산자와 소비자 사이의 익명성을 극복하고, 인간 개개인에 작용하는 수요와 소비 개념의 재정립을 요구한다.[554] 북친에 따르면 시장경제가 도덕성을 잃어버리게 되는 주된 동기는 시장의 익명성에서 비롯된다. 익명성 아래서 상품의 본래 의미인 사용자에 대한 본래적 성격의 상실은, 나아가 생산의 목적과 이념도 사라지게 했다는 것이다. 익명성의 등장과 본래적 성격의 상실은 시장경제가 도덕과 스스로를 분리시키면서 시작되고, 사회가 시장경제의 손익 계산 방식에 의해서 지배되면서 시장 사회로 변화되고 만다는 것이다. 사회생태주의는 현 생태 위기를 소비주의의 근절에서 찾고자 하며, 그러한 맥락에서 현존하고 있는 소비 개념을 다시 정의한다. 왜냐하면 일상적으로 사용하는 소비 개념은 생산과정의 최종단계로서의 상품소비에 한정되기 때문이다. 자연과 인간을 하나의 유기적 통합체로 설정하는 한, 생산물의 최종단계로서의 소비 개념은 너무 협소한 것이다. 따라서 대안으로서의 소비개념은 생산 사이클의 전 영역으로 확장되어 정의된 것이어야 하고, 그 주된 소비의 모습은 자연에서 원료를 가져오는 곳에서 발견되어야 한다. 이렇게 될 때, 사회생태주의의 소비주의 비판은 자연에 인간 행위가 가해지는 생산과정(노동과정)까지도 소비의 영역에 포함시켜 비판하는 것으로 확대된다. 소비주의에 대한 통제는 최종 생산물의 소비와 자연 폐기에 대한 통제뿐만 아니라 생산 단계에서의 생산품 종류와 수량, 그리고 단위 생산물 당 투입 원료양에 대한 통제를 포함하고 있다. 사회생태주의는 소비주의와 비도덕성을

---

554 문순홍, "북친의 삶과 사회생태론". in Murray Bookchin, *The Philosophy of Social Ecology*, 문순홍 역, 「사회생태론의 철학」 (서울: 솔, 1997), p.275~277

만연시키는 자본주의적 산업주의를 해체할 것을 요구하는 셈이다.

사회 생태학을 신학적으로 접근하는 라틴아메리카 해방신학의 노력도 참고할 필요가 있다. 생태위기에 대해 북반구에서는 주로 사회복지의 맥락에서 거론되고 있지만 남반구에서는 빈곤의 문제와 연결되어 있다. 즉 남반구의 자연 생태계가 겪고 있는 처참한 상황은 사회 문제와 깊은 관계를 맺고 있다는 것이다. 빈곤의 문제가 바로 환경 문제이다. 말하자면 사회 생태적 파괴로 인해 고통당하는 자들이 바로 가난한 자들이다. 그래서 남미 해방신학에서는 약자들의 신음소리에 귀를 기울일 것을 호소한다. 하나는 전지구적으로 빈곤을 재생산하는 사회구조에 의해 억압받는 가난한 민중들의 신음소리이며, 다른 하나는 파괴적인 인간의 사회경제 체제에 의해 착취를 당하고 있는 지구이다.[555] 빈곤으로부터의 해방을 위해 투쟁하는 가난한 자들을 위해 당파적으로 친화성을 갖는 해방신학의 통찰이 전 지구적 생태계의 위기 시대에 생태적 정의에 왜 그토록 정열을 쏟는지 북반구의 생태윤리는 이해하기 어려울 것이다. 우리 같은 북반구의 그리스도인들은 맥락의 차이에도 사회정의와 생태정의를 위해 싸우는 남미의 형제들과 연대하면서 그들의 관점을 명확히 이해하고 이 과정에서 기독교 신앙의 역할에 대한 물음에 답해야 할 것이다.

사회생태학 역시 약점이 없는 것은 아니다. 생태 위기의 문제를 지나치게 계급구조와 지배억압의 문제로 환원시키고 있으며, 그 해결책 역시 이 구조의 타파에서 찾고 있다는 비판이다. 비판자들은 생태문제의 사회문제로의 환원이라 말한다. 그리고 사회지배구조를 해체한다는 사고 자체가 너무도 유토피아적이라는 비판도 있다. 사회적 지배는 인간사회에서 해체될

---

555 Leonardo Boff, *Ecology and Poverty* (New York: Orbis Books, 1995), p.67.

수도 없지만 그것이 해결된다고 해서 생태문제가 해결된다는 보장 역시 힘든 것이다. 그래서 비판자들은 사회적 지배가 있는 과거 전통사회에서는 왜 생태적 위기가 없는지를 반문하기도 한다. 여성을 극심하게 차별했던 조선시대에 생태적 위기란 상상할 수도 없는 것이 아니었던가.

4. 나오면서

현재 인간 자신의 실존까지 위협하는 인간의 기술행위는 인간으로 하여금 생명의 의미에 대한 철저한 윤리적 반성을 촉구한다. 우리가 오늘날 직면하고 있는 생명의 위기 현상은 인간의 생명 착취적 기술행위에 의해 야기되었다는 사실을 명심해야 한다. 그렇기 때문에 기술행위의 성격을 제대로 파악하는 것이 윤리적 정초를 위해 무엇보다 필요하다. 인간의 기술행위는 기술이 인간과 자연을 매개하는 수단이라는 것이며, 또한 인간은 기술을 통해 자신의 본성과 목적을 실현한다는 사실이다. 이러한 인식은 윤리와 관련하여 중요한 관점을 제시해준다. 첫째, 인간과 자연이 기술을 통해 매개된다면, 인간과 자연의 관계는 기술의 양식에 따라 달라진다. 따라서 윤리는 자연에 대한 인간의 기술행위를 규제하는 것이지 동물이나 식물의 권리 여부를 결정하는 것이 아니다. 둘째, 인간의 기술행위는 인간의 자유를 증진시킬 수도 있고 저해할 수도 있다. 셋째, 인간의 자유는 한편으로는 인간에 내재하는 본성의 실현이기도 하지만, 다른 한편으로는 자연에 내재하는 생명의 궁극적 목적이기도 하다.

인간의 기술행위를 윤리의 출발점으로 삼는다면, 몇 가지 관점을 배제할 수 있다. 첫째, 인간과 자연의 어떤 매개도 인정하지 않고 직접적 접촉을 주장하는 신비주의적 태도는 지양되어야 할 것이다. 자연과의 일치를 주장하는 신비주의적-종교적 직관으로부터는 어떠한 규범적 원리도 도출되기 어렵기 때문이다. 둘째, 인간과 다른 생명체의 종차를 부정하는 생명평등주의는 지양되어야 할 것이다. 일방적인 생명평등주의는 현실성도 없을 뿐만 아니라 생태파시즘의 그것과 다르지 않기 때문이다. 셋째, 자연의 생명체를 하나의 개별적 권리주체로 파악하는 근본 생태론적 개체주의는 지양되어야 할 것이다. 물론 근본적인 생태주의가 생명과 자연의 가치를 일깨움으로써 윤리적 고려대상의 영역을 확장하는 데 기여했다는 점은 높이 평가해야 할 것이지만, 곤경에 처한 야생동물에 대한 우리의 도덕적 고려가 바로 그들이 권리의 주체임을 말해 주지는 않기 때문이다.

기술행위를 출발점으로 하는 윤리는 인간의 합리성과 반성의식을 포기하지 않고서 인간과 자연의 생태학적 상호작용을 존중하는 관점에서 자연에 대한 인간의 기술행위를 통제해야 하는 규범적 토대를 마련해야 한다. 이런 점에서 사회생태론은 자연의 변증법적 전개 과정 속에서 유일하게 자의식을 가지고 있는 인간이 나머지 자연 전체의 진화과정 전반에 책임을 지고 있다는 사실을 분명히 하고 있다는 점에서 현실적합성을 갖는다. 신비주의와 반과학주의를 지양하여 변증법적 이성을 추구하는 것이기에 객관적 보편타당성 또한 획득한다. 공동체 건설과 시민포럼, 인간적 필요에 따른 소비 개념 재정립 등 사회 운동을 대안으로 내세우기에 변혁적 힘을 가지며 영적인 인간 자아의 변화에도 초점을 맞추므로 영속성을 갖기도 한다.

결론적으로 어떤 입장의 생태사상이든 강한 인간중심주의도 문제지만 인간혐오주의나 반-인간주의적 요소를 내포해서는 이념적으로 성공하기 어렵다고 본다. 생태위기는 인간이 초래한 것이며 그렇기 때문에 위기 극복의 책임을 져야할 존재, 또 그럴 능력이 있는 존재는 인간밖에 없기 때문이다. 생태위기는 전 지구적인 문제이기에 인류 모두의 협동과 협력을 전제하지 않고서는 해결할 수 없다. 그런데 진정한 협동과 협력은 진정한 인간애를 전제한다. 생물학적으로 자신과 가장 가까운 인간을 사랑하지 못하는 사람이 인간을 넘어서 동식물이나 자연에 대해 윤리적 책임의식을 느낄 수 있으리라고 기대할 수는 없기 때문이다. 생태위기의 주된 원인제공자도 인간이지만 그 해결책을 고민할 수 있는 존재도 인간밖에 없다. 인간과 자연의 조화 과제는 지금 그리고 여기서 나를 둘러싼 생태환경에 대해 반성하고 태도를 전환할 수 있는 구체적인 토론과 실천의 장이 확보될 수 있어야 한다.

생명공학기술과 윤리

1. 들어가면서

과학의 역사에서 20세기는 양자론과 상대성 이론의 등장과 함께 시작했다. 현대 물리학의 핵심 내용을 구성하는 양 이론은 시공간의 절대성에 기초한 고전 물리학의 타당성에 의문을 던짐으로써 물리학을 뒤흔들어 놓았다. 이와 더불어 17세기 근대 과학의 성립으로 선형적 인과관계와 연속적이고 규칙적인 시간의 흐름 같은 개념에 익숙해져 있던 유럽인의 관념에도 커다란 변화가 일기 시작했다. 그렇지만 20세기 초의 양자론과 상대성 이론이 유럽인의 정신세계에 상당한 충격을 던졌다 해도, 일반인들이 피부로 느낄 수 있는 것은 아니었다. 현대 물리학 연구가 2차 세계대전 때 원자폭탄을 낳았고, 히로시마와 나가사키를 불바다로 만드는 결과를 가져왔다 해도, 원자탄의 파괴적 능력을 직접 체험한 일본인을 제외한 다른 사람에게는 추상적이고 관념적인 영역의 것이었다. 그것은 일상과는 동떨어진 곳에서 전적으로 국가의 통제를 받는 것이기 때문이다.

20세기가 현대 물리학의 등장과 더불어 시작되었고 그 영향 아래 있었다면, 과학사에서 21세기는 인간 게놈 프로젝트의 완결과 이에 힘입은 새로운 생명공학기술(biotechnology)[556]의 급속한 부상과 함께 시작됐다고 말할 수 있다. 여기서 새로운 생명공학기술이란 유전공학, 생식공학, 생식유전학 등을 포괄하는 것이다. 그런 의미에서 오늘날 사용되는 생명공학기술이라

---

556 생명공학기술이란 국제사회에서 1992년에 합의된 생물다양성협약(CBD)에 따라 "특별한 목적으로 제품이나 공정을 변형시키기 위해 생물 시스템, 생물체, 또는 그것에 의한 유도체를 사용하는 어떠한 기술적 적용"으로 유엔식량농업기구에서 정의하고 있다. 즉 산업적으로 유용한 제품 혹은 공정을 제조 또는 개선하기 위하여 생체 또는 생물학적 시스템을 활용하는 공학기술이다. 여기에는 최근 유전자 변형 식품 개발에 활용되는 유전자 재조합 기술 등이 포함된다. FAO, *FAO Glossary of Biotechnology for Food and Agriculture*, 2002 참조.

는 용어는 전통적인 생명공학기술과는 구분되는 개념이다. 전통적인 그것은 자연생태계에서 작물을 재배하면 우연히 발생하는 유전자의 변화 및 유전자의 전이를 활용하여 종자개량을 시도했던 것을 말한다. 그러나 새로운 현대 생명공학기술은 우연에 의존하는 데 소요되었던 시간과 비용을 줄이기 위해, 유전자에 관한 정보를 두 가지로 활용한다. 첫째는 기존의 식물이나 동물의 품질개량 속도를 향상시키기 위해 유전정보를 활용하는 기술을 말하고, 둘째는 새로운 생명체를 창조하기 위해 식품이나 동물의 유전자 배열을 직접 조작하는 기술을 말한다.[557]

21세기는 적어도 그 전반기 동안은 새로운 생명공학기술의 영향이 사람들에게 깊이 각인되는 시대가 될 것이다. 생명공학기술이 가져올 충격의 정도는 20세기 초 상대성 이론과 양자론이 정신세계에 일으켰던 변화와는 비교도 안 될 정도로 엄청날 것이다. 생명공학기술은 우리가 피부로 느낄 수 있는 바로 옆에서 일어나는 것이고, 생명을 거리낌없이 조작함으로써 생명의 본질에 관한 관념의 세계를 뒤흔들고 일상의 세계까지도 우리가 상상할 수 없을 정도로 크게 뒤흔들어 놓을 것이기 때문이다.

생명공학기술은 마르크스의 말을 빌리면 "모든 단단하게 확립되어 있는 것을 해체하고(흩어버리고), 모든 성스러운 것을 비속하게 만든다." 부르주아지와 자본주의가 전통적인 수공업적 산업과 그에 기초한 제도와 관념들을 쓸어버렸듯이, 현대 생명공학기술은 지금까지는 종이라는 테두리 안에 단단히 자리잡고 있던 생물 종을 모호한 것으로 해체해 버리고, 생물과 인간에 대한 외경에 가까운 관념을 철저하게 속된 것으로 만들고, 더 나아가서 생명의 존엄, 인간의 존엄과 권리에 대한 우리의 판단 기준을 아주 모

557 Ibid.

호하게 만들고 말기 때문이다. 아마 인간이 수백 살까지 건강하게 살 수 있게 될 때까지 낡은 생명을 해체하고 새로운 생명을 합성하는 일이 끊임없이 벌어질 것이다.

20세기 생화학과 분자생물학의 발전에 힘입은 생명공학기술은 인간 복제와 게놈 프로젝트의 두 가지 시도를 통해 생명과 그 역사를 같이하는 유전과 진화의 법칙에 과감하게 도전하고 있다. 인간 복제는 유전자의 정확한 전달이 핵심인데 유전자 변형의 가능성을 없애서 역동적인 진화의 가능성을 차단해 버린다. 게놈 프로젝트가 가정하고 있는 인간이 바라는 형태로의 유전자 조작은 자연과 시간에 의해 검증되지 않은 유전자 조합이나 돌연변이를 널리 퍼뜨려서 자연과의 불화를 부를 가능성이 높다. 그러나 인간들은 이런 위험을 감수하고서라도 유전자를 완전히 통제-조종하려고 몸부림치고 있다.

그런데 오늘의 기독교 진영은 이러한 새로운 생명공학기술적 연구 결과와 그것들이 불러올 수 있는 가능성들에 대하여 아직 충분히 그 의미를 숙고해 보지도 않았고, 또한 적극적으로 대처할 의지도 그다지 눈에 띄지 않는다. 그러나 분명한 것은 인간의 정체성에 대한 믿음을 근본에서부터 뒤흔들 21세기 새로운 생명공학기술의 시대에 직면하여, 그것의 발전에 대한 정확한 이해와 윤리적 반성 그리고 비판적 토론의 필요성이 기독교에 오히려 더욱 절실하게 요청된다고 하겠다.

우리는 오늘의 생명공학기술이 불러온 유전자 혁명의 현실에 직면하면서도 질문하지 않으면 안 된다. 왜 우리는 유전자를 조작해야만 하는가? 생명을 조작하고 변형시키며 나아가 복제하는 행위가 정작 우리 인류사회에서 인간의 복지와 진보를 촉진하는 새로운 희망의 지평을 여는 것인가? 아니면 비극과 재난적 현실을 자초하는 행위가 될 것인가? 향후 생명공학기술은 인간의 삶의 질과 가치와 존엄성을 고양시킬 것인가? 아니면 인간을 실험용 쥐나 기계 부속품처럼 다루는 반인간적인 현실로 이끌어 갈 것인가? 여기서는 이러한 물음들에 대하여 기독교윤리적인 관점에서 답변을 모색해 보고자 한다. 이러한 응답을 위해 필자는 우선 오늘의 인간 게놈 프로젝트를 중심으로 발전하고 있는 생명공학기술의 현실과 방향을 가늠해 볼 것이다.

2. 생명과학의 현실

2.1 분자생물학(molecular biology)의 부상

유전물질에 대한 더 깊은 지식은 분자생물학의 주된 관심인 DNA에 대한 연구와 더불어 진행되었다. 1953년 왓슨과 크릭이 인간의 모든 세포 안에 코일처럼 감겨있는 2미터 가까운 길이의 DNA의 이중 나선의 형태를 가진 DNA를 발견한 이후 이 DNA에는 A-C-G-T(아데닌-시토닌-구아닌-티민)과 같은 염기가 순차적으로 적혀 있다는 사실이 밝혀졌다. 이러한 유전자 구조의 해명과 함께 분자생물학이 탄생했다. 분자생물학이란, 생명현상 전반에 걸쳐 또는 그 일부를 분자적 수준에서 이해하려는 학문이다.[558] 이것을 좀 더 협의적으로 정의하자면 유전 정보의 발현기구인 분자적 기초를

558 분자생물학은 생명현상을 단순히 분자 수준에서 연구하는 학문이라기 보다는 어느 일정한 크기 이상의 물질인 고분자의 구조와 기능을 통해서 해명하고자 하는 학문이라고 할 수 있다. 서정선, "분자생물학의 탄생과 생명현상," 김용준 외, 『현대과학의 제문제』(서울: 민음사, 1991), p.310~315.

밝히려는 연구 분야를 의미한다.

한동안 답보 상태에 있던[559] 분자생물학적 연구가 박차를 가하게 된 배경에는 1970년대 이후 유전학을 이용하여 인간의 질병을 규명하려는 인류유전학적 시도들이 각광을 받기 시작하면서 박테리아, 효모, 초파리, 선충, 쥐 등의 생명체들을 연구 대상으로 하던 분자유전학과 합류하여 일어났다. 그리하여 인간 이외의 생물체에 대한 연구 및 분석 방법이 적용되었고, 그 결과 DNA 구조 분석방법이 급속도로 발달되면서 인간 질병의 원인 규명뿐 아니라 인간의 생리학적 연구에도 과학자들이 관심을 갖기 시작했던 것이다. 무엇보다도 분자유전학의 특징은 분자구조 분석을 통하여 유전자의 기능을 파악할 수 있다는 점에 있었다.[560] 분자생물학의 승리는 모든 생물기능이 분자구조와 그 메커니즘을 통해 설명될 수 있다는 통념을 가져왔다. 그 결과 대다수의 생물학자들은 열렬한 환원주의자가 되었고, 분자적인 세부구조에 관심을 가지게 되었다.[561]

---

559 1953년 왓슨과 크릭 이후 60년대 초반에는 단백질의 3차원 구조가 밝혀지고 박테리아에서 단백질 생산이 유전자에 의해 어떻게 통제되는지가 규명되었으며, 60년대 중반에는 유전자코드의 해독문제가 실험적 방법에 의해 판명되었다. 이 과정에서 노벨상 수상자들이 적지 않게 배출되었고, 그 결과 60년대 말에는 분자생물학이 가장 각광받는 분야가 되었다. 그러나 70년대 들어와 환경파괴의 우려와 반전운동의 여파로 과학에 대한 비판여론과 정부 지원의 축소로 위축되기 시작했다. 그러나 분자생물학자들은 새로운 돌파구를 마련하기 시작했는데, 그것이 바로 서로 다른 생물의 유전자를 조작함으로써 어떤 유용한 새로운 형질의 유기체를 만들어낼 수 있는 "유전자 재조합"에 대한 연구이다. 결국 분자생물학자들이 연구실을 나와서 시장으로 진출하는 계기가 된다. 그로 인해 본격적인 생명공학기술 산업의 시대가 열리게 된 것이다. Jeremy Rifkin, *Entropy II*, 김용정 역, 『엔트로피 II:유전자공학시대의 새로운 세계관』(서울: 안산미디어, 1995), p.44.

560 Robert Cook-Deegan, *The Gene wars: science, politics and the human genome*. 황연숙 역, 『인간 게놈 프로젝트』(서울: 민음사, 1994), p.41.

561 Fritjof Capra, *The web of life*, 김용정/김동광 역, 『생명의 그물』(서울: 범양사, 1998), p.110.

분자생물학의 중심 도그마는 유전자가 모든 생명현상의 제1원인이라는 것이다. 유전자를 분석하면 모든 생명현상의 비밀이 밝혀진다는 것이다. 유전자는 4개의 A-C-G-T염기로 배치되어 있다. 이들 염기는 사람에게 34억 개 정도가 있는데 그 34억 개의 유전자 배열을 게놈이라 하고, 배열순서와 기능을 밝히는 연구를 게놈 프로젝트라 한다. 게놈이란 생물체가 생명 현상을 영위하는 데 필요한 한 세트의 유전자 집합을 말하며, 1게놈은 생물체를 형성하는 유전자의 최소 단위가 된다. 인간의 유전자는 염색체 존재하며, 염색체는 22쌍의 상염색체와 1쌍의 성염색체(남자의 경우 XY, 여자의 경우 XX)로 이루어지므로 모두 46개의 염색체로 구성된다. 여기서 22개의 상염색체와 1개의 성염색체를 합한 23개의 염색체가 한 세트를 이루어 게놈을 형성한다. 인간 게놈 프로젝트는 30억 개에 달하는 염기서열을 해독하려는 시도로 유전자의 구조, 염색체상의 위치(유전자 지도)와 게놈의 구조적 본질을 파악하는 직접적 실마리가 된다. 그리고 주지하는 바와 같이 2001년 2월 미국, 영국 등 6개국 국제컨소시엄인 인간 게놈 프로젝트(HGP)와 셀레라 지노믹스는 2000년 6월 초안이 발표된 인간게놈지도를 완성했다고 발표했다. 결국 게놈 연구는 유전자의 배열을 알아내는 것이고 그 유전 정보를 알아내면 병이 유발할 가능성도 알 수 있게 된다는 것이다.

최근 뉴욕타임즈에 실린 헐리웃 스타 안젤리나 졸리의 에세이가 큰 주목을 받았다. 그 에세이에서 그녀는 유전자 검사를 통해 이른바 'BRCA1' 유전자 변이가 발견돼 올해 초 양쪽 유방을 제거하는 수술을 받은 사실을 고백했다. 미국에서 매년 유방암으로 인한 사망자는 한해 평균 4만 명에 달한다. 미국 국립암센터(NCI)에 따르면, 전체 유방암 환자 가운데 BRCA1과 BRCA2 유전자 변이가 나타나는 비중은 10%가 채 안 되지만, 두 개의 BRCA

유전자 가운데 하나라도 변이되는 경우, 유방암 발병률은 약 60%에 달한다고 한다. 반면 BRCA 유전자 변이가 없는 여성이 유방암에 걸릴 확률은 12%다. BRCA 유전자 변이가 있는 여성은 유방암 발병 시기도 더 빠를 뿐 아니라 양쪽 유방이 모두 암에 걸릴 확률도 더 높다는 것이다. 일부 연구에서는 이 확률이 87%나 되는 것으로 나타났으며, 안젤리나 졸리가 유방절제술을 받게 된 것도 바로 이 때문이라는 것이다.[562]

그러나 유전자 검사를 통해 건강한 유방을 외과적으로 절제하는 것이 바람직한 것인가를 두고서 뜨거운 논쟁이 전개된 바 있다. 암 발병은 오직 유전적인 요인에만 있는 것이 아니라 환경적 요인도 크게 작용하고 있음에도, 유방암의 경우 유방암 예방약 '타목시펜' 복용이라든가, 적당한 식이요법과 적당한 운동의 과정 등이 일체 무시된 채 곧 바로 절제술에 의존하는 것은 유전자 검사에 대한 절대적 신뢰를 바탕으로 이루어진다고 볼 수 있다. 바로 이러한 유전자 중심적 사고는 근대과학의 기계론적 세계관과 환원주의를 계승한 것이라 볼 수 있다.[563]

---

562 Melinda Beck and Ron Winslow, "Actress's Move Shines Light on Preventive Mastectomy," *The Wall Street Journal*, 15 May, 2013.

563 분자생물학의 생명 이해에 반기를 든 것이 '형태발생장 이론'과 '유기체론'이다. 형태발생장 이론에서는 유전물질인 DNA와 살아있는 유기체를 구성하는 많은 종류의 단백질의 성질과 활동에 대해 생화학의 측면에서 많은 사실이 규명되었지만, 그러한 생화학적 구성성분 분석이 생물체가 자신의 고유한 형태를 어떻게 지니게 되었는지에 대해서는 설명할 수 없다고 본다. 즉 생명체의 형태발생과 유지는 유전자에 의해서만 결정되는 것이 아니라 형태발생장의 영향을 지속적으로 받는다는 것이다. 더나아가 유기체론에서는 생명을 이해하기 위해 물리-화학법칙 이외에 조직 또는 조직관계를 중요한 요소로 간주한다. 이러한 조직관계는 유기체의 물리적 구조 안에 내재하는 관계들의 패턴이기 때문에 유기체론자들은 생명 이해에 있어서 분리된 환원된 비물리적 실체는 중요하지 않다고 본다. 이것은 유기체를 하나의 시스템으로 보는 사고를 낳게 된다. 시스템적 사고에 의하면 생물 시스템의 특성들은 부분들 사이의 상호작용과 연관성에서 비롯된 것이기에 분리되어 고립된 요소로 환원되면 시스템적 특성은 사라진다고 보는 것이다.

이러한 인간 유전자에 대한 분석적 이해에 대하여 다소 불안한 평가가 그쪽 진영에서 조차 전혀 없는 것은 아니다. 그 프로젝트를 추진했던 길버트(Walter Gilbert)는 "전체 인간 게놈의 염기서열은 인류유전학의 성배나 다름없다. 그것으로 인체 구조에 관해 가능한 모든 정보가 밝혀지게 될 것이다. 하지만 그것은 인간의 모든 기능을 조사하기에는 불완전한 도구일 수밖에 없다"[564]고 고백하였다. 그러나 다이크(Arthur Dyck)는 유전공학의 개발이 과거 나치 치하의 유생학적 시도와 같은 어리석음을 다시 범하는 일이 가능하기 때문에, 유전학의 오용에 대한 방지책을 강구할 것을 강조하였다.[565] 하여간 인간 게놈 프로젝트는 인간에게 생명의 신비와 인간의 육체적 및 정신적 조건을 결정짓는 유전인자에 대한 지식의 문을 열어 줄 것은 분명한 것 같다. 리들리(Matt Ridley)는 Genome의 서문에서 유전자를 해독할 능력을 갖추게 된다면 우리는 우리 인간의 기원과 진화, 그리고 우리의 본성과 심성 등 과거의 과학이 오늘날까지 우리에게 밝혀준 것보다 더 많은 것을 알게 될 것이라고 하였다. 이러한 인간의 생명에 대한 지식은 오늘날 다양한 측면에서 새로운 가능성을 지시하고 있다.

2.2 유전자 조작(Genetic Engineering)

앞에서 언급한대로 '인간 유전자 지도'(sequence of the human genome)는 이미 발표되었다. 인간 DNA의 서열이 완성됐으므로, 사람의 유전자에 관

---

564 Robert Cook-Deegan, *The Gene wars*, p.108.

565 Arthur Dyck, "Eugenics in Historical and Ethical Perspective," in John Frederic Kilner(ed.), *Genetic Ethics: Do the Ends Justify the Genes?* (Wm. B. Eerdmans Publishing, 1997), 25ff

한 정확하고 상세한 정보는 조만간 얻어질 것이다. 그 다음 단계는 인간 프로티옴(proteome)[566]에 관한 지식을 얻는 일이다. 게놈과 프로티옴에 관한 지식이 축적되면 유전자 조작으로 이어진다.

유전자 조작의 첫 단계는 결함이 있는 유전자들을 건강한 유전자들로 바꾸려는 의학적 시도이다. 결함 있는 유전자 때문에 생기는 질병들은 치명적이거나 정상적인 삶을 어렵게 만들고 다른 방법으로는 근본적 치료가 어려우므로, 이런 시도는 충분히 정당화될 수 있을 것이다.

둘째 단계는 선호되는 유전자들을 고르는 작업이다. 이것은 결함은 없지만, 사회적 또는 문화적 이유로 덜 선호되는 유전자들을 선호되는 유전자들로 대치하는 것을 가리킨다. 이런 작업은 큰 문제를 안고 있다. 무엇보다 이것은 유전자들의 '무작위 뒤섞음'(random shuffling)을 방해한다. 유전자들의 무작위 뒤섞음은 자연 선택(natural selection)을 통한 진화의 바탕이고 기생충들과 질병들에 대한 근본적 대응 방지이다. 만일 어떤 이유로 특정 유전자들이 선호되어서 유전자들이 제대로 뒤섞이지 못한다면, 인류는 질병들과 갑작스런 환경 변화에 훨씬 취약하게 될 것이다.

셋째 단계는 유전자 개량이다. 보다 건강하고 오래 살고 싶은 사람들의 욕구는 현존하는 유전자들을 보다 나은 것들로 개량하는 작업을 불러올 것

566 프로티옴은 한 유기체의 단백질들의 총체를 뜻한다. 인간 프로티옴 프로젝트는 인간 게놈 프로젝트보다 훨씬 크고 난해한 작업이다. 한 유기체의 세포들은 거의 모두 핵 속에 같은 유전자들을 지녔지만, 세포들은 종류에 따라 다른 단백질을 지녔다. 그리고 사람 몸에 있는 세포들은 200가지가 넘는다. 따라서 인간 프로티옴 지도를 만들려면, 세포들을 모두 분석해야 한다. 그 다음엔 한 세포가 만드는 단백질들은 시간에 따라 세포가 외부에서 받는 정보에 따라, 그리고 세포의 건강 상태에 따라 달라진다. 사람의 몸엔 적어도 50만 개에서 많으면 100만 개의 단백질이 있으리라는 추측이다. 유전자들의 특질들도 결국엔 단백질의 생성과 작용을 통해서 구현된다. 따라서 유전자 지식은 그것만으로는 쓸모가 제한되어 있고, 단백질에 관한 지식으로 보완되어야 제대로 쓰일 수 있다.

이다. 가장 자연스러운 목표는 노화의 지연이나 방지일 것이다. 노화는 생명체들이 유전자들을 한 세대에서 다음 세대로 전하는 데 가장 적합하도록 다듬어졌기 때문에 나오는 현상이다. 유전자들의 차원에서 볼 때, 생식 활동이 끝나 다음 세대로 유전자들을 전해준 개체들은 쓸모가 없는 존재들이다. 따라서 생명체들의 몸은 생식 활동기에 가장 잘 활동할 수 있고 그 기간이 지나면 이내 노화되도록 다듬어졌다. 그러나 유전자 개량 기술의 발전은 유전자들의 세대 간 전달에 부정적 영향을 미치지 않으면서도 사람들이 생식 활동기가 지나도 젊은 모습을 유지하도록 한다.

넷째 단계는 현존 인류가 지니지 못한 특질들을 갖기 위해서 다른 종들의 유전자들을 받아들이는 일이 시도될 것이다. 인간은 다른 종들과 유전적으로 많이 공유하며[567], 지금도 종과 종 사이의 유전자들의 전이는 이루어지고 있다는 점에서 그것은 설득력을 갖는다.

마지막으로 지금 생물들이 지니지 못한 특질들을 갖기 위해 유전자들을 새로 만들어내는 작업이 시도될 것이다. 과연 이런 일이 실제로 가능할지는 현재의 생물학적 지식의 수준에서 판단하기 어렵지만, 충분히 예상해 볼 수 있는 유전자 조작 기술이다.

---

567 게놈 지도의 완성은 인간이 진화의 산물이며 인간의 진화 계통이 몇십억년 전에 지구에 출현한 첫 생명체까지 거슬러 올라간다는 사실을 뒷받침하는 것으로 받아들여지고 있다. 인간의 유전자수는 약 31,000개(셀레라社가 확인한 것은 26,588개)인데, 이 수는 이미 유전자들이 판독된 다른 종들보다 그리 많지 않다. 초파리는 13,601개, Caenorhabditis elegans라는 1mm 길이의 성충은 19,099개, Arabidopsis thaliana라는 풀은 약 25,500개를 가졌다. 이것은 인간이 다른 종들과 공유하는 유전자들이 예상보다 훨씬 많고, 인간과 다른 종들과의 유전적 차이가 지금까지 알려진 것보다 훨씬 작다는 주장을 가능케 하고 있다. 그러나 인간이 초파리보다 두 배 조금 넘는 유전자를 가졌음에도 인간이 벌레보다 말할 수 없이 복잡한 구조를 가지고 있는 이유는 여전히 미스터리로 남아 있다.

2.3 인간 복제(Human Cloning)

인간 복제는 유전자 선택의 극단적인 예이다. 인간 개체복제가 법적으로 금지되어 있는 현재로써 인간복제는 사실상 인간배아복제에 국한되어 있다.[568] 배아란 정자와 난자가 수정을 해서 만들어진 수정란으로서, 하나의 생명체로서 갖추어야 할 기관들이 아직 형성되기 전 단계까지의 상태를 가리킨다. 배아의 복제 방법은 간단하다. 하나의 배아를 계속 세포분열시키는 것이다. 이 세포분열된 무수한 배아 중의 하나를 여자의 자궁에 다시 안착시키면 그대로 사람이 되는 것이다. 간혹 이와 혼동하는 시험관 아기의 경우, 정자와 난자를 시험관에서 수정하여 자궁에 안착시키는 것으로써 부모의 유전자들이 결합되어 태어나는 바, 무성생식인 복제와는 전혀 다른 것이다. 돌리 복제는 생식세포인 정자가 아니라 체세포의 핵을 가지고 난자의 핵을 제거한 뒤 치환하여 수정한 경우로, 자신의 유전자와 동일한 동물이 그대로 복제된 것이다. 이를테면, 여자A의 난세포에서 세포핵을 제거하고, 남자B의 체세포로부터 추출된 세포핵을 A의 난세포에 주입시켜 A 혹은 제3자인 여자C에게 임신시켜 태어나면 그것이 바로 복제된 인간이다. 따라서 인간 개체복제를 금지하고자 한다면, 인간 배아복제를 차단하면 되는 것이다. 그러나 인간 배아복제 문제 또한 그리 간단하게 금지시킬 수는 없다는 주장들이 점점 강력하게 부상하고 있다. 왜 인간 배아복제 연구가 불가피하게 요구된다는 것인가?

인간 배아복제 혹은 배아연구에 대해서 허용해야 된다는 주장은 배아

---

568 그러나 2002년 12월에 라엘리언 무브먼트 산하 미국의 클로네이드 사는 인류 최초의 복제아기를 탄생시켰다고 주장했고, 2003년 3월 16일에 그 회사 부아셀리 사장은 기자회견을 통해 첫 복제인간 '이브'의 출생 이후 네 명의 인간복제에 성공했다고 발표했다.

간세포에 엄청난 유용성이 있다는 주장에서 나온다. 인간의 정자와 난자가 수정되면 수정란이 되는데, 이 수정난이 태아(fetus) 직전에 이르기까지의 상태를 배아라고 한다. 수정란이 4~5일 정도 지나면 1~2백 개의 세포로 이뤄진 배판포 상태가 된다. 이 세포의 바깥쪽은 자라서 태반이 되며, 안쪽 윗부분의 세포덩어리(내부세포괴)를 떼어내 특수 배양하면, "특정한 장기로 분화될 수 있는 능력을 갖춘 동시에 완전한 개체로 자랄 수 있는 세포" 즉, 배아간세포 혹은 배아줄기세포(embryo stem cell)가 된다. 물론 이때 간세포 하나를 자궁에 이식하면 개체로 자랄 수 있으며, 인간복제가 될 수 있다고 본다. 이 배아간세포의 내배엽은 간-폐-위 등으로, 외배엽은 중추신경계-눈-머리카락 등으로, 그리고 중배엽은 근육-뼈-심장(혈액) 등으로 성장하는 바, 배아간세포는 총 210여 개의 장기로 발달하게 된다. 그리고 수정란이 14일이 지나면 배아의 각 세포가 몸의 어떤 부위로 자랄지 명확하게 결정되며, 특히 일부가 척추로 자라날 원시선(primitive streak)이 뚜렷하게 드러나는 시기이다. 통상적으로 이 14일이 지나면 생명체로 간주되고 있다. 다시 말해서 배아간세포란 수정 후 4~5일에서 14일 이전의 배판포에서 추출-배양되어 분화되지 않은 상태의 세포를 말한다.

그렇다면, 이 배아간세포에 대한 연구는 왜 필요한가? 크게 두 가지로 설명된다. 배아간세포의 분화를 조작하는 이유의 하나는 배아세포의 분화과정을 이해하는데 필수적이라는 것이다. 인간의 유전자를 모두 파악한다해도 인간의 분화과정을 설명할 수 없다. 인간의 모든 세포에는 동일한 유전자가 들어 있지만 동일한 유전자가 특정 세포로 발현되는지의 이유를 알 수 없다. 이것은 배아간세포의 연구를 통해서 가능하다. 그 두 번째의 이유는 배아의 분화를 조작함으로써 의학적으로 이용 가능한 특정세포 또는 조직을 얻어낼 수 있다는 것이다. 몸에 병이 들었다는 것은 어떤 장기의 세포가 손상되었음을 의미한다. 손상된 세포를 대체할 건강한 세포는 웬만해서 자연적으로 성장하지 않으며, 또 세포의 손상을 가져오는 질병의 원인들 가운데는 아직 규명되지 않은 것도 상당하다. 따라서 아예 건강한 세포를 이식하는 것이 하나의 대안이 될 수 있다. 그런데 면역적으로 거부반응을 일으키지 않는 건강한 세포는 자신의 세포이다. 이러한 세포는 배아간세포에서 얻을 수 있게 된다. 또 인간배아의 복제과정은 인간의 난치병을 치료할 수 있는 물질을 생산해낼 수 있게 해준다. 무수한 생물의 유전자 중에서 인간이 원하는 산물을 만들어 내는 유전자를 분리해낸다. 그리고 그것을 미생물과 같이 성장속도가 매우 빠른 생물체에 주입한다. 그렇게 되면 그 미생물은 빠른 속도로 인간이 필요로 하는 그 유전자 산물을 대량으로 복제-생산해 내는 것이다. 이런 방식으로 우리는 당뇨병을 치료하는 인슐린이라는 물질을 대량으로 생산할 수 있다. 인슐린은 사람의 췌장에서 생기는 물질로 그 양이 적을 뿐만 아니라 생산속도가 느리다. 그래서 췌장에서 인슐린을 만드는 유전자를 분리하거나 인공적으로 합성하여 대장균에 유전자를 넣는다. 그러면 그 대장균은 인슐린을 대량으로 급속하게 만들어 낸다. 또 난쟁이 치료에 쓰이는 성장 호르몬, 신경계통의 치료제, 암 치료를 위한 인터페론 등이 유전공학 시술에 의해서 생산되고 있다. 뿐만 아니라 인간에게 필요한 장기를 다른 동물을 이용하여 만들어 낼 수 있다. 또한 배아간세포를 잘 연구하면, 장기배양과 이식과 질병치료뿐만 아니라 영원히 늙지 않는 장기와 조직을 개발할 수 있을 것으로 예견된다.

3. 생명공학기술의 윤리적 제 문제

3.1 근대적 이성[569]

원래 이성은 자연의 빛(lumen natrale)으로서 세계의 근거와 생명의 원리, 인간 존재의 의미를 깨닫고 사색하는 인간의 능력을 말했다. 그러한 이성에 대한 이해가 근대에 이르러 인간이 사물을 인식하고 지배하는 능력으로 변모했다. 베이컨의 말대로 '아는 것이 힘'이 된 것이다.[570] 그러나 이때의 아는 힘, 즉 지식은 사물을 지배하고 자연을 관리하는 능력을 의미한다. 그에 따라 인간의 이성은 자연과 세계를 규정하고 지배하는 도구이며 능력으로 작용하는 것이다. 다시 말해 근대정신은 인간의 이성을 다만 사물을 인식하고 그를 지배하는 도구적 기능에 국한시켜 이해한 것이다. 환언하면, 이성은 인간이 세계를 지배하는 도구로 사용되는 것이다. 이에 따라 인간의 이성은 '도구적 합리성'이라는 형태로 규정된다.

이러한 이성중심주의 사상은 다른 한편 자아와 인간을 주체로 설정하는 체계이기도 하다. 주-객 도식의 이분법 체계는 인간을 사물을 이해하고 지배하는 주체로 설정하고, 자연과 다른 생명체는 객체로 설정하는 도식이다. 문제는 이러한 도식이 인간과 자아만을 주체로 설정하고, 그 이외의 모든 것을 타자로 설정하는데서 발생한다. 결국 인간과 대치되는 자연, 자아와 대치되는 타자, 우리와 대치되는 그들, 이성에 대치되는 감성, 남성에 대

569 근대적 이성주의의 문제에 관해서는, 천주교 서울대교구 생명위원회, 『생명과학과 생명윤리』(서울: 기쁜소식, 2008), p.22~32의 내용을 참조하였다.

570 Francis Bacon, *Novum organum*, 진석용 역, 『신기관-자연의 해석과 인간의 자연 지배에 관한 잠언』(서울: 한길사, 2001), 제1장 참조.

치되는 여성, 백인에 대치되는 유색인들이 타자화되고 소외되고 억압되는 체계가 성립된 것이다. 이런 체계에서 이성 이외의 인간적인 몸 역시 소외될 수밖에 없는 것이다. 이것은 과거 인간이 신의 창조의지와 목적을 달성하도록 부름받은 존재라는 위치에서, 자연을 자신의 욕망에 의해 지배하고 조작할 수 있는 권리를 스스로 부여한 획기적인 전기를 마련한 셈이었다.

이러한 서구의 근대적 이성 이해가 생명연구의 토대에도 작용하고 있다는 것에, 생명공학기술의 문제가 놓여있다. 그것은 실체론적이며 객관성의 기준에 의해 설정되었기에, 그 잣대에 의해 감지할 수 없는 다른 영역, 예를 들어 초월성의 세계(영성-생명성-인격성 등)는 모두 배제하게 되는 것이다. 생명을 실체론적으로 본다는 것은 생명이 지닌 역동성이나 역사성, 또는 생명의 초월적 의미나 영성적 의미에 대해 이해하지 못한다는 뜻이다. 생명이 단지 물체적인 자연 사물처럼 다뤄지거나, 객관적인 대상으로 다루어질 때 생명의 신비나 생명이 존중될 영역은 은폐되어지는 것이다. 근대 이성주의의 주-객 도식의 철학체계, 배제의 문화를 벗어나지 못할 경우 생명의 본래적 의미를 이해하기 어렵게 될 것이다. 그래서 생명공학의 윤리는 근대철학의 틀을 변화시키는 맥락에서 논의되어야 할 것이다.

3.2 기계론-유물론적 형이상학

현대 생명과학은 근본적으로 기계론적, 유물론적 세계관[571]에 기초해

571 기계적 유물론은 이미 고대 희랍의 데모크리토스의 원자론적 형이상학이나 홉스(Hobbes) 등의 유물론적 세계관에서 볼 수 있으며, 코페르니쿠스, 케플러, 갈릴레오 등의 천문학에 암시되어 있고, 뉴턴에서 더 확실해졌고 최근의 과학기술로서 더욱 실증되고 있다. 적어도 자연 안에서 생성되는 물질적 현상은 한결같이 물질이라는 동일한 실체의 다양한 양상을 나타내며, 그러한 현상은 어떠한 경우에도 깨뜨릴 수 없는 절대

있다. 거기에는 기계론적으로 본 우주현상과 그것에 포함된 생명현상은 어떤 주체적 인격자의 의지나 목적 등의 개념에 의존하지 않고 설명될 수 있다는 형이상학적인 믿음이 자리하고 있다. 환언하면 우주의 모든 존재는 물론, 그 안에서 일어나는 생명현상조차도 궁극적으로 아무 의미도 없이 그냥 존재하고 생성된다는 것이다. 결국 모든 것은 맹목적인 현상이고 작동일 뿐이며 자율적 인격체가 존재하지 않는다는 것이다.[572] 게놈 프로젝트를 통해 확산되고 있는 유전자 결정론이라는 것이 바로 그러한 세계관을 반영하고 있다. 유전자 결정론이란 유전자가 인간을 비롯한 모든 생물을 결정하며, 유전자를 해석하기만 하면 인간의 모든 것을 알아낼 수 있다는 생각이다. 이러한 생각은 유전자 재조합이라는 유전자 조작을 통해 질병치료뿐 아니라 사람의 육체적, 정신적 특성까지 좌지우지할 수 있다는 생각으로 발전할 수 있다. 이러한 사고는 인간을 비롯한 모든 생물을 기계로 간주하고, 그 설계도나 프로그램에 해당하는 유전자를 분석하기만 한다면, 사람의 정신적

적 인과법칙에 의해서 기계적으로 일어난다는 신념이 기계론적 자연관의 핵심을 이룬다. 그런데 이러한 사고는 데카르트에 의해 선명해지기 시작했다. 그에 의하면 우주에는 두 가지 서로 결합될 수 없는 근본적으로 이질적인 존재가 있다. 그는 그것을 연장적 실체(res extens)와 사유적 실체(res cogitans)로 부른다. 이렇게 데카르트는 이원론적 존재론을 확립한다. 그에 의하면 인간을 제외한 모든 존재는 궁극적으로 물질로 환원될 수 있으며, 모든 물질현상은 기계적 인과법칙에 의해 설명될 수 있다. 그러나 이러한 데카르트적 사고는 오늘날 급진적인 기계론적 성격을 띠게 된다. 즉 사유하는 실체로서의 인간의 존재론적 특수성 마저 부정되고, 인간을 포함한 우주 안의 모든 존재가 물질적 실체에 불과하며 모든 물질현상은 한결같이 같은 기계적 인과법칙에 따라 움직인다는 사고이다. Johannes Hirschberger, *Geschichte der Philosophie*, 강성위 역, 『서양 철학사(하)』(서울: 이문출판사, 1997), p.173~174 참조.

572 이러한 세계관을 가장 쉽고 선명하게 보여준 학자가 자크 모노(Jacques Monod)이다. 그에 의하면 생명의 발생은 물론 가장 놀라운 지적 능력을 발휘하는 인간이라는 종의 탄생도 역시 우연의 결과이고, 철칙같이 믿는 자연법칙의 필연성 또는 우연의 결과다. 우주 그 자체는 물론 그 안의 모든 현상도 어떤 형이상학적 주체의 욕망과 목적과 의지에 의해 계획된 것이 아니라 우연적 발생에 지나지 않는다는 것이다.

특성 나아가 '인간다움'의 본성까지도 낱낱이 밝혀질 수 있다는 기계론적 사고방식의 연장이라 할 수 있다. 분자생물학적 교의의 절대화로 인해, 분자화가 생명인식과 연구를 위한 하나의 방식이 아니라 마치 유일한 방식인 양 오해되었고, 그렇지 않았더라면 풍부하고 다양한 방향으로 전개될 수 있었을 생명연구를 편향되게 환원시킴으로써 다른 접근방식들을 가로막아온 것이 사실이다. 게놈 프로젝트는 출발에서부터 이러한 유전자 결정론적인 사고방식을 그 바탕에 깔고 있는 셈이다.

그러나 인간은 유전자로 환원될 수가 없다. 분석적으로 유전자 각각의 역할이나 구조를 규명함으로써 알 수 있는 것은 유전자가 지니는 속성의 일부에 지나지 않는다. 인간을 이루는 여러 가지 특성의 발현, 나아가 생명활동은 여러 유전자들이 서로 연합하고 상호작용하는 과정에서 이루어지며 동시에 주변 환경의 요인에 의하여 끊임없이 변화하는 것이다. 따라서 생물의 특성이나 생명현상 자체를 다룰 때는 하나의 유전자가 지니는 유전정보를 하나씩 따로 떼어서 생각하기보다 전체를 조망하여야 할 필요가 있다. 따라서 인체의 특정한 성질은 단일 유전자에 의해 결정되는 것이 아니라, 여러 유전자와 발생과정, 그리고 주변 환경의 복잡한 상호작용을 통해 나타나는 것으로 이해되어야 한다. 하물며 한 개인의 성격, 지적 능력과 같은 복잡한 정신적 특성이 유전자에 대한 해석으로 규명될 수 있다는 생각은 너무도 단순한 사고가 아닐 수 없다. 인간이 유전자라는 사고는 인간이 기계라는 사고와 다름이 없으며, 이는 서구의 오랜 전통인 기계론적 자연관의 발전 결과다.

기계론적 자연관의 문제는 바로, 존재하는 모든 현상이 양적으로만 측정할 수 있는 물질적 실체로 환원될 수 없다는 데 있다. 오히려 데카르트도 인식했듯이 물질적 실체를 인정하더라도 그러한 성질의 존재로는 절대 환원될 수 없는 비물질적인, 즉 정신적 혹은 관념적 존재가 따로 있을 수 있다는 것이다. 따라서 기계론적 자연관과 같은 유물론적 형이상학은 인간의 의식현상을 비롯해 도덕적 경험 그리고 그 밖의 복잡한 인간 현상을 설명해주지 못한다.

기계론적 자연관의 입장에서 볼 때 인간은 전체라는 방대한 기계의 미세한 부속품에 지나지 않는 고로, 인간은 지구의 주인도 아니며 우주의 제 물질과 근본적으로는 다를 바가 없다. 이러한 인간 이해는 인간을 물질로 환원하고 인간의 삶을 기계적 작동으로 봄으로써 인간에게서 주체성-자율성-의지-목적-가치를 박탈하게 된다. 이렇게 이해된 인간에게 '어떻게 살아야하는가?'하는 윤리적인 물음이 도대체 무슨 의미를 갖는가라는 의문이 제기될 수밖에 없다. 인간이 자신의 행동을 결정하고 그 행동의 옳고 그름을 고려하여 행동과 태도를 선택해야할 필요성은 모든 인간에게 가장 절실한 문제로 제기된다. 이러한 중대한 물음을 간과하거나 의도적으로 묵살하는 사유방식이라고 한다면, 그것은 하나의 과학적 방법론이자 우주와 인간을 해명하는 형이상학이기 이전에 인간됨의 의미를 폐기시키는 비윤리적인 사유라고 말할 수 있겠다.

3.3 생명 연장

유전공학의 기술로써 인간 수명을 수백 년 이상으로 늘릴 수 있다는 희망이 서서히 그 실현 가능성과 함께 우리 앞에 다가온다. 영국 수상 토니 블레어의 유전공학 자문을 맡았던 존 해리스는 인간이 1,220살까지 살 수 있다고 말한다. 텔로머라제(telomerase)를 이용해서 염색체 끝부분을 늘이는데 성공한 미국의 라이트(Wright)는 앞으로 20년 후면 수명을 인간 마음대로 조절할 수 있게 될 것이라고 주장한다.[573] 이것은 텔로미어(telomere 말단소립)를 조작할 수 있게 되었다는 것인데, 텔로미어는 염색체 끝에 붙어 있으면서 세포분열 때마다 점점 짧아져서 어느 한계에 달하면 더 이상 세포분열이 일어나지 않게 하는 작용을 한다. 모든 체세포는 텔로미어의 지배를 받고 있고, 텔로미어가 짧아져서 분열을 더 이상 하지 못하면 죽고 만다. 그리고 세포들의 죽음은 결국 인간 개체의 최후를 가져온다. 그러나 텔로미어의

---

573 2001년 6월 15일자 *Science*誌에 발표된 논문에서 텍사스 대학의 세포 생물학 교수인 Jerry Shay와 Woodring Wright는 인간 세포들이 텔로미어 위치효과(TPE)를 나타낼 수 있다고 보고했다. TPE는 텔로미어 부근의 유전자들이 신호를 보내지 않을 수 있고, 유전자 침묵의 길이가 가까이에 있는 텔로미어 길이와 비례하는 메커니즘을 가리킨다. 그들은 다른 동료들과 함께 세포가 분리되는 순간 텔로미어가 짧아지기 때문에 인간세포가 노화된다고 예전부터 밝혀왔다. 한정된 수의 세포분열 후 텔로미어가 짧아질 때, 세포는 분열을 멈춘다. 대부분의 정상세포는 텔로미어를 유지시키는 효소 텔로머라제가 부족하다. 텔로머라제는 암세포의 경우 세포가 높은 비율로 분열을 계속하도록 만드는데 모든 암에서 90% 정도로 활동하고 있다. 다운 증후군을 포함한 많은 질병들은 조숙한 노화로 특징지을 수 있다. 따라서 TPE에 대한 더 나은 이해는 세포노화가 전반적인 노화과정에 어떻게 기여하는가를 발견할 수 있게 한다. Shay에 따르면, 이번 연구는 텔로미어와 노화 사이의 연계를 설명하기 위한 것으로 정상세포는 제한된 기간 동안에만 성장한 후 노화과정을 거치게 된다. 이러한 측면에서 세포가 분열하는 수를 계산할 수 있는지를 나타내는 분자 기억장치가 바로 텔로미어다. 연구자들은 인간의 세포에 루시페라제(발광효소) 유전자를 포함하는 DNA의 조각을 집어넣었다. 그리고 만약 그것이 텔로미어에 위치하게 된다면, 염색체의 중간에 위치할 때 보다 루시페라제의 활동이 10배나 감소한다. 그들은 또한 더 길게 성장한 텔로미어를 사용하는 경우 루시페라제의 활동이 더욱 감소하는 것을 발견했다. 텔로미어가 매우 짧아졌을 때, 세포가 분열하는 것을 멈췄으나. 텔로미어가 매우 짧아지기 전까지는 세포가 텔로미어의 길이를 인식할 수 있는 메커니즘은 존재하지 않았다. 따라서 TPE가 이런 기능을 수행하며, 이는 노화 전에 행동을 변화시킬 수 있도록 세포가 얼마나 노화됐는지를 알게 한다고 Wright는 밝혔다. TPE는 젊은 세포와 노화된 세포의 차이를 설명하는 데도 도움을 줄 수 있다. 예를 들면, 만약 텔로미어 옆에 노화유전자가 있다면, 텔로미어는 세포가 젊었을 때에는 침묵하게 된다. 그리고 세포가 늙고 분열을 계속하게 되면, 텔로미어는 짧아지고, 유전자의 침묵은 사라지고, 노화유전자는 활동하게 된다. Shay와 Wright는 초기 연구에서 텔로머라제가 실험실에서 배양된 인간세포의 젊음을 유지시키고, 세포가 정상적으로 분열을 멈출 시기 전까지 분열을 계속하게 한다는 것을 밝혀냈다.(http://www.sciencedaily.com/releases/2001/06/010615071927.htm)

지배를 받지 않는 예외적인 세포들이 있다. 생식 세포와 암세포가 그것이다. 이들의 경우에는 텔로머라제는 효소가 세포분열이 일어나면서 짧아진 텔로미어를 계속 복구시켜준다. 이에 따라 이들 세포는 죽지 않고 끝없이 분열하게 된다. 그렇다면 염색체 끝의 텔로미어를 계속 복구해주면 수명을 끝없이 연장시킬 수 있다는 것이 논리적으로 가능하다.

인간의 수명연장이 야기하는 사회-문화적인 영향은 무엇인가. 연금이나 사회 보장 비용을 둘러싼 세대 간의 갈등 같은 사소한 것처럼 보이는 일들도 많이 나타나겠지만, 더 심각한 문제는 아이들이 점점 줄어들 것이라는 점과 출산과 사망이 전체주의적으로 통제될지도 모른다는 점이다. 후손을 남기는 중요한 이유는 손자들이 커갈 때쯤이면 모두 죽을 수밖에 없는 운명이기 때문인데, 만일 손자의 손자가 태어났을 때에도 죽지 않고 살 수 있다면 후손을 남기는 것은 큰 의미를 갖지 못한다.

유전자 조작을 통해 생명이 엄청나게 연장되고, 심지어 죽음을 극복할 수 있게 된다면, 오히려 생명의 탄생에 대해 무관심해지거나 또는 생명의 탄생이 지닌 신비감이 상실될 것이다. 탄생이란 죽음의 다른 면이다. 영원히 산다면 탄생도 아무런 의미를 지닐 수 없다. 죽음이 있어야만 탄생이 신비하고 경탄할 만한 일이 되는 것이다. 그러나 죽음이 존재하지 않는 세계는 노년이 지배하는 세계이다. 거기에는 노인들의 오랜 경험만 있을 뿐, 젊음이 발산하는 창조성-참신성을 찾기 어려워질 것이다.

또 한 가지 결과는 죽는 사람이 없어짐으로써 초래되는 인구 폭발을 막기 위해 출산을 조절하고 죽음까지도 인위적으로 도입해야 하는 사태가 올 수 있을지도 모른다. 이런 일은 오직 전 지구를 통제할 수 있는 전체주의 정부에서나 할 수 있을 것인 바, 생식에 대한 강력한 정치적 통제 같은 현상을 예측해 볼 수 있다.

생명공학기술이 발전해서 설령 죽음을 가져오는 유전자를 세포에 지니지 않고 태어나는 사람들이 등장하는 세상이 온다고 하더라도 그것이 과연 인간에게 행복한 삶을 보장할지는 미지수다. 스위프트(Jonathan Swift)의 소설『걸리버 여행기』에 등장하는 죽을 수 없도록 저주받은 사람들의 이야기처럼 그들은 아무런 자극도 받지 못하고 내일에 대한 두근거림도 없이 무미건조하게 살아가는 영원히 저주받은 인간이기 때문에, 장래에 생명공학기술이 탄생시킬 불멸의 인간 역시 유토피아적 삶을 살 가능성은 희박하다.

3.4 과학자들의 책임

한스 요나스는 생명공학기술을 인류의 미래를 걸고 벌이는 거대한 도박(실험)이라고 말한다. 이 실험에서는 단 한 번의 실패라도 용납될 수 없다.[574] 사소한 실험에서는 수많은 실패가 허용될 수 있다. 그 실패가 인류의 운명에 별다른 영향을 미치지 못하기 때문이다. 그러나 인류의 운명이 걸린 실험에서는 단 한차례의 실수라도 인류를 파멸로 몰아갈 수 있기 때문에 실패가 용납될 수 없는 것이다. 그러므로 이 경우 성공가능성이 99.9퍼센트이고 실패할 가능성이 0.1퍼센트라고 해도 실험은 저지되어야 한다. 실패로 인해 대재앙이 도래할 가능성이 엄연히 존재하기 때문이다. 그렇지만 모험을 마다하지 않는 과학자들은 이러한 우려를 감정적이고 비합리적인 것으로 돌리고 만다.

---

574 이필렬, “과학의 민주적 통제를 위하여”, 『녹색평론』통권 제37호, 1997년 11~12월, p.28.

핵발전소에서 사고가 날 가능성이 극히 적다고 해서 핵발전소가 안전하다고 할 수 있는 것은 아니다. 대형사고가 일어날 확률이 일 년에 10만분의 1이고 이때 사망자 수가 100만 명이라고 할 경우, 연평균 사망자 수는 10명에 지나지 않고, 따라서 우리나라의 자동차사고 사망자 수의 1000분의 1에도 못 미치니 핵발전소가 자동차보다 훨씬 안전하다고 주장하는 것도 숫자를 통한 기만에 지나지 않는다. 해마다 10명이 죽는 것은 우리 일상에 약간의 변화를 가져올지는 모르겠지만 인류 전체의 운명을 바꾸지는 못한다. 그러나 한꺼번에 100만명이 사망할 경우를 상상한다면 문제가 달라진다. 생명공학기술자들은 생명공학기술이 인류의 운명을 바꿀 만큼의 파괴력을 가졌는데도 0.1퍼센트의 실수는 대단치 않은 것이라고 무시하면서 실험의 당위성을 옹호한다. 그러면서 과학자들의 책임의식에 대해서는 무시하거나, 과학의 순수성이나 중립성을 내세우거나, 과학 발전의 엄청난 함의에 무지한 일반인에 대해 불만을 토로한다.

그러나 호프만(Roald Hoffmann)같은 다소 비판적인 과학자들은 과학자들이 더 철저하게 책임적일 것을 요구한다. "과학자들은 자신들의 창조물이 어떻게 이용되고 오용되는가에 대해서도 절대적인 책임을 져야"[575]하며, "새로운 물질이 가지고 있는 위험성과 오용의 가능성을 사회에 알리기 위해서 모든 노력을 기울여야만 한다"고 역설한다. 예컨대 화학이나 산업계에서 아무 생각 없이, 혹은 무해하다며 사용한 화학물질들 중 상당수가 호르몬 유사물질이고 이것들이 동물들의 내분비계를 혼란에 빠뜨린 현실을 짚어볼 수 있다. DDT, 다이옥신, 에스트로겐 유사물질 등 여러 가지 화학물질들

---

575 Roald Hoffmann, *The Same and not the same*, 이덕환 역, 『같기도 하고 아니 같기도 하고』(서울 : 까치, 1996).

이 동물들의 호르몬 분비체계를 어떻게 교란했으며, 때문에 인간을 포함한 동물들이 어떻게 되었는지에 대해 우리는 경악하고 있지만, 정작 그것에 책임져야할 과학자들은 침묵하고 있는 것이다.

3.5 유전정보의 공개

인간 게놈 프로젝트가 완성되면 다음 단계는 인간의 유전인자의 내용을 분석하여 한 인간의 형질을 분석해 낼 수 있게 될 것이다. 그 결과 유전자 테스트와 결과에 의하여 어떤 사람이 질병에 걸릴 가능성이 분명히 예측된다면, 그 정보의 보호와 공급은 당사자의 생존 환경 구성에 막대한 영향을 미치게 된다. 그런데 그 유전정보를 알고 싶어 하는 제3자가 존재함으로 말미암아 윤리적 딜레마가 발생한다.[576] 사생활 권리를 옹호하는 자들은 유전자 진단서와 같은 유전정보의 공개에 반대할 것이다. 왜냐하면 유전자정보 공개는 곧 유전자 차별을 낳기 때문이다. 예를 들어 유전적으로 결함을 가지고 있다는 이유로 보험계약의 체결을 거부당하거나 위험에 대한 추가 부담금을 요구받을 수 있다. 보험제도에서 유전자정보의 도입은 법적으로 허용될 수 없는 차별을 초래할 수 있다.[577] 또한 유전자정보는 고용기회에도 중대한 영향을 줄 수 있다. 근로관계에서 중요한 것은 이미 걸려 있는 질병이 아니라, 질병에 걸릴 확실하지 않은 소질과 위험에 있다. 사용자는 원칙적으로 노동법상 근로계약을 체결하기 전에 건강진단을 받게 할 수 있다.

---

576 주호노, "인간 게놈 프로젝트가 던지는 법적 쟁점,"『과학동아』2000년 7월호, p.90~91.

577 인간 게놈 프로젝트의 사회적 파장과 관련해 현재 미국에서 가장 중요한 이슈는 의료보험 문제이다. 보험회사들은 프로젝트의 성과물을 활용해 고객의 유전정보를 얻는데 혈안이 될 것이다.

그러나 고용을 위한 건강진단은 현재의 건강상태를 파악하는데 그 목적이 있다. 따라서 미래에 질병에 걸릴 수 있는 소질이나 위험에 가능성을 둔 유전자정보에 의한 고용거부는 법적·윤리적 문제를 야기한다. 뿐만 아니라 유전자정보는 결혼-입양-군입대-입학 등에서도 차별적 요소를 제공하는 데 이용될 가능성을 배제하지 않을 수 없다. 예컨대 공부를 못하는 유전자를 가진 사람은 결혼 상대자에서 불이익을 당할 가능성이 있다. 따라서 유네스코 총회는 1997년 게놈을 비윤리적으로 이용하는 것을 막기 위한 '인간 게놈과 인권에 대한 보편선언'(Universal Declaration on the Human Genome and Human Rights)578에서 유전자 차별이나 그것에 기초한 인간복제가 인간의 존엄성을 훼손하는 비윤리적 행위임을 명백히 하고 있다.

3.6 우생학적인 선택

유전자 테스트를 통하여 자신의 유전적 정보가 누출되면 객관적인 기준에 의하여 인간의 등급이 나눠질 가능성이 있다. 물론 인간의 본성이 자연적이며 생물학적인 조건에 제약되는 것이라고만 볼 수는 없으나 생물학적 조건들에 의하여 사람의 등급을 나누어 그에 적절한 삶의 내용이 결정되

---

578 "보편 선언"은 세 가지 원칙(인간 게놈을 인류의 소중한 유산이라는 개념으로 간주, 유전적 특징에 관계없이 각 개인의 존엄성과 인간성을 존중받아야 할 것, 게놈은 개인의 환경에 따라 다르게 발현될 수 있는 까닭에 유전자 결정론을 거부함)과 세 가지 방향(개인의 권리 보호를 위해 모든 연구와 치료전에 사전 동의를 구하고 유전적 특징 때문에 차별받는 것을 금지하며 개인 유전자 정보의 비밀을 보장할 것, 지식의 진보와 증진을 위해 인간복제처럼 인간의 존엄성을 해치는 연구를 제외하면 국가는 과학적 자유를 보장할 것, 유전적 질병 혹은 장애에 취약한 개인 가족 집단을 보호하기 위한 사회적 연대와 게놈 및 유전학 관련 지식 이전의 선진국과 개도국 간의 국제적 협력을 촉진할 것)을 견지한다. http://www.unesco.or.kr/cc/genome-general.html/

는 사회의 도래를 예상하지 않을 수 없다. 만일 유전자 결정론이 팽배해진다면 우생학적 인간 복제는 피할 수 없는 과제가 될 것이다. 이는 적게는 더 능력 있고 우수한 인간 개체를 발생시키려는 노력에서부터, 생물학과 정치학이 결합되어 전체 사회 공학적인 조절과 조작이 이루어지는 사회를 불러올 수도 있다. 이러한 우려는 이미 나치즘의 우성학적 인종차별주의가 지향했던 완벽한 인종의 형성과제와 성격을 같이하는 것이 될 것이다. 과거에는 사회공학적인 차원에서 이러한 일이 일어났지만 인간 유전자 정보가 밝혀지게 된다면, 개체 인간의 출생에 이러한 원리가 적용될 우려가 크다는 것이다. 이것은 과거의 신학적 예정론에 비하여 생물학적인 선택과 과학적 예정론의 등장을 예고하는 것이다. 이러한 현상은 인간의 평등성을 파괴함으로써 기존의 윤리적인 가치관에 엄청난 혼란을 초래할 것이라고 본다.

그리고 만일 인간의 본성과 성품, 그리고 육체적 조건이 자연에 의하여 결정되지 않고 누군가에 의하여 결정된다면, 인간은 출생 이전에 자유를 박탈당한 존재가 된다. 왜냐하면 자기 존재에 대한 자기 결정권이 신에 의하여 이루어지는 것이 아니라 다른 사람들에 의하여 결정되어지기 때문이다. 따라서 자신의 삶을 온전하게 받아들일 수 없는 "타자의 자기 존재 개입"의 문제가 중요한 윤리적인 문제가 될 것이다. 자유를 보장해주는 자기 결정권이 봉쇄되는 만큼, 인간의 행위와 책임의 관계가 모호해질 우려가 있다. 다시 말해 책임적 자아로서의 충분조건이 타자에 의한 자기 존재 결정을 통하여 훼손될 것이 우려된다. 이러한 문제는 결과적으로 인간을 신 앞에서의 자유와 책임을 지닌 존재로 보고 있는 신학적 인간학의 시각을 근본적으로 파괴할 뿐만 아니라 인간의 자유를 도덕적으로 전제하는 일반 도덕철학적 시각조차도 부정하게 되는 결과를 가져오게 될 것이다.

3.7 인간의 위상과 관계구조의 위기

인간은 만들어지는 것이 아니라 태어나는 것이다. 인간은 태어날 때만이 태어난 자와 출산한자가 평등하다고 말할 수 있다. 왜냐하면 만들어진 자는 본질적으로 만든자(창조자)와 다르기 때문이다. 창조자는 자신이 만든 것보다 상위적이다. 그것은 신과 인간의 관계에만 적용시킬 수 있는 말이다. 즉 신이 인간을 만든 것이다. 인간은 인간을 만들 수 없다. 인간은 인간을 낳을 뿐이며, 낳아지는 것이다. 그런 까닭에 낳는 자와 낳아지는 자는 평등한 관계에 놓여진다. 자연적 출산의 경우 부모와 자녀 사이에는 미묘한 균형이 있다. 분명 유전적 연속성이라는 면에서 생물학적인 관계가 존재하지만, 자녀는 부모의 복제품이 아니다. 부모에게 태어난 존재는 새로운 존재이다. 즉 부모와는 다른 "유전학적 독립성"을 가지고 생명을 시작한다. 바로 이런 이유로 자녀는 부모와 동등하며, 독립되고 독특한 인격으로 대우받기를 요구하며, 동등한 존엄성을 가지고 있는 것이다.[579] 인간은 태어날 때 신의 형상대로 만들어지는 것이며, 거기에서 인간 존엄성이 비롯된다. 만들어진 인간, 즉 세포 제공자의 형상과 의도대로 만들어진 인간은 자신만의 고유한 삶과 존엄성을 원초적으로 제한받는 것이다.

또한 인간복제가 이루어진다면 전통적인 가족관계의 파괴와 더불어 일어나는 동일성의 위기, 개체성의 이해의 문제, 종교적 신념에서의 혼란, 그리고 동일함에 대한 기대 등 관계의 변화로 인한 사회구성 자체에 커다란 변화를 초래할 것이라는 여러 전문가들의 견해가 있다.[580] 특히 우리 자신

---

579 Gilbert Meilaender, *Bioethics: A Primer for Christians* (Eerdmans, William B. Publishing Company, 1997), p.42.

580 National Bioethics Advisory Commission, *Cloning Human Beings: Report Recommendations*

들이 스스로를 사회적이고도 영적인 존재로 여겨온 전통적인 이해에 근거하여 이루어진 부모됨의 의미, 형제자매 관계, 그리고 성적 관계에 법적으로나 도덕적으로 큰 부정적 영향을 미치게 될 것이 분명하다. 인척관계에 혼란이 초래될 것은 물론, 복제된 아기는 자기 존재에 대한 동일성의 결핍으로 인하여 커다란 심리적 해를 입을 것이라고 본다.

한편, 복제는 무성 생식이다. 복제에서는, 분리된 체세포가 통제된 상태에서 재 활성화될 때 생명이 시작되는 것이다. 따라서 생명은 신비감을 상실한 단순한 생명공학기술의 작업으로써 비-신비화된다. 복제는 결혼과 부모됨의 언약에서 이루어지는 인격적 결합을 결여시킴으로서, 생식을 비인격화시킨다. 어떤 아이든 부모의 인격적인 사랑과 성적 결합 안에서 출생할 수 있는 권한을 박탈당할 수 없다. 신이 부자관계에 맺어주신 인간 본성을 근본적으로 분리하는 윤리는 비인간화를 초래하게 될 것이다.[581]

더 나아가 인간정체성 문제에 있어, 미국 앰허스트(Amherst) 대학의 로블은 이제 "무엇이 생명인가라는 분명한 개념은 없다. 이 말은 이제부터 사회는 이 질문에 대하여 생각하기 시작했고, 설사 개념들이 정리된다 할지라도 항구적인 것일 수는 없을 것이다. 결국 새로운 기술이 개발될 때마다 그 개념들은 바뀌질 것이다. 결국 사람들이 관심하는 것에, 혹은 사람들의 관심이 놓여 있는 것을 기반으로 한 사람의 생각 속에서, 우리는 우리가 만들어내는 것이 무엇이든지 간에 그 개념을 사용해야 할 것이다"[582]라고 말한

---

of the National Bioethics Advisory Commission Vol. 2. (Wisconsin: GEM Publications, Inc., 1997), C-21. http://bioethics.georgetown.edu/nbac/pubs/cloning1/cloning.pdf

581 Paul Ramsey, *The Ethics of Genetic Control* (Yale University Press, 1970), p.89.

582 James Robl, *The Cloning Revolution*, Films for the Humanities and Sciences (1989)에서 인용: 다음의 글을 참고하라. Ray Bohlin, "Cloning and Genetics: The Brave New World Closes In," http://www.probe.org/docs/clon-gen.html.

바 있다. 결국 인간에 대한 정보가 분석되고 이용되며, 이에 따라 인간복제가 이루어진다면 결과적으로 인간은 스스로 효용가치 속에서만 자기정체성을 찾을 수밖에 없는 존재가 된다는 점을 지적하고 있는 것이다. 인간을 복제하는 것이 인간의 존엄성과 자유를 훼손할지라도, 만일 인간에 의하여 인간복제가 이루어진다면 그러한 정황에서 인간에 대한 개념은 다시 정의될 것이라고 보는 것이다. 이러한 인간 개념의 상대화는 단순한 개념적 상대화에 지나지 않는 것이 아니라, 인간으로서 자기 정체성에서 시작하여 관계, 가족, 그리고 사회적 책임과 의무의 개념에 이르기까지 상대화되는 관계의 붕괴와 도덕적 기초의 붕괴를 유발할 수 있는 것임을 주지해야 한다.

3.8 생명공학기술 지식의 상품화

현대 생명공학기술은 분자생물학의 영역에서 급진전을 보여 왔으나 계속되는 연구과제를 뒷받침할 만한 막대한 경제력을 소유한 국가의 과제로 축소되었다. 미국과 일본과 영국이 주로 이러한 경쟁에서 주도적인 국가가 된 것은 당연하다. 과거에는 독재정권에 의하여 오용되었던 경우가 있었지만 오늘날에는 이윤을 추구하는 제약회사들이 일확천금을 획득할 수 있는 방법의 하나로써 인간 게놈 연구에 나서는 경우가 적지 않다.[583] 게놈에 대한 연구 프로젝트는 경제 대국이 본격적으로 뛰어든 역사상 최대 규모의 '거대과학'[584]이 되었다. 인간의 유전자에 대한 지식이 상상을 초월할 정도로

---

583 Michael D. Lemonick and Dick Thomson, "Racing the Map Our DNA," *Time* Jan./11(1999).

584 '거대과학'이란 다음과 같은 공통의 요소를 갖는다. 첫째, 연구에 동원되는 물적·인적 자원의 규모가 크다. 둘째, 과학자 개인의 연구동기나 목표보다는 국가나 대기업이 연구주제의 설정, 진행 등을 주도한다. 셋째, 연구과정의 중앙집중화, 관료화, 연구조직

상품화될 수 있기 때문이다.

1980년 차크라바티 사건[585] 이후 2010년 현재 인간 유전자에 대해 승인된 특허는 4만 건에 이른다. 이 특허에 관련된 인간 유전자는 전체 인간 유전체의 약 10분의 1에 해당하는 2천 종이다. 분류된 유전자, 분리된 유전자를 활용하는 방법, 유전자를 바탕으로 질병을 진단하는 방법 등에 대해 특허가 승인된 것이다.[586]

대체로 특허제도를 지지하는 이론적 논거는 불모지 논증(desert approach)과 공리주의 논증이다. 불모지 논증은 새로운 영역을 개척한 노력에 대한 보상으로 연구자에게 주어지는 특허권이 정당화 될 수 있다는 것이고, 공리주의 논증은 유전자 특허가 과학적 성과와 공개를 유도하여 과학연구를 촉진시키고, 그 결과 과학과 기술의 진보에 기여하고, 나아가 그로 인해 사회적으로 가치있는 것을 증진시키기 때문에 정당화될 수 있다는 것이다.[587]

그러나 MG(Myriad Genetics)사의 BRCA 유전자 특허 사례[588]에서 보듯

의 위계화가 강화된다. 김동광, "DNA 독트린: 인간게놈프로젝트의 이데올로기,"『녹색평론』통권 54호 9월/10월(2000), p.22.

585 Diamond vs Chakrabarty사건: 유전자 변형 박테리아를 만들어낸 차크라바티의 특허 주장에 반대해 미국 특허국이 소송을 낸 사건이다. 결국 대법원 판결을 통해 유기체라 하더라도 '인간이 만든'(man-made) 것이라면 특허를 주장할 수 있는 길이 열리게 되었다.

586 이상헌, "유전자 특허의 정당성에 관한 윤리적 논의,"『생명연구』20집, 2011, p.14~15.

587 Ibid., p.17.

588 BRCA 인간 유전자는 유방암과 난소암과 관련된 유전자로서, 암 발병률이 7배 이상 높은 것으로 알려져 있다. 이 유전자 테스트는 암 조기 진단과 예방에 중요한 것이었다. 그런데 이 유전자의 특허권을 가진 MG사는 BRCA 진단 키트를 만들어 2011년부터 독점권을 강화시키려 했다. 이에 유럽의 여러 국가와 연구자, 의사 등이 거세게 반발했고, 미국에서는 2009년 미국시민자유연맹(American Civil Liberties Union)이 BRCA유전자 특허 취소를 위한 소송을 제기하여 결국 2010년 3월 29일 법원으로부터 BRCA유전자특허에 대한 특허취소 판결을 이끌어냈다. 이상헌, "이상헌의 과학기술 속에서 윤리읽기,"

유전자 특허의 해악을 확인할 수 있다. MG사는 자신들의 특허권을 강화하려 하였고, 이 과정에서 유방암 등의 진단에 유용한 BRCA 유전자 진단 비용이 지나치게 증가했다. 그리고 유전자 특허를 통한 독점적 권리를 획득하기 위해 철저한 비밀과 보안 속에서 연구가 진행되기에 공공의 이익에 부합되기보다는 오히려 과학적 진보와 경제발전을 지연시킨다는 지적도 있다.[589] 이런 사례에서 볼 수 있듯이 유전자 특허가 공익에 부합한다고 보기는 힘들다. 과도한 의료비 때문에 사회적 자원의 공정한 분배를 어렵게 할 뿐 아니라 개인적 행복도 증진시킨다고 보기 힘들다. 이 모든 것은 특허, 또는 특허의 추가적 활용으로 인한 상업적 이득이 주된 동인으로 작동되기 때문이다.

유전자 특허가 러시를 이루고 있는 현재 상황에서 "유전자는 인류 공동의 유산"이라는 유네스코의 '게놈 헌장'은 힘을 잃고 있다. 그럼에도 유전자나 조직, 나아가 생물체가 과연 특허의 대상이 되느냐는 근본적인 문제 제기가 참여연대나 시민과학센터 등 시민단체에서 제기되고 있다. 이들은 "지구역사와 인류역사를 통해 형성돼 온 생명체를 실험실에서 분리·확인했다고 독점적 소유를 인정한다는 것은 있을 수 없다"고 주장한다. 단지 유전자 하나를 변형했다고 그 유전자, 세포, 조직, 기관, 또는 유기체 등을 발명했다고 할 수 있으며, 거기에 배타적 독점권을 부여할 수 있느냐는 말이다. 인간의 유전자는 한 개인의 소유물이라고 말할 수 없으며, 특정 기업의 소유는 더더욱 될 수 없다. 인간은 과거-현재-미래의 수많은 사람들과 많은 유전

---

http://blog.naver.com/PostView.nhn?blogId=shrheey&logNo=100146201791

589 SARS(중증급성 호흡기증후군)가 극성을 부렸을 때 백신 연구가 진전을 보지 못한 이유 중에는 특허에 대한 두려움 때문에 연구자 지지부진 했다는 것이다. Michael Crichton, *Next*, 이원경 역, 『넥스트』(서울: 김영사, 2006), p.490~491, 이상헌, "유전자 특허의 정당성에 관한 윤리적 논의," p.24에 재인용.

자를 공동으로 소유하고 있는 것이다. 이것은 마치 오랜 지적 노동을 들여 만든 화학주기율표가 독창적이고 유용하지만 자연법칙의 '발견'일 뿐 누구도 특허를 얻으려 하지 않는 것과 마찬가지라는 것이다.[590]

생명에 대한 특허는 선진국과 개도국이 첨예하게 맞서는 정의(justice) 차원의 문제이기도 하다. 기술이 앞선 북쪽은 유전자원이 풍부한 남쪽의 유전자원과 그것을 오랜 세월 이용해온 토착지혜를 약탈하려 한다는 비난을 사고 있다. 리프킨(Jeremy Rifkin)은 이를 두고 '생물 해적행위'(bio−piracy)나 '생물 식민주의'(bio−colonialism)라고 부른다.[591] 과거 식민국가들이 자국 시장의 이익을 위해 풍부한 생물자원 원산지에 대한 지속적으로 수탈을 했듯이, 오늘날은 식물 대신 유전자를 찾아 모험적인 답사를 하고 있는 바, 거대기업들은 상당한 상업적 이익을 가져다줄지도 모르는 특이하고 희귀한 유전자 형질을 찾아내기 위해 남반구 탐험 여행에 투자하고 있다는 것이다. 그래서 리프킨은 생명특허를 '최후의 인클로저(enclosure)운동'[592]이라고까지 묘사한다. 인클로저 운동은 단지 16~17세기 영국에서 발생했었던 과거사건이 아니고 현재 진행형의 사건이라는 것이다. 어떠한 예외도 없이 자본주의적 소유관계를 관철하면서 사유화하려는 인클로저 운동은 현재에도 진행되

---

590 Jeremy Rifkin, 전영택·전병기 역, 『바이오테크 시대』(서울: 민음사, 1999). p.95.

591 Ibid., p.100.

592 16세기 후반과 17세기 전반에 집중적으로 진행되었던 영국의 인클로저 운동은 농민에게서 공동지(共同地)를 이용할 수 있는 권리를 박탈하고 그들을 추방하면서, 농촌의 공동지를 자본주의적 생산관계에 맞추어서 사유화하는 과정이었다. 이 과정은 대단히 폭력적이고 비극적이어서 농촌의 공동체는 해체되고 많은 농민들이 전통적으로 농사짓고 생활해오던 지역으로부터 쫓겨났다. 이들 중에서 운이 좋은 경우에는 도시에서 임금노동자라도 되었으며 그렇지 않으면 유랑 생활을 하게 되었는데, 인클로저 운동으로 야기된 농촌 주민들의 불만은 무수한 봉기로 폭발하여 비극적인 죽음으로 끝을 맺었다. Ibid., p.84~88 참조.

고 있는데, 소유권이라는 개념조차 상상하기 힘들었던 자연을 상품화 하고, 그것의 배타적인 소유권을 통해서 대중들을 배제하고 자연을 파헤치던 인클로저 운동이 급기야는 '생명'의 영역에까지 습격하고 있다는 것이다. 이 야만적이고 무차별적인 습격의 합법적인 이름은 '생명특허'이며, 리프킨은 이를 두고 "수백만 년 동안 진화과정을 거쳐 이루어진 유전자 설계도를 지적재산으로 바꾸어 사유화하려는 국제적 노력은 500년간 이어져온 인클로저의 역사를 완성함과 동시에 자연계의 마지막 남은 개척지를 종결지으려는 것을 의미한다."[593]라고 말한다.

정의 문제의 또 다른 차원에서 본다면, 현대 유전공학은 고도의 정밀한 분자생물학적 지식과 실험실을 요구하고 있으므로, 인간의 유전자를 치유할 수 있는 생명공학기술 의약품 개발은 결과적으로 고비용을 지출할 수 있는 부유층을 위한 봉사에 우선적 목표를 두게 된다. 이 경우 건강한 삶을 향한 기회 균등이 깨지고, 소수의 부유한 이들만이 유전학적 혜택을 누리는 사회적 불평등이 야기할 수 있다. 따라서 현대 생명공학기술을 위한 연구에 쏟아 붓는 막대한 비용은 결과적으로 소수의 부유한 수혜자들을 위한 몫으로 전환되기 쉽다. 가난한 사람들에게는 유전공학이 불러오는 혜택이란 그림의 떡에 지나지 않는 것일 수밖에 없다. 결국 정치, 경제 그리고 사회적 권력의 틀과 형태는 유전공학 시대에 더욱더 부유한 소수자의 것이 될 것이 우려되는 것이다. 소수를 위하여 사용되는 그 막대한 비용이 만일 인간 이하의 삶의 환경에서 굶주리고 있는 가난한 나라의 민중들의 생명권을 되찾는 데 사용할 수 있다면 그것이 훨씬 더 도덕적이고 고귀한 일이 될 것이다.

---

593 Ibid., p.88.

3.9 생태학적 문제

생명계(ecosystem)는 생명 개체의 자존능력을 지닌 독립성을 가진다. 이러한 독립성은 자연 속에서 다양한 종의 균형을 형성함으로써 자연의 평형을 유지한다. 이러한 평형은 자연적 조건이라 할 수 있는 기후와 밀접하게 연관되어 있다. 삶을 향한 투쟁관계구조를 보이고 있는 생명계의 먹이사슬도 이러한 생존환경인 자연적 조건을 벗어나서는 평형을 이룰 수가 없다. 따라서 생태학적 균형은 개체 종(species)의 자존적 독립성과 자연환경의 유지에 크게 의존하고 있는 것이다. 오늘날 생태학적 위기의 근본 원인은 생태학적 정의를 외면하고 무한한 개발을 통하여 인간중심적인 풍요를 지향한 결과이다. 대기와 대지 그리고 지하자원이 오염되고, 천연자원이 고갈된 현실은 결과적으로 생명을 유지해 나가기 위한 환경을 파괴함으로써 자연적 평형 속에서 살아가던 무수한 생명들이 죽임을 당하는 죽음의 문화를 형성하고 있는 것이다.

기술과학을 통하여 이익을 극대화하려는 상업주의가 오늘의 생명공학기술을 촉진한다면, 그것은 결과적으로 자연적 평형을 깨고 생명계의 환경을 파괴함으로써 기존의 생명의 질서를 흔들어 놓는 결과를 초래할 것이다. 따라서 인간의 생명을 위한 생명공학기술이 인간의 생명을 연장시키고, 인간만의 생존 조건을 극대화시켜 인간중심적인 생명환경만을 강화시킨다면, 결과적으로 맬더스의 인구론이 예측했던 인구증가를 따라잡을 수 없는 자원의 한계로 인하여 인간 사회적 불평등이 야기되고, 급기야는 생존 위기가 초래되는 비극에 직면할 우려가 크다. 더구나 현대 생명공학기술이 인간에 대해서는 다소 경외심과 두려움을 가지고 연구 대상으로 삼고 있는데 비하여, 동식물에 대해서는 그 생명의 자존적 가치를 소홀히 여기는 경향이 있어, 결과적으로 생명의 자존적 독립성을 파괴하는 변형체들을 만들어 낼 경우 자연이 이루어 온 변화와는 달리 급속한 생태계의 변화를 초래할 우려가 크다.

3.10 인간생명 이해

요나스(Hans Jonas)는 생명이란 단순히 생존하려는 존재만이 아니라, 의미를 추구하고 의미를 만들어가는 존재라고 말했다.[594] 그 말은, 인간이란 자연적 생명체이면서 문화적이며 철학적인 삶을 영위하는 의미구현의 존재라는 뜻이다. 따라서 인간의 생명에 대해서는 자연과학적 이해를 넘어 신학적-철학적 성찰을 통해 인간 생명을 마땅히 이해해야 하는 것이다. 생명공학기술 역시 인간 생명에 대해서 그 존재의 근거를 성찰할 수 있어야 한다. 존재론[595]은 존재의 근거를 의미론적으로 성찰하는 작업을 말한다. 존재론의 대상은 어떤 객관적인 사물이나 그에 관계된 영역이 아니라, 인간의 객체 전체를 넘어서는 어떤 초월적인 영역이다. 물론 초월이 반드시 물질적 영역을 벗어나는 우주 바깥의 어떤 실제적 영역으로 간주될 필요는 없다. 오히려 그것은 존재 근거의 동일한 근원성에 의해 이해되어야 하는 것이다. 초월성은 결코 사물처럼 객체화되거나 타자화되어 이해될 수 있는 성질의 것이 아니다. 이런 점에서 생명공학기술은 존재론을 고려해야만 하는 이유가 성립되는 것이다. 인간의 존재근거인 생명은 존재론의 동일한 근원성에 근거해볼 때 객체화될 수 없는 존재다. 과학기술

594 천주교 서울대교구 생명위원회, 『생명과학과 생명윤리』, p.35.
595 존재론에 관해 설명된 이 부분은 Ibid., p.54~55 참고.

그 자체에서 존재의 의미를 도출할 수는 없는 일이다. 존재의 동일한 근원성과 내재적 원리를 무시할 때 생명과 관련된 과학과 기술은 공허한 것이 되고 말 것이다. 그렇기에 인간 생명의 문제는 존재론적이며, 나아가 종교적인 측면에서 대답될 성격의 문제이지 과학기술적 차원만의 문제가 아닌 것이다.

성서의 창조 이야기는 바로 인간이 신에 의해 그의 형상을 따라 그의 숨결을 받은 존재로 창조되었음을 말해준다. 신의 형상을 따라 지음을 받았다는 성서의 진술은 역사 속에서 인간의 자유와 인간들 간의 평등과 인간의 책임을 규명하는 근거로 이해되어 왔다. 뿐만 아니라 인간은 남성과 여성으로 창조되어 인간의 역사와 더불어 이루어져 온 최초의 제도인 결혼과 부모-자녀의 관계를 신성한 것으로 이해해 왔다. 이러한 이해는 인간을 종족-성-계급-피부색에 의하여 차별받아서는 안 되는 존엄성을 지닌 존재로 여기게 하였다. 인간은 자신의 이웃과 더불어 공동체를 이루고 살아가며 나아가 신에 의하여 피조된 창조세계와 더불어 존재하며 공동체를 이루고 살아가는 생명으로 이해되어 왔다. 여기서 우리가 이해해야 할 중요한 사실은 신의 형상은 형이상학적인 완전함이 아니라는 점이다. 인간의 다양성은(설혹 그것이 물리적이며 지성적인 능력의 결핍을 포함한다고 하더라도) 인간 개체에게 인간으로서의 고유한 동일성과 개체성의 근거로 작용하고 있다는 사실을 이해시켜 준다. 뿐만 아니라 신의 형상을 따라 지음받은 인간은 물리적인 존재로서 한계를 가지나 물리적인 조건에만 제약되지 않는 정신을 가진 존재로 이해된다. 그러나 다른 한편으로 인간은 신이 아니라는 점도 명심해야 한다. 인간은 신에 의하여 한계가 지어진 존재로서 모든 것에 대하여 자유를 지니면서 동시에 다만 신 앞에 선 존재로서 존재한다는 사실이다. 여기에 인간 존재의 의미와 존엄한 가치가 있다.

현대의 생명공학기술은 이러한 신학적 인간이해에서 너무나 멀리 떨어져 나간 지점으로 인간의 운명을 이끌어가고 있다. 인간의 생명이 신에게서 주어진다는 신학적 이해를 자연주의적으로 이해하여 생물학과 물리학 아래 인간의 존재를 내려놓은 것이다. 인간의 생명을 실험하는 과학자들은 단순한 과학적 지식의 이름으로 인간의 자유와 존엄성을 폐기시키는 결과를 초래할 수도 있다. 인간 존재에게 생명을 주고 그 생명을 마치게 하는 것은 인간의 일이 아님에도, 일부 과학자들은 자신들이 신과 같은 역할을 해낼 수 있다는 오만에 빠져 있는 것이다. 그들은 우려 섞인 진단이 정확한 분자생물학, 혹은 유전공학적 지식이 결여된 상태에서 나오는 것이 대부분이라는 점을 지적하고 있으나,[596] 이와 달리 인간 생명에 대한 신학적 이해가 결여된 채 이루어지는 현대 생명공학기술이 인간의 미래에 대해 전적으로 책임적일 수는 없다. 생명공학기술이 지향하는 바는 조작-재생-조정을 통하여 인간의 생명을 연장할 수 있다는 과학적 가능성에만 그 근거를 두고 있기 때문이다. 이런 까닭에 현대 생명공학기술의 최대의 주제라 할 수 있는 인간복제에 대하여 가톨릭교회는 절대적인 반대를 표명하고 있으며[597], 대부분의 기독교 교단들은 인간복제만이 아니라 동물의 생명을 복제하는 일에 대해서도 반대하는 입장을 보이고 있는 것이다.

---

596 Audrey R. Chapman, *Unprecedented Choices: Religious Ethics at the Frontiers of Genetic Science* (Minneapolice: Fortress Press, 1999), p.53.

597 가톨릭 교회의 입장을 살펴볼 수 있는 자료는 다음의 것이 있다. *American Bioethics Advisory Commission, Ban Human Cloning* (VA: American Life League, 1997) 그리고 복제문제와 관련한 가톨릭교회의 윤리적 입장을 이해하는데 다음의 사이트는 매우 유용하다. http://www.all.org/abac/cloning.htm.

4. 나오면서

오늘날의 생명공학기술의 논의에는 이에 필요한 문화-철학적 근거를 정립하려는 노력이 그다지 보이지 않는다. 아울러 윤리적 규범을 규정하려는 노력 역시 크게 눈에 띠지 않는다. "생명은 존엄하다는"는 일방적 선언만으로는 문제에 대한 해결에 아무런 도움이 되지 못할 것이다. 일단 생명공학기술에 대한 과학적 발견과 지식에 대한 무지에서는 벗어나야할 것이다. 무지는 근거 없는 공포를 야기한다. 초월적 상상력을 지닌 인간에 대해 폭력으로 나타났던 것이 과거 무지의 역사다. 폭력적인 편견과 독단에서 벗어나기 위해서라도 생명에 관한 과학과 기술의 지식을 배우고 이해하려는 자세가 우선적으로 요청된다. 또한 무지에서 비롯한 문제만큼 위험한 것은 과학의 결과물에 맹목적으로 의존하는 것이다. 인간 생명의 실존적이며 초월적인 측면을 무시하고 객관적인 대상의 영역으로만 환원시키는 과학주의적 태도는 맹신의 또 다른 얼굴일 뿐이다.

이 두 위험에서 벗어나는 길은 생명 과학과 기술의 연구업적을 적극적으로 이해하고 그것의 긍정적인 면에 대해서는 인정할 줄 알면서도, 그것이 전혀 제시할 수 없는 의미론적인 측면에 대해 철학적-신학적 해명을 보완하는 작업에 있을 것이다. 인간은 생물학적인 유기체임에 분명하지만, 동시에 그것을 넘어 초월을 사유하며 생명의 아름다움과 성스러움을 말할 수 있는 의미론적인 존재이다. 이러한 기본적인 생각의 틀 속에서 생명공학기술 시대에 필요한 윤리성이 논구될 여지가 마련될 것이다.

다른 한편, 생명공학기술과 자본 권력의 역학관계를 간파하는 시민적 지혜가 요청된다. 유전공학적 지식과 응용기술을 선점하여 특허를 얻어냄으로써 막대한 이익을 획득하려는 자본의 요구와 국가의 이익을 옹호하려는 정치권력의 역할이 오늘날 인간 게놈 프로젝트를 완성단계에 이르게 한 점만을 보아도, 자본과 권력의 옹호를 받고 있는 유전공학 연구는 더 이상 중립적인 것으로 간주될 수 없다. 결국 현대 생명공학기술은 유토피아적 희망과 기술과학, 그리고 인간의 창조능력에 더하여 자본과 권력이 연대한 하나의 거대한 힘이 되고 있는 것이다. 우리는 지난 역사 안에서 소수의 정치적 특권을 가진 이들에 의하여 인류의 역사가 조정되었던 억압의 역사를 저항-극복하면서 오늘의 민주사회를 이룩해 왔다. 또한 소수만의 복지사회에서 보편적인 인간의 권리가 존중되는 복지사회의 이념을 실현해가고 있다. 그럼에도 오늘날 인류와 생명계에 막대한 영향을 미칠 수 있는 생명공학기술이 소수의 권력자들의 손에 맡겨져 있다는 사실은 결국 인류의 미래가 그들의 손에 의하여 좌지우지 될 수 있는 정황에 놓여 있는 것을 의미한다. 생명공학기술이 시장의 원리에 의해서만 작동될 때, 경제적인 중심적 권력에서 소외된 일반 시민들이 과학적인 영역에서 소외될 것은 자명한 이치다. 시민들은 장차 그 결과에 직접적으로 노출될 운명에 놓여 있지만, 정작 그 과정은 시민들에게 은폐되어 있다. 대기업-벤처기업 투자가-과학엘리트들이 서로 어떠한 연결고리를 갖고 상호작용을 하는지 일반 시민들은 잘 알 수가 없다. 예컨대 복제 양 돌리의 경우도 특허가 등록된 직후에야 정보를 공개했었다. 결국 생명공학기술에 대한 연구 결정과정에 시민들은 철저하게 소외당하고 있는 현실이다. 그러나 시민의 기본권은 기업의 이윤 보호에 선행되어야 하는 것이 민주시민사회에서 요청되는 당위이다. 시민의 권리란 시민들에게 사전에 알 수 있는 권리를 보장하는 것이다. 시민의 삶과 직접 관계가 있는 연구는 미리 알 권리가 있다. 그리고 연구 결정과정에 능동적으로 참여하는 일이 보장되어야 한다. 이것이 시민사회라고 말할 수 있다.

인간복제가 신의 영역에 대한 침범이며 영혼을 지닌 인간의 존엄성을 훼손하는 짓이며, 유전자의 조작으로 예측할 수 없는 종의 출현과 생태계 파괴의 직접적인 원인이 될 수 있다는 분노와 흥분이 종교-시민단체를 중심으로 돌리의 탄생이나 아롱이의 탄생 때도 끓어오른 것이 사실이지만, 일과성이라는 비판을 면하기 어렵다. 약간의 시간만 경과해도 세인들의 관심 영역 밖으로 밀려나고 마는 것이 지금까지의 대응 방식이다. 종교적-윤리적 관점의 비판이 인간의 양심을 일깨우는 강한 호소력이 있기는 하지만, 일상적인 삶의 영역에서는 큰 영향을 미치지 못하는 수가 많다. 과학기술은 다시 과학자의 전유물이 되고 그 과정과 내용을 알 리가 만무한 일반 시민들은 과학을 둘러싼 담론에서 철저하게 배제되거나 수동적인 존재가 될 수 밖에 없다.

그러면 이러한 은폐된 담론을 공론화시키고 시민들이 주체적으로 이 담론에 개입할 여지는 없는 것인가. 과학기술의 인간화와 민주화를 위해 노력했던 선진 사회의 참여 방식이 하나의 대안을 마련해 준다. 예컨대 '합의회의'(consensus conference)라는 시민참여 방식이 과학기술정책에서 주목을 받고 있다. 한마디로 과학기술에 참여민주주의를 도입한 경우라 할 수 있다. 이는 생명공학기술처럼 정치-사회적으로 쟁점이 되는 과학기술적 주제에 대해 비전문가인 보통사람들(노동자, 주부, 학생, 교사 등)이 전문가와의 조직화된 공개토론을 통해 정리된 견해를 매스컴에 발표함으로써, 시민사회의 여론 형성과 정책결정에 영향을 미치는 새로운 시도이다. 이런 과정을 통해 과학기술은 시민에게 친근한 것이 되고 전문가와 비전문가 사이의 거리가 좁혀질 뿐만 아니라, 사회적 토론의 활성화로 민주적이고 다원적인 시민문화의 성숙이 촉진되는 효과가 있다. 이러한 시민참여의 제도화는 과학과 시민 사이의 괴리를 메우고 자본의 일방적인 과학기술 지배를 견제하는 민주적 통제 장치로서, 보다 인간적이고 생태 친화적인 과학기술의 발전을 자극하는 데도 도움이 될 것으로 기대된다.

따라서 무엇보다도 생명공학기술 연구에 대한 정보를 공개하고 그 연구절차에 대한 통전적 생명윤리의 관점에 정초된 사회윤리학적인 통제가 이루어져야 할 것이다. 나아가 연구 결과에 대한 높은 윤리성과 사회적인 책임이 강조되어 생명공학기술적 영역에서 '과학자의 비양심적이고 탐욕스러운 행위'를 제한할 수 있는 합리적인 방안이 법적으로 더 명료하게 제시되어야 할 것이다. 지금은 생명과학을 둘러싼 심각한 윤리적인 문제들에 대해 생명을 다루는 과학자-의료인-윤리학자-그리스도인을 포함한 모든 종교인 - 의식 있는 시민들이 머리를 맞대고 참다운 인간적 삶을 위한 실천적 지혜를 모아야 할 때이다.

신자유주의 전 지구화와 윤리

1. 들어가면서

신자유주의는 자본의 전 지구화가 경제적 비효율성과 정치적 억압의 근원이었던 국가주의를 해체함으로써 개인의 자유로운 선택권을 증대시킬 것이라고 주장한다. 또 시장경제가 세계적 수준의 경제적 풍요를 가져다줌으로써 민주주의를 확산시킬 것이라고 예언한다. 뿐만 아니라 지구화를 가능케 한 기본 동력인 정보통신 혁명이 일반 시민들로 하여금 중앙정부와 대기업에 의해 독점되어 왔던 정보들을 누릴 수 있게 함으로써, 빈부격차와 함께 선진국과 후진국 간의 차이도 줄어들 것이라 주장한다. 그래서 이제는 누구나 자신의 정보와 판단에 기초하여 해외시장을 개척하고 외국자본과 기업을 유치하며, 자신의 능력과 개성을 최대한 발휘할 기회를 가질 수 있다는 것이다.[598] 서로우(Lester Thurow)는 지구화와 신자유주의가 불가피한 선택이며, 그것은 개인에게도 커다란 기회가 될 것이라 낙관했다.

> 경제활동의 지리적 영역은 '어느 지역에서 기업이 수익을 최대화할 수 있는가'에 의해 결정된다. 즉 기업은 가장 싼 가격으로 상품을 생산하고 가장 수익성 높은 곳에서 상품과 서비스를 판매할 지역을 찾느라 고심한다 … 기업의 활동을 위해서 국적은 의미가 없다 … 핀란드회사로 알려져 있는 노키아의 경우, 미국인이 소유한 주식이 핀란드인이 소유한 주식보다 훨씬 많다 … 세계화에 참여하지 않는다는 결정은 곧 빈곤의 선택을 의미한다. 사실상 오늘날 고립경제를 유지하고 있는 국가는 존재하지 않는다는 주장이 지배적

598 변창구, "신자유주의적 세계화의 도전과 한국의 진로", 『대한정치학회보』7집 2호(1999년 겨울), p.250~251.

> 이다 … 선진 세계는 이미 글로벌 경제의 일부로서 돌아올 수 없는 다리를 건넌 상태이다 … 세계화는 국가 차원에서만 발생하는 것이 아님을 명심하라 … 개발도상국에서 선진국으로 이주하는 사람들은 … 실질적으로 수입이 늘고 있다. 개인에게 있어 세계화란 눈부신 기회인 것이다.[599]

한국 역시 지구화의 환상에 젖어 들었고 그 풍요의 꿀맛을 얼마동안은 향유할 수 있었다. 그러나 오래지 않아 외환위기를 겪으면서 신자유주의의 실체를 뼛속 깊이 체험하게 되었다. 우리는 IMF의 구조조정 요구에 충실히 부응해, 작은 정부, 자유화, 시장의 개방, 노동의 유연화라는 기치를 내걸고 한국 사회를 급속도로 신자유주의적 방식으로 변혁시켜왔다. 그 결과 무분별한 공기업의 민영화, 중산층의 붕괴와 빈부의 양극화 현상, 일용직 비정규 노동자의 급증, 청년 실업자 증가, 가계부채와 신용불량자의 기하급수적 증가, 생계형 범죄의 증가라는 현상이 비롯되었다. 그러나 IMF 구조조정의 결과로 야기한 이런 현상은 한국에만 국한되지 않고, 남미와 아프리카, 아시아를 비롯하여 신자유주의 정책들이 시행되고 있는 세계 전역에서 나타나고 있다. 그 대표적이고 공통적인 현상이 빈부격차가 갈수록 커지고, 가난의 깊이가 더욱 심화되고 빈곤이 양적으로 막대하게 증가하고 있다는 점이다. 여기에 설상가상으로 세계적 규모의 금융 위기가 어두운 그림자를 더 짙게 만들고 있다.

새로운 밀레니엄, 21세기 문명사회에서 인간의 삶이 아무런 통제 없이 피폐화되는 현실을 생물학적 다윈주의 논법으로 해명하는 일이 정당한 것인가. 그 숱한 악의 열매를 주시하면서도 신자유주의 경제정책들이 과연 인

---

599 Lester Thurow, *Fortune Favors the Bold*, 한국경제연구원 역, 『세계화 이후의 부의 지배』 (서울: 청림출판, 2005), p.19~35.

간적인 경제제도인지 심각한 의문을 갖지 않는 행위를 도대체 윤리적이라 말할 수 있을까. 하지만 불행하게도, 90년대를 전후로 현실 사회주의가 종언을 고하면서부터 자본주의는, 그것의 부정적인 결과에 대한 반성을 뒤로 한 채, 극도의 일방성을 가지고 그 누구도 감히 거스를 수 없는 대세로 자리하고 있다. 피폐화된 삶은 더욱 비인간적인 삶을 강제당하고, 그로인해 인간으로서의 존엄성과 권리가 방해받고 유린당한다. 가장 큰 문제는, 인간의 생명과 인생의 가치를 물질주의적으로 환원시키려는 신자유주의적 자본주의 이념은 근본적으로 생명을 존중하는 기독교 신앙의 이념에 무차별적 공습을 가하고 있다는 점이다.

이러한 문제의식을 동기 삼으며, 이 장에서는 두 가지를 다루고자 한다. 첫째 신자유주의의 전지구화가 함의하고 있는 유토피아적 종교성을 분석하고, 그것의 경제정책들이 어떻게 전 세계적으로 가난한 민중들의 삶에 심각한 문제를 야기하는지, 그리고 신자유주의 경제정책이 얼마나 비인간적이며 반 복음적인 것인지를 해명하는 것이다. 둘째는 신자유주의에 대응하는 교회의 실천 과제를 모색하는 일이다. 현실적으로 교회가 신자유주의의 지구화로 인해 세계 도처에 발생된 경제 문제를 해결사처럼 즉각적으로 풀어낼 기술을 가지고 있지 않다 하더라도, 인간의 존엄성에 입각하여 이 세계의 모든 분야에 대해 지속적인 관심과 방향을 제시하는 것이 교회의 본질적인 사명이라 본다. 따라서 교회의 사명이 신자유주의 헤게모니 하에서 소외된 자들을 위해 어떤 형태로 나타나야 할 것인가에 대한 실천방안을 모색해 보는 것이다.

2. 신자유주의의 전 지구화

신자유주의는 1940년대 초반 이래 소비에트식의 중앙관리경제나 파시스트 국가의 지도경제에 대한 반발에서 비롯되었다는 공통점이 있으나 나라마다 그 표현을 달리한다. 제일 첫 번째 출현은 소위 오스트리아 학파의 주장에서 나온다. 그들에게 정치적 자유와 경제적 자유를 분리할 수 없다. 정부의 간섭으로 시장에서 개인의 자유경쟁이 방해되면 국민들은 결국 정부에 의해 종속되는 노예가 된다고 보았다. 따라서 고전적 자유주의[600]로 회귀할 것을 주장하였다. 즉 신자유주의는 사회의 자원 배분을 시장원리에 위임하는 것, 그래서 자원의 효율적인 배분을 시장의 자유경쟁 하에서 실현하고자 하는 이념을 표방하는 사상이라고 설명할 수 있다. 이들의 주장은 시장과 사회를 동일화하는 시장주의적 입장인데, 비시장적 영역이나 가치는 승인될 수 없으며, 시장을 통해서만 사회 속의 인간은 자유로울 수 있고, 시장의 힘에 의해 사회 전체와 문명은 진보한다는 것이다.(Ludwig Von Mises, Friedrich A. Von Hayek)[601] 자유시장경제가 인간의 자유와 번영을 실현하는데 가장 효과적인 장치라고 보는 점에서 하이에크 이론을 충실히 따른다 할 수 있을 것이다.(Milton Friedmann, Frank Knight) 이에 반해 오이켄(Walter Eucken)을 중심으로 한 독일의 프라이부르크 학파는 사경제의 자율성과 이

600 일반적으로 아무런 수식 없이 '자유주의'라고도 한다. 자유주의는 정치적으로는 생명과 자유와 재산에 대하여 자연법사상을 바탕으로 한 입장을 말하며, 경제적으로는 자유방임주의 경제 사상을 의미한다. 즉 국가의 부가 증가하려면 모든 개인이 자유롭게 이익 추구 활동을 할 수 있도록 해야 한다는 주장이다. 따라서 국가는 개인의 자유와 시장이 자유 경쟁을 할 수 있도록 직접적으로 간섭을 해서는 안 된다. 결국 정부의 권한은 개인의 자연권 보호와 같은 공공복지만을 위해 행사되는 작은 정부일수록 효율적이라고 여긴다.

601 안병영/임혁백, 『세계화와 신자유주의』(서울: 나남, 2000), p.101.

니시어티브를 존중하면서도 가격장치의 왜곡과 자유경쟁의 제약 등을 제거하는 국가에 의한 시장규율을 중시하는 입장에 섰다. 규율자유주의(order-liberalism)로 알려진 독일의 이 신자유주의는 여기서 한 걸음 더 나아가 사회적으로 합의된 규범 아래서 경제운영을 해야 한다고 주장함으로써 경제와 사회윤리의 결합을 배제하지 않았다.[602] 독일에서 실천된 사회적 시장경제는 이 규율자유주의의 논리를 떠나서는 이해될 수 없다.

오늘 우리가 경험하고 있는 신자유주의의 논리는 규율자유주의보다는 시장이 스스로를 규율하고 자원할당을 최대화한다고 믿는 하이에크의 논리에 가깝다. 이 논리는 1970년대 초 이래로 서구 사회를 강타한 경기 침체(저성장) 속의 인플레이션(물가상승), 곧 스태그플레이션을 극복하기 위한 대안으로 제시되면서부터 다시 힘을 얻게 되었다. 1970년대 말에 신자유주의자들은 투자의 위축과 수요인플레이션의 증가, 급증하는 실업과 국가재정의 파탄, 시장에 대한 국가의 지나친 개입 등 복합적인 경제위기에 대처하기 위해 케인즈주의에 입각한 국가개입주의를 강력하게 비판하기 시작하였다.[603] 그들이 내건 처방은 국민소득 중에, 보다 많은 부분을 투자로 돌리고

---

602 Walter Eucken, *Grundsätze der Wirtschaftspolitik* (Tübingen: J.C.B. Mohr, 1960), p.239.

603 19세기가 자유방임적 시장의 세기였다면 20세기 초부터 자본주의가 점차 독점 자본주의적 성격을 띠기 시작하면서, '자유로운 개인'들이 시장에서 공정한 경쟁을 하는 체제를 희망했던 자유주의는 독점 자본의 존재가 주는 해악을 보고 이를 경계하는 방법으로 자유주의를 부분적으로 수정하기 시작했다. 자본주의의 심화는 빈부격차, 환경오염, 공공서비스의 부족 등 각종 사회문제를 낳게 되고, 시장경제는 공황이라는 문제와 부딪히게 되었다. 사회문제의 해소와 공황이라는 시장경제 자체의 문제를 극복하기 위해 정부의 역할이 요청된 것이다. 1930년대 이후는 케인즈주의라는 수정된 자유주의가 고전적 자유주의를 대체한 시대였다. 그러나 1970년을 전후로 세계경제가 다시금 불황의 국면을 맞이하면서 케인즈식 국가개입주의는 설득력을 잃게 되었고, 무엇보다 케인즈주의는 자본의 국내활동을 전제로 한 것이었는데 자본이 국경을 넘어 활동했을 때 이를 통제할 수 없게 된 것이다. 자본은 임금이 낮은 지역을 확보하기 위해 또는 관세를 피

국가의 시장규제를 철폐하자는 것이었다. 그것은 곧 임금소득의 하락, 국가의 재정지출 가운데 사회복지성 지출의 감축, 국가부문의 축소를 의미하였다. 이를 위해서는 1960년대 초 이래 완전고용에 가까운 상황에서 비대해진 노동권력을 약화시키는 것이 무엇보다 중요했다. 고용안정법의 개정과 노동시장의 유연화 정책[604]이 그 일환으로 추진되었다. 이 논리는 국민소득 가운데 더 많은 부분이 투자로 돌려지면 경제성장과 일자리 창출이 이루어지고, 유휴노동력의 고용흡수를 통해 유효수요가 창출되면 생산과 소비의 선순환이 이어진다는 데 근거하였으나 실패로 끝나고 말았다. 그 이유는 크게 보면 두 가지다.

첫째, 국제화된 시장조건 아래서 제조업의 가격경쟁력을 강화하기 위해서는 노동력은 제조업 부문에서 더 많이 퇴출될 수밖에 없었으며, 노동비용을 절약하는 투자를 중시하다 보니 독점자본들은 더 싼 노동력을 구해 생산기지를 해외로 옮기거나 아웃소싱[605]을 통해 비용을 절감하는 일도 서슴지 않았다. 결국 실업 문제는 해결되지 않고, 국가의 사회복지 지출이 축소되는 상황 아래서 실업자들을 위시한 저소득층의 삶의 처지는 급속히 악화되었다. 1980년대 초 이래로 서구 여러 나라에서 나타나기 시작한 "새로운

하기 위해 다른 지역으로 진출하게 됨에 따라 국가가 경제에 대한 조정이 어려운 국면이 도래한 것이다. 이런 정황 속에서 등장하게 된 것이 오늘날의 신자유주의다. U. Duchrow, *Alternativen zur kapitalistischen Weltwirtschaft*, 손규태 역, 『자본주의 세계경제의 대안』(서울: 한울, 1998), p.54~68, p.69~82. 강상구, 『신자유주의의 역사와 진실』(서울: 문화과학사, 2000), p.80~89.

604 노동시장의 유연화를 위해 정규직은 줄이고 비정규직은 늘리고, 또한 외주를 늘려 수량적 유연성을 통해 자본의 의지대로 자를 수 있고 부릴 수 있게 된 것이다. 노동에 대한 공격은 노조의 약화를 넘어 계급의 해체로 발전했다.

605 기업이 경쟁력이 없는 특정 업무나 기능을 외부의 전문 업체에 위탁하여 처리하는 일. 관리 비용을 줄이고, 핵심 사업에 주력함으로써 생산성과 효율성을 높이는 것을 목적으로 한다.

가난"은 바로 이러한 맥락에서 이해할 수 있다.

둘째로, 국민소득 가운데 더 많은 부분을 투자로 돌리는 정책은 필연적으로 시장이자율을 높이게 했다. 시장이자율이 높아지면서 자본소득 계층의 부는 빠르게 증가하였고, 자본소득자들과 임금소득자들의 양극적 분화가 심화되었다. 또한 시장이자율이 기업의 수익률을 상회하여 화폐자본이 생산 자본으로부터 빠르게 이탈하며 금융자본으로 몰리기 시작하면서, 자연히 금융부분이 비대해지기 시작하였다. 이러한 사태발전을 더욱더 악화시킨 것은 1980년대에 들어와 거대한 규모로 늘어나기 시작한 미국의 재정적자와 무역적자였다. 미국은 자본수지를 유지하기 위해 고이자 정책을 실시하였고, 이로 인해 전 세계적으로 시장이자율은 덩달아 급등하였다. 그 결과, 실물경제로부터 금융자본이 더 큰 규모로 빠져나가고, 금융자본의 재테크를 중심으로 해서 '카지노 자본주의'가 발전하게 되었다.

오늘날 신자유주의의 논리는 선진국의 정책적 실패에 아랑곳하지 않고 전 지구적으로 빠르게 확산되고 있다. 80년대 중남미 국가의 외채 위기와 80년대 말과 90년대 초 어간의 동구의 현실사회주의 국가체제가 붕괴[606]되면서 제3세계 국가들은 경제위기 탈피나 체제전환 비용을 감당하기 위해 IMF와 세계은행의 지원을 받지 않을 수 없는 상황으로 내몰리면서, 자본주의 경제의 지구화 체제에 급속하게 재편되기에 이르렀다.[607] 그 결과 신자

606 현실 사회주의에 대해 여러 가지 평가가 가능하겠지만, 적어도 현실 자본주의의 유지 및 확장에 도전과 제약을 가한 것만은 사실이다. 이 제약은 서구 자본주의 안에서 노자 간의 타협을 강제하고 자본의 무제한적 이윤추구에 제한을 가하게 했다. 왜냐하면 자본의 무정부적 이윤추구는 공황과 체제위기를 낳았을 뿐 아니라, 자칫 계급투쟁이 격화될 경우 자본의 지배가 더 이상 유지될 수 없는 혁명적 상황이 초래될 수도 있기 때문이다. Eric Hobsbawm, *Age of Extremes*, 이용우 역, 『극단의 시대: 20세기 역사』 상하 (서울: 까치, 1997) 참조.

607 초국적 세력인 IMF나 세계은행 같은 국제기구들이 강제적으로 실시하는 구조조정 프

유주의의 논리는 초국적 세력인 국제금융체제와 국제무역구조에 의해 한층 더 강화된 위세를 떨치게 된 것이다.[608] 이제 금융자본은 사상 유래 없는 규모로 기존의 국민국가의 경계를 넘어서서 자유롭게 운동하게 되었고, 우루과이 라운드를 통해 "관세와 무역에 관한 일반협정"(GATT)을 대체하게 된 "세계무역기구"(WTO)가 세계무역질서를 새롭게 조율하게 되었다. 자본시장의 자유화는 자본수익의 극대화라는 논리를 전 세계적인 규범으로 만들고 있다. 환시장, 주식시장, 채권시장이 자유화되고 컴퓨터 정보망이 급속히 발전하면서 금융자본은 단기적인 차익을 좇아 빛과 같은 속도로 형태를 달리하며 운동할 수 있게 되었다. 첨단금융기법이 등장하면서 투기자본의 활동범위는 점점 더 넓어지게 되었다. 심지어 세계적인 금융기관들은 투기자본에 엄청난 신용공여를 해 주고 단기수익을 서로 나누는 관행에 익숙해지기까지 했다. 투기자본이 세계금융시장에서 그물을 침으로써 지역 금융시장을 교란하여 투기적 수익을 볼 수 있게 된 것은 이와 같은 세계금융기관들의 방조 내지 협력 없이는 설명되지 않는다.[609]

시장규제의 철폐를 통한 자본수익의 극대화라는 논리는 세계무역질서

로그램은 소위 "워싱턴 콘센서스"라 불린다. 이것은 제3세계 국가들이 예산축소, 공기업의 민영화, 규제완화, 자본시장 자유화, 외환시장 개방, 관세인하, 외국자본의 국내기업 인수합병 허용 등의 구조조정을 위한 시행 방침들을 정리하고 있음과 동시에 나아가 구조조정을 개별국가에서 관철시키기 위해 사용될 전술까지 정리하고 있다. 강상구, 『신자유주의의 역사와 진실』, p.131~133.

608 지구화를 추진하는 주도 세력은 초국적 자본가 집단과 관료 및 지식인이다. 이들은 경제적 측면에서 지구화 시대의 자본축적 양식을 IMF나 WTO와 같은 기구를 통해 제도화·규범화하고, 정치적으로 신자유주의 국가의 제도적 개혁을 단행하게 하며, 이념적으로 지구화의 자유 시장 이데올로기 담론을 확대 재생한다.

609 태국과 인도네시아, 홍콩을 거쳐 우리나라까지 파급된 외환위기는, 우리 경제의 수많은 취약성들을 충분히 감안하더라도, 투기자본의 폐해로 인해 촉발된 측면을 간과할 수 없다.

에도 그대로 관철되고 있다. 세계시장에서 자본수익을 극대화하기 위해서는 가격경쟁력을 유지할 수 있어야 한다. 거대한 독점자본들은 가격경쟁력 문제를 해결하기 위해서 임금수준이 높은 지역에서 낮은 지역으로 생산기지를 이전하거나 글로벌 소싱을 통해 수직적인 국제 분업을 이루고자 한다. 이렇게 해서 생산된 제품들은 아직까지 유효수요를 높게 유지하는 거대한 지역시장들로 수출된다. 경제의 지구화가 실현되기 이전에 가난하였던 나라들은, 설사 해외독점자본들의 직접투자로 인해 명목적인 생산 활동이 늘어난다고 해도, 이와 같은 무역조건 아래서는 별로 큰 기대를 할 수 없게 된다. 왜냐하면 이 지역들의 저임금구조는 유효수요가 있는 시장의 형성을 불가능하게 만들어서 그 곳에서 생산된 제품은 거대한 유효수요를 가진 지역들로 수출될 수밖에 없기 때문이다. 그리고 이러한 수출 지향적으로 재편된 지역경제들은 제한된 시장진입을 위해 치열한 가격경쟁을 벌여야하기 때문에 수출수익성은 나날이 나빠질 수밖에 없다.

경제의 지구화 조건 아래서 신자유주의를 급속히 확산시키는 초국적 기구는 IMF다. IMF의 기능 강화는 흔하게 발생하는 외채위기와 밀접한 관계가 있다. 기술과 첨단지식을 독점하고 있는 선진 공업국가들에 여러모로 유리하게 짜여진 국제무역구조에서 무역수지를 제대로 맞추는 것은 개발도상국가들에게 매우 어려운 과제이다. 미국처럼 국제 기축통화(key currency)를 발행할 수 있어서 자본수지의 불균형을 채권발행이나 이자율조절로 극복할 수 있지 않는 한, 만성적인 무역적자에 시달리는 나라들은 필연적으로 외채위기에 몰릴 수밖에 없다. 자본의 운동이 자유화된 오늘날에는 외채조달에 의한 과잉투자와 기업수익성 하락을 회피하지 못할 경우에도 외채위기에 몰리게 된다. IMF는 외채위기에 빠진 나라들의 경제구조를 조정한다는 명목으로 신자유주의를 강요하고, 이 나라들의 경제를 수출지향구조로 재편하는 역할을 하고 있다. 외채위기에 시달리는 국가들에 대해 IMF가 내어 놓는 처방의 요점은 국민경제의 수요부문을 억압하고 공급부문을 강화하는 한편, 경제구조를 세계무역구조에 적응시키는 것이다. 경제정책, 구조정책, 금융정책의 중점은 재정지출을 억제하고, 자본축적을 용이하게 하여 외채와 이자를 우선적으로 변제하는 데 놓이게 된다.[610]

이러한 조건 아래서 노동과 환경과 여성이 희생되는 것은 불보듯 뻔하다. 국민경제의 소득분배에서 이들에게 돌아갈 몫은 점점 더 적어진다. 격증하는 실업의 압력과 인플레이션으로 인한 실질적인 소득감소로 인해 노동문제, 환경문제, 여성문제는 정치적, 사회적으로 주변적인 의제가 되고, 기업의 노동정책, 사회정책, 환경정책도 퇴조한다. 자본운동의 세계성과 국민국가의 경제적 주권이 비대칭적이기 때문에, 자본에 대한 국가의 통제력이 가뜩이나 약화되어 있는 상황에서, IMF의 경제관리 아래 있는 국가의 경제주권 행사는 더욱더 제약된다. 경제정책, 사회정책, 환경정책 등을 조율하는 국가의 기능은 급격히 약화된다.

3. 신자유주의 종교

신자유주의의 논리와 그 실천은 가난한 민중의 삶의 처지를 악화시킬 뿐만 아니라 민중의 주체성에 대한 중대한 도전이 된다. 위의 분석에서 드러났듯이, 오늘날 전 세계적으로 확산된 신자유주의는 시장체제의 "자연적"

610 이에 대해서는 Michel Chossudovsky, *The Globalization of Poverty: Impacts of Imf and World Bank Reforms*, 이대훈 역, 『빈곤의 세계화 - IMF 경제신탁의 실상』 (서울: 당대 1998), 제1부 제1장~제3장 참조.

합리성에 대한 믿음에 근거한다. 경제를 시장체제의 원리에 맡기면 시장의 자율적인 규제기능을 통해 경제적 효율성이 최대화된다는 신념이 그것이다. 이러한 신념은 신자유주의자들뿐만 아니라 시장법칙을 "자연법칙"이나 "보이지 않는 손"과 같은 것으로 믿었던 자유주의적 정치경제학자들의 고전적인 저작들에도 나타난다.[611] 이와 같은 사고방식에서는 시장법칙에 순응하고 그것에 따라 행동하는 것이 가장 자연스러운 일이고 "합리적"인 일이다. 여기서는 시장체제가 어디까지나 인간이 의도적으로 만들어낸 인간의 창조물이고 인간이 시장을 규율할 수 있다는 사실이 은폐될 뿐만 아니라, 시장법칙이 자연적 필연성과 같은 성격을 띨 이유가 없으며, 더욱이 교환을 위해 고안된 제도적인 틀을 가리키는 데 불과하다는 사실도 망각되고 만다. 이 제도적인 틀을 유지하는 데 필요한 것을 마련하는 것은 인간의 결단인데도, 마치 그것이 시장현상에 내재된 자연적 본성의 표현, 곧 사실필연성인 양 생각한다. 그 배후에는 사실이 아닌 것을 사실인 양 믿고 그것에 얽매이는 강박증이 작용한다. 문제는 이 강박증이 의식되지 않고 도리어 강제성을 띤다는 데 있다. 시장법칙에 대한 신념은 이렇게 해서 탄생하고 이를 믿는 사람들은 시장법칙의 노예가 되어 이를 종교적 진리의 수준으로 간주하게 된다.

---

611 아담 스미스의 경우를 보자. 그가 생각한 시장법칙은 유사한 동기로 움직이는 개인들이라는 환경에서 개인적 자기이익 추구가 어떻게 경쟁을 야기하며, 또한 경쟁의 결과 사회가 원하는 상품을, 사회가 원하는 양과 사회가 기꺼이 지불할 가격으로 공급하게 된다는 것을 말하고 있다. 시장법칙은 생산품에 가격경쟁을 강제하고, 사회가 필요로 하는 상품의 양을 생산자들에게 맞추도록 강요한다. 그것은 어떠한 계획당국이 생산계획을 수립해서 이루어진 결과가 아니라는 것이다. 오직 이익과 경쟁이 상호작용하여 자연스럽게 이루어진 전환이라는 것이다. 소위 '보이지 않는 손'이 '인간의 사적인 이익과 열정'을 전체 사회의 이익과 가장 잘 조화되는' 방향으로 유도한다는 것이다. Adam Smith, *The Wealth of Nations* (New York: Modern Library, 1937), p.423, p.594~595.

하이에크가 정치적으로 옹호하는, 그리고 그의 열렬한 추종자 대처, 레이건 그리고 심지어 칠레의 독재자 피노체트에 의해 구현된 신자유주의가 위험한 것은 시장의 "자연적" 합리성에 맡기면 모든 것이 제대로 해결된다는 소위 시장만능주의가 조장된다는 데 있다. 인간의 질서는 사회적 진화의 결과로 만들어진 자생적인 질서(spontaneous order)이자, 비인격적인 경쟁적 시장에 의해 창조되는 질서이기에, 그런 질서 안에서는 사회적 불평등이 그 누구의 책임도 될 수가 없다. 따라서 사회정의는 전면적으로 부정되고 만다. 하이에크에 의하면 사회정의란 '신기루', '미신', '사이비종교', 그리고 '자유문명에 대한 중대한 위협'일 뿐이며,[612] 따라서 그것을 자유 경제체제에 적용하는 것은 '범주 착오'이며,[613] 가진 자에 대한 질투의 산물인 것이다. 인류의 경제발전은 사회적 불평등 때문에 가능했으며, 만일 사회적 불평등이 없었다면 인류는 오늘날과 같은 규모의 경제를 이루지 못했을 것이고, 빈곤은 부의 재분배가 아니라 오로지 급속한 경제발전에 의해서만 해결될 수 있다고 주장한다.[614] 부자들은 물질적 조건에서 단지 그렇지 못한 사람들이 이르지 못한 진화의 단계를 앞서 사는 것이기에 사회적 약자에 대한 연대는 자연스런 사회진화의 과정을 위배하는 일이 되고 만다. 그래서 하이에크식의 자유주의에서는 성서의 '이웃 사랑'의 윤리조차도 현대사회에서는 적용될 수 없는 부족사회의 원시적인 윤리로 치부되고 만다. 이제 우리는 원시적인 부족사회가 아니라 현대사회에 살기 때문에 그런 시대에 개발된 윤리를 더 이상 따라서는 안 되는 것이며 이제는 오직 시장의 원리에 의해 작동

---

612 Hayek, *The Mirage of Social Justice* (Chicago: The University of Chicago Press, 1976), p.67.

613 Ibid., p.69~70.

614 Hayek, *The Constitution of Liberty (Chicago: University of Chicago Press, 1978)*, p.52.

되는 상업적 윤리를 따라야 한다는 것이다.[615] 이 시장만능주의는 단순한 자유시장경제이론을 초월하여, 시장은 결코 실패하지 않는다는 시장근본주의, 심지어 시장에 대한 일종의 '종교적 신앙'을 의미한다. 그리하여 시장은 인류 구원의 원칙이 되었으며, 신자유주의는 자신의 독자적인 교리를 가지고 저개발 국가들을 시장이라고 하는 구원 영역으로 개종시키려는 일종의 신흥종교가 되었다.[616] 전 지구적 시장의 법칙은 그 누구도 거스를 수 없는 대세가 되었으며,[617] 그 자체가 신적인 위상을 지니게 되었다. 이 신적인 힘에 대한 적대적 행위는 용납될 수 없는 신성모독이며, 이에 부적응된 자들에게 가하는 시장의 보응은 가혹하다. 시장에 참여하는 사람들에게 요구되는 덕목은 겸손과 순종이다. 시장과정에 대해 겸손한 태도를 취하는 사람에게만 자유가 허락된다.[618]

시장만능주의는 시장의 덕을 지키면, "시장의 기적"을 약속한다. 시장의 기적은 상품의 풍부한 공급과 소비로 표현되는 바, 이것이 시장이 베푸는 상급이다. 이렇게 보면, 시장만능주의로 표현되는 신자유주의는 명백히 유토피아적 지향성을 지니고 있다. "우리들에게 결여되어 있는 것은 자유주의적 유토피아입니다. 현재의 질서를 그래도 옹호하려는 것도 아닌, 그렇다

---

615 Hayek, *A Conversation with Friedrich A. von Hayek: Science and Socialism* (Washington D. C.: American Enterprise Institute, 1979), p.17~18.

616 M. P. Joseph, "A New Language for Divinity: Critique of the ideology of Market," in DAGA Info, No. 119(March 29, 2001), 장윤재, "경제 세계화와 하이에크의 신자유주의에 대한 신학적 비판", 『신학사상』2003 겨울호 p.235에서 재인용.

617 대처의 말대로라면 "더 이상 대안은 없다"(There is No Alternative)이며, 후쿠야마의 말로는 '역사의 종언'이다.

618 사실 여기서의 자유는 엄밀히 말해 부르주아적 자유이다. 그것은 무엇보다도 시장들의 지배를 긍정하는 자유, 따라서 일차적으로 가격들의 자유로 이해되는 자유이다. 인간은 겸손하게 가격들과 기업들과 시장들이 자유롭게 활동하도록 하고 그것들의 지표에 복종하는 만큼만 자유롭게 행동할 수 있다.

고 적당히 사회주의를 혼합한 것도 아닌, 진정한 자유주의적 급진주의인 것입니다. 자유주의자들이 사회주의자들에게서 배워야 할 중요한 덕목은 유토피아를 향한 그들의 용기입니다."[619]라는 하이에크의 말에서 이미 천명되고 있다. 그에게는 착취란 개념도 성립될 수 없다. 가난한 자와 노동자 그리고 개발도상국들은 부자와 자본가 그리고 선진 자본주의 국가들에 의해 크나큰 은총을 입고 있기 때문이다. 부자 자본축적가가 없었다면 지금 생존하고 있는 가난한 자들은 지금보다 훨씬 가난했을 것이며, 굳이 윤리라고 한다면 가난한 자들이 부자들의 시혜로 생존의 기회를 얻게 된 것 바로 그것 이상은 없는 것이다. 이런 의미에서 착취란 객관적인 현실이라기보다는 가난한 자들의 심리적 박탈감의 표현일 뿐이며, 정치인들이 권력을 획득하기 위해 그런 감정을 부추기고 장난친 것, "치명적인 망상"(fatal conceit)에 불과하다.[620] 따라서 시장 유토피아주의는 충분히 행복할 수 있는 풍부한 상품의 공급과 소비를 인류에게 약속하는 바, 시장의 힘에 의해 자생적으로 만들어지는 사회진화적인 운명을 오직 믿고 따르면 되는 것이다.

그러나 시장이 과연 사회적 진화에 의해 자생적으로 만들어진 자연 질서인가? 자본주의 시장경제가 자연적인 질서라는 생각이야 말로 허구적인 상상력에 불과하며, 그것은 사회진화를 통해서 자연스럽게 우리에게 주어진 것이 아니라, 중앙집권적이고 강력한 국가의 개입과 통제에 의해 만들어진 역사적 산물일 뿐이다. 심지어 신자유주의 사상의 지주가 되는 아담 스미스의 글에서도 시장의 역사가 결코 사회진화의 과정을 통해서 이루어진 바가 아니라는 점을 명백하게 보여준다.[621]

---

619 하이에크의 1949년 연설. 장윤재, op. cit., p.239에서 재인용.

620 Heyek, *The Fatal Conceit: The Errors of Socialism* (Routledge: The University of Chicago Press, 1988), p.130~131.

시장이 역사의 종착점이 아니라 하나의 과정에 불과한 것이라면, 시장에 무한의 절대적 권위를 부여한다는 것은 애당초 설득력을 잃고 있는 셈이다. 시장의 이상과 약속이 끊임없이 선전되고 있지만, 그러한 시장이 그려주는 희망 역시 지극히 윤리적이지 못하다. 왜냐하면 시장이 사회적 진화의 산물이라 할진데, 그것은 이미 사회적으로 강력한 힘을 얻고 있는 사태를 자연적인 것으로 받아들이고자 하는 기득권 세력의 현상유지(status quo)적 욕망의 표출일 뿐 '당위성'을 논의할 여지가 근본적으로 차단되어 있기 때문이다. 노예제도의 윤리, 인종차별의 윤리, 성차별의 윤리, 계급차별의 윤리가 역사적으로 일정한 시기에 통용된 적이 없었던 바는 아니지만, 그러한 과거의 우세했던 전통을 비판할 수 있는 여지를 근본적으로 차단한 형태를 윤리적이라고 말할 수 없는 것이다.

노예의 윤리에 어떠한 희망이 있을 리 만무한 것이며, 현실적으로 지구화된 시장체제를 통해 공급되는 상품의 배분은 기껏해야 "파레토 최적원

---

621 시장체제는 토지·노동·자본이라는 구성요소를 갖는데, 이러한 체제는 13세기에서 19세기까지 결코 순탄하지 못한 과정을 겪으면서 태동된 체제이다. 아담 스미스의『국부론』은 영국의 노동시장 태동 과정에서 작동된 강제와 농민들의 참혹한 현실을 보여준다. 산업혁명이 본격화되기 전만해도 영국 농촌주민의 대부분은 세계에서 유례를 볼 수 없을 정도의 독립성과 자유를 누리는 자작농이었다. 하지만 양모가 새로운 이익을 창출하는 상품으로 등장하자 대량생산을 원하던 생산자들은 필요한 초원을 위해 공유지를 폐쇄하기 시작했다. 울타리도 없이 자유롭게 농사지을 수 있던 공유지가 하루아침에 사적인 영주의 땅으로 공포된다(enclosure). 18세기 중엽에 그에 반대하는 폭동이 일어나고 어떤 봉기에서는 3500명이 학살되기에 이른다. *The Wealth of Nations*, p.79.
이런 참혹한 과정은 19세기 중엽에 이르러서야 완성되기에 이른다. 비참한 처지에 내몰린 농민들은 생소했던 노동시장에 편입되지 못해 대부분 거지나 도시 부랑자로 전락할 수밖에 없었다. 그러자 의회는 불어나는 부랑자 문제를 해결하기 위해, 노동하지 않고 정해진 교구를 이탈하는 방랑자들에게 채찍질과 낙인과 사지를 절단하는 형벌을 가하게 되었다. 당시에 혹자는 빈민들이 수용되던 '교구 빈민원'을 '공포의 집'(Houses of Terror)이라 부를 정도였다. Ibid., p.11~12. 이것이 영국에서 노동시장이 형성되는 과정이다.

리"[622]에 따라 이루어질 뿐이기에 풍요 속의 빈곤 문제를 해결하지 못하고 있는 것이 오히려 객관적 사실인 형편이다. 시장을 동요시키는 세력에 대한 억압과 시장의 법칙에 순응하는 사람들에 대한 보상이 경제적 유토피아주의의 무기인데, 역으로 이를 통해 자본의 지배를 강화시키고 마침내 자본에

---

622 20%의 인구가 80%의 돈을 가지고 있고, 20%의 근로자가 80%의 일을 하였으며, 20%의 소비자가 전체 매출액의 80%를 차지한다는 원리를 말한다. 이 원리에 따르면 시장은 점차 양극화되는데, 승자가 모든 것을 차지하는 승자독식(Winner - take - all)의 사회가 된다는 것이다. 바로 80 대 20 법칙이 역사상 그 어느 때보다 오늘날 위력을 발휘하고 있는 이유는 현재 진행되는 지구화 때문이다. Hans - Peter Marthin/ Harald Schumann, Die Globalisierungsfalle, 강수돌 역, 『세계화의 덫 : 민주주의와 삶의 질에 대한 공격』(서울 : 영림카디널, 1997을 참고.
참고적으로 통계를 보면, 가장 부유한 나라에 사는 사람들인 상위 20%와 가장 가난한 나라에 사는 하위 20% 사이의 수입격차는 1997년 74 대 1로 벌어졌다. 이것은 1990년의 60 대 1과 1960년의 30 대 1에 비교해보면 엄청난 차이이다. 세계 경제는 1965~1998년 연평균 2.3%의 성장을 보여온 반면, 국가 간의 빈부격차는 1인당 국민소득을 기준으로 30년 전에 비해 10배나 확대되었다. 빈곤층 인구는 10년 전에 비해 1억 명 증가했으며 빈부격차도 점차 커지고 있다. 1990년대 후반기에 고수입 국가에 사는 사람들인 20%가 소유한 것은 다음과 같다: 세계 GDP의 86%를 차지 - 하위국가의 사람들인 20%는 단지 1%를 차지. 세계 수출시장의 82%를 차지 - 하위국가의 사람들인 20%는 단지 1%를 차지. 외국인 직접투자의 68%를 차지 - 하위국가의 사람들인 20%는 단지 1%를 차지. 오늘날 커뮤니케이션의 가장 기본적 수단이 전화 라인의 74%를 차지 - 하위국가의 사람들인 20%는 단지 1.5%를 차지. 세계 인구의 19%가 사는 OECD 국가들은 상품과 서비스가 주류를 이루는 세계 무역의 71%, 외국인 직접투자의 58%, 모든 인터넷 사용자의 91%를 차지한다. 세계에서 가장 부유한 200명은 1998년에 이르는 4년 동안 자신들의 순자산 가치를 두 배 이상 불려놓았다. 그것은 1조 달러가 넘는 금액이다. 상위 3명의 억만장자의 재산은 모든 저개발 국가들과 그들의 6억 인구의 GNP를 합친 것보다 많다. 기업 인수합병(M&A)에 대한 최근의 흐름은 자유로운 경쟁을 저해할 위험이 있는, 거대기업에 산업력을 집중시키고 있다. 1998년까지, 농약 업계에서 상위 10개의 초국적기업들이 310억불 규모의 세계시장에서 85%의 시장점유율을 나타냈고, 통신 분야에서 상위 10개 기업들이 2620억불 규모의 세계시장에서 86%의 시장점유율을 보이고 있다. 전체적으로 보면, 가장 큰 200개의 세계적 기업들이 세계 총생산량의 약 30%와 국제무역의 약 50%를 확보하고 있다. 1993년, 단지 10개의 나라가 지난 20년간 미국 특허의 95%를 차지했다. 더욱이 개발도상국가에서 인정한 특허 중 80%이상이 선진국 거주민들에게 속한다는 것이다. 이러한 모든 경향은 세계적 통제를 넘어 소수가 그들의 부를 축적하고 있는 것을 의미한다.

대한 인간의 노예화를 실현시키는 것이다.

교회는 신자유주의의 지구화로 인해 발생되는 가난과 억압으로 신음하는 수많은 사람들이 세계 도처에서 신음하고 있는 현실을 직시해야 한다. 현재 지구의 60억이 넘는 인구 중 12억 인구가 기아 절대빈곤의 상태에 놓여 있다. 매일 수만 명이 기아나 영양실조로 인한 질병으로 죽어 가고 있다. 2005년 기준으로 10세 미만의 아동이 5초에 1명씩 굶어 죽어가고 있으며, 비타민A 부족으로 시력을 상실하는 사람이 3분에 1명꼴이다. 특히 아프리카에서는 현재 전 인구의 36%가, 사하라 사막 이남 지역에서는 인구의 절반 정도가 굶주림에 무방비 상태로 놓여있다. 다음 글은 이러한 실태를 적나라하게 보여주고 있다.

> 아이들의 모습은 공장에서 찍어낸 것처럼 똑같았다. 누더기 옷 밖으로 삐져나온 팔다리는 꼬챙이처럼 가늘고, 갈비뼈가 다 보이는 몸통에 배만 수박처럼 잔뜩 부풀어 올라 있었다. 그 중앙에는 배꼽이 수박꼭지처럼 툭 튀어나왔다. 세 살짜리가 걷기는커녕 앉지도 못한다. 까맣고 꼬불꼬불해야 할 흑인 아이의 머리카락은 먼지를 뒤집어쓴 것처럼 푸석푸석하고 회색빛이 돈다. 너무 오래 먹지 못해서 뇌 속에 있는 단백질까지 영양분으로 다 써버렸기 때문이란다. 아프가니스탄에서도 수없이 보았지만, 이런 아이들을 볼 때마다 콧등이 매워지며 목에 뭔가 걸린다. 갓난아이를 안고 있는 이십대 젊은 부부를 만났다. 일주일 전 첫째 아이를 잃고 바로 저 밭에 묻었다고 남편이 담담하게 말했다. "며칠을 걸어서 병원에 갔더니 의사가 우리 아이는 병에 걸린 게 아니라 먹지 못해서 그런 거니까 집에 가서 잘 먹이면 낫는다고 했어요." 백방으로 곡식을 구하러 다녔지만 결국 야생 과일만 먹다가 그 아이는 죽고 말았고, 지금 안고 있는 아이가 동생이란다. 제시카라는 이 아이는 다른 아이들과는 달리 까만 눈동자가 반짝반짝해서 상태가 좀 괜찮은가 했는데, 바싹 마른 몸이

> 온통 곪아서 피고름덩어리다. 눈에 파리가 안경처럼 달라붙어 있어도 아이도 엄마도 쫓을 생각을 하지 않는다. 여기서 오토바이를 타고 한 시간만 나가면 가게마다 밀가루가 산처럼 쌓여 있는데…. 흔히 사람들은 굶주림의 원인을 세상에 식량이 부족해서, 혹은 자연재해 때문이라고 생각한다. 하지만 이 지구에는 60억 인구를 모두 먹여 살리고도 남을 충분한 식량이 있다. 10년 가뭄이 들어도 부자들을 굶어죽지 않는다. 문제의 핵심은 분배다.[623]

결국 기아문제의 발생 원인이 분배에 있다는 것이다. 실제로 전 세계에는 1인당 GNP가 1만 달러 이상인 인구가 10억 정도인 데 반해, 1인당 GNP가 몇십 달러도 안 되는 인구가 12억이나 된다. 즉, 10억의 인구가 지구 재화의 80% 이상을 독점해버림으로써 12억의 인구는 1%의 재화도 못 쓰는 형편이다. 피터 싱어 역시 빈곤의 원인이 본질적으로 분배의 문제임을 지적하면서, 이러한 상황은 오로지 부유한 국가 사람들의 부의 일부를 가난한 나라 사람들에게 옮김으로써만 변화될 수 있다고 주장한다.

> 절대빈곤 때문에 수많은 생명이, 특히 유아와 어린아이들을 죽어가고 있다 … 문제는 세계가 세계인구를 먹이고 재울 음식과 거처를 충분히 생산하지 못하는 데 있지 않다. 가난한 나라 사람들은 하루에 평균 180그램의 곡물을 소비하는 반면, 북미에서는 평균 900그램 이상을 소비하고 있다. 이 같은 차이는, 부유한 나라에서는 곡물을 고기 우유 그리고 달걀로 전환시키기 위해 동물들에게 대부분을 먹이는 데서 생겨난다. 동물에게 곡물을 먹이는 것은 동물이 먹는 음식의 영양가를 95%까지 낭비하는 비효율적인 과정이므로, 부유한 나라 사람들은 동물이 생산하는 것을 거의 먹지 못하는 가난한 나라 사람들보다 훨씬 많은 음식을 소비하고 있는 것에 책임을 져야 한다. 만약 우

623 한비야, 『지도 밖으로 행군하라』(서울: 푸른숲, 2005), p.72~73.

리가 동물에게 곡물, 콩 그리고 어분을 먹이지 않고 절약한 식량을 필요로 하는 사람들에게 분배할 수만 있다면, 전 세계의 기아를 종식시키고도 남을 것이다. 동물성 음식과 관련된 이 같은 사실이 우리가 동물성 음식의 생산을 축소시킴으로써 세계의 식량문제를 쉽게 해결할 수 있다는 것을 의미하지는 않는다. 그러나 이러한 사실들은 그 문제가 본질적으로 생산의 문제가 아니라 분배의 문제임을 보여주고 있다. 세계는 충분한 식량을 생산하고 있다. 게다가 비교적 가난한 나라들도 개선된 농업기술을 더 많이 사용한다면 훨씬 많은 식량을 생산할 수도 있을 것이다. 그렇다면 사람들은 왜 굶주리는가? 가난한 사람들은 미국 농부들이 키운 곡물을 살 만한 여유가 없다. 가난한 농부들은 개량종자나, 비료나, 우물을 파고 물을 긷는 데 필요한 기계를 살만한 여유가 없다. 오직 발전된 나라의 부의 약간을 덜 발전된 나라의 가난한 사람들에게 옮김으로써만이 상황을 변화시킬 수 있다.[624]

절대빈곤의 문제에 대해 신자유주의자들의 대응은 무엇인가? 노직(R. Nozick)은 정의로운 분배를 "모든 사람들이 소유하는 소유물에 정당한 권리가 있는 경우"라고 정의하는데, 정당한 소유권리란 올바른 절차를 따라 소유물을 획득하는 데서 생긴다. 자연물에 노동을 가하여 생산된 것과 자발적 교환, 증여, 상속을 통해 이전된 것은 올바른 절차를 거친 것이다. 이러한 과정은 개인들의 자유로운 동의에 의해 이루어지므로 정부가 거기에 개입하는 것은 인권을 침해한다는 것이다. 개인 권리의 불가침성을 옹호하고 있다는 점에서 의의가 있으나, 획득한 재산권의 신성불가침성을 말하고 있는 것은 절대빈곤의 문제에 대한 대답이 될 수 있을지 극히 의문이 든다. 신자유주의의 정의론은 대체적으로 인간의 사회성을 무시하고 타인의 간섭으로

---

624 Peter Singer, 황경식·김성동 역, 『실천윤리학』(서울: 철학과현실사, 1991), p.216~218.

부터의 자유라는 소극적 자유에만 집착하여, 각 개인의 자유로운 재산권 행사에 의해 불가피하게 생겨나는 사회적 문제들, 즉 빈곤과 불평등에 대해 눈을 감고 있다는 비판을 피할 수 없다.

이에 대해 싱어(Peter Singer)는 절대적 빈곤에 처한 자들 위해 내 삶까지 망칠 정도로 많은 몫을 부담할 수는 없지만 어느 정도 여유가 있는 사람은 연소득의 5%를 기부할 것을 제안한다.('수용 가능한 기부의 공식적인 기준') 물론 부담이 없는 부유한 자들은 이보다 더 많이 기부해도 된다. 이러한 기준을 널리 수용하게 된다면 절대빈곤을 추방하기에 충분한 기부금을 갖추게 될 것이라고 주장한다.[625] 그리고 이러한 수용 가능한 기준을 통해 미국에서 가장 소득이 높은 10% 내의 사람들이 세계에서 가장 가난한 사람들의 헛된 죽음을 막고 고통을 덜어주기 위한 기부의 기준으로 공정하다 여긴다. 그러나 싱어가 제안한 이 기준은 그 주장이 타당함에도 널리 실현되지 못하고 있는 형편이다.

뿐만 아니라 삭스(Jeffrey Sachs)는 2015년까지 전 세계의 빈곤을 절반으로 줄이자는 야심찬 주장을 펼쳤다. 이를 위해 삭스는 아홉 가지의 구체적인 조치를 제안하였다[626]: ① 2015년까지는 절반으로 2025년까지는 빈곤을 지구상에서 종식시킬 것을 약속하자. ② 빈곤의 종말을 위해 구체적인 행동계획을 채택하자. ③ 가난한 자들은 부유한 자들의 정의(justice)에 호소만 할 것이 아니라 정의에 대한 목소리를 높여야 한다. 그러기 위해 가난한 국가들이 단결해서 행동해야 한다. ④ 세계에서 가장 부유하고 힘이 있던 미국이 요즘 세계 정의와 안전마저 훼손시키고 있다. 따라서 전 세계적 평화와

---

625 Peter Singer, 함규진 역, 『물에 빠진 아이 구하기』(서울: 산책자, 2009), p.219.
626 Jeffrey Sachs, 김현구 역, 『빈곤의 종말』(서울: 21세기북스, 2006), p.542~546.

정의를 위한 도상에서 미국의 역할이 회복되어야 한다. ⑤ IMF와 세계은행이 채권국의 시녀가 아니라 경제적 정의와 계몽된 세계화의 옹호자 노릇을 제대로 해야 한다. ⑥ 빈곤의 종말을 위해 강대국들의 영향력을 견제할 수 도록 국제연합의 기능을 강화해야 한다. ⑦ 부국의 세계적인 과학기술의 연구성과를 가난한 나라들의 문제를 해결해 주는 일에 사용될 수 있도록 적극 지원해야 한다. ⑧ 절대빈곤 종식에 노력하는 한편, 전 세계의 생태계가 지속될 수 있도록 돌보는 일을 항구적 문제로 인식해야 한다. ⑨ 개인 수준의 약속이 필요하다. 거대한 사회적 힘도 개인적 행위들이 모여서 만들어 진 것이다.

그러나 싱어의 윤리적 주장이나 절대빈곤을 반으로 줄이고 나아가 완전히 추방시키자는 삭스의 주장도 제대로 실현되지 못했으며 앞으로도 실현될 것 같은 조짐은 보이지 않는다. 그렇다면 자본의 전지구화 한 가운데서 절대빈곤에 처한 가난한 자들을 목격하면서 교회는 그것은 자연적인 것이며 피할 수 없는 운명인 것처럼 여겨야 할 것인가. '기독교 신앙은 개인과 하나님을 이어주는 것이지, 사회나 세계와는 무관한 것이다'는 식의 이분법적 신앙을 방편으로 방관할 것인가. 가난한 자들에 대한 책임을 각성시키는 싱어의 예를 주목할 가치가 있다.

> 연못가를 지나는데 열 명의 아이가 연못에 빠져 살려달라고 하고 있다. 주위를 두러보니 부모나 다른 보호자가 전혀 보이지 않는다. 그러나 자신 외에도 아홉 명의 어른이 지금 막 연못가에 도착해서 물에 빠진 아이들을 본 상태다. 그들도 나와 똑같이 아이를 구하기에 어려움이 없는 위치에 있다. 이제 나는 물로 뛰어들어 한 아이를 붙잡고 물에서 무사히 끌어낸다. 그리고 다른 어른들도 나와 똑같은 일을 했을 것이고, 이제는 모든 아이가 무사하리라 예상하며 고개를 들었다. 그러나 실망스럽게도, 네 명의 어른이 각자 한 명씩

> 아이를 구했으나, 나머지 다섯은 그냥 무심히 있음을 본다. 연못에는 아직도 다섯 명의 아이가 허우적거리고 있다. 분명히 빠져죽기 직전이다. 모두가 나처럼 행동했다면 모든 아이가 살았을 것이므로, 나는 나의 몫은 다한 셈이다. 더 이상의 아이를 구해야 할 책임은 내게 없다. 그러나 스스로 그러한 논리에 대해 납득할 수 있겠는가? 다른 네 명도 아이를 한 명씩만 구한 채 팔짱을 끼고서 나머지 아이들이 빠져죽는 것을 바라만 보는 것에? 이 문제는 다음과 같은 문제로 이어진다. 다른 사람이 자기 몫을 다하지 않고 있다는 사실이 내가 손쉽게 아이를 구할 수 있는데도 구하지 않는 행위를 정당화하는가? 나는 이 문제의 해답이 명백하다고 본다. "아니다!" 위의 다섯 명의 어른은 자기가 해야 할 몫을 외면함으로써 스스로를 아무것도 아닌 존재로 만들었다. 그들은 그냥 주변에 널린 바위덩어리나 마찬가지다. 아니, 차라리 진짜 바위만도 못하다. 주변에 바위뿐이라면 우리는 한 아이를 구하고 지체 없이 다른 아이를 구하러 다시 뛰어들었을 테니까. 어쨌든 다른 사람들이 이와 같이 행동한다고 해서, 우리가 쉽게 구할 수 있는 아이의 죽음을 방관하는 것에 면죄부가 주어질 수는 없다.[627]

이 예에서 자신의 몫을 다했으니 그 이상의 일을 하지 않고 수수방관하는 어른이나, 최악의 경우 아예 책임을 느끼지 못하는 바위덩어리와 같은 어른이 우리 그리스도인의 모습이 될 수 있겠는가. 앞에서 언급했듯이 절대적 빈곤으로 야기한 처참한 비극이 자연이나 숙명이 아니라, 그것의 결정적인 원인이 살인적이고 불합리한 세계 경제 질서, 즉 전 지구화된 자본주의 경제 질서로 인한 것이라는 사실이 명백하지 않은가. 이런 현실에서 인간 존엄성이 침해당하지 않도록 온갖 장애물들을 제거하고 정의와 사랑이 실현될 수 있도록 최선의 노력을 기울이는 것이 책임감있는 교회의 모습일 것

---

627 Peter Singer, 『물에 빠진 아이 구하기』, p.195~196.

이다. 따라서 교회는 신자유주의가 선전하는 시장의 "자연적" 합리성에 대한 신앙과 그것에 내포된 경제적 유토피아주의를 비판하지 않으면 안 된다. 권력현상이 인간의 집단적 삶의 질서를 유지하는 데 반드시 필요하고 따라서 권력이 마치 "자연의 질서"인 양 생각하는 철학을 비판함과 동시에 섬김의 제자도를 제시해야 하고, 교회는 시장의 "자연적" 합리성이 시장 강박에서 비롯된 허위의식(사이비종교)임을 폭로해야 한다. 시장의 종교화(절대화)는 인간성의 왜곡을 야기한다. 시장 지상주의에 의한 인간은 삶에 필요한 기본 욕구의 충족을 위해 일하지 않고, 무제약적이고 인위적인 탐욕의 달성, 즉 더 많은 상품과 부를 향한 죽음의 불안에서 일하게 되며, 권력 의지적 인간이 되어 이기적으로 타인의 희생을 감수하고서라도 자신의 부와 권력을 축적하려고 한다.[628] 여기서 인간 존엄성의 상실은 물론 사회정의, 사회적 연대라는 가치는 의미를 박탈당할 수밖에 없다. 또한 최강자의 생존만을 허용하는 무제한적인 자유 경쟁은 부의 축적뿐 아니라 거대한 권력과 경제의 독점적 지배력을 소수에게만 집중시키기 마련이다. 이러한 집중은 경제적 불평등을 야기함으로써 이미 경제적 기반이 확고한 제1세계와 주로 개발도상이나 저개발 상태에 있는 제3세계의 자유주의 통상의 원칙을 무의미하게 만든다. 경제를 지배해야할 인간과 국가가 오히려 경제에 종속이 되어버린 현실을 교회는 그 어떤 이유로도 방관할 수 없다. 시장을 철저하게 국가의 통제아래 둘 수는 없지만, 국가와 시민사회가 사회정의에 기초하여 경제 질서를 지도해 나갈 때만이 시장만능주의를 의식화시키는 신자유주의 종교의 병폐인 부의 집중과 권력 집중이 초래하는 민중적 빈곤과 소외를 극복할 수 있을 것이다. 다시 강조한다면 경제의 틀을 만들어 가는 것은 인간

---

628 U. Duchrow, 『자본주의 세계경제의 대안』, p.62~68.

이고, 인간이 이를 통해 자신의 경제적인 삶을 형성해 간다는 점을 명확히 해야 하며, 시장만능의 유토피아를 넘어서서 인간이 경제적 삶의 주체가 되어 더불어 사는 나눔의 질서를 구상해야 하는 것이 우리 교회에 주어진 과제라 할 것이다.

4. 신자유주의 전 지구화와 교회적 과제

지금의 세계경제는 가난하고 소외된 이들과 자연생태계의 희생을 강요하고 있다. 그러나 가난한 이들이 자신이 속한 사회에서 인간으로서 누려야 할 권리를 요구하고, 또 사회에 영향력을 미치기는 사실상 불가능하다. 이러한 상황에서 교회는 세계경제를 경제학자나 자본가들의 손에만 맡겨둘 수 없다. 이는 세상에 대한 교회의 책임을 말하는 것이다. 이런 맥락에서 "책임사회"의 개념이 도출되었다.

> 인간은 하나님과 이웃에 대해 책임을 질 수 있도록 자유로운 존재로 창조되었고, 또한 그렇게 살도록 부름을 받았다. 어떤 국가나 사회가 인간이 책임 있게 행동할 가능성을 박탈하는 경향이 있다면 그것은 인간을 향한 하나님의 뜻과 구원의 사역을 부정하는 것으로, 인간은 결코 단순히 정치적 및 경제적 목적을 위한 수단이 될 수가 없다. 책임적 사회란 자유가 있는 것으로 인간이 정의와 사회질서에 대한 책임을 인지할 수 있는 자유이며, 또한 정치적 권력이나 경제적 힘을 갖고 있는 자들이 하나님 앞에서 그리고 그것으로 인간의 복지를 위해서 책임 있게 그것을 사용할 수 있는 경우이다. 인간은 결코 정치적, 경제적 목적을 위한 도구로 이용되어선 안 된다. 사람이 국가를 위해 존재하는 것이 아니라, 국가가 사람을 위해 존재해야 한다. 오늘날의 상황에서

> 사회가 책임사회로 변모하려면 국민이 정부를 통제하고 비판하고 변혁시킬 자유가 보장되어야 한다. 또한 권력은 법과 전통의 제재를 받으면서 책임 있게 행사되어야 하고, 가능한 한 전체 공동체를 총망라하여 폭넓게 분배되어야 한다. 그밖에 경제적 정의와 기회 균등을 위한 준비가 사회 구성원 모두를 위해 확립되어 있는 사회를 책임사회라 한다.[629]

책임사회론의 입장에서 오늘 세계경제 현실에서 담당해야 할 과제는 경제적 정의의 실현이라 할 수 있다. 성서적인 경제정의를 주장한 올덴버그(Douglas Oldenburg)의 논지[630]를 빌리면 다음과 같이 정리할 수 있다. 첫째, 기독교 신앙은 신의 사랑이 특정한 사람에게만 배타적으로 주어지는 것이 아니라, 모든 사람들을 위해 최소한의 물질적 복지를 필요로 한다. 따라서 절대빈곤의 조건과 수백만의 인구가 그들의 최소한의 인간적 욕구를 충족시킬 수 없게 만든 사회 및 경제적 협정을 부당한 것으로 비판해야 한다.[631] 둘째, 신은 인간을 자유롭게 창조했기 때문에, 정치 및 경제적 영역에서 정의는 자유가 존중되고 유지되어 질 수 있을 때 수행될 수 있다. 따라서 자본권력이 빈곤계층에 해가 되는 방향으로 정치적 개입을 하려는 그들의 자유권을 제한해야 한다.[632] 셋째, 인간이 신의 형상으로 창조되었고 신의 무조건적 사랑이 주어진 존재라는 것은 인간의 평등성을 말한다. 세계적인 경제적 불평등의 문제에 대해 심각성을 느껴야 한다.[633] 넷째, 공동체적 정의에

---

629 W. A. Vissert Hooft(ed.), "The Church and the Disorder of Society", *Report of Section III. The First Assembly of the WCC* (New York: Harper, 1949), p.77~78.

630 Douglas Oldenburg, "기독교신앙과 경제정의", 새문안교회 100주년 강신명 목사 기념석좌 특강, 장신대 기획실, 『현대사회와 기독교윤리』(서울: 성지출판사, 1991), p.150~166.

631 Ibid., p.159~160.

632 Ibid., p.161~162.

633 Ibid., p.163~164.

대한 요구이다. 이것은 나와 직접적으로 관계가 없는 자들에게 대해서도 돌봄의 책임을 느끼는 것이며, 각자는 자신의 능력에 따라서 생산적인 일을 통해 공동체의 생활에 책임적 기여를 할 것을 요청한다.[634] 다섯 번째, 인간은 신의 청지기로서 세계의 자원들을 다음의 세대를 위해서도 사용될 수 있도록 우리의 생산과 소비를 제한시켜야 한다.[635]

경제 문제에 대한 교회의 책임은 오늘 우리의 삶과 인류세계 전반에 막대한 영향을 미치고 있는 세계경제 현실에 대해 경제정의의 입장에서 끊임없는 성서적 통찰과 신학적인 책임적 응답을 통해 결단과 구체적 비전을 제시하는 경제적 사명을 다해야 할 것이다. 교회는 여론을 조성해 가난한 자들의 이익을 옹호하고, 부자가 가난한 이들을 착취하는 불의를 고발하는 일, 기본적인 인권교육과 인간 존엄성 고양, 자유와 복지 혜택을 차단하는 일을 폭로하는 일, 황금만능주의에 투쟁하는 일을 하면서 사회의 양심으로 존재해야 하는 것이다.[636]

신자유주의라는 종교 앞에서 우리는 무엇을 할 수 있을 것인가? 세계의 수많은 민중들의 삶을 고통과 죽음으로 몰아가는 죽음의 경제를 어떻게 다루어야 하는가? 가난한 이들의 권리와 외침과 기쁨을 사회 안에서 보장해야하는 교회의 예언자적 사명은 어떻게 구현되어야 하는가? 물론 가난과 불평등을 해소하기 위해 즉각 활용 가능한 구체적 기술과 해결책을 제시하는데는 많은 한계가 있다는 것을 인정하는 바이지만, 신자유주의적 현실 가운데서 인간의 존엄성에 반대되는 모든 것들을 변화시키고, 모든 상황에서 인

---

634 Ibid., p.164~165.

635 Ibid., p.165~166.

636 Nobert Greinacher, *Der Schrei nach Gerechtigkeit*, 강원돈 역, 『정의를 향한 외침』(서울: 분도출판사, 1993), p.45.

간의 존엄성이 우선되어야 함을 환기시키는 준거점과 방향성을 제시하고자 한다. 이상적이어서 현실적 설득력이 떨어진다는 비판이 있더라도 언제나 인간다운 삶을 향한 이상을 제시하고 추구하는 것이 윤리적이라 할 수 있을 것이다. 여기서는 신자유주의에 대한 세계 교회의 대응적 노력을 먼저 살펴보고 살림의 경제로 나아가기 위한 교회의 과제를 모색할 것이다.

4.1 세계 교회의 대응

4.1.1 카리타스 운동

가톨릭교회의 경우 이미 1891년 노동회칙을 통해 교황 레오는 "자본주의 시장경제가 물질위주의 소비일변도라면, 교회는 이를 지지할 수 없다."는 것을 분명히 밝힌 바 있고 새로운 시대변화에 조응하기 위해 1960년대 중반에 열린 2차 바티칸공의회 역시 교회의 대 사회적 책임을 강조하고 있다. 무엇보다 1968년 메델린 라틴 아메리카 주교회의결의안에서 가난한 이들에 대한 '우선적인 선택'(preferential option for the poor)이라는 표현이 나타난다.[637] 이를 심화시킨 푸에블라 문헌에서는 가난한 자들에 대한 선택을 기독론적으로 정초시키고 있다.[638] 물론 이 용어를 두고 가톨릭교회 내에서

---

637 제2차 라틴아메리카 주교단 총회 최종결의, 『메델린 문헌』, 김수복·성염 역, (왜관: 분도출판사, 1989), '교회의 가난', 9-10항.

638 "우리가 가난한 사람들에게 접근하여 그들과 동반하고 그들에게 헌신함으로써, 다시 말해 가난한 사람들을 편드는 선택을 함으로써 … 우리는 우리의 형제가 되고 우리처럼 가난한 사람으로 되신 그리스도가 가르치는 바를 행하게 되는 것이다." 제3차 라틴아메리카 주교회의 최종 결의, 『푸에블라 문헌』, 성찬성 역. (왜관: 분도출판사, 1991). 1145항.

치열한 쟁점이 되기는 했으나,[639] 교황청은 이것을 공식적인 용어로 인정하기에 이른다. 바티칸의 해방신학의 일부 측면에 대한 비판적인 경고에도 불구하고, “이러한 (해방신학에 대한 비판적) 경고는 결코 진정한 복음 정신으로 ‘가난한 사람들을 위한 최우선의 선택’에 헌신적으로 응답하고자 하는 모든 사람들에 대한 비난으로 해석될 수 없다. 이는 또한 비참하고도 절박한 인간 불행과 불의의 문제에 직면하여 무관심하거나 애매한 태도를 지키는 자들을 위한 핑계로 이용되어서는 결코 안 된다”[640]는 점을 교회의 해방적 사명의 차원에서 분명히 했다. 바오로 6세의 회칙 『민중의 발전』(Populorum Progressio)에서는 인간 각자와 모든 민중들의 전인적 발전을 요청하고 있는 바, 가난의 문제에 있어서도 가난한 사람과 부유한 사람 사이의 개인적 혹은 계급적 관계보다 가난한 나라와 부유한 나라 사이의 관계라는 세계적인 차원을 지적하고 있다. 여기서 지적된 가난의 원인은 과거 식민주의의 유산으로 남겨진 악폐, 식민주의의 더 교묘하고 세련된 형태의 신 식민주의, 그리고 불의한 국제 통상관계를 초래하고 있는 국가 간의 힘의 불균형이며,[641]

---

639 ‘가난한 이를 위한 최우선의 선택’이란 표현이 계급혁명의 뉘앙스가 있다는 비판에 의해, 때로는 ‘가난한 이를 선호하는 사랑’, ‘가난한 이를 위한 특별한 선택’이라는 용어로 다시 사용되는 것을 볼 수 있다(그리스도인의 자유와 해방에 관한 신앙교리성 훈령(1986).『자유의 자각』(Libertatis Conscientia), 『교회와 사회』(서울: 한국천주교중앙협의회 편, 1994), 68항. 그러나 용어나 표현상의 문제와는 상관없이 가난한 이들을 위한 선택은 배타주의나 분파주의와는 다른 교회의 보편적 사명에 대한 천명이라고 이해해야 할 것이다. 그리고 제3차 라틴아메리카 주교회의 최종 결의, 『푸에블라 문헌』1113항에서는 가난한 사람들이란 "실제적으로 가난한 사람들이며, 경제적 재화들이 결여된 사람들과 사회적 내지 정치적으로 온전한 참여의 기회를 박탈당한 사람들”이라 규정하고, 이들에게 대해 라틴 아메리카 교회가 충분히 투신하지 못하였으며, 그들과 늘 연대하지 못했음을 겸허히 반성하고 있다.

640 해방신학의 일부 측면에 관한 신앙 신앙교리성 훈령(1984), 『자유의 전갈』(Libertatis Nuntius), 『교회와 사회』, 서론.

641 교황 바오로 6세 회칙(1967), 『민족들의 발전』(Populorum Progressio), 『교회와 사회』, 57항.

이를 초래케 하는 것은 경제의 최고 법칙을 '자유경쟁'에 정초시키고 사유재산권은 절대적 권리로서 어떠한 사회적 한계도 의무도 지닐 필요가 없다는 사상, 즉 신자유주의적 발상임을 지적하고 있다. 경제는 반드시 인간에게 봉사해야 하는 것인 바, 무제한의 자유주의는 '화폐적 제국주의'를 낳게 되고 폭군 같은 독점상태로 치달을 것을 경고하고 있다.[642]

『민족들의 발전』 반포 20주년을 맞이해 선포된 바오로 2세의 『사회적 관심』(Sollicitudo Rei Socialis)은 부유한 국가들이 제3세계의 생활수준 향상에 대한 노력을 등한시하고 자국의 이익만을 중요시하는 것을 비판하면서, 소득 분배를 정의롭게 실현하기 위해 누진과세, 복지정책, 주거시설의 확충 및 의료 혜택, 사회적 차원의 원조 계획 등에 관심을 기울일 것을 호소한다.[643] 신앙의 연대성(solidarity)은 가깝든 멀든 수많은 동료 인간들이 겪는 불행을 보고서 막연한 동정심 내지 피상적인 근심을 느끼는 것과는 무관하며, 공동의 선을 위해 투신하겠다는 강력하고 항속적인 결의이며 책임의식인 것이다.[644]

가톨릭교회는 전 세계적으로 극빈지역에 대한 긴급 구호, 가난한 이들에 대한 봉사 사업을 지속적이고도 성공적으로 실천해오고 있으나, 여기서는 특별히 신자유주의의 폐해에 대한 가톨릭교회의 대응에 관한 실천적 사례를 고찰하기 위해 아르헨티나 교회의 카리타스 운동만 언급하고자 한다. 경제문제에 대한 아르헨티나 교회의 인식과 활동을 다룬 구띠에레즈(Maria Alicia Gutierrez)의 글[645]은, 가톨릭교회가 신자유주의로 인해 피폐화된 아르

642 『민족들의 발전』, 26항.

643 교황 요한 바오로 2세의 회칙(1987), 『사회적 관심』(Sollicitudo Rei Socialis), 『교회와 사회』,42~45항.

644 Ibid., 41항.

헨티나 상황을 어떻게 인식하고 대응하면서 자신을 변혁시켜 나갔는지를 엄밀하게 살피고 있다. 그는 가톨릭교회가 고유한 이념적 관점을 가지고 이 상황에 개입하면서, 신자유주의적 구조조정을 비판하고, 그럼으로써 과거 군사독재정권의 유착으로 인해 상실했던 사회적 신뢰도를 회복하고, 그와 동시에 교회의 민중 사목 부문은 정치적 사회적 참여에 있어 어떻게 삶의 새로운 활력과 의미를 발견하게 되었는가를 보여준다.

아르헨티나 교회의 카리타스(복지위원회)[646]는 세계적으로 가장 큰 복지망을 구성하고 있는데, 63개 교구, 1968개의 본당, 1403개의 공소와 선교센터에 걸쳐 네트워크를 구성하고 있고, 카리타스 산하에 2천개가 넘는 무료급식소가 있으며, 그밖에 유아, 가족, 고용 관련 223개의 프로젝트를 운영하고 있다. 이러한 시설이나 기관에서 활동하는 평신도 자원봉사자 수가 2000년 기준으로 2만 5천명이 넘는다. 카리타스는 이러한 활동을 통해 27만 6천 세대에게 직접적인 혜택을 주고 있고, 매일 10만 명의 어린이에게 무료급식을 제공하고 있다.[647]

90년대 아르헨티나에 신자유주의 경제 모델이 도입되어, 그로 인한 사회적 폐해와 부작용이 사회문제화 되면서, 교회는 전통적으로 정치권력과

---

645 Maria Alicia Gutierrez, "Economia, Politica y Religion: Un An'alisis de la Argentina de los 90", *VIII Jornaalas sobre Alternativas Religiosas en Amerca Latina*(22 a 25 de Setembro), p.1~16.

646 카리타스는 연례 헌금을 통해 경비를 조달하고 있다. 매년 6월 사회복지 주일을 정하고 특별헌금을 실시하고 있으며 또 교회와 학교 등에서는 그 주간 내내 기부를 받으며, 이 기금은 무료 급식소, 직장 여성들의 아이들의 급식과 돌봄을 위한 탁아소, 소규모 기업을 위한 기술적 금융지원 등 다양한 사회 구호와 복지활동에 사용된다. 지역에 따라서는 시골에서 도시로 오는 가난한 환자 가족을 위한 무료 숙박시설을 제공하기도 한다.

647 *Clarin*(anos 16 de noviembre de 1999; 30 de abril de 2000). 김항섭, "신자유주의 구조 조정과 아르헨티나 가톨릭교회의 대응", 『라틴아메리카연구』. 제18권 제1호. 한국라틴아메리카학회, 2005.3. p.121에서 재인용.

밀착관계를 통해 시민사회 일반에 영향력을 행사하고, 이를 통해 가톨릭교회의 이념과 가치의 확산을 도모했던 전통적 노선[648]을 전면적으로 수정하기에 이른다. 이념적 차원에서는, 가톨릭 주교회의가 신자유주의 경제정책 모델과 그 사회적 결과에 대해 체계적인 형태로 비판적인 담론을 생산해 내었고, 실천적인 차원에서는 교회 고유의 네트워크를 기반으로 사회구호와 복지활동을 더 확산하고 강화하는 형태로 진행된다.

카리타스를 위시한 교회조직들은 가난 극복 프로그램과 그 기금 운용에서 보여준 투명성과 정직성에 대한 사회적 신뢰를 바탕으로, 단순한 경제 비판의 차원을 넘어 사회정책 개발과 실행에 더 적극적으로 개입하고 있는바, 카리타스가 전통적 영혼구원의 복음적 방식을 포기하고, 기업이나 재정 지원 기관 또는 자선단체로 전락했다는 비판이 교회 내부에서 제기될 정도로 적극성을 띤다 하겠다.

이미 상당한 성과를 거둔 카리타스 운동과 같은 복지 프로그램이 전 세계적으로 종교, 인종, 국가를 아우르는 차원으로 확대되어야 함은 마땅한 일일 것이다. 하지만 이에 안주할 것이 아니라, 현재의 복잡한 지구화의 현상을 진단하고 이에 대응하는 신앙인의 통전적인 삶과 교회의 사회적 사명을 위해서는 더 다양하고 심화된 차원의 노력이 필요할 것이다.

648 아르헨티나를 위시한 라틴 아메리카 교회의 세상에 대한 선교모델은 식민시대부터 기본적으로 크리스탄다드(cristandad) 모델을 기초로 했다. neo - cristandad역시 마찬가지다. 이는 정치권력과의 밀착된 관계를 통해 교회의 전통적인 관심사인 교육·성·도덕 문제 등과 관련해 정치권으로부터 특권적 지위를 부여받고, 이를 통해 사회 전반에 가톨릭적 가치나 이념을 확산시키고자 했다. 이러한 역학관계에 의해 라틴 아메리카의 제도적인 교회는 독재정권의 공범자, 하수인이란 비판과 함께 한때 사회적 신뢰성이 실추된 것이다.

4.1.2 주빌리(Jubilee) 2000운동

신자유주의의 경쟁 이념에 의해 무너진 공동체성의 회복과 전 지구적 연대로 신자유주의에 대항하며 삶의 경제를 실천하고 있는 또 다른 차원의 교회 실천의 예를 살펴보자. 기아로 인한 극빈국의 사상자 수가 기하학적으로 증가하고 있음에도 외채부담으로 인해 자국의 기아문제조차 해결하지 못하고 있는 극빈국의 상황을 이슈화 시키고 이들에게 외채탕감을 해줄 것을 주장하는 '주빌리(Jubilee) 2000 캠페인'[649]은 개신교측의 全아프리카 교회협의회의 요청으로 촉발되어 세계기독교협의회(World Council of Churches)와 가톨릭교회를 위시한 수많은 기독교 단체와 국제 NGO 등 전 세계 50여 개국 비정부단체와 인권단체들이 참여했다. 신자유주의의 지구화, 시장 지상주의가 위세를 떨치면서 가난한 나라의 처지가 더욱 악화되고, 세계경제의 분열이 심화되는 것을 우려하여, 유럽과 미국 등의 교회가 10년 이상 중채무국의 채무를 삭감해 주자는 캠페인을 벌인 것을 계기로 2000년 기독교 역사상 더 나아가 인류역사상 유례가 없는 주빌리 2000이라는 이름의 범세계적인 연합운동이 출범하게 된 것이다.

1998년 5월 16일, 영국 버밍엄에서 개최된 세계 G8정상회담이 열렸을 때, 회의장을 둘러싼 7만여 주빌리 운동 대원들은 서로의 어깨와 허리를 감싸 인간 띠(human chain)를 만들었고, 이때 영국의 수상 토니 블레어가 직접 주빌리 대표자를 만났고, 이것이 1999년 독일 쾰른에서 열린 G8정상회담의 의제에 부채탕감 논의가 포함되는데 결정적 역할을 하게 되었다. 또한 쾰른

649 한국기독교교회협의회 국제위원회·천주교대안경제연대·국제민주연대 주최 "Jubilee 2000 세미나" 자료집. 2000년 6월 15일.(한국기독교 100주년 기념회관) http://www.action. or.kr/home/bbs.

회담 때에는 전 세계 천칠백만 명이 서명한 탄원서를 제출해 G7의 지도자들에게 세계시민사회의 압력을 강하게 보여주었다. 그날 쾰른회담이 열리기 전에 이미 550억 달러의 부채탕감이 제안되어 있는 상태였는데(파리클럽 나폴리조건에 의한 300억원과 채무과다최빈국(HIPC)의 250억달러), 정상회담 결과에 의하면 500억 달러(HIPC가 감당할 수 있는 부분을 고려하여 최저수준으로 잡힌 외채규모)의 두 배에 해당하는 부채가 탕감되었고, 200억 달러의 해외원조성 부채(AID DEBT)까지 포함하면 결국 1,000억 달러 이상의 부채가 탕감된 것이었다.

영국 주빌리의 경우, 최빈국이 영국에 지고 있는 외채만이라도 탕감해 주기 위한 비용마련을 위해 매년 영국 납세자들이 1인당 2£씩 내는 운동을 전개하고 있다. 이를 위해 사회적 여론을 조성하고 대규모 군중이 함께 행동하는 방식을 택하고, 부채위기에 대한 시민교육에 중점을 두고 있다.

4.1.3 제3세계 상점 운영

신자유주의에 대한 서구 교회의 대응 중에 제3세계 형제들과의 연대를 위해 빈국의 물품을 팔아주는 운동도 있다. 이것 역시 살림의 경제 방식이 아닐 수 없다. 스위스 바젤 선교부의 건물 안에는 제3세계에서 만든 물품을 가져와서 파는 상점이 있다. 가게 안에는 자메이카의 원두커피, 중남미 여러 지역에서 생산된 꿀, 아프리카에서 만든 토속악기, 동남아시아에서 만든 토속품, 전통의상, 장신구와 인형, 헝겊가방 등이 진열되어 있다.

바젤 선교부가 맨 처음 이 상점의 문을 열게 된 취지는 제3세계의 토착문화가 서양문명에 밀려 소멸 위기에 있었기 때문이었다. 이들은 이 물품들을 결코 헐값으로 팔지 않는다는 원칙을 세우고, 유럽의 물가수준에 맞추어

물품을 팔고 판매된 물품 값을 그대로 생산지에 넘겨준다. 유럽 사람들이 직접 제3세계와 상품적으로 거래를 하면 훨씬 저렴하게 구입할 수 있으나 스위스의 선교단체들은 이 점을 반대하는 것이다. 이렇게 함으로써 토속문화가 잘 보존될 수 있다고 믿기 때문이다.

그런데 스위스 선교단체들이 이 일을 계속하게 된 또 다른 취지는, 그것은 유럽인들 또한 제3세계의 문화와 전통생활에서 배울 점이 있다는 것을 깨닫게 하기 위한 것이다. 편리함을 추구해 온 유럽 문명의 한계를 이들의 문화를 통해 깨우치는 것이다.[650] 이렇듯 제3세계의 토속품과 민속생활 공예품을 파는 바젤 선교부의 상점운영은 유럽교회와 다른 대륙 교회들이 네트워크를 만든 하나의 보기라고 할 수 있으며, 이것은 또한 신자유주의적 지구화에 대응하려는 교회들에게 하나의 방법을 제시해준다고 본다.

4.2 신자유주의에 대응하는 교회의 과제

지금까지 신자유주의의 지구화에 세계 교회가 여하히 대응해 왔는가를 여러 사례를 통해 살펴보았다. 신자유주의의 세상에서 "우리 스스로 내면적인 자율성에 기초하여 자립 자족적이고 상부상조하면서 서로 즐겁게 살지 못하고, 오히려 우리 자신의 내면세계로부터도 분리된 채, 자본과 시장경쟁의 논리에 종속되어 힘겹게 살고 있는 것, 바로 오늘날 위기의 핵심이다."[651] 이를 위해 '연대와 협동'을 할 수 있는 경제구조를 만들어야 한다. 교회는 더불어 사는 삶을 위한 경제 구조를 위해 어떤 노력을 기울여야 하는지를 모

650 임희국, "세계화에 대응하는 교회들의 네트워크", 『교육교회』, 2000년 4월호.

651 강수돌, 『작은 풍요』(서울: 이후, 1999), p.28.

색하겠다.

가장 어려운 일부터 먼저 고려해 본다면, 금융자본과 초국적 기구가 세계경제를 좌우하는 상황 앞에서 자본의 통제와 신자유주의 지구화의 주도세력인 초국적인 기구의 통제에 대한 신앙인들의 관심과 노력의 필요성이다. 투기자본의 확산으로 기관투자가, 자본가들만 돈을 벌게 되어 있고, 성실하고 건강하게 살아가려는 사람들은 점차 의욕을 상실해가고 있다. 대량실업의 현실에서 실업자들뿐만 아니라 일하는 사람들도 행복한 것이 아니라 엄청난 노동의 강도에 시달리고 있다. 또한 초국적 기구(IMF, IBRD, WTO 등)들은 현대 세계에서 실행하였던 계획과 정책들이 경제문제를 해결하기는커녕, 오히려 지속적인 악순환을 발생시키고 있으며, 그들은 자신들의 입장에서 선진국의 부유한 자들을 편향적으로 고려한 계획과 정책들을 제3세계를 비롯한 약소국에 강요하고 있으며, 그 결과 그 정책을 이행하는 사람들의 삶을 황폐화시키고 있다. 가난한 이들이 기본적인 사회 공공 서비스마저도 받기 힘들게 하는 민영화, 빈부의 격차를 심화시키는 규제완화를 통한 자유화, 작은 정부를 위한 긴축정책으로 인한 복지정책의 후퇴, 시장과 자본의 유동성에 용이하게 대응하기 위한 노동의 유연화 현상들이 비록 국가적 차원에서 이루어지고 있지만, 개별국가보다는 초국적 기구들의 영향력에 거의 좌지우지되고 있는 현실이다. 여기서 지구화시대에, 세계적 권력과 자본의 힘에 맞서는 세계적 대항세력을 생각해 볼 수밖에 없으며, 이것은 국가와 지역, 종교와 문화의 벽을 넘어서는 세계적 시민사회의 형성에서 찾을 수밖에 없다.[652] 국가의 독재와 독점을 견제하며 시정하는 것이 시민사

---

652 유엔사회개발연구소, 『벌거벗은 나라들-세계화가 남긴 것』(서울: 도서출판사, 1998), p.316~321.

회라면, 지구적 권력의 독점과 횡포를 막고 견제하는 힘은 세계적 시민사회에서 나와야 하는 것이다. 시민사회의 세계적 연대와 여론형성 과정에는 이성적 토론과 윤리적 각성을 위한 많은 의사소통의 과정이 있어야 할 것이다. 그리고 세계 시민들의 의사와 입장이 적절히 반영된 토론을 통해 합의된 방안에 대해서는 정책과 대안이 마련되어야 한다.

세계 시민들이 동의할 수 있는 이성적 목표를 세우는 과정은 결코 허황된 일이 아니다.[653] 네그리(Antonio Negri)는 모든 피착취자와 피지배자 사이의 어떠한 매개도 없이 제국에 직접적으로 대립하는 '다중'(multitude)을 제시한다. 제국적인 지배에 대항하기 위해 거대한 정부, 거대한 기업, 거대한 노동에 집착하는 것이 아니라, 생산적인 협동의 네트워크 속에서 다중의 자율적인 자치를 구성할 것을 제안한다. 여기서 다중은 무차별적 무리로서의 대중(mass)이 아니라 특이성을 보존하면서 소통을 통해 공통성을 만들어 가는 능동적인 주체를 말한다. 네그리는 프롤레타리아를 전통적인 노동자계급이라는 범주를 넘어 주변층이나 실업자-여성-학생 등을 포괄하는 개념으로 사용하여 왔는데, 이러한 사회적인 노동자 개념을 좀 더 확장하여 다중 개념을 강조한 것이다.[654] 다중의 자율적인 저항운동(autonomia)과 관련하여 네그리가 제안했던 구체적인 다중의 역동적인 힘(puissance)의 활성화 방안이 '전 지구적인 시민권'이다. 이것은 다중이 자신의 체류권과 이동권을 가

---

653 이삼열, "세계화의 불안과 세계시민적 이성", 『철학과 현실』43 (1999 겨울), p.76~77.

654 네그리는 다중의 개념을 다음의 세 가지 의미로 사용한다. 첫째, 일자로 환원할 수 없는 주체의 다양성, 절대적으로 차이화된 집합체, 특이성의 집합체의 의미이다. 둘째, 생산적인 특이성이 집합된 계급, 비물질적인 노동의 작업자라는 계급의 의미다. 셋째, 욕망을 표현하고 세계를 변화시키려는 장치를 체현하는, 즉 자유롭게 자기 표현을 하고 자유로운 인간 공동체를 만들어 가는 주체성의 의미가 그것이다. 윤수종, 『안토니오 네그리』(서울: 살림출판사, 2005), p.92.

짐으로써 공간에 대한 통제권을 재전유하여 새로운 지도를 제작할 수 있는 권리이다. 이것은 또한 공간적으로 주변화되는 다양한 층들을 포괄할 수 있는 연대의 고리를 의미한다. 실제로 1999년 시애틀에서 열린 반(反)-WTO 시위에 전 세계에서 6만 명이 모임으로써 '다중'의 '자율적 저항운동'이 가능하다는 것을 입증해주었다.

교회는 사회정의에 관심하는 세계 시민들과 연대해 이러한 투기자본을 규제하는 일에 힘을 써야 한다. 당장 실현하기는 어려운 일이라 할지라도, 자본통제를 위한 과세운동('토빈세'[655]와 같이 초국적 투기자본을 규제하기 위한 과세)이나 외환위기를 예방하기 위한 지역협력통화체제, 그리고 세계 경제의 전체적인 흐름을 계획하고 조정하는 초국적 기구들에 대한 통제 운동을 고려할 수도 있겠다. 특히 초국적 힘들은 인류의 보편적 발전보다는 기득권과 부유한 이들의 이익 추구를 위한 신자유주의 지구화를 지속하고 있기에, 교회는 이에 대항하는 대안적 문화운동을 전개할 수 있어야 할 것이다. 이에 대해 교회는 초국적 기구들이 사회정의와 연대성을 인식할 수 있도록, 선진국 중심으로 운영되고 있는 기구들이 후진국들도 책임 있는 결정권 행사의 권한과 기회를 보장받을 수 있는 제도적 조치와 평등하게 참여할 수 있는 제도혁신을 위해 다각도의 여론 형성 활동을 통해 부단한 행동을 실천해야 할 것이다. 이것은 교회가 감당하기에 무리한 것처럼 보여 질 수 있으나, 우리는 교회의 저력을 이미 주빌리 2000에서 경험했기에 그때와 같이 여론에 호소하고 세계시민의 의식을 각성시킬 수 있는 기회는 우리의 노력 여하에

---

655 노벨 경제학 수상자 토빈 교수에 의해 주창되었다. 투기자본의 유출입을 막기 위해 고안 된 것이다. 국경을 넘나드는 자본이동에는 반드시 외환 거래가 수반되기 때문에 외환거래세가 부과될 경우 늘어나는 거래 비용으로 일시적인 투기자본의 이동을 어느 정도 억제할 수 있다.

달려 있다고 본다.

교회의 실천적 과제로서 대안적인 경제활동의 모색도 간과할 수 없는 문제다. 지역차원에서 건전한 투자가 시행될 수 있도록 올바른 투자기준을 정립하여 사회적으로 책임성을 갖는 투자를 이끈다거나 빈곤지역의 사람들을 위한 지역은행과 같은 대안금융기관을 지원하는 일에 함께할 수 있을 것이다. 기업이 윤리투자운동이나 이윤을 추구하지 않고 윤리적 사회적으로 가치 있는 일에 자금을 지원하는 금융설립의 지원이 여기에 해당하는 데, 세계에 대한 책임성을 자각하는데 크게 기여할 수 있는 하나의 방안이, 제3세계를 비롯한 가난한 국가들에 대한 세계적 투자자 그룹의 연합 형성과 '마이크로 크레딧'(Micro-credit) 기관설립의 지원을 들 수 있다. 마이크로 크레딧은 소액대출로 신용이나 담보가 부족한 저소득층을 위해 무담보로 대출해 주는 것을 말한다. 마이크로 크레딧을 실행하고 있는 은행이나 기관은 이윤보다는 사회적 책임을 우선시하기에 윤리은행(Ethic Bank)[656]라 불리기도 한다. 윤리은행의 투자 분야는 크게 네 가지로 진행되고 있는데, 사회적 협동조합이나 사회적 일자리, 환경연합과 영농조직, 제3세계 협동조합 발전과 공정거래, 문화 교육적 활동이 그것이다. 윤리은행들은 담보와 보증 능력이 없어 기존 금융기관을 좀처럼 이용할 수 없는 가난하고 소외된 계층이 소액 대출을 통해 자활 자립의 기반을 확보하도록 하고 있다. 이는 단지 가난한 이들을 위한 단기적인 시혜가 아닌 자활에 초점을 맞추고 있기에 가난하고 소외된 이들의 지속적인 발전을 위한 대안이 되고 있다.

---

656 윤리은행이 기존 은행과 다른 점은 상환을 위한 '사후관리'를 병행한다는 것이다. 자활의식을 토이고 교육훈련과 경영지도를 하는 등 가난에서 벗어나는 길에 함께한다. 이러한 취지의 윤리은행으로는 이탈리아의 국가 법적으로 공식은행이라 인정된 Banca Etica를 비롯하여 방글라데시의 Grameen Bank, 미국의 ACCION, 프랑스의 대안적 지역예금관리를 위한 '투자자클럽'(Cigales), 한국의 '사회연대은행' 등이 있다.

끝으로 신자유주의가 전지구화 되어 있는 현실에서 기독교가 지향해야 할 영성적 층위를 생각해보자. 경제생활 그 자체는 행복한 삶을 영위하는 중요한 수단임에는 틀림없으나, 자본의 전지구화가 이루어진 오늘날은 경제생활 자체가 목적이 되어 많은 사람들이 소유와 경쟁에만 매몰되어 있다. 종교적 영성은 우리에게 참다운 존재가 되도록 초대하지만 우리는 화폐, 상품 등을 소유하고 소비하는 것만을 욕망한다. 신앙과 일상의 삶이 통전되지 않은 상태로 방치되면서 우리의 존재와 우리가 맺는 관계(사람과 사람, 사람과 자연, 사람과 사물)의 왜곡현상, 종속현상은 더욱 심화되어 가고 있다.

그러므로 교회는 사회정의의 실천과 함께 우리의 신앙, 가치, 실천의 영을 회복하려는 움직임을 동시에 강조해야 한다. 신자유주의 지구화가 현대 세계에 새로운 지배력으로 등장했고, 지구화의 힘은 물질숭배라는 새로운 종교, 철학, 영성으로 대치되고 있는 현실에서, 교회는 이러한 지배력에 도전할 수 있는 영적 대응력을 길러야 한다. 이 힘은 어디까지나 공동체에서 비롯되며, 개별적으로 고립되어서는 그러한 힘을 발휘할 수 없다. 현 사회에 만연한 이익 강박주의, 상품 물신주의는 판단기준의 중심을 상품가치에 두게 하는 바, 인간의 존엄성보다 자신의 원하는 것을 소유하고, 소비하는 것이 생의 목표가 되게 한다. 교회는 이러한 왜곡된 비인간화된 가치관, 이데올로기에 비판·대항할 수 있는 길을 모색하고 자유로운 삶을 가능케 하는 길을 제시해야 할 것이다. 당장 실천할 수 있는 것부터 시작해야 한다. 가장 작은 것이라도 좋다. 매주 여러 번 드리는 예배의 설교도 좋고 성경공부도 좋다. 여기서부터 대안적 가치가 선포되고 나누질 수 있으면 된다. '셀리그만의 실험개'[657]가 칸막이를 폴짝 뛰어넘는 것과 같은 시도가 세상을 바

---

657 마틴 셀리그만의 실험이다. 방에 개가 넘을 수 있는 칸막이를 세우고 한쪽에는 바닥에

꾸는 원동력이 될 수 있다.

신자유주의 종교와 이념의 공세로 인간성이 상실되어가는 위기적 국면 가운데서, 교회는 이런 상황에 주목하고, 예수가 몸소 실천했던 것처럼, 인간 공동체가 추구해야 할 가치가 무엇인지 선포해야 할 것이다. 그러기에 교회는 우리 삶의 핵심영역이라 할 수 있는 생명 다양성, 공공영역(교육, 보건의료 등의 복지), 문화는 신자유주의의 공세(자유무역체제)로부터 적극적으로 보호해야 한다는 점을 분명히 인식해야 할 것이며, 이를 위해 교회제도 역시 경직된 구조에서 벗어나 다양한 공동체 그룹들과 상호협력, 조화를 이룰 수 있는 유연하고 열린 구조로 변화해야 할 것이다.

5. 나오면서

시장의 탈규제화라는 가치를 내세워 '시장의 지구화', 화폐증식경제를 통한 '전 지구적 금융지배'의 신자유주의적 자본주의라는 쓰나미가 전 세계를 휩쓸고 있다. 그로 인해 불평등의 심화, 인류 다수의 절대적 빈곤화, 생태계 파괴, 삶의 질의 저하 등의 갖가지 위기가 초래되고 있다.

시장의 무제약적인 자율성의 확대는 시장의 우상화와 다름없다. 이런 우상화를 하나님의 정의에 의해 견제하지 않을 때, 시장은 스스로 신이 되고 만다. 소수에 의한 부의 독점은 더 강화될 것이고, 힘없고 가난한 자들의 처지는 더욱 악화될 것이다. 여기서 인간의 존엄성이 파괴되는 것은 자명하

전기충격 장치를 해놓는다. 전기가 흐르면 개는 당연히 칸막이를 뛰어넘는다. 그러다가 한쪽에 개를 묶어놓고 전기충격을 반복적으로 가한 후에 개를 풀어주고 전기충격을 가하면 개는 칸막이를 넘어갈 엄두를 내지 못하고 전기충격을 감내하고 만다.

다. 교회가 신자유주의의 교리를 경계하고 비판해야 하는 이유는 그로 인해 발생되는 문제들이 성서가 말해주는 인간의 존엄성과 '더불어 사는 삶'(life together)을 심각하게 훼손하기 때문이다. 인간의 기본적인 생존권을 보장하고 인간의 상품화에 맞서는 것, 그리고 자본을 위한 효율과 무제한적인 경쟁을 근간으로 하는 체제를 비판하고 대안을 제시하는 것, 아울러 가난한 이들을 극한으로 내몰지 않고 친교와 나눔의 공동체로 초대하는 것, 이것들이 교회의 실천적 과제라 할 수 있다.

자본의 전 지구화 시대에 가난의 문제에 대해 예민해야 할 것은, 그것이 단지 경제정책의 시행착오로 우연히 발생되는 것이 아니라, 구조적이고 계획적인 틀에서 양산되고 있기 때문이다. 즉 교회는 가난을 구조적이고 계획적으로 발생시키는 경제 정책들이 하나님의 형상을 닮은 인간을 비인간화시키고 있으며, 인간을 하나님이 아닌 자본을 위한 경제체제에 종속시키려는 우상숭배의 성격을 띠고 있음을 적시할 수 있어야 한다.

위기의 시대를 살아가는 우리 그리스도인들은 과연 무엇이 삶의 본질적인 가치인가를 성찰하여 그 토대 위에 우리의 실천을 정초시켜야 할 것이다. 겨자씨처럼 아주 작은 실천 하나가 하나님 나라를 이루는 요소가 될 수 있다. 진정한 예수 정신, 예수 윤리를 겨자씨처럼 작은 것에서부터 구현한다는 것이 무엇일까. 모든 민족, 모든 계층의 사람들을 그들 내면에서부터 삶의 전체에 이르기까지 참된 인간성을 회복할 수 있도록 협력하고 섬기는 일에서 복음의 가치를 발견해야 할 것이다. .

복음화란 인간에 대한 사랑의 급진적 윤리와 다름없다. 사랑의 윤리야말로 전적으로 무차별적이며, 우선적이며 무제한 적이고도 에큐메니칼 한 것이다. 예수 그리스도는 처음부터 지금, 그리고 미래에도 가난하고 고달픈 민중들의 삶 속에서 오직 사랑의 동기로 뼈아프게 성육신하시고 또한 희생하신다. 예수를 따르는 자들은 이 시대에 고난을 온몸으로 지고가시는 예수가 바로 고난당하는 자들 속에 계신다는 사실을 깨닫고, 그리스도인다운 삶의 진정한 가치는 예수께서 함께하는 자들의 인간존엄성의 회복을 위해 그들과 함께 연대하며 함께 네트워크를 이루는 데 있다는 사실을 인식해야 한다. 참다운 신앙과 윤리는 자본주의 부속품으로 전락한 개인들이 성찰적 능력과 이성적 반성 그리고 도덕적 결단과 실천적 능력을 회복하고 세계의 다양하고도 다른 사람들과 형제애를 나누며 그들에게 삶의 기회를 제공하는 섬김과 봉사의 정신에 놓여있다. 따라서 우리 교회는 지구화의 물질중심주의의 세계에서 영혼의 상품화를 단호하게 거부하고 대안적인 문화 에토스(가치가 시장과 권력에 있지 않고 존재에 있다는)를 마련하고 진정한 비전을 공유하는 곳이어야 할 것이다.

제 6 장

정보화 사회의 문화 위기와 윤리

1. 들어가면서

오늘날 전 지구화된 신자유주의의 위력으로 중산층은 해체되고 세계의 가난한 나라 국민들은 더욱 가난해지고 있다. 국가는 국가대로 대내적으로는 권력 및 자본가 층의 지배를 영구화하기 위하여 이데올로기적 국가장치와 헤게모니를 약자들에게 불리한 방식으로 운용하고 있고, 대외적으로는 국가 이기주의에 입각한 경제전쟁과 문화전쟁을 치열하게 벌이고 있다. 이러한 가운데 계급 간, 이익집단 간, 민족 간, 종교 간의 분열과 전쟁은 끊이지 않고 있으며, 권력욕과 물욕, 잘못된 신앙으로 인한 억압과 착취, 고문과 테러, 학살과 전쟁으로 인해 힘없고 가난한 자들이 더욱 고통을 겪고 있다.

정보화 사회의 낙관적 예견을 비웃기라도 하듯 21세기 대중들은 주체적인 인식이나 판단 없이 사이버 공간을 표류하고 미디어와 자본의 포로가 되어 순간적인 욕망을 추구하고 그들의 요구대로 소비하며 자신들을 억압하고 조작하는 것에 대해 저항할 의지를 상실하고 있다. 모든 현실과 진리를 상품화된 이미지나 왜곡된 이데올로기로 조작해버리는 허상들에 가려져, 대중들은 비판적 이성이 마비되고 자유와 정의를 향한 열정은 거세당하고 있다. 대중은 문화적 상징의 파괴와 삶의 의미 및 정신의 파괴를 경험하고 있다.

여기서는 21세기 문화적 위기 속에서 소외된 약자들을 해방시킬 수 있는 대안적 사유와 윤리를 논구하고, 그들을 위한 문화적 실천과 교회적 과제를 논의하고자 한다. 우선 이 장에서 언급될 '약자'란 계급적 구분 위에서 지배-종속 관계를 담지한 주체들 가운데 종속적 지위에 있는 사람들을 지칭하기 보다는 미시적 차원에서 몰적(molaire)[658]으로 억압하려는 표준이나 규범적 중심에서부터 밀려나 있는 존재를 의미할 것이다. 즉 대중매체에 의해 획일화된 주체가 되도록 강요당하는 현실에서 억압당하는 자들이 해당된다. 그러나 적극적으로 말하면, 약자는 표준화에서 밀려난 자들인 동시에 표준화를 거부하는 자들이라고 할 수 있다. 다양한 층위의 '지배'가 표준을 정하고 그것에 따를 것을 강요하고 따르지 않을 경우 배제해 나감에도, 이러한 권력관계에서 지배관계에 포섭되기를 거부하는 자들로 정의하고자 한다. 이 개념은 들뢰즈와 가타리(Gilles Deleuze & Félix Guattari)로부터 빌려온 것임을 미리 밝혀둔다.

본론에서는 먼저 정보화 사회가 진행될수록 현재의 불평등과 독점, 억압구조가 산업 사회보다 더 굳건히 뿌리내릴 가능성이 크며, 약한 처지에 놓인 자들은 문화적으로 더욱 빈곤해질 수밖에 없음을 말하고자 한다. 둘째 약자들을 위한 대안적 사유와 윤리를 모색한다. 정보화 시대의 새로운 공동체인 사이버 공동체 또한 또 다른 구조의 굴레와 구속에 묶여버린 상황에서 이것을 극복할 수 있는 대안적 사유를 들뢰즈와 가타리의 리좀적 사유와 유물론적 욕망 이론, 그리고 '약자-되기(devenir)'의 전략에 기대어 논의할 것이다. 그리고 변혁의 주체 혹은 탈주의 주체를 설득력 있게 개념화하기 위해 '약자'라는 차이를 부각시키고, 차이 때문에 윤리가 가능하고, 차이가 존재하기에 차이에 대한 윤리적 응답이 필요함을 레비나스의 타자의 윤리를 통해 호소할 것이다. 셋째 약자들이 스스로 자신들의 문화를 조직화 해내고 해방적 실천을 산출해 내는 데 성공할 수 있는 대안들을 모색하고자 한다.

---

658 '몰적'이란 분자들의 흐름과 운동이 역학관계에 의해 하나의 중심으로 향해 집중되거나 결집된 상태를 말한다. 이에 비해 '분자적'이라고 할 때는 그런 몰적인 단일성으로 환원되지 않는 고유한 움직임과 흐름, 욕망 등을 지칭하는 경우를 말한다. 들뢰즈와 가타리는 거시적 시각에서 포착된 한 단위 내의 표준이나 규범적 존재, 즉 몰적 존재를 다수자라고 하고, 미시 정치적 차원에서 분자적 흐름에 따라 움직이며 몰적 규준을 해체하려는 생성의 존재를 소수자라고 한다.

2. 정보화 사회의 약자들

21세기는 산업 사회가 아니라 정보화 사회다. 정보화 사회에서는 지식과 권력의 원천인 정보를 공유하고 분점한다. 자연히 권력의 위계질서가 파괴되고 탈중심화한다. 직접민주주의의 길이 다시 열린 것이다. 그러니 이 사회는 텔레데모크라시를 실현하여 대중의 정치참여를 고양하고 다양한 의사와 견해를 수렴할 수 있다. 정보화 사회의 옹호론자이며 디지털 문화의 전도사임을 자처하는 네그로폰테(Nicolas Negroponte)는 지구의 자원을 14%의 인구가 장악하고 있는 상황에서 디지털 기술이 다수에게 만족할 만한 삶을 줄 것이라고 예측한다. 즉 권력의 분권화가 인류의 희망과 존엄의 조짐이라고 말하는 것이다.[659]

그러나 정보화 시대의 반대론자인 리프킨(Jeremy Rifkin)은 맥루한의 '미디어로 파편화된 세계'[660]에 대한 경고를 받아들여 인간은 미디어에 의해 직접적인 경험을 상실하고 2차적인 경험으로 만족하며 그것이 보여주는 가상현실에 동화되고 말 것이라 우려하고 있다.[661] 월러스틴(Immanuel Wallerstein)도 '기술의 현대성'보다 '해방의 현대성'이 더 중요하다고 말하며 '수단의 합리성'보다는 막스 베버가 말하고 있는 '실질적 합리성'(substantive rationality)을 강조하고 있다.[662]

---

659 Nicolas Negroponte, *Being Digital*, 백욱인 역, 『디지털이다』(서울: 커뮤니케이션스북스, 1995), p.218~220.

660 Marshall McLuhan, *Understanding Media: The Extensions of Man* (New York: McGraw-Hill, 1964).

661 Jeremy Rifkin, *Biosphere politics : a new consciousness for a new century*, 이정배 역, 『생명권 정치학』(서울: 대화출판사, 1996), p.357~367.

662 Immanuel Wallertein, *Utopistics, or, Historical choices of the twenty-first century*, 백영정 역, 『유토피스틱스 - 또는 21세기의 역사적인 선택들』(서울: 창작과 비평사, 1999),

또한 윌리엄 미첼(William Mitchell)은 집중에서 분산으로, 엿보기에서 나서기로, 서가에서 서버로, 법에서 규약 조건문으로, 면대면(face to face)에서 접면(interface)으로, 이웃에서 머드[663]로, 사회관습에서 네트워크 규범으로, 유형자산에서 지적자산으로, 이동되는 물질에서 처리되는 정보로, 감시에서 전자 중앙감시 원형감옥(panopticon)으로 바뀔 것이라고 예측한다.[664]

소수의 권력이 정보를 독점하고 통제한다면 이 사회는 산업 사회보다 훨씬 더 억압이 내재화한 전제주의로 전락할 가능성이 있다. 텔레데모크라시는 이상일 뿐, 대중들은 개인의 사생활마저도 철저히 감시되고 통제되는 사회로 나가고 있는 것이다. 아울러 디지털 격차(digital devide)는 양적인 면과 질적인 면 모두에서 현실화되고 있다. 양적인 면에서도 컴퓨터와 인터넷을 다룰 수 있는 집단과 그렇지 못한 집단 사이의 격차가 산업 사회의 계급 격차 이상으로 불평등을 야기하고 있다. 질적인 면의 격차는 더욱 큰 문제이다. 디지털 사회에서 중요한 것은 정보의 수집보다는 그 정보의 활용에 있다. 양적인 정보를 모으는 데 국한된 집단과 정보를 모아 새로운 지식을 창출하는 집단 사이의 격차는 새로운 지배관계를 형성하고 있다. 새로운 지식 계급으로 부상한 이들은 그렇지 못한 이들을 지배하고 통제하고 있다. 때문에 정보화 사회가 진행될수록 현재의 불평등과 독점, 억압구조가 산업 사회보다 더 굳건히 뿌리내릴 가능성이 농후하며, 가난한 자들은 더욱 빈곤해질 수밖에 없다.

옹호론자들은 전자매체의 확산으로 근대화와 산업화가 미진하였던 영

p.191~192.

663 MUD (multi - user dungeons, 다중익명공간)

664 William Mitchell, *City of bits : space, place, and the infobahn*, 이희재 역, 『비트의 도시』 (서울: 김영사, 1999), p.213~215.

역에도 이의 혜택이 고루 퍼지리라고 주장한다. 그러나 케이블, 위성통신, 컴퓨터를 매개로 선진 중심국가에 의한 주변 제3세계에 대한 잉여 착취와 저발전과 억압과 통제는 오히려 강화되고 있는 인상이다.[665] 신자유주의 이후 자본주의 사회는 외양은 화려하지만 정글법칙대로 생존이 결정되고, 그 내면은 소비적 욕망이 꿈틀대는 거대한 쇼핑센터로 전락했다. 이런 공간에서 모든 것이 빛의 속도로 거래되고 교환된다. 이는 빛의 속도로 착취할 수 있음을 의미하기도 한다.

정보화 사회의 최대 역기능은 역시 매체를 통한 문화 제국주의이다. 부와 권력을 갖춘 자본주의국가와 힘이 약한 제3세계 국가 사이에는 지배와 종속의 전 세계적 관계의 문제를 야기시킨다. 문화 제국주의는 그러한 과정의 중요한 측면, 즉 어떤 상품이나 유행, 스타일 등이 지배적인 국가로부터 종속시장으로 전달되는 것이 지배국가의 문화적 가치와 신념, 관례들에 의해 유지되고 또 이를 보장하는 특정 형태의 수요와 소비를 창조하게 되는 방식을 의미하는 바, 이런 식으로 약소국가의 고유문화는 강대국의 문화에 의해 지배당하며 침탈되고 대체되며 도전받게 되는 것이다.[666] 다국적 기업이 이 과정에서 중요한 역할을 수행하며 대중 매체는 이러한 과정이 조직적으로 수행되는 가장 영향력 있는 제도적 수단이다. 영화, TV 프로그램, 레

---

665 케이블, 위성통신, 컴퓨터를 매개로 중심에 의한 주변의 잉여착취와 저발전과 억압과 통제는 오히려 강화되고 있다. 빛의 속도로 거래한다는 것은 빛의 속도로 착취할 수 있음을 뜻한다. 헤지펀드는 한국이 IMF사태 때 당하였듯 하루만에 수백억 달러를 빼내가 한 나라를 언제든 국가 부도의 위기에 놓이게 할 수 있다. 개도국의 장기 미상환 외채의 규모는 1970년 약 620억 달러였는데 세계화와 정보화가 진행된 1996년에는 32배 증가한 2조 달러였다. 60년에 세계 극빈층 20%의 총소득은 세계 전체 총소득의 2.3%에 달하였으나 96년에는 1.1%로 떨어졌다. 인류 가운데 13억이 하루에 1달러도 채 안되는 돈으로 살아가고 있는 반면 세계 10대 갑부들이 소유하고 있는 재산은 1천 3백 30억 달러로 최빈국 총수입의 1.5배에 달한다. 『한겨레신문』1997년 6월 13일자.

666 박명진 편, 『비판커뮤니케이션과 문화이론』(서울: 나남출판사, 1994), p.125.

코드, 뉴스, 광고 등과 같은 매체 산물들이 국제적으로 지배적인 소수의 생산원(특히 미국)으로부터 약소국의 국가와 문화적 상황의 미디어 체제로 일방적으로 수출되는 결과를 수반한다.[667] 미국 드라마와 헐리웃 영화의 점유율, 미국의 소프트웨어와 하드웨어의 점유율은 전 세계 80%에 이른다. 세계 정보와 뉴스의 흐름도 CNN과 AP 등 미국의 통신사가 관장하고 있다. 인터넷의 정보를 관장하는 호스트 또한 80% 이상을 미국이 점하고 있다. 이뿐 아니라, 마이크로 소프트, IBM, 엑슨 등 미국의 다국적 기업들은 컴퓨터, 위성통신 수신기, 케이블 등을 통하여 제3세계의 기업과 정부를 통제하고 조작할 수 있는 네트워크 속으로 몰아넣고 있다. 이로써 제3세계에서는 국가조차 이 네트워크에 대한 통제력을 상실하였으며, 오히려 이 네트워크가 제3세계의 국가를 감시하고 통제할 수 있을 정도이다.[668] 정보화가 진행될수록 '미국 문화와의 동일시화'가 더욱 강화될 것이며 현재의 불평등은 더욱 심화될 전망이다. 네티즌들은 사이버 문화를 통해 미국의 생활양식, 가치관, 꿈의 양식을 내면화한다.[669] 이제 정보화 사회에서 대중은 인터넷과 CNN 등 미국 중심의 매체가 만든 재현의 폭력에 휘둘려 강제적으로 그들처럼 사고하고 행동하기를 강요받는 약자들이 되는 것이다.

---

667 Ibid..

668 미국 국가안보국(NSA)은 위성통신감청망인 에셜론(ECHELON)을 이용하여 전 세계를 대상으로 전화통화, 팩스, 이메일을 시간당 수십억 건씩 도청하고 있다. 안보국의 주된 업무는 전 세계에 걸쳐 거의 모든 통신망을 도·감청하여 국가간, 기업간 그리고 표적 대상이 되는 사람들의 커뮤니케이션을 감시하고 분석하는 작업을 수행하고 이를 미국의 이익을 위해 사용하고 다른 한편으로는 판독이 불가능한 암호를 개발하는 것이다. http://www.accessone.com/-rivero/politics/echelon/echelon.htm.

669 Dorfman and Mattelart, David Kunzzle(tr.), *How To Read Donald Duck: Imperialist Ideology In The Disney Comic* (New York: International General), p.95~96. 이 책은 물론 디즈니 만화영화에 대해 논한 것이지만 디즈니만화가 다른 서구 만화에 어떻게 보편적으로 적용되는지를 문화제국주의적 관점에서 잘 규명하고 있다.

3. 약자들을 위한 대안적 사유와 윤리

20세기가 전쟁과 대학살의 시대가 된 근저에는 동일성의 사유가 존재한다. 동일성이 형성되는 순간 세계는 동일성의 영토로 들어온 것과 그렇지 못한 것으로 나뉜다. 동일성은 자기 바깥의 것들을 모두 타자로 간주하고 이를 자신과 구분하고 대립시키면서 동일성을 강화한다. 이를 통해 동일성은 타자에 대한 배제와 폭력의 담론을 형성하며, '차이'를 포섭하여 이를 없애거나 없는 것처럼 조작한다. 나치의 유대인 대학살과 유고 내전의 인종청소 모두 차이를 인정하지 않은 배타성의 소산이다.

오늘날 논의되는 상대주의, 다원주의, 탈식민지주의, 문화주의, 포스트모더니즘 등은 넓게 보아 차이와 주변을 수용하는 성숙한 시대정신이라 할 수 있다. 자신의 동일성을 타자에게 강조하지 않고 타자와 자아와의 차이를 박해가 아닌 배움의 조건으로 삼는 태도야말로 성숙의 증표인 것이다.

정보화 사회의 사이버 공간은 첫째로 포스트모더니스트들과 마찬가지로 주된 텍스트(master text)를 부정한다. 모든 절대적 근원, 중심, 진실, 캐논(canon)에 대해 부정적이다. 인터넷과 이메일을 통해 원본의 부재를 드러낸다. 또한 사이버 공간은 중심과 주변이 따로 없다. 사이버 공간 전체에 영향을 끼치는 제도는 서로 연결하기 위한 공통된 기술적 규약뿐이다. 중심이 없는 구조는 일종의 무질서 상태와 같은 형태를 보인다. 중심구조가 없다는 것은 누구나 자신을 중심으로 여기게 만든다. 사실 인터넷 공간에서는 개개인이 자신을 중심으로 생각하고 행동한다.[670]

절대적 진리란 인류의 타락과 함께 베일에 가려졌고, 인간들은 다만 그

---

670 홍윤선, 『딜레마에 빠진 인터넷』(서울: 굿인포메이션, 2002), p.159.

사라진 진리의 흔적을 진리 그 자체로 착각하고 있다고 포스트모더니스트들은 생각한다. 이러한 절대적 진리에 대한 그들의 불신은 인류의 비극이 절대적 진리에의 확신과 그로부터 야기한 독선의 횡포에서 비롯되었다는 역사인식에 근거하고 있다.

둘째 사이버 공간은 상호텍스트성(intertextuality)을 인정한다. 그리고 그것은 곧 이 세상의 모든 것은 서로 연결되어 있다는 포스트모더니스트들의 인식과 상통하며 인터넷상의 하이퍼링크와 유비가능하다. 즉, 한 권의 책은 그 자체로서 독립되어 존재하는 것이 아니고, 과거와 현재와 미래의 수많은 다른 책과의 필연적인 상호연관 속에서 존재하듯이 하나의 HTML문서는 다른 HTML문서와 링크되어 존재하며 인터넷상의 홈페이지는 모두 서로 연관되어 자신의 정체성을 구성한다. 이런 측면에서 본다면 존재론적으로 한 인간의 삶 역시 홀로 고립되어 존재하는 것이 아니고, 언제나 과거 또는 동시대의 다른 사람들과의 숙명적인 연관 속에서 존재한다.

그런데 가상현실이 일반화되기 전에는 가상화 또는 시뮬라시옹을 대단히 급진적인 전략으로 사용할 수 있었다. 해체적 전략을 통해 전통적인 이상주의적 질서, 위선적인 도덕적 질서, 공허한 형이상학적 체계, 그것들과 결합한 자본주의 질서를 교란시킬 수 있었다. 그러나 얼마가지 않아 "그런 가상현실이 지배적인 이데올로기와 시스템이 되어버렸다. 이제까지의 어떤 이념 체계보다 더 신속하고도 총체적으로 현실을 제멋대로 프로그램화했다. 결과적으로 이제는, 가상화를 저항의 유효한 전략으로 삼을 수 없는 지경에 이른 것이다."[671] 즉 포스트모던 사회에서 '플라톤의 눈'으로 상징되는 '보편성-진리-이성-원본-토대-본질-물자체-동일자-일치-큰 이야기'에 '니체의

671 김진석, 『이상현실 가상현실 환상현실』(서울: 문학과 지성사, 2001), p.5~6.

몸'으로 대표되는 '다양성-감성-시뮬라시옹-여백-틈-실존- 현상-타자-차이-작은 이야기'로 통제를 벗어나려고 했으나, 정보화 사회에서 어쩌면 자본과 영원히 불화하는 몸의 숙명 때문인지, '니체의 이름으로 니체를 배반하는 역설'[672]이 나타나게 된다. 밤새 충혈된 눈으로 디지털 공간에 얽매여 있는 인간들은 플라톤의 동굴에 갇힌 또 다른 죄수가 되는 것이다. 그래서 "우리는 어떻게 이 영상들과 불화하지 않으면서 영상독재의 권력으로부터 우리를 지켜낼 수 있을까?"[673]라는 물음을 정보화 사회를 살아가는 우리들에게 던져진 윤리적 가능성에 관한 근본적 화두로 삼아야 하는 것이다.

3.1 차이의 사유

정보화 시대의 새로운 공동체인 사이버 공동체 또한 또 다른 구조의 굴레와 구속에 묶여버렸다. 이것을 어떻게 극복할 것인가? 정보 사회에서 들뢰즈와 가타리가 자주 언급되는 이유가 여기에 있다. 『천개의 고원』에서 들뢰즈와 가타리는 서구 사상의 전통을 수목형(tree) 모델로 규정한다.[674] 나무를 보면 굵은 줄기가 하나 있고, 거기에서 가지가 뻗어 나오고, 다시 가지에서 작은 가지가 뻗어 나온다. 이 나무 모양의 조직이 철학을 비롯한 인간 사고와 사회조직의 모델이라는 것이다. 즉 진화조직의 계통수는 문자 그대로 나무이고, 전형적인 근대 조직인 군대도 지휘관에서 가지가 갈라져 나오는 나무를 이루고 있는 것이다.

---

672 이왕주, "영상시대의 존재전략," 『지성과 윤리』(서울: 인간사랑, 2000), p.40.

673 Ibid., p.48.

674 Gilles Deleuze & Félix Guattari, *Mille plateaux*, 이진경·권해원 외 역, 『천의 고원 1』 (http://www.transs.pe.kr 자료실 참조), p.11~55. 참조.

이러한 수목형 모델을 비판하며 대안으로 들뢰즈와 가타리는 리좀(rhizome)적 사고방식을 제안하고 있다. 리좀은 땅속으로 뻗는 줄기를 뜻하며 스스로 뿌리이기도 한 식물을 가리키는 용어이다. 중심을 갖지 않는 상호 이질적인 선이 서로 교차하고, 다양한 흐름이 방향을 바꾸며 뻗어나가는 이 리좀을 들뢰즈와 가타리는 땅속에 뿌리를 박고 지상으로 줄기를 뻗는 수목형 구조에 대립시키기 위해 의도적으로 뿌리와 줄기의 구분 자체가 불가능한 리좀을 반수목적 사고방식의 은유로 도입한다. 한마디로 들뢰즈는 인간의 사고, 국가를 위시한 사회조직의 배후에서 이것을 규정하고 있는 나무 모양을 비판하고, 지식의 영역뿐 아니라 조직론, 공간에 있어서도 나무에 대항하여 리좀을 복권시키려 하는 것이다.[675]

따라서 리좀적 사고는 고정된 체계나 구조가 없고 중심이 없을 뿐만 아니라 비위계적이며 어떤 궁극적 근원이나 일자에 환원될 수 없는 다원성이 그 특징이다. 인터넷의 특성이 그러하다. 인터넷상의 접속은 평면적으로, 수평적으로 일어난다. 근대성의 위계와 중심의 코드 대신 위계를 벗어나려는 탈주와 탈중심이 존재한다.

그러나 중심과 주변이 없는 인터넷 공간의 냉정한 구조에 들어가 보면 자기 자신도 의미 없는 하나의 정보 단위에 불과한 경우가 대부분이다. 열심히 사이버 공간에 집착할수록 자신은 또 하나의 주변 역할에 충실했을 따름이다. 즉 내가 통제하는 것이 아니라, 결국 사이버공간이 나를 통제하는 것이다.[676] 때문에 사이버 공동체 내에서 상호 텍스트성이 강조되어야 하는 이유가 여기에 있는 것이다.

---

675 황원권, 『현대철학산책』(서울: 백산서당, 1996), p.350.

676 홍윤선, 『딜레마에 빠진 인터넷』, 1p.60.

또한 들뢰즈와 가타리에 의하면 근대사회는 매우 불건전한 사회다. 이성중심주의가 주도한 근대사회는 사회의 리듬을 인간 이성의 계몽과 산업의 발전, 그리고 사적 이윤의 추구에 맞추었다고 할 수 있다. 최근의 지구화는 최첨단의 자본주의 리듬에 다른 모든 지역의 리듬을 맞추는 것을 의미한다. 농촌이 도시의 리듬을 맞추기 위해 파괴되고, 생태계가 다국적 기업의 이익을 위해 파괴된다. 전 지구가 단 하나의 리듬에 맞추기 위해 희생되는 것이다. 더욱이 우리는 현대 소비사회에서 소비자본주의에 의해 학습된 욕망을 욕망할 뿐이다. 그렇다면 우리가 넘어서야 할 지점은 어디인가? 포스트모더니즘 옹호론자들의 공통점에는 논란의 여지가 있으나, 변혁의 가능성에 회의적이라 할 수 있다면, 들뢰즈와 가타리의 유물론적 욕망이론은 나름대로 변혁에 회의적인 포스트모던 담론의 한계를 극복하고 변혁의 이론적, 실천적 가능성을 탐색하려는 노력이며, "들뢰즈와 가타리의 몸부림은 욕망의 열정에서 해방의 가능성을 갈구하는 광기 어린 몸부림이다. 하버마스가 이성을 통한 해방을 추구한다면, 들뢰즈와 가타리는 감성의 역동(puissance)에 기대를 건다."[677]고 할 수 있다. 역동은 권력(pouvoir)에 대비시킨 그들의 개념이다. 니체가 힘에의 의지라고 했을 때의 그 힘의 의미가 바로 역동의 개념이다. 역동 개념은 대표제 모델에서 생각하던 권력 개념과 달리 모든 특이성을 지닌 개별자(singularité)의 잠재력을 말하며, 데카르트적인 이성에 근거한다기보다는 스피노자적인 욕망에 기초한 개념이다. 역동을 지닌 개별자들이 차이를 확인하면서 서로 새로운 것을 구성해나가는 방식을 통해 권력 대표가 아닌 새로운 공동체를 만들어 가자는 문제의식에서 사용한 개념으로, 권력자의 지배 개념에서 벗어난 특이한 개별자가 지닌 새

---

677 전경갑, 『욕망의 통제와 탈주-스피노자에서 들뢰즈까지』(서울: 한길사, 1999), p.223.

로운 것을 구성해내는 능력을 말한다.[678]

욕망은 정착을 싫어하는 유목적 흐름이요, 인격적 주체와 무관한 기계적 흐름이며, 결핍과 무관한 생산적 흐름이고, 의식적 주체와 무관한 리비도의 무의식적 흐름이며, 신들린 듯이 흐르는 분열적 흐름이라는 것이 전통적 욕망이론과는 다른 들뢰즈와 가타리의 유물론적 욕망이론의 기본전제이다.

그러나 이러한 유목적이고 기계적이며 무의식적이고 분열적이며 끊임없이 무언가를 만들어내려는 욕망의 능동적 흐름은 그대로 방치하면 기존 사회질서를 붕괴시킬 위험이 있기에 모든 사회는 그 자체 안에 욕망의 흐름을 순치시키고 통제하는 '오이디푸스화'의 메커니즘[679]을 작동시키고 있다. 즉 욕망의 흐름은 끊임없이 무언가를 만들어내려는 생산적인 에너지의 흐름이기 때문에 어떠한 표상체계나 제도적 억압에도 구속되기 어려운 분자적 흐름이긴 하나, 역사상 전례가 없을 정도로 은밀하면서도 철저한 자본주의적 억압의 상황에서는 몰적(molaire) 집계로 변질되어 경직된 정체성을 갖도록 호명될 수도 있다. 그러므로 모든 유형의 경직된 구분을 자유로이 넘나드는 즉 몰적 집합을 해체하는 분자적 운동에 충실한 횡단적 주체를 구성하지 않으면 안 되는 것이다. 횡단성 개념[680]은 새로운 집단적인 표현 양식, 새로운 무의식적 집단 주체가 드러나는 장소 및 과정으로서 의미를 갖는다.

---

678 윤수종, 『자유의 공간을 찾아서』 (서울: 문화과학사, 2002), p.337.

679 자본주의의 역동성을 더욱 다양화 - 다형화할 경우에 최대의 장애라고 생각되는 것이 오이디푸스적 가족이다. 이것이 자유롭게 다양화·다형화해 가야 할 분열 과정을 소위 오이디푸스 콤플렉스의 해결이라는 회로를 통해 한 방향으로 흘러가게 하는 것이기 때문이다. 즉, 근대 자본주의 사회는 오이디푸스적 가족에 의해 처음으로 상대적 안정성을 가질 수 있게 된 것이다. 오이디푸스적 가족과 그것을 소위 추상적으로 신성화한 것인 프로이트의 이론은 실제로 자본주의의 상대적 안정화와 상당히 깊이 서로 얽혀 있기 때문에 이것을 깨뜨리지 않고서는 흐름의 다양화·다형화는 불가능한 셈이다.

680 윤수종, 『자유의 공간을 찾아서』, p.337.

즉 주체의 초자아 수용구조에 변형을 가하려는 것이다. 바로 이러한 횡단성 개념에 입각하여 들뢰즈와 가타리는 역동 개념을 도입하고, 그것을 기반으로 '욕망의 생산'을 설정한 것이다. 미시적으로 분자적인 움직임을 통해 권력을 파괴해 나가는 분자혁명은 거기서 방향성을 갖는다.[681] 그들이 사용하는 몰적/분자적 이라는 개념쌍은 움직임의 방향과 방식을 지칭한다.[682] '몰'이라는 것은 어떤 하나의 모델이나 특정 대상을 중심으로 모든 것을 집중해 가거나 모아가는 것을 말하며 자본이 모든 움직임을 이윤 메커니즘에 맞추어 초 코드화하는 것을 몰적이라 할 수 있다. 운동에 있어서는 모든 움직임을 단일 전선에 편제하여 다른 흐름들을 통제하는 것을 말하기도 한다. 몰적인 방향은 생성을 가져오는 것이 아니며 기존에 생성되는 것을 특정하게 코드화할 뿐인 것이다. 이에 반해 '분자적'이라는 개념은 미세한 흐름을 통해 다른 것으로 되는 움직임(생성)을 지칭하는 것이다. 그러나 이러한 미세한 흐름은 반드시 작은 제도나 장치를 통해서만 이루어지는 것은 아니며 사회 전반적인 분자적 움직임도 가능하다. 따라서 분자적 흐름은 미시구조나 미시적 흐름에만 집착하는 것이 아니라 다양한 크기의 구조 및 제도 속에서 흐르는 미시적 흐름을 중요시하는 것이다.

그래서 들뢰즈와 가타리는 욕망에 기계라는 이름을 더한다.[683] 기계는 욕망의 흐름을 이어주거나 단절시키는 장치를 말한다. 즉 기계란 욕망이 단절되는 지점이지만 이 기계들은 다른 기계들과 접속되는 순간 생산을 가능

---

681 미시적이고 분자적인 움직임을 통해 권력에 저항해나가는 혁명은 예를 들어 이탈리아에서는 기존의 정당의 틀을 훨씬 뛰어넘는 새로운 대중운동, 곧 여성운동, 소수민족운동, 감옥운동 등이 활성화될 수 있었다. Ibid., p.338.

682 Ibid.

683 Gilles Deleuze & Félix Guattari, *L'anti-Œdipe*, 최명관 역, 『앙띠 오이디푸스』(서울: 민음사, 1995), p.15.

하게 한다. 따라서 들뢰즈와 가타리의 '욕망/기계'는 가상공간에서 새롭게 탄생하는 욕망의 이름이다. 그것은 코드화된 기표 이전의 욕망이다. 야생의 유목민처럼 본래적인 물질적 구조로부터 이탈된 채, 스스로를 드러내며 생성의 운동을 이끌어나가는 것이다. 이 '욕망/기계'는 자본주의의 은밀하면서도 철저한 통제의 질곡에서 벗어나기 위해서 우리들의 일상적 사고와 행동 속에 움트고 있는 왜곡된 욕망의 미시적 역동을 감시할 뿐 아니라, 탈 영토화 된 욕망의 분열적 흐름을 자본주의의 현실원칙에 재영토화시키고 순차시키는 다양한 사회제도 영역의 오이디푸스화 기능에 대해 끊임없이 비판한다.

예수의 하나님 나라 운동 역시 탈 영토화적 맥락에서 이해될 가능성이 있다고 본다. 예수가 살았던 세계는 정치와 종교적 억압이 이중적으로 관철되었던 세계였다. 그 세계는 자신이 구축한 세계를 유지하지 위하여 그 세계를 탈영토화하려는 온갖 저항과 해방의 흐름을 재 영토화하면서 유지되는 세계였다. 예수는 이 세계에 대항하여 당시 억압당하는 약자들이 바로 신의 아들이라는 사실을 일깨우면서 탈 영토화하는 새로운 흐름을 만들어 내었다. 그런 의미에서 신국은 억압적 세계에 맞서 새로운 잠재성을 활성화 시키려는 탈 영토적 흐름을 개념화한 실천적인 운동개념이 된다. 신국 운동은 예수와 더불어 그를 따르는 사회적 약자들이 탈 영토화의 과정을 급진적으로 실천했던 운동인 것이다.

예수의 신국 운동은 지배세계에 맞선 또 다른 지배세계가 아니라 지배세계 자체를 철폐하는 운동이며, 물질적 가치를 중심으로 구성되어 있었던 케사르의 세계를 생활 실천적 가치로 변화시키려는 신의 세계이다. 이 세계는 당대 유대인들이 꿈꾸었던 이스라엘민족 중심의 또 다른 세계가 아니라, 민족과 종교와 계급의 모순을 넘어서는 비민족, 탈종교, 무계급적 세계에 대한 구상이며 실천이었다. 그러했기에 예수운동은 로마 지배자에게 뿐만 아니라 이스라엘의 종교지도자에게도 위험천만한 운동이었고, 반드시 절단하여 지배적 흐름으로 되돌려야 했던 것이다.

그렇다면 정보화 사회에서 예수의 신국 운동을 어떻게 계승할 것인가? 현재 한국사회의 지배적 기독교운동은 신국 운동과는 거리가 먼 자본주의적 욕망의 종교적 표현과 다름없다. 신국 운동은 억압적 현실을 극복하기 위해 새로운 잠재성을 활성화시키는 현실적 실천에 있기 때문에, 그것은 굳이 교의적 색채를 띨 필요가 없으며, 기독교적 이념으로 국한시킬 필요도 없다. 그것은 온 인류가 함께 추구해야할 구원과 해방 운동이기 때문이다.

이런 맥락에서 들뢰즈와 가타리의 윤리와 정치를 주목하는 것은 유의미하다. 들뢰즈와 가타리는 사회적 문제를 해결하는 미시정치적 해법으로 생성의 원리인 '되기'(devenir)를 제안한다. 즉 생성 운동으로서의 '되기'는 몰적인 집합에서 분자운동으로, 중심에서 주변으로, 다수자에서 소수자로 전개되어 나간다. 첫째, '되기'는 몰적인 집합 내의 분자운동을 활성화시켜 분자적인 흐름을 만들고, 그것을 추출하여 다른 분자와 합성해내는 것이다. 예를 들어 곤경에 처한 친구가 옆에서 있다고 하자. 들뢰즈와 가타리식으로 표현하면 그 친구는 '몰적 친구'이다. 그러나 내가 그 친구의 처지를 이해하고 안타까워하고 있다면 나는 '분자-친구'로 생성되는 것이다.[684] 이렇듯 존

684 들뢰즈와 가타리는 『천의 고원』에서 '동물 - 되기', '어린이—되기', '여성 - 되기'를 생성의 전략으로 제시한다. 예컨대 '동물 - 되기'는 유사성에 따라 연결되는 상상적인 계열화의 선이나, 상동성에 따라 연결되는 상징적인 구조화의 선이 아니라, "인간과 동물이 서로를 횡단하면서 서로를 변용시키는" 현실적(실재적) 과정이라고 한다.『천의 고원 2』, p.10.
좀더 부연하자면, '동물 - 되기'에서 중요한 것은 동물과 관련된 어떤 것을 구성하는 것이며, 그로써 동물을 구성하는 요소 내지 원소, 특질, 감응을 만드는 어떤 분자를 생산하는 것이다.『천의 고원 2』, p.50.

재의 '되기'란 분자합성을 통한 새로운 조성이다. 둘째, '되기'는 중심에서 주변으로 전개된다. 변화를 동반하는 생성은 무리들의 주변에서 일어난다. 연주회장의 예를 든다면, 청중은 하나의 성격을 갖는 무리[685]가 된다. 그런데 바로 연주회장의 문을 열었다 닫았다하는 사람들에 의해 무리가 새로운 힘에 개방되고 이행이 시작된다. 원의 중심이 아니라 가장자리에서 생성이 발생하는 것이다. 실상 변화나 개혁은 중심에서 이루어지지 않는다. 중심의 자리는 언제나 그것을 유지하고 수호하려하며 변화나 개혁을 싫어한다. 따라서 변화와 개혁, 그리고 모든 생성은 중심이 아니라 그 주변부에서 시작된다 할 수 있다. 셋째, '되기'는 다수자에서 소수자로 전개된다. 다수자는 등질화된 표준이나 표준의 대표자다. 세계적 차원에서는 백인이 다수자이자 표준이다. 백인을 기준으로 해서 다른 인종들은 차등 분류된다. 이렇듯 사회는 다수자와 다수자를 대표하는 표준이 존재한다. 이에 비해 소수자란 다수자에 속하지 않는 자들이다. 여성들-노인들-장애인들은 소수자이다. 들뢰즈와 가타리의 '되기'는 이러한 소수자의 입장을 취함으로써 다수자의 굴레로부터 벗어나는 행위를 뜻한다.[686] 다수자의 가치와 척도를 벗어난 곳에서만 새로운 생성이 있다. 여성이 남성의 권력에 침묵했다면, 흑인이 백인의 권력에 침묵했다면, 장애인이 비장애인의 권력에 침묵했다면 인간 역사의 발전이란 상상할 수 없을 것이다.

---

685 '무리'(meute)는 원래 사람들의 모임이나 집합을 가리키며 '떼'를 의미하지만, 들뢰즈와 가타리가 획일성을 특징으로 하여 통합화의 대상이 될 수 있는 '군중'과 구별하기 위해 사용된 용어이다. 다양체이면서 다방향적이고 다성의 울림을 갖는 소수집단을 가리킨다. 군중이나 대중이 몰적인 집단이라면, 무리는 분자적인 집단이라 할 수 있다. 이진경, 『노마디즘 1』(서울: 휴머니스트, 2002), p.143.

686 들뢰즈와 가타리는 "되는 소수적이며, 모든 되기는 소수화(devenir - minoritaire)일 수밖에 없다"고 단언한다. 즉 '남성 - 되기' 또는 '백인 - 되기'란 없다는 것이다. 들뢰즈, 가타리, 『천의 고원 2』,p. 66.

여기서 들뢰즈와 가타리의 '되기' 윤리 그리고 예수가 민중과 동일시한 일 사이의 상관성을 발견한다. 신의 아들인 예수가 가장 보잘것없는 자와 스스로를 동일시했다는 선언은 기독교 신앙에서 가장 특징적인 것 가운데 하나이다. 마가복음에서는 작은 자 하나를 영접하는 것이 하나님을 영접하는 것(막9, 37)이라고 한다. 그런데 동일시는 동일시하려는 둘이 서로 구별되는 것임을 전제한다. 처음부터 꼭 같은 것이라면 '동일시'를 말할 필요가 없을 것이다. 구별되는 것 사이의 동일시일 때 그 말은 의미를 갖는다. 그때 그 동일시는 높은 것의 낮아짐, 비천한 것의 고귀해짐을 전제하고 있다. 그러므로 동일시는 새로운 변화를 배태하고 있는 역동적 개념이다. 오늘의 민중사건에서 그리스도 사건을 발견하고자 하는 민중신학은 "비천한 자들"의 사건에 동참하는 것이 바로 하나님의 구원 사건에 동참하는 것임을 말해준다. 그렇다면 들뢰즈와 가타리의 윤리를 수용하여 '약자-되기'의 사건 속에 참여함으로써 그리스도의 구원 사건에 동참하게 된다는 것이 성서의 정신에서 그리 멀다고 볼 수는 없을 것이다.

그럼에도 들뢰즈와 가타리의 주장에는 변혁의 주체 혹은 탈주의 주체를 설득력 있게 개념화하기 어렵다는 문제가 있다. 그들의 이론에는 탈주의 선들을 접속시킬 수 있는 의식적 주체도, 의지의 주체도 없다. 욕망의 본질을 의식적 주체와 무관한 기계적 흐름이라고 보는 들뢰즈와 가타리의 상정이 옳다면 그들은 변혁을 주도해 나갈 주체를 설정하기 어려울 수밖에 없다.[687] 또한 들뢰즈와 가타리는 욕망의 다원성과 복수성을 강조하면서도 정작 다원적 욕망을 평가할 수 있는 기준을 제시하지 못하고 있다. 수목적 사고를 철저히 배격하고 리좀적 사고를 예찬하는 그들의 탈현대적 관점은 차

---

687 전경갑, 『욕망의 통제와 탈주 - 스피노자에서 들뢰즈까지』, p.254.

이와 다양성의 가치를 강조할 수는 있어도, 다양한 욕망들의 가치위계를 주장할 수는 없기 때문이다.[688]

여기서 우리는 탈주의 주체를 드러내기 위해 '약자'라는 차이를 훨씬 더 부각시켜야 할 것이며 이러한 차이의 관계 속에서 자본주의의 은밀한 통제를 거부하고 사이버 공동체 내에서 상호텍스트성을 강조해야 할 것이다. 따라서 차이 때문에 윤리가 가능함을, 차이가 존재하기에 차이에 대한 윤리적 답변이 필요하며 그 응답이 무제약적 책임성으로 드러날 때 우리는 창조적이며 긍정적인 리좀적 주체로 거듭날 것이다.

3.2 차이의 윤리

레비나스는 자기중심적-이기적 삶을 타자에 대해 책임지며 타자와 함께, 타자를 위해 살아갈 수 있는 삶의 형태로 만들 수 있는 가능성을 자아의 내면성에서 찾지 않고 자아의 외부, 자아의 존재와는 전혀 다른 차원, 즉 자아와 타자 사이에 일어나는 '윤리적 사건'에서 찾고 있다.

그런데 윤리적 사건이란 바로 타자의 얼굴의 출현이다. 얼굴은 나의 표상과 인식, 나의 자유에 의존하지 않으면서 그 자체 존재하고, 그 스스로 드러내 보여주는 타자의 존재방식이다. 얼굴은 우리가 인식할 수 없는 것으로 우리에게 스스로 자신의 모습을 보여주는 존재, 우리의 세계 안에서는 어떠한 지시체로 찾을 수 없는 '외재적 존재의 현시'이다.[689] 그러므로 얼굴의 외재성은 그 무엇으로도 환원할 수 없는 차이, 절대적 차이를 나타낸다.

---

688 Ibid., p.255.

689 Levinas. *Totality and Infinity* (Netherlands: Kluwer Academic Publishers, 1991), p.272.

그러므로 자아로 환원할 수 없는, 자아의 이해와 능력으로 지배할 수 없는, '전적으로 다른 타자'의 출현으로 자아가 충격을 받는 상황이 발생한다. 타자는 유일하고 독특하며, 어떤 종족이나 가족, 어떤 민족도 초월한다. 타자는 "벌거벗음 가운데 나타나는 얼굴"이며 "자기 자신에 의한 현현"이며 "맥락 없는 의미화"요, "전체성의 깨뜨림"이다.[690] 그리고 나를 보는 타자의 시선과의 만남을 레비나스는 '절대 경험'이요, "계시"라 부른다.[691] 자아는 이 계시에 직면해서 그것을 수용하는 자로, 순응하는 자로 설뿐이다. 그래서 타자는 자아의 기대와 예측을 벗어난 가르침을 주는 스승과 주인으로 다가온다.[692]

그런데 나에게 얼굴의 나타남으로 명령하는 타자는 강자의 얼굴이 아니라 낯선 이방인의 모습으로, 그것도 낮고 비천한 이방인의 모습으로 나타난다. 그는 '이방인'이고 아무런 보호막도, 변호자도, 기득권도 없는 "나그네와 과부와 고아"이다.[693] 이러한 비천에 처한 타자가 나에게 호소해 올 때, 그 호소로 나의 자유가 문제시 될 때, 타자의 얼굴은 윤리적 사건이 되는 것이다.

'나'라는 동일자로 결코 흡수되지 않는 타자는 내가 가지는 윤리적인 책임성이 나의 나됨, 즉 나의 주체성을 구성하는 근본임을 보여주는 것이다.[694] 그리고 이것은 레비나스에게 있어서 '인질'[695] 그리고 '대리'(substitution)[696]의

690 Ibid., p.46~49.

691 Ibid., p.37.

692 Ibid., p.73.

693 Ibid., p.49.

694 김연숙, 『레비나스 타자윤리학』(고양: 인간사랑, 2001), p.222~223.

695 *Totality and Infinity*, p.153.

696 강영안, 『우리에게 철학은 무엇인가』(서울: 궁리, 2002), p.13. 강영안, 『타인의 얼굴: 레비나스의 철학』(서울: 문학과 지성사, 2005), p.187.

개념으로 설명될 수 있는데, 인질은 '타자에게 사로잡힌 사람'이고, 대리는 '타인의 고통을 대신하여 희생되는 상황'[697]이다. 이것이 레비나스가 말하려는 윤리적 자아의 핵심이며, 타자에 대한 책임을 감수하며, 타자에게 가까이 가는 것, 그 극치인 것이다. 즉 우리가 자신의 빵을 향유하는 것으로부터 타자의 배고픔의 소리에 귀 기울여 자신의 빵을 나누는 것, 이것이 바로 이기적 자아에서 윤리적 자아로의 실체변화가 구체화되는 실천의 의미인 것이다.

자아로 환원되지 않는 타자성인 타자의 차이는 '자아가 구축하는 내면성에 대한 외재성'이다. 이러한 외재성의 타자는 "나보다 높은 곳에 있는 나의 주인처럼 내가 윤리적으로 행동하기를 명령하고 나는 그 명령을 회피하지 못한다. 그러므로 어떤 식으로도 나에게 규정되지 않고, 오히려 나의 힘을 무력화시키고 나에게 명령하는 타자의 얼굴이란, 형이상학의 대상, 규정 불능의 무한자, 곧 신을 닮고 있다."[698] 레비나스는 이런 타자를 심지어 '메시아'라 부른다. 메시아는 타자를 위해서 대신 죄의 짐을 짊어지고 고난을 당하는 자이다.[699]

레비나스에게서 초월은 바로 고통받고 상처입은 얼굴의 모습으로 나타나는 절대적인 타자, 규정 불능의 무한자의 호소에 응답하는 것이고 그럼으로써 무한책임의 윤리가 가능하다. 그리고 레비나스의 윤리적 과제는 낯선 타자를 향한 자기 초월의 공간을 열어 놓음으로써 자기중심적 자아의 자연

---

697 Levinas, *Otherwise than Being or Beyond Essence* (Dordrecht: Kluwer Academic Press, 1974), p.112.

698 서동욱, "주체의 근본 구조와 타자-레비나스와 들뢰즈의 타자 이론," 『차이와 타자』(서울: 문학과 지성사, 2000), p.143.

699 Levinas, *Difficult Freedom: Essays on Judaism* (Baltimore: Johns Hopkins University Press, 1991), p.129.

적 이기적 삶을 윤리적 타자중심적 이타주의적 삶의 차원으로 초월시키는 것이다.

들뢰즈와 가타리의 경우에서처럼 '역동적이고 생성하는 차이'는 서로 차이를 긍정하고 상대방을 수용하고 섞이면서 생성된다. 차이를 전적으로 받아들이는 자는 타자를 만나서 그것을 통해 자신을 변화시킨다. 나와 타자 사이의 진정한 차이를 이해하고, 내 안의 타자를 발견하고, 자신의 동일성을 버리고, 타자 안에서 초월적인 것을 발견하고서 내가 타자가 되는 것이 역동적인 차이이다. 이러한 차이의 사유로 볼 때, 이것과 저것의 구분이 무너지며 그 사이에 내재하는 권력, 타자에 대한 배제와 폭력의 담론은 힘을 상실하게 된다. 역동적인 차이의 패러다임으로 전환하면, 동일성의 이름으로 미국이 이슬람 국가나 제3세계 국가 국민을, 부자가 가난한 자를, 한국인이 제3세계 노동자들을 차별하고 폭력을 가하는 것에서 벗어날 수 있다.

더 나아가 레비나스의 경우에서처럼 타인이 없다면 나는 존재할 수 없기에 내가 사랑하는 가족이나 친구뿐만 아니라 모든 타자들이 나라는 존재를 나로 존재하게 하는 데 관여하기에 모든 타자가 '우리'의 범주에 속하게 된다. 이때 우리는 각 존재자들이 서로 소통하고 상호작용을 하면서 하나를 이루는 것이다. 그렇기 때문에 각각의 존재자는 우리의 범주에 들어온 연약한 타자에 대해 무한한 책임을 질 수밖에 없는 것이다.

4. 약자를 위한 기독교 문화적 실천

벨(Daniel Bell)에 의하면 농경사회인 전 산업사회, 제조업이 중심이 되는 산업사회, 서비스업이 중심이 되는 후기 산업사회로 구분하며 전 산업사회의 생활을 '자연에 대한 게임'으로, 산업사회의 생활을 '인공적 자연에 대한 게임'으로 규정하는 반면, 후기 산업사회의 생활을 '사람들 간의 게임'으로 규정한다. 그리고 이 '사람들 간의 게임'은 정보가 기본적인 자원이 되는 게임이다. 그렇다면 바로 이러한 게임에서 윤리적 의무는 무엇으로 드러나야 하는가? 이왕주는 "타자를 만나고, 만남이 주는 긴장을 버티며, 사귐이 주는 불편을 참고, 내 정신의 층위에 켜와 결을 무늬처럼 만들어가는 … 체험들을 끝까지 지켜내지 않으면 안 된다."[700]고 제안한다. 이것은 인내심을 말한다. 인내심을 가지고 사이버공동체 내에서 관계성을 회복해야 할 것이다. 그리고 관계에 대한 기본적인 중심은 책임이다.

이러한 '책임'에 관해 '책임의 원칙'을 가지고 오늘날 서구 기술문명이 직면한 심각한 문명 위기에 대하여 '책임'에로의 실천을 요구한 요나스(Hans Jonas)는 현재 인류가 그 어느 때보다 풍요로운 삶을 누리고 있으나, 미래에 관해 불안해하고, 지금가지의 중단없는 진보와 풍요에 대한 믿음이 오늘날 심각하게 드러나는 테크놀로지의 부정적 결과로 말미암아 근본적으로 흔들리고 있다는 상황인식에서부터 자신의 철학적 탐색을 시작했다.

따라서 오늘의 기술화, 세속화된 사회에서 다시 윤리에서 "존재론적인" 근거를 찾고자하는 요나스의 윤리는 맥킨타이어에 의하면 현재의 '윤리적 공황' 상태에서 인류의 새로운 실천 윤리를 찾고자 하는 고민이 될 것이다.[701] 즉 정보화 시대에도 책임의 개념이 중요하다는 것을 말하는 것이다. 물론 요나스는 마치 갓 태어난 아이에 대한 돌봄과 관심처럼 한 순간이라도 돌보는 것을 소홀히 하면 그 존재가 위태롭게 되는 것같이 그렇게 '매 순간

---

700 이왕주, "영상시대의 존재전략," p.50.

701 Alasdir Macintyre, *Der Verlust der Tugend: zur moralischen Krise der Gegenwart* (Frankfurt: Suhrkamp, 1995. 참조.

순간 인간을 자기 자신의 형상 가운데서 지켜내는 일'이라고 한다.[702]

그러나 부리(Fritz Buri)는 요나스의 윤리가 존재론적인 근거가 불충분함을 밝히며 책임의 신학(Theologie der Verantwortung)을 이야기한다. 이것은 요나스가 오늘날의 윤리의 문제를 철학적으로 형이상학적으로 해결하려고 한 것에 대해 신학자로서 종교적이고 신학적인 입장에서 보충한 것이다. 그는 윤리적 지상명령을 '무제약적 책임성' 외에서는 찾지 않겠다고 선언한다. 즉 '무제약적 책임성이 존재하는 곳'에 진리의 계시 즉 구원이 있다고 보는 것이다.[703] 부리의 논지를 변선환은 다음과 같이 명료화한다.

> 그리스도라는 이름이 신화적으로 상징하는 것은 바로 인간의 진리, 책임적 자아와 책임적 공동체의 진리다. 그러기에 무제약적인 책임성이 있는 곳, 사랑이 있는 곳, 그 어디에나 그리스도가 계신다. 그리스도는 결코 세계사의 알파(종교사의 신학)와 오메가(정치신학)에 있지 않고 바로 지금 여기에 있다. '무제약적 책임성'이라는 이름밖에 천하 인간이 구원을 얻을 만한 다른 이름을 우리에게 주신 일이 없다.[704]

정보화 사회에서 차이에 대한 윤리적 책임의 한계가 어디까지인지 아무도 알 수 없다. 차이가 존재하기에 차이에 대한 윤리적 답변이 필요하며 그 답변은 '무제약적 책임성'으로 가능할 때 이웃에 대한 책임성을 가진 차이의 존재자들은 우리가 알지 못하는 창조적이며 긍정적인 리좀으로 정보

---

702 Hans Jonas, *Das Prinzip Verantwortung* (Frankfurt: Suhrkamp, 1983), 392ff.

703 Fritz Buri, *Wie können wir heute noch verantwortlich von Gott reden?* (Tuebingen: Mohr, 1967), p.27.

704 변선환, "나의 신학수업," 변선환 학장 은퇴기념논문집 출판위원회 편, 『종교다원주의와 한국적 신학』(천안: 한국신학연구소, 1992), p.30.

화 사회의 문화 속에서 새로운 인간으로 거듭날 수 있을 것이다.

정보화 사회에서의 약자들의 삶이 성장하고 실현되는 장소는 문화이다. 그러하기에 약자들이 스스로 조직화해내고 해방적 실천을 산출해 내는데 성공할 경우에만 그 문화는 자신들의 문화가 될 수 있다. 약자는 정보화 사회에서 자신의 문화를 창조하기는커녕 중심적인 정보와 지식에서 소외되고 있다. 중요한 정보와 지식은 권력층이 독점하고 있으며, 약자들은 담론 생산에서 늘 대상으로 자리매김된다. 그들은 재현의 폭력의 희생자로 재현의 주체나 매개체에 의해 늘 희생당하는 자다. 세계 체제로 가면 정보와 지식, 담론의 생산자는 서구이다. 제3세계는 서구가 재현한 텍스트들과 담론에 따라 사고하고 생산하고 소비한다.

물론 문화 수용자는 지배계급인 신화제작자가 만들어 놓은 메시지와 신화를 단순히 수용하지만 않는다. 수용자는 약호화 된(encoded) 텍스트를 받아 자신이 이제껏 접한 텍스트와 기호체계, 자신의 의식, 전의식 등이 구성하는 체계에 따라 약호 꾸러미를 해독하고(decoding) 가치 평가한다. 텍스트에 대한 다양하고 열린 해석이 수용자를, 제국주의나 지배계급의 신화나 이데올로기에 조작되지 않는 자유로운 주체로 만든다.[705]

---

705 Stuard Hall, "Encoding/decoding". Stuart Hall, Dorothy Hobson, Andrew Lowe and Paul Willis(eds), *Culture*, *Media*, *Language* (London: Hutchinson, 1980) 홀은 텍스트 구조가 아니라 해독자 자신의 사회적 조건에 반응하는 방식과 상응하는 텍스트 해독 내지 읽기의 세 가지 주요 형태를 제시한다. 첫째는 지배적 · 헤게모니적 해독으로 그것은 코드 작성자(encoder)의 가정에 따라 텍스트를 충실하게 받아들이는 것이며 바로 이것이 선호된 해독(preferred reading)이며 닫힌 해석이라 할 수 있다. 둘째는 교섭적 해독(the negotiated reading)으로 이는 지배적인 코드의 합법성을 인정하되 독자의 특수한 사회적 조건에 적응시키는 해독이다. 셋째는 대립적 해독(the oppostional reading)으로 이는 대안적, 대립적 의미체계로부터 발생하기 때문에, 선호된 해독에 근본적으로 대립되는 급진적 읽기를 낳는다. 이것이 에코(Umberto Eco)가 말하는 "열린 해석"에 해당한다.

그러나 제임슨(Fredric Jameson)의 지적대로 모든 읽기를 할 때 절대지평으로서 정치적 해석에 우선권을 줄 수밖에 없다.[706] 정치적 해석을 한 후에 열린 해석을 시행해야지, 정치적 해석이 전제되지 않은 열린 해석이나 수용자 위주의 분석은 텍스트에서 현실과 역사를 제거하고 '해석의 자유'라는 또 하나의 신화를 생산할 뿐이다. 제3세계 대중문화 텍스트에 담긴 신화와 이데올로기들이 정치적, 경제적 목적에서 수행되었고 결국 물질적이기 때문에 이런 기호학적 해석은 필연적으로 지배이데올로기에 봉사하게 된다. 그러하기에 대중문화 텍스트 속의 신화를 인식하고 이에 대해 대항신화를 형성하고 다시쓰기[707]를 해야 한다. 다시쓰기는 텍스트를 단순히 변경하는 것이 아니라 텍스트의 신화에 조작되던 대상이 주체로 서서 세계를 다시 구성하는 것이다. 텍스트에 대하여 정치적 해석에 우선권을 준 열린 읽기를 하되, 이를 바탕으로 다시 쓰기를 감행하여 세계를 다시 구성해야 한다.

이에서 한 걸음 더 나아가 대항언론 형성을 제안한다. 지배적인 담론에 담긴 신화를 거꾸로 뒤집어 패러디하는 것, 강단-광장-거리-온라인을 가리지 않고 논문-대자보-전단-잡문 등 여러 형식으로 대항언론을 만드는 것, 약자들이 인터넷을 이용하여 서로 연대하여 제도권 언론과 맞설 수 있는 소셜-네트워킹에 의한 대항의 언론을 형성하는 것이다. 이탈리아 아우또노미

---

706 Fredric Jameson, *The Political Unconscious* (London: Methuen, 1981), p.17.

707 20세기 중반부터 일어나기 시작한 민권운동, 여성해방운동, 반체제 학생운동, 그 외 다양한 대안문화운동이 진행되면서 고정된 이야기에 대한 비판적 검토가 시작되었다. 삶과 무관하게 고정되어 버린 이야기들을 다시 살려냄으로써 삶도 다시 살려보려는 움직임이었다. 모든 글을 새롭게 쓰여지거나 다시 쓰여지기 위해 쓰여진 것이다. "텍스트는 고정된 것이 아니라 적극적 해석을 기다리고 있다." 해석집단이 있고 생산적인 토론이 이루어지는 곳에서 이야기들은 새롭게 쓰여 지는 것이고 이를 통해 중요한 것은 사회 성원들이 주체적 문화 향유자와 문화 창조자가 된다는 데 있다. 좋은 예를 보려면 Iring Fetscher, *Wer hat Dornröschen wachgeküsst?*, 이진우 역, 『누가 잠자는 숲속의 공주를 깨웠는가』(서울: 철학과 현실사, 1991)를 참고하라.

아(autonomia) 운동의 일환이었던 '자유라디오 운동' 방식도 좋은 본보기가 될 것이다. 방송에 대한 국가독점에 항거하여 1975년 한 해에 800개가 넘는 자유방송국들이 생겨났던 것이다. 라디오 방송국은 비교적 적은 비용으로 설립이 가능했고 운영비도 신문에 비해 매우 낮았으며, 운영도 대부분 자원자들에 의해 이루어졌기에 가능한 일이었다. 물론 방송 청취가 무료였기에 재정적인 많은 문제가 있었음에도 어떤 방송들은 특정 정치집단이나 정당 또는 다른 이해집단의 후원조차도 거부하면서 저항운동을 전개해 나갔다. 이러한 자유 활동은 국가의 계획적이고 조직적인 탄압에 맞서는 투쟁을 통해 국가의 지배권력을 약화시키는 분자적인 증식운동의 역할을 했으며, 이러한 경험을 통해 지성적, 조직적, 정치적, 창조적 에너지를 축적하고 실험한 것의 상징으로 남게 되었다는 평을 받는다.[708] 또한 NANAP[709]처럼 약자들이 연대하여 대안통신사를 설치하는 것 역시 하나의 중요한 대안이 될 수 있다. 이를 위하여 대안 통신사나 대항언론은 약자의 네트워킹을 위해 비정부조직, 진보적인 매체 및 단체와 수평적으로 연대를 맺어야 한다.

현재 기독교의 대안적 대중매체에 대한 관심은 아주 미약하다고 할 수 있다. WACC[710]의 라틴아메리카에서의 활약은 그 한계에도 주목할 만하다.

---

708 윤수종, "이탈리아의 아우토노미아 운동," 『이론』 14호, 봄(1996). 이 논문에서 윤수종은 이탈리아 아우토노미아 운동에 대한 일반적인 오해를 해명하고, 그 운동을 대중들의 다양한 자율적 투쟁(노동운동과 사회투쟁, 여성운동, 청년학생운동, 자율축소운동, 자유라디오운동 등)을 중심으로 소개하고 있다.

709 NANAP(Non - Aligned News Agency Pool: 비동맹 뉴스풀), 제3세계의 권위있고 정직한 소리'를 전달하고 선진국의 통신사가 배부하는 편향·왜곡된 보도에 대항해 공정한 보도를 한다는 목적으로 발족한 제3세계 공동 통신사이다. 1976년 스리랑카의 콜롬보에서 열린 비동맹정상회담에서 선진국 지배하의 국제정보질서를 극복하기 위해 개발도상국 중심의 비동맹 뉴스풀이 결성됐다.
http://k.daum.net/qna/openknowledge/trackback.html

710 WACC(World Association for Christian Communication: 세계기독교커뮤니케이션협

WACC의 라틴아메리카 교회에 대한 지원은 교파와 종교를 초월하여 에큐메니칼한 차원에서 주로 소규모 매체형성과 프로그램 지원에 집중되어 있으며 그것은 적지 않은 영향력을 행사하고 있음을 확인할 수 있다. 가령 중미와 브라질지역의 라디오 수신과 교신을 통한 복음의 전파훈련은 소외된 지역의 민중들에게 실질적 도움을 주고 있다. 공동체 소식지의 편집과 발행 그리고 기술교육과 전문가 훈련 지원 등은 거대한 다국적 기업의 커뮤니케이션 지배에 대항한 민중의 대안적 대중매체 형성이라는 실질적 효과를 나타내고 있다.

교회는 약자들의 필요를 최우선으로 고려하며, 사물보다는 인간을 우선하고, 기술문명보다는 윤리의식을 앞세우며, 할 수 있는 것만을 찾는 것이 아니라 하지 않으면 안 되는 일을 생각하고, 소유가 아니라 사람됨에 따라 인간을 평가하도록 해야 한다.

교회의 문화적 실천에서는 다음의 사항들도 고려되어야 할 것이다. 첫째, 문화를 통해 실존의 접점들을 신체의 표면 위에 확보하려는 시도들이 있어야 할 것이다. 사이버 공간에서처럼 제한된 신체의 일부만 개입시키는 것이 아니라 내 몸의 감각으로 시대정신의 모든 굴곡을 정직하게 더듬어내는 실천이 있어야 할 것이다. 약자들과 연대하는 다양한 사회 문화 운동에 오프라인 상의 참여와 전개가 그러한 실행 모델일 수 있다.

둘째, 교회의 '얼굴보기'의 문화적 실천을 제안하고자 한다. 디지털 화

의회)는 부분적으로 교회로부터 재정지원을 받고 교회를 위한 자문역할을 하는 세계적 개신교 차원에서의 유일한 커뮤니케이션 전문 기구이다. 특히 WACC은 전자혁명의 결과가 제3세계에 미치는 영향과 커뮤니케이션 활동에 미치는 의미에 대한 지속적인 관심을 표명해 왔다. WACC의 에큐메니칼적인 선교정책과 사업 그리고 발표된 중요 문서의 개략적인 소개는 조성호, "WACC의 활동과 커뮤니케이션 선교 정책," 『기독교사상』, 1993년 5월호, p.36~46을 참고하라.

상으로 보는 타자의 얼굴은 거리 저편에 놓인 얼굴이며 그런 한에서 타자의 기호 또는 존재의 시니피앙에 지나지 않는다. 그러나 '얼굴보기'는 타자를 전신으로 느낄 수 있는 가까운 공간에서 타자를 만나는 모든 방식을 의미한다. 레비나스처럼 얼굴은 사물도 아니고 신체의 일부들도 아니고 그 일부들의 배치나 종합도 아니며 한 인간의 존재 기호도, 상징도 아니다. 타자의 얼굴은 의식으로도 신체로도, 그리고 어떤 디지털 기호로도 환원될 수 없는 무한한 신비자체이다. 그러므로 타자의 얼굴은 바로 그런 만남을 통해서만 내게 계시처럼 다가올 수 있는 어떤 것이다. 교회는 약자들의 얼굴을 만나고 그 만남이 주는 긴장을 버티고 사귐이 주는 불편을 참으며 내 정신의 층위에 새겨질 수 있는 장을 마련해야 할 것이다.

5. 나오면서

교회는 오랫동안 사회에 대하여 지배자의 입장에 있었고, 교회 지도자들은 세속 권력자들과 타협하며 지내 왔다. 그러나 오늘날의 새로운 상황은 교회가 지배자로 군림하던 자리에서 내려와 겸손히 섬기는 종의 자세로의 근본적인 변화가 요청된다. 교회의 섬김과 봉사는 예수 그리스도의 이름으로 약자들을 섬기고 봉사하는 것이다. 이제 교회는 자신의 권위주의적 구조를 스스로 해체하고 힘없는 자들을 굴종의 위치에서 주체적 위치로 해방시키는 충실한 안내자의 역할을 할 것을 요청받고 있다. 교회 공동체는 물론 교회가 속해 있는 사회의 구성원 모두를 동등한 주체로 존중하며 그것을 토대로 차별적이고 억압적인 세상의 문화를 전복시키는 밀알이 될 것을 요청하는 것이다.

기독교 문화는 사회의 다원성과 역동성을 인지하여 이 사회가 하나님의 나라로 변모되어 가도록 끊임없이 변화를 추구하는 예언자적 음성을 담고 있어야 한다. 또한 그 속에는 인간의 존엄성을 유지·확장하고 공동체적 삶을 영위하도록 하는 노력을 담고 있어야 한다. 그리고 21세기 자본주의 문화에 대한 대안문화로서의 기독교 문화는 들뢰즈와 가타리의 '되기'의 윤리와 레비나스처럼 타자에 대해 책임지며 타자와 함께 타자를 위해 살아갈 수 있는 삶의 형태로 만들 수 있는 가능성을 자아의 내면성이 아니라 자아와 타자 사이에 일어나는 '윤리적 사건'에서 찾으려 해야 한다. 기독교 문화는 정보화 사회에서 소외된 약자들과 스스로 동일시하여 제반의 비인간적 권력 구조로부터 해방하고 그들을 자유롭게 하는 화해와 사랑의 목소리를 담고 있어야 할 것이다.

참고문헌

가톨릭철학교재편찬위원회 편, 『젊은이들을 위한 철학』. 서울: 이문출판사, 1998.

강상구, 『신자유주의의 역사와 진실』. 서울: 문화과학사, 2000.

강영안, 『우리에게 철학은 무엇인가』. 서울: 궁리, 2002.

_____, 『타인의 얼굴: 레비나스의 철학』. 서울: 문학과 지성사, 2005.

고범서, 『사회윤리학』. 서울: 나남출판사, 1993.

교황 바오로 6세 회칙(1967), 『민족들의 발전』(*Populorum Progressio*). in 『교회와 사회』. 서울: 한국천주교중앙협의회 편, 1994.

교황 요한 바오로 2세 회칙(1987), 『사회적 관심』(*Sollicitudo Rei Socialis*), in 『교회와 사회』. 서울: 한국천주교중앙협의회 편, 1994.

그리스도인의 자유와 해방에 관한 신앙교리성 훈령(1986), 『자유의 자각』(*Libertatis Conscientia*), in『교회와 사회』. 서울: 한국천주교중앙협의회 편, 1994. 68항.

김경재, 『폴 틸리히의 생애와 사상』. 서울: 대한기독교서회, 1990.

김균진, 『20세기 신학사상 I』. 서울; 연세대출판부, 2003.

김동광, "DNA 독트린: 인간게놈프로젝트의 이데올로기."『녹색평론』통권 54호 9월/10월(2000).

김상득, 『생명의료윤리학』. 서울: 철학과현실사, 2000.

김상봉, "윤리 도덕." 우리사상연구소 편. 『우리말철학사전 2: 생명, 상징, 예술』. 서울: 지식산업사, 2004.

김연숙, 『레비나스 타자윤리학』. 고양: 인간사랑, 2001.

김용선, 『지식 대 도덕』. 서울: 철학과 현실사, 1993.

김용옥, 『노자와 21세기』. 서울: 통나무, 1999.

김용준 외. 『현대과학의 제문제』. 서울: 민음사, 1991.

김진석, 『이상현실 가상현실 환상현실』. 서울: 문학과 지성사, 2001.

김철영, "리챠드 니버의 상관주의와 책임."『믿음과 삶의 윤리학』. 서울: 장로회신학대학교 출판부, 1994.

김항섭, "신자유주의 구조 조정과 아르헨티나 가톨릭교회의 대응." 『라틴아메리카연구』. 제18권 제1호. 한국라틴아메리카학회, 2005.3.

남재현, "폴 틸리히 윤리학," 『신학논단』 9/10집 1968,

류시화, 『나는 왜 너가 아니고 나인가』. 서울: 김영사, 2003.

맹용길, 『하나님의 명령과 현실』. 서울: 대한기독교출판사, 1980.

박만, 『폴 틸리히: 경계선상의 신학자』. 서울: 살림출판사, 2003.

박명진 편. 『비판커뮤니케이션과 문화이론』. 서울: 나남출판사. 1994.

박봉배, 『기독교윤리와 한국문화』. 서울: 성광문화사, 1982.

박이문, 『사유의 열쇄』. 서울: 산처럼, 2004.

박충구, 『기독교윤리사I』. 서울: 대한기독교서회, 2003.

______, 『기독교윤리사II』. 서울: 대한기독교서회, 2001.

______, 『기독교윤리사II』. 서울: 대한기독교서회, 2001.

박태흔, 『서양윤리사상사 I』. 서울: 이문출판사, 1987.

______, 『서양윤리사상사(1)』. 서울: 이문출판사, 1987.

백봉흠, "자연법과 인간의 존엄성 -국제법상 인권보장의 유래-." 『가톨릭사회과학연구』 제2집. 한국가톨릭사회과학연구회, 1983.

변선환, "나의 신학수업." 변선환 학장 은퇴기념논문집 출판위원회 편. 『종교다원주의와 한국적 신학』. 천안: 한국신학연구소, 1992.

보성사 편집부 편, 『천도교경전』. 서울: 보성사, 1992.

서동욱, "주체의 근본 구조와 타자-레비나스와 들뢰즈의 타자 이론." 『차이와 타자』. 서울: 문학과 지성사, 2000.

손규태, 『개신교윤리사상사』. 서울: 대한기독교출판사, 1998.

신재식, 『아우구스티누스 & 아퀴나스』. 서울: 김영사, 2008.

아리스토텔레스, 최명관 역, 『니코마코스윤리학』. 서울: 서광사, 1996.

안병영/임혁백, 『세계화와 신자유주의』. 서울: 나남, 2000.

양명수, 『어거스틴의 인식론』. 서울: 한들출판사, 1999.

엄정식, 『지혜의 윤리학』. 서울: 지학사, 1986.

엄정식, 『지혜의 윤리학』. 서울: 지학사, 1986. 84.

에른스트 블로흐, 자연법과 인간의 존엄성 참고. 52. Martin Luther, W. A. LI, 242-243.

오경환, 『종교사회학』. 서울: 서광사, 2003.

윤성우, 『폴 리쾨르의 철학』. 서울: 철학과현실사, 2004.

윤수종, "이탈리아의 아우토노미아 운동." 『이론』14호, 봄(1996).

_____, 『자유의 공간을 찾아서』. 서울: 문화과학사, 2002.

이상원, 『기독교윤리학』. 서울: 총신대출판부, 2010.

이상헌, "유전자 특허의 정당성에 관한 윤리적 논의." 『생명연구』20집(2011).

_____, "이상헌의 과학기술 속에서 윤리읽기."
http://blog.naver.com/PostView. nhn?blogId=shrheey&logNo=100146201791

이석호, 『근세-현대 서양윤리사상사』. 서울: 철학과 현실사, 2010.

_____, 『인간의 이해』. 서울: 철학과현실사, 2001.

이왕주, "영상시대의 존재전략." 『지성과 윤리』. 서울: 인간사랑, 2000.

이진경, 『노마디즘 1』. 서울: 휴머니스트, 2002.

이필렬, "과학의 민주적 통제를 위하여."『녹색평론』통권 제37호. 11월/12월 (1997).

임성빈, "리챠드 니버의 '응답의 윤리.'"『현대 기독교윤리학의 동향』. 서울: 예영커뮤니케이션, 1997.

임희국, "세계화에 대응하는 교회들의 네트워크", 『교육교회』, 2000년 4월호.

장도곤,『예수중심의 생태신학』. 서울: 대한기독교서회, 2002.

장윤재, "경제 세계화와 하이에크의 신자유주의에 대한 신학적 비판".『신학사상』(2003/겨울호).

전경갑,『욕망의 통제와 탈주–스피노자에서 들뢰즈까지』. 서울: 한길사, 1999.

정인여 외 편.『정치학대사전』. 서울: 박영사, 1980.

제2차 라틴아메리카 주교단 총회 최종결의,『메델린 문헌』. 김수복/성염 역. 왜관: 분도출판사, 1989.

제3차 라틴아메리카 주교회의 최종 결의,『푸에블라 문헌』, 성찬성 역. 왜관: 분도출판사, 1991.

조성호, "WACC의 활동과 커뮤니케이션 선교 정책."『기독교사상』. 1993년 5월호.

주호노, "인간게놈프로젝트가 던지는 법적 쟁점."『과학동아』7월호(2000).

천주교 서울대교구 생명위원회.『생명과학과 생명윤리』. 서울: 기쁜소식, 2008.

철학문화연구소 편.『철학강의』. 서울: 철학과현실사, 1993.

최재희,『서양윤리사상사』. 서울: 서울대출판부, 1984.

하기락,『서양윤리사상사』. 서울: 형설출판사, 1989.

한국 가톨릭 대사전 편찬 위원회 편.『한국가톨릭대사전』v. 10. 서울: 한국교회사연구소, 1995.

한국기독교교회협의회 국제위원회 · 천주교대안경제연대·국제민주연대 주최 "Jubilee 2000 세미나" 자료집. 2000년 6월 15일(한국기독교100주년기념회관). http://www.action.or.kr/home/bbs.

해방신학의 일부 측면에 관한 신앙 교리성 훈령,『자유의 전갈』(*Libertatis Nuntius*). in『교회와 사회』. 서울: 한국천주교중앙협의회 편, 1994.

홍윤선,『딜레마에 빠진 인터넷』. 서울: 굿인포메이션, 2002.

황원권,『현대철학산책』. 서울: 백산서당, 1996.

American Bioethics Advisory Commission. *Ban Human Cloning*. VA: American Life League, 1997.

Aquinas, Thomas. *Summa Theologica*. http://www.basilica.org/pages/ebooks/St.%20Thomas%20Aquinas-Summa%20Theologica.pdf.

Arrington, Robert. *Western Ethics: An Historical Introduction*, 김성호 역, 『서양윤리학사』. 서울: 서광사, 1998.

Augustinus. *Confessiones*.
https://archive.org/details/staugustinesconf01augu

Augustinus. *De Civitate Dei*.
https://archive.org/details/augustinidecivitatedei00jensuoft

Augustinus. *De dotrina christiana*.
http://www9.georgetown.edu/faculty/jod/augustine/ddc1.html.

Augustinus. *De libero arbitrio*.
http://www.documentacatholicaomnia.eu/03d/0354−0430, _Augustinus,_De_Gratia_Et_Libero_Arbitrio_Ad_Valentinum_[Schaff],_EN.pdf.

Augustinus. *De ordine*.
http://www.augustinus.it/latino/ordine/index2.htm.

Augustinus. *De Praedestinatione sactorum ad Prosperum*.
http://www.augustinus.it/latino/predestinazione_santi/predestinazione_santi.htm

Augustinus. *De Trinitate*,
http://individual.utoronto.ca/pking/articles/Augustines_Trinitarian_Analysis.pdf

Augustinus. *Soliloques*.
https://archive.org/details/kingalfredsolde03augugoog.

Ayre, Alfred Jules. *Language, Truth and Logic*. New York: Dover, 1952.

Bacon, Francis. *Novum organum*. 진석용 역. 『신기관-자연의 해석과 인간의 자연 지배에 관한 잠언』. 서울: 한길사, 2001.

Baier, Kurt. *A Companion to Ethics*, 김성한 외 역, 『규범윤리의 전통』. 서울: 철학과 현실사, 2005.

Barth, Karl. *Church Dogmatics* II/2. New York: T & T Clark, 1967.

Barth, Karl. *Church Dogmatics* III/4. New York: T & T Clark, 1961.

Barth, Karl. *God Here and Now*. New York: Harper & Row, 1964.

Barth, Karl. *The Holy Spirit and the Christian Life: The Theological Basis of Ethics*. Louisville: The Westminster, 1993.

Beisner, E. Calvin. *Prospects For Growth: A Biblical View of Population, Resources, and The Future*. Westchester: Crossway Books, 1990.

Bentham, Jeremy. *Introduction to the Principles of Morals and Legislation in The Works of Jeremy Bentham*, vol. 1, ed. John Bowring. New York: Russelll and Russell, 1962.

Biéler, André. *The Social Humanism of Calvin*, tran. by Paul Fuhrmann. Richmond: John Knox Press, 1964.

Boff, Leonardo. *Ecology and Poverty*. New York: Orbis Books, 1995.

Bohlin, Ray. "Cloning and Genetics: The Brave New World Closes In." http://www.probe.org/docs/clon-gen.html.

Bookchin, Murray. *Ecology of Freedom: The Emergence and Dissolution of Hierarchy*. Montreal: Black & Rose Books, 1982.

Bookchin, Murray. *The Philosophy of Social Ecology*. 문순홍 역. 『사회생태론의 철학』. 서울: 솔, 1997.

Bultmann, Rudolf. *Theology of New Testament* vol. II. London: SCM Press, 1979.

Buri, Fritz. *Wie können wir heute noch verantwortlich von Gott reden?* Tuebingen: Mohr, 1967,

Calvin, John. *Institutes of the Christian Religion*, IV, http://oll.libertyfund.org/?option=com_staticxt&staticfile=show.php%3Ftitle=535&chapter=218654&layout=html&Itemid=27

Campbell, Greg. *Blood Diamond*, 김승욱 역, 『다이아몬드 잔혹사』. 서울: 작가정신, 2004.

Chapman, Audrey. *Unprecedented Choices: Religious Ethics at the Frontiers of Genetic Science*. Minneapolice: Fortress Press, 1999.

Chossudovsky, Michel. *The Globalisation of Poverty: Impacts of Imf and World Bank Reforms*. 이대훈 역. 『빈곤의 세계화 - IMF 경제신탁의 실상』. 서울: 당대, 1998,

Cicero, *De Officiis*. https://archive.org/details/deofficiiswithen00ciceuoft.

Clarin(anos 16 de noviembre de 1999; 30 de abril de 2000).

Crichton, Michael. *Next*. 이원경 역. 『넥스트』. 서울: 김영사, 2006.

Cushman, R. E.. "Faith and Reason." in *A Companion to the study of St. Augustine*. New York: Oxford Press, 1955.

Deleuze, Gilles & Félix Guattari. *L'anti-Œdipe*. 최명관 역. 『앙띠 오이디푸스』. 서울: 민음사, 1995.

Deleuze, Gilles & Félix Guattari. *Mille plateaux*. 이진경/권해원 외 역. 『천의 고원 1, 2』. http://www.transs.pe.kr 자료실.

Descartes, Renè. 소두영 역, 『방법서설/성찰/철학의 원리/정념론』. 서울: 동서문화사, 2007.

Descartes, Renè. *Discours de la mèthode pour bien cnuire, et chercher la vèritè dans les sciences*, 이종훈 편역, 『데카르트의 삶과 진리추구』. 서울:

이담, 2012.

Diefenthaler, Jon. *H. Richard Niebuhr: A Lifetime of Reflections on the Church and the World.* Macon: Mercer University Press, 1986.

Dorfman and Mattelart. David Kunzzle(tr.). *How To Read Donald Duck: Imperialist Ideology In The Disney Comic*. New York: International General, 1996.

Duchrow, Ulrich. *Alternativen zur kapitalistischen Weltwirtschaft*, 손규태 역. 『자본주의 세계경제의 대안』. 서울: 한울, 1998.

Dyck, Arthur. "Eugenics in Historical and Ethical Perspective." in John Frederic Kilner(ed.). *Genetic Ethics: Do the Ends Justify the Genes?* Wm. B. Eerdmans Publishing, 1997.

Eucken, Walter. *Grundsätze der Wirtschaftspolitik*. Tübingen: J.C.B. Mohr, 1960.

FAO. *FAO Glossary of Biotechnology for Food and Agriculture*, 2002.

Fetscher, Iring. *Wer hat Dornröschen wachgeküsst?* 이진우 역. 『누가 잠자는 숲속의 공주를 깨웠는가』. 서울: 철학과 현실사. 1991.

Fishburn, Janet. *The Fatherhood of God and the Victorian Family*. Philadelphia: Fortress Press, 1981.

Fletcher, Joseph. *Situation Ethics: The New Morality*. Philadelphia: The Westminster Press, 1966.

Fox, Matthew. *A Spirituality Named Compassion*. San Francisco: Harper & Row Publishers, 1979.

Fox, Matthew. *Original Blessing*. New Mexico: Bear & Company, 1983.

Frankena, William K.. "Ethics and Environment." in ed. by K. E. Goodpaster and K. M. Sayre. *Ethics and Problems of the 21st Century*. Indiana: Univ.

of Noter Dame Press, 1979.

Frankena, William. *Ethics*, 황경식 역,『윤리학』. 서울: 종로서적, 1984.

Frei, Hans W. "The Theology of H. Richard Niebuhr." in Paul Ramsey ed. *Faith and Ethics*. New York: Harper and Brothers, 1957.

Freud, Sigmund. *Civilization and Its Discontents*, http://www2.winchester.ac.uk/edstudies/arch11-12/level%20two%20sem%20two/Freud-Civil-Disc.pdf

Freud, Sigmund. *Totem and Taboo*. http://s-f-walker.org.uk/pubsebooks/pdfs/Sigmund_Freud _Totem_and_Taboo.pdf

Fritjof Capra. *The web of life*. 김용정/김동광 역.『생명의 그물』. 서울: 범양사, 1998.

Gardner, Clinton. *Christocentrism in Christian Social Ethics: A Depth Study of Eight Modern Protestants*. MD: University Press of America, 1983.

Gilligan, Carol. "The Maps of Development: New Visions of Maturity", *American Journal of Orthopsychiatry* 52.

Gilligan, Carol. *In a Different Voice: Psychological Theory and Women's Development*, 허란주 역,『다른 목소리로』. 서울: 동녘, 1997.

Gilson, Etienne. 강영계 역.『중세철학입문』. 서울: 서광사, 1983.

Gilson, Etienne. *Introduction a l'étude de Saint Augustin*. 김태규 역.『아우구스티누스 사상의 이해』. 서울: 성균관대학교출판부, 2010.

Godsey, John. *The Promise of H. Richard Niebuhr*. Philadelphia: J. B. Lippincott Co, 1970.

Greinacher, Nobert. *Der Schrei nach Gerechtigkeit*, 강원돈 역,『정의를 향한 외침』. 서울: 분도출판사, 1993.

Grenz, Stanley. *The Moral Quest: Foundation of Christian Ethics*, 신원하 역,『기독교윤리학의 토대와 흐름』. 서울: IVP, 2001.

Griffin, James. *Well-Being*. Oxford: Oxford University Press, 1986.

Gustafson, James M.. *Can Ethics Be Christian?* Chicago: University of Chicago Press, 1975.

Gustafson, James. *Protestant and Roman Catholic Ethics, Prospects for Rapprochement.* Chicago: Chicago University Press, 1978.

Gutierrez, Maria Alicia. "Economia, Politica y Religion: Un An'alisis de la Argentina de los 90", Ⅷ *Jornaalas sobre Alternativas Religiosas en Amerca Latina*(22 a 25 de Setembro).

Hall, Douglas. *Imaging God: Dominion as Stewardship*. New York: Friendship Press, 1986.

Hall, Stuard. "Encoding/decoding." Stuart Hall, Dorothy Hobson, Andrew Lowe & Paul Willis(eds). *Culture. Media. Language*. London: Hutchinson, 1980.

Hans - Peter Marthin/ Harald Schumann, *Die Globalisierungsfalle*, 강수돌 역, 『세계화의 덫 : 민주주의와 삶의 질에 대한 공격』. 서울 : 영림카디널, 1997.

Hare, Richard Mervyn. "The Promising Game," in ed. by Philippa Foot. *Theories of Ethics*. London: Oxford University Press, 1967.

Hare, Richard Mervyn. *Freedom and Reason*. Oxford: Oxford University Press, 1963.

Hare, Richard Mervyn. *The Language of Morals*. Oxford: Clarendon Press, 1952.

Harnak, Adolf von. *Das Wesen des Christentum*. 손규태 역. 『기독교의 본질』. 서울: 신태양사, 1978.

Hayek, F. A. *A Conversation with Friedrich A. von Hayek: Science and Socialism*. Washington D. C.: American Enterprise Institute, 1979.

Hayek, F. A. *The Constitution of Liberty*. Chicago: University of Chicago Press, 1978,

Hayek, F. A. *The Mirage of Social Justice*. Chicago: The University of Chicago Press. 1976.

Hays, Richard. *The moral vision of the New Testament: community, cross, new creation-a contemporary introduction to New Testament ethics*, 유승원 역 『신약의 윤리적 비전』. 서울: IVP, 2002.

Hegel, G. W. *Natural Law*, tran. by T. M. Knox. Philadelphia: University of Pennsylvania, 1975.

Hegel, G. W. *Philosophy of Right.* trans. by A. V. Miller. Oxford: Oxford University Press, 1992.

Heyek, F. A. *The Fatal Conceit: The Errors of Socialism*. Routledge: The University of Chicago Press, 1988.

Hirschberger, Johannes. *Geschichte der Philosophie*, 강성위 역, 『서양철학사(하)』. 서울: 이문출판사, 1997.

Hobsbawm, Eric. *Age of Extremes*, 이용우 역. 『극단의 시대: 20세기 역사』 상하. 서울: 까치글방, 1997.

Hoedemaker, Libertus A.. *The Theology of H. Richard Niebuhr*. New York: Harpercollins, 1970.

Höffe, Otfried. *Immanuel Kant*. München: C.H. Beck, 2000.

Hoffmann, Roald. *The Same and not the same*. 이덕환 역. 『같기도 하고 아니 같기도 하고』. 서울 : 까치, 1996.

Holmes, Arthur F.. *Ethics*. Illinois: InterVarsity Press, 1984.

Honecker, Martin. *Konzept einer sozialethischen Theorie*. Tübingen: J. C. B. More, 1971.

Hospers, John. *Human conduct: problems of ethics*, 최용철 역,『인간행위론: 현대윤리학의 제문제』. 서울: 간디서원, 2003.

Hume, David. *A Treatise of Human Nature*, ed., P. H. Nidditch. Oxford: Oxford University Press, 1978.

Hume, David. *An Inquiry Concerning the Principles of Morals*, ed., Charles W. Hendel. New York: Bobbs-Merrill Co., 1957.

Hume, David. *Dialog Concerning Natural Religion*. New York: Social Science, 1948.

Hume, David. *The Natural History of Religion*(1757), http://oll.libertyfund.org/?option=com_staticxt&staticfile=show.php%3Ftitle=340&Itemid=27

Jameson, Fredric. *The Political Unconscious*. London: Methuen. 1981.

Jeremy Rifkin. *Entropy II*. 김용정 역.『엔트로피II:유전자공학시대의 새로운 세계관』. 서울: 안산미디어, 1995.

Jonas, Hans. *Das Prinzip Verantwortung: Versuch einer Ethik für die technologische Zivilisation*. Frankfurt: Suhrkamp, 1983.

Jonas, Hans. *Das Prinzip Verantwortung.* 이진우 역.『책임의 원칙: 기술시대의 생태학적 윤리』. 서울: 서광사, 1994.

Jonas, Hans. *Technik, Medizin und Ethik: Praxis des Prinzips Verantwortung.* Frankfurt a. M. : Suhrkamp, 1987.

Joseph, M. P. “A New Language for Divinity: Critique of the ideology of Market,” in *DAGA Info*, No. 119(March 29, 2001.

Kant, Immanuel, *Grundlegung zur Metaphysik der Sitten* hg. von W. Weischedel, Bd. VII. Frankfurt am Main: Suhrkamp, 1977.

Kant, Immanuel, *Kritik der praktischen Vernunft*, in Kant Werke. in Kant Werke, hg. von W. Weischedel, Bd. VII. Frankfurt am Main: Suhrkamp, 1977.

Kant, Immanuel. *Die Religion innerhalb der Grenzen der bloßen Vernunft*. 백종현 역. 『이성의 한계 안에서의 종교』. 서울: 아카넷, 2011.

Kant, Immanuel. *Die Religion innerhalb der Grenzen der bloßen Vernunft*. hg. Bettina Stangneth. Hamburg: F. Meiner, 2003.

Kant, Immanuel. *Kritik der praktischen Vernunft*. 백종현 역. 『실천이성비판』. 서울: 아카넷, 2009.

Kant, Immanuel. *Kritik der reinen Vernunft*. 백종현 역. 『순수이성비판1,2』. 서울: 아카넷, 2006.

Kant, Immanuel. *Kritik der reinen Vernunft*. in Kant Werke, hg. von W. Weischedel, Bd. III, IV.Frankfurt am Main: Suhrkamp, 1977.

Kant, Immanuel. *Kritik der Urteilskraft*. 백종현 역. 『판단력비판』. 서울: 아카넷, 2009.

Kant, Immanuel. *Kritik der Urteilskraft*. in Kant Werke, hg. von W. Weischedel, Bd. X. Frankfurt am Main: Suhrkamp, 1977.

Kant, Immanuel. *Metaphysical Elements of Justice*. Indianapolis: Bobbs-Merrill, 1965.

Kant, Immanuel, *Lectures on Ethics*. Cambridge: Hackett Publishing, 1981.

Kenny, Anthony. *Medieval Philosophy*. 김성호 역. 『중세철학』. 서울: 서광사, 2005.

Kliever, Lonnie D.. *H. Richard Niebuhr, Makers of the Modern Theological Mind series*, ed. by Bob E. Patterson. Waco: Word Books, 1977.

Kraye, Jill. "Moral Philosophy: Medieval and Renaissance", ed. by Maryanne Cline Horowitz. *New Dictionary of the History of Ideas*, vol. 4. New York: Charles Scribner's Sons, 2005.

Lamprecht, Sterling P.. *Our philosophical traditions*, 김태길 외 역, 『서양철

학사』. 서울: 을유문화사, 2000.

Lehmann, Paul. *Ethics in a Christian Context*. New York: Harper & Row, 1976.

Lemonick, Michael D. and Dick Thomson. "Racing the Map Our DNA." *Time*. Jan/11(1999).

Lenk, Hans. *Albert Schweitzer-Ethik als konkrete Humanität*. Münster: Lit Verlag, 2000.

Leopold, Aldo. *A Sand County Almanac*. New York: Oxford University Press, 1949.

Levinas, Emmanuel. *Difficult Freedom: Essays on Judaism*. Baltimore: Johns Hopkins University Press, 1991.

Levinas, Emmanuel. *Otherwise than Being or Beyond Essence*. Dordrecht: Kluwer Academic Press. 1974.

Levinas, Emmanuel. *Totality and Infinity*. Netherlands: Kluwer Academic Publishers. 1991.

Lottin, O. "Le Droit naturel chez St. Thomas d' Aquin et ses prédécesseurs", *Psychologie et Morale*, II: 71-100.

Luther, Martin. *Die Hauptschriften.* Berlin: Christlicher Zeitschriftenverlag, 1958.

MacIntyre, Alasdair. *After Virtue*, 이진우 역, 『덕의 상실』. 서울: 문예출판사, 1997.

MacIntyre, Alasdair. *A Short History of Ethics*. New York: Macmillan, 1966.

Macintyre, Alasdir. *Der Verlust der Tugend: zur moralischen Krise der Gegenwart*. Frankfurt: Suhrkamp, 1995.

Martin Luther, *Ob kriegsleute auch im seligen Stande sein können*, http://www.glaubensstimme.de/doku.php?id=autoren:l:luther:o:ob_kriegsleute_in_seligem_stande_sein_koennen.

Marx, Karl. *Economic and Philosophic Manuscripts of 1844*, ed. by D. Struik. New York: International Publishers, 1964.

Marx, Karl. *Selected Writings*, ed. by David McLellan. Oxford: Oxford University Press, 1977.

Peter Singer ed.. *Companion to ethics*. 김미영 외 역. 『윤리의 기원과 역사』. 서울: 철학과 현실사, 2004.

Matt Ridley, *The Origin of Virtue*. Penguin Books, 1996.

McLuhan, Marshall. *Understanding Media: The Extensions of Man.* New York: McGraw-Hill, 1964.

Medlin, Brian. "Ultimate Principles and Ethical Egoism," *Australasian Journal of Philosophy*. 1957.

Meilaender, Gilbert. *Bioethics: A Primer for Christians*. Eerdmans: William B. Publishing Company, 1997.

Melinda Beck and Ron Winslow. "Actress's Move Shines Light on Preventive Mastectomy." *The Wall Street Journal* 15 May(2013).

Mill, John Stuart. *On Liberty*. 서병훈 역, 『자유론』. 서울: 책세상, 2007.

Mill, John Stuart. *Utilitarianism*. Indianapolis: Bobbs - Merrill, 1971.

Mitchell, William. *City of bits: space. place. and the infobahn*. 이희재 역. 『비트의 도시』. 서울: 김영사, 1999.

Montmarquet, James. "Good", ed. by Maryanne Cline Horowitz, *New Dictionary of the History of Ideas*, vol. 3. New York: Charles Scribner's Sons, 2005.

Moore, George Edward. *Principia Ethica*. Cambridge: Cambridge Univ.

Press, 1903., http://fair-use.org/g-e-moore/principia-ethica 원문서비스.

Mosco, Vincent & Andrew Hermann. "뉴미디어의 발전과 급진 논리." 박홍수/김영석 공편. 『뉴미디어와 정보사회』. 서울: 나남. 1987.

Nash, James. *Loving Nature: Ecological Integrity and Christian Responsibility*. Nashville: Abingdon Press, 1991.

National Bioethics Advisory Commission. *Cloning Human Beings: Report Recommendations of the National Bioethics Advisory Commission* Vol. 2.. Wisconsin: GEM Publications Inc., 1997. http://bioethics.georgetown.edu/nbac/pubs/cloning1/cloning.pdf

Negroponte, Nicolas. *Being Digital*. 백욱인 역. 『터지털이다』. 서울: 커뮤니케이션스북스, 1995.

Niebuhr, H. Richard. "The Hidden Church and the Churches of Sight," *Religion in Life* 15. Winter 1945-1946.

Niebuhr, H. Richard. "Reformation: Continuing Imperative," *Christian Century* 77. March, 1960.

Niebuhr, H. Richard. *Christ and Culture*. New York: Harper & Bros. 1951.

Niebuhr, H. Richard. *Radical Monotheism and Western Culture*. New York: Harper & Bros, 1960.

Niebuhr, H. Richard. *The Kingdom of God in America*. New York: Harper & Row Pub., 1937.

Niebuhr, H. Richard. *The Meaning of Revelation*. New York: Macmillan Co. 1941.

Niebuhr, H. Richard. *The Purpose of the Church and Its Ministry*. New York: Harper & Bro. 1956.

Niebuhr, H. Richard. *The Responsible Self: An Essay in Christian Moral*

Philosophy. New York: Harper & Row, 1963.

Niebuhr, Reinhold. *An Interpretation of Christian Ethics*. New York: Seabury, 1979.

Niebuhr, Reinhold. *Moral man and Immoral Society*. New York: Charles Scribner's Sons, 1932.

Nietzche, Friedrich. 김정현 역, 『선악의 저편, 도덕의 계보』. 서울: 책세상, 2002.

Nietzsche, Friedrich. *Beyond Good and Evil*, in *Basic Writings of Nietzsche*, trans. W. Kaufmann. New York: Modern Library, 1968.

Nietzsche, Friedrich. *On the Genealogy of Morals*, trans. Walter Kaufmann & R. Hollingdale. New York: Vintage Books, 1989.

Nietzsche, Friedrich. *The Antichrist*, trans. R. J. Hollingdale. New York: Penguin, 1968.

Nietzsche, Friedrich. *The Gay Science*, trans. Walter Kaufmann. New York: Vintage, 1974.

Nietzsche, Friedrich. *The Will to Power*, trans. Walter Kaufmann and R. J. Hollingdale. New York: Vintage, 1967.

Nietzsche, Friedrich. *Thus Spoke Zarathustra*, trans. R. J. Hollingdale. Penguin, 1961.

Ottati, Douglas F.. *Meaning And Method in H. Richard Niebuhr's Theology*. Washington D. C.: The University Press of America, Inc. 1982.

Pahel, K.. & M. Schiller(ed.). *Readings in Contemporary Ethical Theory*. New York: Prentice Hall, 1970.

Pascal, Blaise. *Pensees*. 이환 역. 『팡세』. 서울: 서울대학교출판부, 1993.

Perry, Ralph Barton. *General Theory of Value*. Cambridge: Harvard

University Press, 1926.

Pierce, C.. *Conscience in the New Testament*. London: SCM Press, 1953.

Platon. "에우튀프론",『플라톤의 네 대화편: 에우티프론 소크라테스의 변론 크리톤 파이돈 』. 서울: 서광사, 2003.

Platon. 조우현 역,『국가』. 서울: 삼성출판사, 1995.

Pojman, L. P.. *Ethics: Discovering Right and Wrong*. Belmont: Wadsworth Pub. 2002.

Pojman, Louis & Fieser, James. 박찬구 외 역,『윤리학 옳고 그름의 발견』. 서울: 울력, 2010.

Rachels, James. "God and Human Attitudes." *Religious Studies* 7. 1971.

Ramsey, Paul. *The Ethics of Genetic Control*. Yale University Press, 1970.

Rand, Ayn. *The Virtue of Selfishness*. New York: Signet/New American Library, 1964

Rauschenbusch, Walter. *A Theology for the Social Gospel*. Nashville: Abingdon Press, 1987.

Regan, Tom and Peter Singer(ed.). *Animal Rights and Human Obligations*. Englewood Cliffs: Prentice Hall, 1976.

Regan, Tom. *All That Dwell Therein: Animal Right and Environmental Ethics*. Berkeley: University of California Press, 1982.

Report of the Panel of Experts Appointed Pursuant to Security Council Resolution 1306. 2000. Chanthavong, Samlanchith. "Chocolate and Slavery: Child Labor in Cote d'Ivoire", http://www1.american.edu/ted/chocolate-slave.htm

Ricoeur, Paul. *Oneself as Another*. Chicago: The University of Chicago Press, 1992.

Ricoeur, Paul. *The Conflict of Interpretation: Essays in Hemeneuticsed.* by Don Ihde. Evanston: Northwestern Univ. Press, 2000.

Rifkin, Jeremy. 전영택/전병기 역. 『바이오테크 시대』. 서울: 민음사, 1999.

Rifkin, Jeremy. *Biosphere politics: a new consciousness for a new century.* 이정배 역. 『생명권 정치학』. 서울: 대화출판사, 1996.

Ritschl, Albrecht. *Die Lehre Von Rechtfertigung und Versönung.* 박종화 역. 『신론』. 서울: 신태양사, 1978.

Robert Cook-Deegan. *The Gene wars: science, politics and the human genome.* 황연숙 역.『인간 게놈 프로젝트』. 서울: 민음사, 1994.

Robl, James. *The Cloning Revolution.* Films for the Humanities and Sciences. 1989.

Ross, W. D.. *The Right and the Good.* Oxford: Oxford University Press, 1930.

Russell, Bertrand. *A History of Western philosophy*, 최민홍 역, 『서양철학사(하)』. 서울: 집문당, 2012.

Russell, Bertrand. *Why I Am Not a Christian.* New York: Simon & Schuster, 1975.

Sahakian, William. *Ethics: an introduction to theories and problems*, 송휘칠/황경식 역, 『윤리학의 이론과 역사』. 서울: 박영사, 2004.

Sahakian, William. *Ethics: an introduction to theories and problems.* New York: Barnes & Noble Books, 1974.

Schockenhoff, Eberhard. *Naturrecht und Menschenwürde. Universale Ethik in einer geschichtlichen Welt.* Mainz: Grünewald, 1996.

Schopenhauer, Arthur. *Über die Grundlage der Moral*, 김미영 역, 『도덕의 기초에 관하여』. 서울: 책세상, 2003.

Schrey, H. H.. 손규태 역. 『개신교 사회론 입문』. 서울: 대한기독교출판사.

Schweitzer, Albert. *Kultur und Ethik*. München: C. H. Beck, 1990.

Sessions, George. "Introduction." in ed. by M. E. Zimmerman, etc. *Environmental Philosophy: From Animal Rights to Radical Ecology*. Englewood Cliffs: Prentice Hall, 1993.

Sidgwick, Henry. *Outlines of th History of Ethics*. Boston: Beacon, 1960., 78.

Singer, Peter. *Animal Liberation*. New York: Random House, 1975.

Smith, Adam. *The Wealth of Nations*. New York: Modern Library, 1937.

Smith, Patrick Nowell. "Morality: Religious and Secular." http://www.qcc.cuny.edu/socialsciences/ppecorino/phil_of_religion_text/CHAPTER_9_MORALITY_VALUES/Morality_Secular.htm

Sober, E. ed., *Conceptual Issues in Evolutionary Biology*. Cambridge: MIT Press, 1993.

Spinoza, Benedict de, *Ethica*, 강영계 역. 『에티카』. 서울: 서광사, 1990.

Stevenson, Charles Lesley. *Ethics and Language*. Conn.: Yale University Press, 1944.

Stumpf, Samuel/ Fieser, James. *Socrates to Sartre and Beyond*, 이광래 역, 『소크라테스에서 포스트모더니즘까지』. 서울: 열린책들, 2004.

Taylor, Paul. "The Ethics of Respect for Nature." *Environmental Ethics*. 3(1981).

Taylor, Paul. *Principles of ethics*, 김영진 역, 『윤리학의 기본원리』. 서울: 서광사, 1985.

Taylor, Paul. *Problems of Moral Philosophy*. Belmont: Wadsworth Publishing Company, 1978.

Taylor, Paul. *Respect for Nature. A Theory of Environmental Ethics*. Princeton: Princeton University Press, 1989.

Taylor, Richard. *Good and Evil*. New York: Prometheus, 1984.

Thielicke, Helmut. *Theological Ethics*, vol.1. Michigan: William B. Eerdmans Publishing Co., 1966.

Thomas Müntzer, "Ausgedrückte Entblöβung des falschen Glaubens," http://www.mlwerke.de/mu/mu_002.htm

Thompson, James Gargill. *The Political Thought of Martin Luther*. 김주한 역.『마르틴 루터의 정치사상』. 성남: 민들레책방, 2002.

Tillich, Paul. 강원용 역. *The New Being*.『새로운 존재』서울: 대한기독교서회, 1960.

Tillich, Paul. 김천배 역. *The Shaking of the Foundation*.『흔들리는 터전』. 서울: 대한기독교서회, 1959.

Tillich, Paul. 송기득 역.『19~20세기 프로테스탄트사상사』. 천안: 한국신학연구소, 1993.

Tillich, Paul. *Love, Power and Justice*. London: Oxford University Press, 1976.

Tillich, Paul. *Morality and Beyond*. London: The Fontana Library, 1963.

Tillich, Paul. *Systematic Theology* I, Chicago: The University of Chicago Press, 1951.

Tillich, Paul. *Systematic Theology* II. Chicago: The University of Chicago Press, 1957.

Tillich, Paul. *Systematic Theology* III. Chicago: The University of Chicago Press, 1963.

Tillich, Paul. *Theology of Culture*. New York: Oxford University Press, 1959.

Wallertein, Immanuel. *Utopistics or Historical choices of the twenty-first century*. 백영정 역.『유토피스틱스 - 또는 21세기의 역사적인 선택들』. 서울: 창작과 비평사. 1999.

Weber, Max. 이상률 역, "직업으로서의 정치", 『직업으로서의 학문』. 서울: 문예출판사, 1994.

Weber, Max. *Economy and Society*. California: University of California Press, 1978.

Weber, Max. *From Max Weber: Essays in Sociology*. London: Routledge & Kegan, 1974.

Weiner, Ralph. *Der Lachende Schopenhauer*, 최홍우 역, 『쇼펜하우어 세상을 향해 웃다』. 서울; 시아출판사, 2006.

Wellman, Carl. *Morals and Ethics*. Glenview: Scott, Foresman, 1975.

Wilkinson, Loren. "Global Housekeeping: Lords or Servants?" *Christianity Today* 27 (June 1980).

Williams, Bernard. *Ethics and the Limits of Philosophy*. Cambridge: Cambridge University of Press, 1985.

Wood, Allen. *Kant's Moral Religion*. Ithaca: Cornell University Press, 1970.

Young, Charles. "Moral Philosophy: Medieval and Renaissance", in ed. by Maryanne Cline Horowitz. *New Dictionary of the History of Ideas*, vol. 4. New York: Charles Scribner's Sons, 2005.

http://k.daum.net/qna/openknowledge/trackback.html.

http://user.chollian.net/~bypark/ordinary.html

http://www.sciencedaily.com/releases/2001/06/010615071927.htm).

http://www.unesco.or.kr/cc/genome-general.html